Andreas Liebert

Mein Vater, der Kantor Bach

Seine Tochter Catharina erzählt

Lichtenberg

Besuchen Sie uns im Internet:
www.droemer-knaur.de

Die Folie des Schutzumschlags sowie die Einschweißfolie sind PE-Folien
und biologisch abbaubar.
Dieses Buch wurde auf chlor- und säurefreiem Papier gedruckt.

Lichtenberg Verlag

Umschlaggestaltung: Büro Jorge Schmidt, München
Umschlagabbildung: Artothek, Peißenberg
Satz: Ventura Publisher im Verlag
Druck und Bindung: Franz Spiegel Buch GmbH, Ulm
Printed in Germany
ISBN 3-7852-8139-0

2 4 5 3 1

Andreas Liebert

Mein Vater, der Kantor Bach

»Mein ältester Sohn studiert Jura, die anderen beiden besuchen noch, einer die Prima, der andere die Secunda. Und die älteste Tochter ist auch noch unverheiratet. Die Kinder anderer Ehe sind noch klein und der Knabe als erstgeborener sechs Jahre alt. Insgesamt aber sind sie geborene Musiker, und ich kann versichern, daß ich schon ein Konzert vocaliter und instrumentaliter mit meiner Familie formieren kann – zumal meine jetzige Frau einen sauberen Sopran singt, aber auch meine älteste Tochter nicht schlimm einschlägt.«

Johann Sebastian Bach an seinen
Jugendfreund Georg Erdmann in Danzig
am 28. Oktober 1730

Noch während der Bewerber spielte, schüttelte Johann Sebastian Bach den Kopf. Und dies nicht bloß einmal, sondern mehrmals. Denn die hochwohlweisen Herren von Rat und Kirche, die er damit hinters Licht führen wollte, sollte nicht der geringste Zweifel plagen, daß ihr Leipziger Musikdirektor soeben wieder einen Bewerber für unwürdig befunden hatte.
Sie saßen zwei Kirchenbänke hinter ihm und achteten auf jede seiner Kopfbewegungen, wobei ihnen die ablehnenden wichtiger waren als die zustimmenden.
Bach wußte dies nur allzugut, und so freute er sich diebisch über seinen Streich, der ein richtiges Bubenstück zu werden versprach. Verschmitzt lächelte er vor sich hin, und hätte es die Situation erlaubt: Er, der gestrenge Thomaskantor und Musikdirektor, hätte am liebsten übermütig vor sich hin gebrummt.
Endlich war die Stunde gekommen, ein klein wenig Rache zu nehmen – und zwar dafür, daß die hochwohlweisen Herren sich über seine Vorschläge für die neu zu vergebenden zehn Freistellen an der Thomasschule hinweggesetzt hatten. Von den Anwärtern, die er empfohlen hatte, wählten sie nämlich nur fünf aus, wobei sie die anderen Freistellen an musikuntaugliche Jungen vergaben, von denen einer sogar die Dreistigkeit besessen hatte, sich gar nicht erst von ihm prüfen zu lassen.
Jetzt war die Gelegenheit, es der hochwohlweisen Obrigkeit heimzuzahlen – ganz einfach, indem er vor den Herren dort den Kopf schüttelte, wo er eigentlich hätte zustimmend nicken müssen.
Und sie, die nebeneinandersaßen, taten ihm prompt den Gefallen: Sie bewegten ihre Häupter nicht anders als ihr Herr Musikdirektor. Die imponierenden Allongeperücken knisterten auf dem Rockkragen, und auf ihren Gesichtern malte sich jener selbstgerechte Ausdruck, der nichts anderes besagte als: *Wir hätten nicht anders entschieden, im Grunde genommen stand unser Urteil schon nach den ersten Tönen fest.* Beiläufig schauten sie auf ihren Zettel, wie der Prüfling hieß, und strichen seinen Namen aus ihrem Gedächtnis. Für sie stand damit der neue Organist an St. Nikolai

so gut wie fest: Adolph Scheibe oder der Coburger Johann Schneider. Caspar Vogler aus Weimar, der gerade spielte, hatte nur noch Bedeutung fürs Protokoll.

Die Vertreter des Rats und der Kirche hatten keine Vorbehalte, sich dem Urteil des Fürsten aller Orgelspieler anzuschließen. Was dessen mehr oder weniger musikkundige Kollegen sagen würden, die ebenfalls der Prüfungskommission angehörten, wog wenig – im übrigen hatten sie alle beobachten können, daß Bachs Kollegen an denselben Stellen nickten oder den Kopf schüttelten. Auch sie hörten anscheinend ganz mit Bachschen Ohren.

Darüber hinaus gab es noch eine Gemeinsamkeit: Man fröstelte. Denn es war Dezember, das Weihnachtsfest des Jahres 1729 stand vor der Tür. Neun Bewerbungsspiele hatte die Kommission über sich ergehen lassen, für Bach sechs zuviel. Zwei der Bewerber nämlich waren ehemalige Schüler von ihm und der dritte der Sohn des hiesigen Orgelbauers Johann Scheibe. Was nicht hieß, daß Adolph Scheibe Bachs Schülern das Wasser reichen konnte, aber er war immer noch besser als die anderen sechs.

Schlußakkord. Plenum, C-Dur. Die Musik war noch nicht verhallt, da krachte bereits das Kirchengestühl. Schuhe scharrten. Degen klirrten. Taschentücher wurden gezogen, verhaltenes Schneuzen war zu hören, die hochwohlweisen Herren rieben sich die Hände. Bachs Kollege Homilius, Kantor an der Nikolaikirche, rollte mit den Schultern und warf sich die Pelerine über. Sein Blick, der Bach galt, sagte: kalt, viel zu kalt.

»Draußen ist es in der Tat wärmer«, sagte Bach zu ihm. »Aber daß mir unser Prüfungschoral für den Rest des Tages die Ohren verstopft, ist mir fast noch unangenehmer als meine klammen Knochen.«

»Sie würden mich enttäuschen, hätten Sie etwas anderes bemerkt«, scherzte Hieronymus Homilius, der mit seinen achtundfünfzig Jahren der älteste der Prüfungskommission war. Bach kam gut mit ihm aus, weil sich Homilius ihm in allen Belangen der Musik vorbehaltlos unterordnete.

»Es war unklug von mir, meinen Ohren Liedfiguration, Choralextemporation und auch noch Fugenimprovisation anhand nur einer Melodie zuzumuten«, setzte Bach verdrossen nach. »*Vom Himmel*

hoch da komm ich her – unseres Martin Luther Kinderlied ist mir jetzt auf Monate hinaus verleidet.«
Bach meinte es ernst. Musik war für ihn wichtiger als Kälte und schmerzende Glieder, stand grundsätzlich an oberster Stelle. Das wußte Homilius genauso wie jeder andere Musiker Leipzigs. Trotzdem wunderte er sich immer wieder aufs neue, daß Bach wirklich zu glauben schien, der Rest der Welt müßte es genauso sehen. Es war dies seine größte Schwäche und der Hauptgrund, daß er und die Obrigkeit gewöhnlich miteinander umgingen wie Hund und Katz.
»Aber für Sie steht unser neuer Nikolai-Organist fest? Ja?«
Homilius war so durchgefroren, daß er ohne Umschweife zur Sache kam.
»Nein. Nur wer meines Ermessens hier in Zukunft nicht die Orgel schlagen sollte. Und von den neun Bewerbern sind das mindestens die Hälfte.«
Homilius schaute Bach prüfend an, doch dann nickte er zustimmend.
Bachs Mundwinkel zuckten. Er mußte sich beherrschen, nicht überheblich zu grinsen. Sein Blick wanderte zu den Prüflingen, die sich auf der anderen Seite des Kirchenschiffes über die Bänke verteilt hatten. Am weitesten vorne saß Adolph Scheibe und stierte so unbeweglich auf den Altar, als wollte er mit seinem einen Auge dem Gekreuzigten drohen. Im Kindesalter war ihm in der Orgelbau-Werkstatt seines Vaters eine Orgelpfeife mit der Spitze voran ins Auge gefallen. Kein Arzt hatte mehr helfen können.
»Meine Einäugigkeit hat mich gelehrt, sorgfältig und bewußt zu handeln«, hatte Scheibe Bach einmal erzählt. »Und sie erinnert mich täglich daran, daß man mit Willenskraft gleichsam Berge versetzen kann.«
»Wille allein genügt leider nicht«, bekam er von Bach zur Antwort. »Zumindest nicht für einen Instrumentalisten. Und erst recht nicht, wenn er sich jenem Gebirge von Pfeifen stellt, das Orgel heißt.«
Bach mochte Scheibe nicht sonderlich, aber er achtete seinen Fleiß. Scheibes akademisches Gehabe hingegen wirkte auf ihn anmaßend. Vor allem, wenn dieser von Christoph Gottsched, Leipzigs

vielbewundertem Poetik-Professor, schwärmte, regte sich bei Bach der Groll. Denn Gottsched war neben ihm die andere künstlerische Persönlichkeit Leipzigs, stand als Professor im Ansehen jedoch höher als selbst er, der Leipziger Musikdirektor und weithin geschätzte Orgelspieler.

»Warum hat Catharina sich ausgerechnet ihn ausgeguckt?« fragte sich Bach, während er Scheibe beobachtete.

Catharina Dorothea war seine älteste Tochter und stand kurz vor ihrem einundzwanzigsten Geburtstag. Bislang war sie eine der tragenden Säulen seines Hauswesens: eine gleichermaßen gute Wirtschafterin und Erzieherin wie Sängerin. Aber auch eigensinnig. Und manchmal zu verschlossen. Der Tod ihrer Mutter vor neuneinhalb Jahren hatte sie früh reifen lassen. Was sie tat, tat sie nie ohne Hingabe, aber Bach glaubte zu wissen, daß Catharina sich an nichts und niemanden in der Welt jemals ganz verlieren würde. Selbst nicht an die Liebe.

Bachs und Scheibes Blicke trafen sich. Im Gesicht des Kandidaten stand die Enttäuschung geschrieben. Aber auch Auflehnung.

Er ist zu selbstkritisch, um sich etwas vorzumachen, sagte sich Bach und fühlte einen Anflug von Sympathie. Nur, sinnierte er weiter, sein Stolz wird nicht zulassen, Catharina noch länger zu umwerben, wenn er hier nicht als Sieger hervorgeht. Er gehört nicht zu denen, die ohne Amt in die Ehe gehen. Trotzdem, er ist kein schlechter Mensch. Catharina könnte glücklich mit ihm werden.

Bach schob das leidige Thema der Existenzsicherung für einen Augenblick beiseite, aber als er sich vorstellte, in absehbarer Zukunft nach Haus zu kommen, ohne daß seine Tochter ihn begrüßte, setzte es ihm einen Stich ins Herz. Andererseits: ein Enkel …

»Der Herr Musikdirektor hat noch einmal alle Kandidaten vor seinem unbestechlichen Ohr passieren lassen?«

Der Vertreter vom Rat klang freundlich und ohne Arg: So gefiel es Bach – und durfte seines Erachtens auch nicht anders sein. Nichtsdestotrotz bewies er seinen Respekt und deutete eine Verbeugung an.

»Da haben Sie recht!« erwiderte er. »Aber ich werde unschwer der einzige gewesen sein?«

Bach warf Homilius und dem Ratsherrn einen vielsagenden Blick zu, Gottlieb Görner dagegen, der mit in den Kreis getreten war, weil auch er der Prüfungskommission angehörte, behandelte er wegen seiner ungenügenden orgelspielerischen Qualitäten wie Luft.

Görner wechselte im neuen Jahr auf eigenen Wunsch von der Nikolai-Orgel an die Orgel der Thomaskirche – in erster Linie deshalb, weil der Thomaskirchen-Organist freie Wohnung gestellt bekam, der Nikolaikirchen-Organist sie hingegen aus eigenen Mitteln bestreiten mußte. Bach ahnte noch einen anderen Grund, und zwar einen rein musikalischen: Görner nämlich, so wurde geflüstert, fühle sich dem prächtigen Instrument der Nikolaikirche einfach nicht gewachsen. So hatte Bach selbst ihm einmal die Perücke vor die Füße geworfen und getobt: Görner hätte lieber Schuhflicker werden sollen als Organist.

Tatsächlich lag dem immer Lächelnden mehr am guten Leben als an der Kunst. Doch aufgrund seiner gefälligen Kompositionen für die Universität und andere Leipziger Festivitäten war er eine feste Größe im Musikleben der Stadt.

»Der einzige, der zugehört hat, sind Sie freilich nicht, aber der Maßgebende«, sagte Görner launig. »Ohne natürlich unseren hochwohlweisen Herren von Rat und Kirche in die Kompetenzen hineinzureden.«

»Also?« fragte Bach.

»Nach unserer wenig maßgeblichen Meinung«, flüsterte der Ratsherr, »werden wir für Monsieur Schneider oder Scheibe votieren.«

»Ein Votum, dem ich mich anschließe«, sagte Görner selbstgefällig. Homilius nickte, sah Bach aber nicht an.

Und Bach? Schüttelte den Kopf. Gewichtig, langsam – in genau derselben Art wie vor ein paar Minuten. Seine Augen blitzten. Triumph und Spott spielten um seinen Mund. Die Gesichter des Rats- und des Kirchenvertreters versteinerten. Ihre Augen wurden eng, die Münder zu einem Strich. Homilius räusperte sich, wollte etwas Vermittelndes sagen, aber es war bereits zu spät. Bach referierte über die Bedeutung des Kopfschüttelns.

»Ich fürchte, ich habe vorhin eine falsche Fährte gelegt«, entgegne-

te er leutselig und schaute abwechselnd den Ratsherrn und den Kirchenvertreter an. »Aber ich glaube, daß ich mich dessen nicht zu entschuldigen brauche. Habe ich möglicherweise zu heftig bei unserem letzten Kandidaten reagiert, liegt es daran, weil er mich hingerissen hat. Bekanntermaßen pflegt man ja ab und an den Kopf zu schütteln, wenn man gar nicht glauben will, was man erlebt. Im Sinne davon, daß es so außergewöhnlich ist.«
»Was heißen will, daß Sie den« – der Ratsherr kramte seinen Zettel aus der Rocktasche – »den Monsieur Vogler präferieren?«
»Darf ich es Ihnen auseinandersetzen?«
Bachs Stimme klang von oben herab, so, als wären die hochwohlweisen Herren wenig mehr als dumme Sekundaner. Der Ratsherr bekam einen stieren Blick, seine Lippen zitterten. Hilfesuchend blickte er sich zu seinem Kollegen von der Kirche um, doch der war so perplex, daß ihm noch immer der Mund offenstand.
»Aber alles ist halb so schlimm«, lenkte Bach ein. »Mit den anderen beiden Messieurs wäre ich auch einverstanden.« Er hatte seine Genugtuung gehabt, die hochwohlweisen Herren vorgeführt.
Homilius ließ einen Seufzer der Erleichterung hören, die Gesichter um Bach herum entspannten sich. Die endgültige Entscheidung, schlug Görner vor, könne man ja in der Ratsstube treffen. Dort sei es schicklicher als hier im Kalten.
»Nein!« begehrte der Ratsherr auf. »Monsieur Bach war zwar so charmant, uns unsere Zurückhaltung vorzuwerfen. Aber wir sind Manns genug, von den dreien nun auch noch den glücklichen Sieger zu bestimmen.«
Bach machte eine zustimmende Geste und wies auf Homilius. Der zischelte »Schneider«, für den sich der Vertreter der Kirche und Görner ebenfalls entschieden. Der Ratsherr votierte für Scheibe. Ihm lag daran, daß der Sohn des Mannes, der diese Orgel vor ein paar Jahren wieder auf Vordermann gebracht hatte, das Instrument unter die Hände bekam. Aus Kostengründen. Scheibe war jünger und billiger, zudem hätte er kleinere Reparaturen selbst ausführen können.
»Und der Herr Musikdirektor?«
»Sprach mein Kopfschütteln nicht Bände?«

»Es ändert sich dadurch jetzt trotzdem nichts«, platzte Homilius dazwischen. »Es bleibt drei gegen zwei. Der neue Organist heißt demnach Johann Schneider.«
Der Mann vom Rat brummte etwas, dann machte er eine wegwerfende Handbewegung. Er verabschiedete sich und strebte dem Sieger zu, um ihm kurz zu gratulieren. Sein Kollege von der Kirche folgte ihm auf dem Fuß.
In Bach regte sich Mitleid, als er sah, wie Scheibe emporschnellte, während die beiden Männer an dessen Kirchenbank vorbeieilten. Und so war sein Entschluß schnell gefaßt. Noch während die Vertreter von Rat und Kirche sich zu Schneider in die Bank zwängten, ging er auf Scheibe zu. Die Stirn in Falten, aber die Hände gewinnend nach vorne gestreckt. Scheibe dagegen schaute ihn nicht weniger drohend an wie vor ein paar Minuten den Gekreuzigten. Und ergriff als erster das Wort.
»Was man hofft, ist nie dasselbe, was man ahnt. Aber wer soll auch gegen jemanden bestehen, der Ihren Unterricht genossen hat?«
»Sie können es glauben oder nicht: Mein Votum wurde überstimmt. Doch Sie waren in der engeren Wahl.«
Scheibe nickte und verzog verächtlich den Mund. Eine ganze Weile blieb er vor Bach stehen und versuchte, dessen forschendem Blick standzuhalten. Es gelang ihm nicht. Er senkte den Kopf und schluckte. Bach entging es nicht. Behutsam legte er Scheibe die Hand auf die Schulter. Gemeinsam gingen sie ein paar Kirchenbänke weiter, wo Johann Schneider, der Gewinner, die Glückwünsche seiner Konkurrenten entgegennahm.
Draußen rief Bach Scheibe über den Kirchhof nach, daß er hoffe, ihn bald in seinem Collegium musicum willkommen heißen zu dürfen – dann ging er mit Homilius seines Weges. Die beiden Männer sprachen lange kein Wort, doch plötzlich erging sich Homilius in einem Schwall von Vorwürfen.
»Ich verstehe Sie nicht, Monsieur Bach! Sie haben sich mit Ihrem Streich doch nur selbst ein Bein gestellt! Und Caspar Vogler damit ebenfalls. Daß unsere hochwohlweisen Herren, so wie Sie sich verhalten haben, gegen ihn votierten, muß Ihnen doch klar gewesen sein! Das ist das eine. Aber das andere, noch Schlimmere ist, daß

Sie dadurch höchstwahrscheinlich den Bräutigam Ihrer Tochter über den Styx geschickt haben. Wollten Sie das?«
»Was Sie alles wissen! Anscheinend mehr als ich!« Bach blieb unvermittelt stehen, ging aber einen Augenblick später weiter. »Wer gackert, muß auch legen.«
Homilius lachte laut auf und hängte sich bei Bach ein.
»Zwei-, dreimal hab ich Ihre Tochter und unseren Monsieur Einauge in einer angeregten Unterhaltung gesehen. Ich betone angeregt, nicht vertraulich. Was aber nicht darüber hinwegtäuscht, daß sie ihm zum Abschied die Wange hingehalten hat.«
»Doch nicht meine Tochter?«
Es sollte entrüstet klingen, der Ton aber war alles andere als das. Bach schmunzelte sogar. Was Homilius ihm da gerade erzählte, deckte sich mit dem, was sein Sohn Friedemann ihm schon vor etlichen Wochen angedeutet hatte. Woraufhin er Catharina auf Scheibe ansprach und von ihr die sibyllinische Anwort erhielt: Es reize sie einfach, daß er nur auf einem Auge blind sei.
»Ihre Tochter«, betonte Homilius. »Das behaupte ich. Und nun lassen Sie mich mal für Sie denken: Vier Ihnen wohlgesinnte Männer hatten Augen und Ohren …«
»… vor allem Augen …«
»… Ohren genug, Schneider oder Scheibe den Lorbeer aufzusetzen. Alles lag in Ihrer Hand. Sie hätten vier Menschen glücklich gemacht: Scheibe senior und junior plus Ihre Tochter. Und nächstes Jahr sich selbst dazu, denn für einen Enkel braucht Gott nur neun Monate.«
Bach brauste auf und setzte Homilius wortreich auseinander, daß an erster Stelle die Leistung zu stehen habe und nicht der persönliche Vorteil. Er habe seine festen Prinzipien. Scheibe sei nun mal bloß ein Fink, Vogler jedoch eine Nachtigall.
»Aha. Und Schneider die Drossel.« Homilius machte sich von Bach los und sah ihn ungläubig an. »Ihnen ist die Kunst heiliger als das Glück Ihrer Familie?«
»Ich kann nicht anders als gerecht sein. Und ich sage Ihnen: Hätte ich entschieden, wie Sie es mir gerade versucht haben nahezulegen, innerhalb von weniger als einer Woche wäre mein Ruf der Unbestechlichkeit ruiniert gewesen. Und das kann ich meiner Familie

erst recht nicht antun. Dafür heiße ich Bach. Und für den kann ich nichts.«

Homilius sah Bach nachdenklich an und zog dann den Hut. Die beiden Kantoren verabschiedeten sich freundlich voneinander.

Bach machte einen Umweg. Er war aufgewühlt, denn er gestand sich ein, daß Homilius nichts Falsches gesagt hatte. War er diesmal vielleicht wirklich mit seiner Gerechtigkeitsliebe zu weit gegangen? Bach führte Argumente dafür und dagegen auf, aber so sehr er für sich auch um eine Lösung rang: Er fand keine. Noch nie allerdings hatte er so intensiv über seine Tochter nachgedacht. Und es überraschte ihn, wie sein Herz bei dem Gedanken zu pochen begann, Catharina Dorothea nicht mehr in seinem Hauswesen zu wissen.

Nach dem Tod Maria Barbaras, seiner ersten Frau, war für sie die Kindheit zu Ende gewesen. Bis zur Selbstverleugnung hatte sie sich um ihre drei jüngeren Brüder gekümmert. Dabei war sie selbst noch ein Kind, keine zwölf Jahre alt. Nie hatte sie in seiner Gegenwart geweint, im Gegensatz zu Friedemann, der vor Schmerz beinahe zerbrochen wäre. Catharina allein hatte Friede trösten können. Nicht er oder Tante Friedelena, Maria Barbaras unverheiratete Schwester, die damals mit in der Familie lebte.

Was würden Friede, Carl und Bernhard sagen, wenn sie aus dem Haus ginge? Bach beschloß, seine Söhne zu fragen. Für alle drei war Catharina zu gleichen Teilen Schwester wie Ersatzmutter. Und so gut sie mit Anna Magdalena auskamen: Hatten sie Sorgen, gingen sie zuerst zu Catharina. Die redete dann mit ihm, er darauf mit Magdalena, und sie besprach dann noch einmal alles mit Catharina.

Konnte die Familie also überhaupt auf sie verzichten?

Natürlich! Bach gab sich einen Ruck. Seine Söhne waren schließlich so gut wie erwachsen. Bald einen Enkel zu haben war wichtiger. Selbst ein halber Bach war immer noch besser als gar kein Bach. Nein, er hatte dafür zu sorgen, daß Catharina das Los einer alten Jungfer erspart blieb. Seiner Tochter durfte es nicht so gehen wie seiner Schwägerin Friedelena. Die war bigott geworden und weinerlich, hatte dieses Jahr nur ein einziges Mal gelächelt: auf ihrem Totenbett.

Wer aber kam noch als Bräutigam in Frage? Gerlach? Der Häßliche? Wenn er als Vater ein bißchen nachhelfen würde …
Bach blieb vor einer Bretterbühne stehen, auf der eine junge Frau in blutrotem Kleid und weißen Handschuhen zu wilder Gitarrenmusik tanzte. Vaganten, fahrendes Volk. Bach hörte einen Moment zu und verzog dann angewidert das Gesicht. Nichts als Rhythmus. Keine Melodie. Für ihn nur Geräusch, um die Beine zum Trampeln zu bringen. Wenigstens hatte die junge Frau ihre Reize. Bach erlaubte sich ein paar sündige Gedanken. Erst als die Kirchenglocken zu schlagen begannen, ging er seines Weges.

Freitag, 23. Dezember 1729

Warum bin ich nicht weitergegangen? Schließlich waren die Körbe mit dem Kürbis so schwer, daß mir bereits der Nacken glühte. Außerdem mahnte die Uhr, daß ich längst mit der Zubereitung des Abendessens hätte beschäftigt sein müssen. Aber ich konnte nicht anders. Eine seltsame Macht zwang mich, dieser Vagantin zuzuhören.

Sie stand auf einer Bretterbühne und gebärdete sich wie eine Opernprimadonna. Bestimmt war sie jünger als ich – und doch sang sie in ihrem blutroten Kleid und weißen Handschuhen lauthals von Liebe und Lust. Ihr Orchester waren zwei übel schnarrende Gitarren und die Pfiffe gaffender Burschen, doch trotz des Lärms traf sie die Töne genau. Sie perlten ihr aus dem Busen, über dem sie effektvoll die Arme kreuzte – was immer wieder Begeisterung provozierte. Dann wieder schrie sie, weinte, flehte und warf zornige Blicke. Unschön war einzig, wie sich ihr der Hals wellte, wenn sie Koloraturen anbrachte. Was die feurigen Rhythmen im übrigen nur selten zuließen.

Auf einmal wurde es so urplötzlich still, daß ich einen Schrecken bekam. Worauf diese Vagantin mit einem langen Triller einsetzte, um darauf mit einem Glissando zu einer schmachtenden Kantilene überzuleiten: eine Klage von unerfüllter Liebe, die einem das Herz aus dem Leibe reißen konnte, mich aber mit Sehnsucht erfüllte.

Wie ich sie auf einmal beneidete! Sie, die nur ein Luder ist, eine von den Fahrenden, darf singen. Ich, Catharina Dorothea Bach, die hochanständige Tochter des Leipziger Musikdirektors Bach, dagegen nicht. Was einer Vagantin erlaubt ist, ist mir verboten.

Und das einer Bach! Seit vielen Generationen steht dieser Name für Musik. In Thüringen hieß es früher: Holt die Bache, wenn irgendwo ein Fest gefeiert werden sollte. Und die Bache kamen! Gehörten sie doch selbst einst zu den Fahrenden! Klampften, dudel-

ten, sangen, hackbretterten, fiedelten. Ist es da nicht verständlich, daß ich stehenblieb und zuhörte?
Statt Beifall zu spenden, hetzte ich los. Eine Viertelstunde bevor Vater das Tischgebet zu sprechen pflegte, war ich an unserer Haustür. Ein Tertianer lungerte dort herum, schob mir einen Brief unter die Achsel. Ich überflog ihn, bevor ich in die Wohnung trat – und schluckte den Kloß herunter, der mir die Luft nahm. Auch eine aufwallende Bauchschwäche konnte ich noch abwehren. Was aber nur gelang, weil ich Magdalena den Brief an den Kopf warf. Sie wartete bereits ungeduldig. Zum Glück war sie nicht begriffsstutzig. So rief sie bloß mitleidig meinen Namen, statt mich wegen meiner Verspätung anzuraunzen.
Nun denn – jetzt hast du es schriftlich, einen Tag vor Weihnachten!
Adolph schrieb: Ich, die Mademoiselle Bach und verehrte Freundin seines Herzens, möge ihm verzeihen, wenn er aus Scham über sein berufliches Versagen von nun an darauf verzichte, mir seine Gesellschaft anzutragen.
Schluß! Aus! Vater kann sich freuen. Adolph Scheibe, den er ja nie so recht leiden konnte, hat resigniert. Sein Probespiel gestern hatte nicht überzeugen können.
Zum Verzweifeln blieb keine Zeit. Ich mußte Brot und Schinken auftragen und für die Kleinen noch schnell ein paar Äpfel schälen.
Tante Friedelena ist einfach zu früh gestorben!
Jetzt bin ich dazu auserkoren, Magdalena zur Hand zu gehen. Weil sie wieder schwanger ist. Im achten Monat. Erwartet ihr siebentes Kind, das, wie Vater ulkte, hoffentlich nicht der Faulpelz der Familie wird, wo doch selbst Gott sich am siebten Tag nach der Weltschöpfung ausgeruht habe.
Auch wenn wir heute abend unter uns waren – nur zu neunt –, gelang es mir doch, meine Verzweiflung zu verbergen. Im übrigen legt Vater ja sowieso Wert darauf, daß Malaisen beim Essen nicht besprochen werden.
Aber eigentlich muß mein Gesicht Bände gesprochen haben!
Schließlich schlug es dreiviertel acht. Vater beendete die Abendtafel. Magdalena bekam einen Kuß, ich einen Nasenstüber. Friede

und Carl packten die Noten zusammen, dann verabschiedeten sich alle drei zum Zimmermann ins Kaffeehaus.
Noch heute mittag wollte ich unbedingt mit, weil Vater ein neues Konzert auf dem Cembalo geben wollte, doch jetzt war mir alles verleidet.
Apathisch lauschte ich auf das Krachen der Hoftür, die seit Wochen nur noch mit Gewalt ins Schloß gezogen werden kann, da drückte Magdalena mir ihr *Notenbüchlein* in die Hand. *Gib dich zufrieden und sei stille* – Paul Gerhards Worte und Vaters Melodie als Trost. Gleich zweimal hatte er dieses Lied hineingeschrieben, die hohe Lage für Magdalena, die tiefere für mich. Doch so sehr ich das Lied auch schätzte: Es ärgerte mich auf einmal, daß Vater für Magdalena, Friede und Carl Notenbücher angelegt hatte, für mich aber nicht.
»Glaubst du, daß mich das noch tröstet?« fragte ich Magdalena trotzig, die mich an die Hand nahm und ans Cembalo zog.
»Nein«, sagte sie, während sie ein paar Einleitungstakte improvisierte, »aber das Singen wird dir ein paar Tränen entlocken, und das erleichtert bekanntlich das Herz. Glaub mir. Dein Vater sieht es genauso.«
»Ich werde nicht weinen!«
»Du darfst aber.«
Ich schaffte keine zwei Takte. Dann schoß mir das Wasser aus den Augen, als hätte ich zwei Brunnen im Gesicht. Aber ich sang. Zittrig zwar und mit gelegentlich versagender Stimme, aber immer a tempo – wie es sich für das älteste Kind eines Musikdirektors gehört.
Die Vagantin kam mir in den Sinn, und plötzlich schämte ich mich vor mir. Sie sang vom Leben, ich dagegen säuselte fromme Lieder. Wut kam auf, Trotz. Und das gab mir Kraft.
Immer nur so tun als ob, befahl ich mir. Deine Tränen, Catharina, dürfen fließen, aber nicht, weil du wirklich verzweifelt bist.
Magdalena rang mir sämtliche Strophen ab, begann alles von vorn und spielte so lange, bis ich die Melodie laut und klar herausbrachte. Für sie mußte dies so sein – aus Hochachtung vor Vaters Musik. Bevor nicht alles richtig war, durfte keiner, der Bach hieß, aufgeben.

Hätte sie geahnt, daß es eine Vagantin mit blutrotem Kleid und weißen Handschuhen war, die mir wieder zu sauberer Stimme verhalf – ich glaube, Magdalena hätte mich als liederlich beschimpft. Aber war ich nun getröstet? Etwas geläutert, ja, aber mehr auch nicht.

Nicht einmal die Vagantin wäre das an meiner Stelle gewesen, entschuldigte ich mich, hielt aber Magdalenas prüfendem Blick stand. Und die las in meinen Augen, was sie darin lesen wollte. Sie nickte zweimal, blätterte ein paar Seiten um und hämmerte mir dann ihre Musette in die Ohren, dieses Dudelsackstück, das sie gelegentlich zwischendurch spielte, wenn irgendeins von den drei Kleinen herumplärrte.

Aha – jetzt also hatte ich geplärrt, du große Schwester Stiefmutter. Mit dem Unterschied, daß ich nicht fünf bin wie Heinrich, drei wie Liese oder eins wie Regina, sondern fast einundzwanzig.

Endlich war Stille. Soweit bei uns im Haus mit sieben Kindern und – jetzt übertreibst du – einem halben Dutzend Schülern überhaupt von Stille gesprochen werden kann. Magdalena erhob sich schnaufend, um in die Küche zu gehen. Auf der Türschwelle wandte sie sich noch einmal um und sagte:

»Dein Vater hat deines Herzensfreundes Reaktion übrigens vorausgesehen. Der Scheibe, hat er gesagt, wird meiner Catharina den Laufpaß geben, wenn sein Anlauf auf den Orgelposten hier mißrät. Schon deshalb, weil du eine Bach bist.«

»Das ist nicht wahr!«

»Aber du weißt, was wahr ist, ja?«

Es klang ungewöhnlich hart und geringschätzig.

Ich mußte mich zusammennehmen, um nicht etwas Gehässiges zu erwidern. Doch dafür keimte in mir ein Gefühl auf, das mir bislang unbekannt war: Haß.

Hören Sie, Madame Bach, geborene Anna Magdalena Wülcken! Sie, Frau Ex-Hofsängerin, haben mich wie ein dummes Kind heruntergemacht! Weil Sie in mir immer nur die Haushaltskraft sehen wollen, aber neidisch sind auf meine Musikalität. Und eifersüchtig dazu. Weil Ihr Herr Gemahl Ihnen nämlich gestern abend angekündigt hat, mir an meinem einundzwanzigsten Geburtstag ebenfalls die Schlüsselgewalt über das Haus zu erteilen.

Aber auch du, Vater! Laß mich lieber richtig singen lernen! In Dresden oder Italien. Von mir aus auch in Weißenfels. Dort könnte ich immerhin bei den Schwiegereltern wohnen!
Catharina, bescheide dich.
Ja – das muß ich wohl.
Vor ein paar Monaten trug ich Vater meinen Wunsch vor, aber er war nicht in der Laune, mich ernst zu nehmen. Wir hätten doch schon eine Hofsängerin in der Familie, scherzte er. Im übrigen sänge ich nicht schlechter als Magdalena. Er zog mich an sich, nahm meinen Kopf in seine Hände und gab mir einen Kuß auf die Stirn. Ich seufzte unverstanden auf – aber Vater war bereits wieder dabei, irgendwelche Choralausarbeitungen auf Oktav- und Quintparallelen zu durchforsten. Weil ich seine Komponierstube nicht verließ, sagte er schließlich, ohne vom Schreibtisch aufzublicken: »Im übrigen brauchst du dich deswegen nicht mit Magdalena zu zanken. Vergiß nicht: Sie hat schon mit fünfzehn vor Hofleuten gesungen und in deinem Alter immerhin die Hälfte von dem Geld bekommen, das ich damals als Köthener Hofkapellmeister verdient habe.«
»Weshalb du sie ja auch …«
Vater fuhr herum. Ich hatte mir zu spät auf die Zunge gebissen, und der Rest war so laut gedacht, daß es für Vater gleichsam ausgesprochen war. Eine Ungeheuerlichkeit, eine geradezu babylonische Sünde, was ich ihm da unterstellte!
Ich durfte mich über seine Strafe nicht beschweren. Geh! hatte er todkalt gesagt und dann einen Monat nicht mehr mit mir gesprochen. Es waren die schrecklichsten Wochen meines Lebens. Papa, dieser Geselligkeitsmensch und liebe, gerechte Mann: Er schwieg mich an. Mit einer Wucht, die schlimmer war, als jeden Tag eine Strafpredigt anzuhören. Sein Schweigen wirkte auf mich von Tag zu Tag beredter, so daß ich mir bald einbildete, Punkt und Komma darin ausmachen zu können – bis ich mich zum Schluß in den Wahn verstieg, seine stummen Reden enthielten dieselben Scheltworte, wie sie mir in meinem Kopf herumgeisterten.
Vater selbst hob die Strafe auf, indem er mich irgendwann bat, das Tischgebet zu sprechen. Ich kam mir vor wie neu geboren und tat für mich den Schwur, Vater nie wieder auf Magdalena und diese

seine zweite Ehe anzusprechen. Es ging mich ja auch tatsächlich nichts an. Aber muß es wirklich immer so sein, daß die Tochter weniger wert ist als ihre Stiefmutter?
Heute schien Magdalena mir dies wieder demonstrieren zu wollen. Aber diesmal reagierte ich ziemlich heftig und sagte, daß sie erstens bestimmt genausowenig wisse, was wahr sei, und zweitens Adolph Scheibe mir gar keinen Laufpaß verabreicht haben könne, weil – auch wenn er mir nicht gleichgültig war – ich ihm mit keinem Wort irgendwelche Hoffnungen gemacht hätte.
Das zweite war kräftig gelogen. Wir küßten uns nämlich seit Mai. Beim Fischerstechen …
Ich stürmte an Magdalena vorbei, band mir die Schürze ab und schmiß sie in die nächstbeste Ecke. Polterte das Treppenhaus hinunter und eilte durchs Pförtchen auf die Promenade.
Im Winter hat man sie ja ziemlich für sich allein.
Ich mußte jetzt unbedingt raus – Haushalt hin oder her. Glücklicherweise war es nicht allzu kalt. Außerdem ging ein leichter Wind, der die letzten an den Linden verbliebenen Blätter noch einmal rascheln ließ.
Meine Wut flaute ab.
Aber dafür wehte es mir einen häßlichen Groll auf Vater ins Gemüt.
War es nicht wirklich so, wie Adolph es einmal vor Friede bitter herausgerutscht war? Seine Schüler protegiere der Herr Musikdirektor wie Fürsten ihre Mätressen, hingegen er für den Autodidakten und Herzensfreund seiner Tochter nur das Kompliment übrig habe: Im Vergleich zu den hervorragenden Orgeln, die sein Herr Vater baue, spiele er dessen Instrumente bereits halb so gut.
Diese grausame Aufrichtigkeit!
In puncto Instrumentenkünsten urteilt Vater so unerbittlich, wie es der heilige Johannes in der Offenbarung schreibt: Und sie wurden gerichtet, ein jeglicher nach seinen Werken.
Schon mit zwanzig – in Arnstadt – zog er, um sich gegen einen Gymnasiasten zur Wehr zu setzen, den er einen Zippelfagottisten geschimpft hatte, lieber den Degen, als irgend etwas Versöhnliches zu sagen. Wenn es um musikalische Dinge geht, gibt es keinen Pardon. Koste es, was es wolle, ist die gängige Floskel. Vater würde

sich eher an den Pranger stellen lassen, als in solchen Dingen einen Kompromiß einzugehen.
»Seit ich in Tönen denken kann, Catharina, ist das so. Und wird so bleiben. Gott ist mein König. Niemand anders. Psalm vierundsiebzig, Vers zwölf. Meine erste Kantate, die ich komponiert habe, heißt nicht umsonst so. Dies ist mein Glaubensbekenntnis.«
Ich weiß, Vater! Deshalb hast du in Arnstadt ja auch weiterhin deine wunderlichen Variationen und fremden Töne ins Choralspiel gemischt – das Konsistorium mochte es verbieten, so viel es wollte. Denn erste Pflicht eines Organisten ist es, mit seiner Kunst Gott zu dienen und damit der zweiten Pflicht zu genügen: die allzeit träge Gemeinde aus ihrem Grabgesang zu reißen.
Trotzdem: Von Anfang an warst du gegen meinen Scheibe immer merkwürdig launisch, geradezu bissig eingestellt. Warum? Ich glaube, es liegt daran, daß Adolph sich die Freiheit genommen hat, dich nicht um Unterricht zu bitten. Einmal sagte er sogar, daß er sein musikalisches Treiben nicht um jeden Preis mit einem Musikamt krönen müsse. Denn die Welt sei groß, und Geld zu verdienen ginge bekanntlich auch ohne Noten. Da wollte er dir etwas entgegensetzen. Das einzige Pfund, mit dem er wuchern kann, ist die Universität. Er studiert – dir blieb dies verwehrt.
Deine Waffe ist in solchen Fällen die Bescheidenheit.
Die dann freilich schnell wirkt wie eine Ohrfeige.
»Ich habe fleißig sein müssen. Wer es ebenso hält, wird es genausoweit bringen.«
Dein Leitspruch. Nur, daß du ihn heute nicht einmal Friede, deinem Liebling, zugestehen würdest. Einem Johann Adolph Scheibe erst recht nicht, selbst wenn der es irgendwann zum Hofkapellmeister bringen würde.
In der Zwischenzeit war der Wind so kräftig geworden, daß mich zu frösteln begann. Längst war ich die Promenade zurück, aber nicht in der Laune, schon nach Hause zu gehen. So schlenderte ich noch über den Marktplatz, bog dann aber kurz entschlossen in die Catharinenstraße. Die Uhr schlug halb zehn.
Das Örtelsche Haus!
Vater, Friede und Carl musizierten dort. Hat es mich also doch hierher gezogen!

Sollte ich hineingehen? Niemand würde es mir als Unschicklichkeit auslegen. Schon ein paarmal hatte ich mir die Freude gegönnt, Vater zu überraschen. Er hatte nie etwas dagegen gehabt, denn in dieser Hinsicht ließ er mir große Freiheiten. Erst im Frühjahr hatte er die Leitung des Collegium Musicum übernommen und Leipzig damit um eine Attraktion reicher gemacht.
Und mein Groll? War der plötzlich verflogen? Ich lauschte in mich hinein, schüttelte langsam den Kopf.
Nein!
Oder doch?
Die Tür geht auf. Der Gerlach! Leipzigs frischgebackener Organisten-Stern an der Neu-Kirche. Selbstverständlich Vaters Schüler – zwei Empfehlungen.
»Wieder einmal den Herrn Papa abholen?«
»Stünde ich sonst hier?«
»Da stehen Sie aber ein ganzes Weilchen zu früh hier, Mademoiselle Bach.«
Ich kann mich nicht erinnern, wann Gotthelf Gerlach mich das letzte Mal gegrüßt hat. Was seinerseits tatsächlich ein Kompliment ist. Glaubt er doch fest, daß wir, die wir uns schon seit den ersten Leipziger Tagen kennen, auf solche Höflichkeiten verzichten können.
Vater will dies nicht glauben, es paßt nicht in sein Bild.
Für ihn ist Gerlach schlicht der beste Orgelspieler neben Johann Schneider. Und Caspar Vogler. Der damals in Weimar allerdings ununterbrochen grüßte – dafür dann aber auch gegenüber Mutter immer besonders vertraulich tat.
Vogler! Der Schuft!
Weißt du's noch? Sein Besuch in Köthen? Wie er einmal in der Küche unser Mädchen … während sie Karotten schälte?
Ich bin richtig schadenfroh. Weil er gegen Schneider versiebt hat! Morgen besucht er uns. Bleibt über Weihnachten. Will natürlich von Vater eine neue Empfehlung.
Also der Gerlach! Er liebt es noch immer, vor Magdalena und mir in besorgtem Schauspielerton zu sprechen. Weil er glaubt, sich den »teuren Damen« damit interessant zu machen. Vor allem mir, der »treuen« Catharina, die er als gute Partie so gern zum Altar führen

möchte. Auf einmal bekam ich Lust, ein bißchen mit ihm zu spielen.
»Zu früh?« fragte ich zuckersüß und setzte sibyllinisch hinzu: »Wollen wir also hineingehen und gemeinsam ein bißchen lauschen?«
»Nichts täte ich lieber, Catharina.«
»Auf einmal nicht mehr Mademoiselle Bach? Warum sind Sie denn überhaupt vor die Tür gekommen?«
»Der Tabak, die Luft und der saure Rotwein.«
»Heißt das, ich soll zu Hause Tee kochen?«
»Wenn Sie einen mittrinken …«
Wie er auf einmal strahlte! Wenn er bloß nicht so häßlich wäre! Dagegen wirst du, Vater, nun bestimmt besonders heftig anreden. Womit du ja recht hast. Aber ich bring's nicht fertig mit ihm. Und je mehr du mit Argumenten kommst – schließlich hätte ich jetzt das rechte Alter, Gerlach sei vergleichsweise gut bestallt, habe darüber hinaus eine treffliche Zukunft zu erwarten, sei aufrichtig und würde, wenn ich ihn nur ordentlich lieb hätte, auch an äußerer Schönheit gewinnen –, je vernünftiger du und Magdalena reden werdet: nein, nicht Gerlach.
Denn glaubst du wirklich, Liebe könne man sich, wenn man es nur fleißig wolle, so aneignen wie deine Schüler den Generalbaß oder das Daumenuntersetzen beim Klavierspiel?
Mutter und Magdalena: Haben sie dich ohne Liebe im Herzen geheiratet?
Immerhin, wie galant Gerlach sein konnte! Er bot mir den Arm und führte mich an seinen Tisch, den er sich – Gott wollte heute grausam gegen mich sein – mit Johann Schneider teilte! Ausgerechnet Schneider! Der Sieger! Ebenfalls Vaters Protegé, eine Empfehlung. Nächstes Jahr neuer Organist an St. Nicolai.
Was Adolph wohl jetzt macht? Ob er sich mit Wein tröstet? Oder schon mit einer anderen?
Schneider erhob sich, ohne die Miene zu verziehen. Er machte eine so tiefe Verbeugung, als wäre ich sonstwer. Ich war zu entsetzt, geschmeichelt zu sein, war aber doch so schwach, freundlich zu nicken. Dabei hätte ich ihm am liebsten die Augen ausgekratzt!
Schneider winkte nach der Bedienung und bestellte einen Kaffee

für mich. Dabei bohrte er seine Augen in die Gerlachs, was wohl heißen sollte: Du, mein Freund, zahlst gefälligst die Hälfte, wenn du sie hier schon anschleppst.

Und Gerlach? Strahlte! Das machte ihn mir sympathisch. Denn er hätte den Kaffee auch allein gezahlt. Tatsächlich ist er ziemlich großzügig. Beschenkt Magdalena mit ihren gelben Lieblingsnelken, Liese und Heinrich bekommen hin und wieder sogar ein Bonbon. Schneider dagegen ist so geizig, wie er lang ist, sagt selbst Vater. Im Moment ist er noch Violinist in Weimar. Daß er da weg will, wird jeder verstehen, der Vaters Erfahrungen mit dem Herzog kennt. Aber das ist eine ganz andere Geschichte.

Catharina, du bist wieder viel zu gutmütig!

»Un café pour Mademoiselle Bach, s' il vous plaît.«

»Merci.«

Im gleichen Moment entdeckte mich Vater! Wahrscheinlich redet er oben in seinem Bett jetzt immer noch auf Magdalena ein und malt ihr aus, einen von beiden ... »Weißt du, ich glaube, sie wird allmählich vernünftig. Ich muß dem Scheibe richtig dankbar sein, daß er so miserabel gespielt hat.«

Wenn du wüßtest!

Jedenfalls: Vater lächelte.

Ich nicht.

Wollte ihm auf diese Weise meinen Groll zeigen.

Vater schaute mich überrascht, nein, prüfend an, sich aber weitere Gedanken zu machen, ließ sein Programm nicht zu. Denn er griff zur Violine. Kaum erklangen die ersten Töne, war es um mich geschehen. Die Schatten auf meiner Seele zerstoben zu einem Nichts. Nennt man so etwas Gottes Fügung? Bei andächtiger Musik ist Gott mit seiner Gnade allezeit gegenwärtig: Vaters feste Überzeugung. Wie nah mußte Gott also bei diesen Klängen sein? Ich versank in den Himmel von Vaters schönstem Orchesterstück: die *Air*. Wobei das Überwältigende war, daß er sie bearbeitet hatte. Die Kantilene der Oberstimme war jetzt der Soloviolline übertragen, während erste und zweite Violine im Einklang begleiteten. Mir wurden die Augen feucht, ich begann innerlich zu zittern. Die Klänge waren wie ein reinigendes Bad, Zauber und Trost.

Was natürlich auch daran lag, daß Vater die Violine spielte!

Er, der Tastenvirtuose!
Für mich ist Papa jedoch ein ebenso meisterhafter Violinspieler! Nicht von ungefähr wurde er in Weimar als Geiger angestellt. Dem, wie er es nennt, »Mechanischen« des Spiels gab er dort den letzten Schliff, und so konnte er seine *Air* jetzt mit einem Schmelz spielen, daß niemandem im Saal die Augen trocken blieben. Jede Note schien ihm unmittelbar aus dem Herzen zu kommen, und der Ton, den er aus seiner Stainer-Geige zog, war von makelloser Delikatesse.
Wie er in seinem rotbraunen, goldbeknopften Rock dastand!
Ruhig und selbstbewußt, ganz ein Mann von Welt. Es sah aus, als musiziere er ohne innere Regung. Aber wer Vater kennt, der weiß, was in seiner Seele vorgeht. Seine Augen lodern nach innen, von ihrem graubraunen Funkeln bleibt nach außen nur ein matter Schimmer. Die Kurzsichtigkeit, die ihm die Stirn manchmal heftig zusammenzieht und sein Gesicht so schroff macht, ist in solchen Minuten völlig vergessen. Das kämpferisch vorgereckte Kinn wirkt dann bloß wie eine Stütze für sein angedeutetes Lächeln, und selbst die Schatten, die sich von den Nasenflügeln bis zu den Mundwinkeln eingegraben haben, verblassen.
Ich schaute zu Schneider und Gerlach, die genauso hingerissen waren. Vater wirkt immer imponierend. Obwohl er eher klein ist – Magdalena ist gleich groß –, hat er eine Ausstrahlung, die anderen Männern fehlt. Selbst wenn sie Rektor, Ratsmitglied oder sogar von Adel sind.
Ich applaudierte beinah sans contenance! Wie Gerlach. Nur, daß der mich anstrahlte statt Papa!
»Wie stolz nur müssen Sie sich fühlen, Catharina, solch einem Vater anzugehören«, sagte er und schaute mich dabei so bewundernd an, als wäre wirklich ich der Grund für seinen Applaus. »Ich habe mir gerade erlaubt, mir vorzustellen, wie Sie einmal dort vorne stehen und singen, während Ihr Herr Vater oder Ihr Bruder Friedemann Sie begleiten. In dieser Stadt wäre es nicht anstößig, sich hören zu lassen.«
»Schon! Aber nur meine Brüder sind dazu auserwählt, in der Musik den Zweck des Lebens zu sehen, Monsieur Gerlach«, hörte ich mich merkwürdig verzweifelt sagen.

Und plötzlich war es wieder da: das Bild der Vagantin.
»Mir wird man dies nicht so ohne weiteres zugestehen. Anders gesagt, glaube ich nicht, daß mein Vater über eine solche Möglichkeit nachgedacht hat.«
Meine Begeisterung war verflogen. Gerlachs Worte hatten mir einen Stich versetzt. Mit Herzklopfen schaute ich zu, wie die Musiker zusammenpackten, Vater seine Stainer in Flanell wickelte und Friede das Cembalo verschloß. Carl machte einen Scherz, die Studenten lachten. Schneider zückte seine Börse, sagte eine Zahl. Gerlach brummte deren Hälfte, Münzen klimperten, die Bedienung bedankte sich. Die Vagantin – wieder die Vagantin. Ich hörte ihre Klage, sah ihre Handschuhe ...
»Wir wollen ihn fragen, Catharina!« riß mich Gerlach aus meiner Versunkenheit und griff nach meiner Hand.
Wie kann man bloß so strahlen! Heute hat er sich endgültig in mich verguckt.
Etliche Sekunden zu spät entzog ich ihm die Hand. Gerlachs Augen feuerten, als wähnte er sich bereits mit mir im Ehebett. Aber es wäre ungerecht, ihm einen Vorwurf zu machen. So redete ich mir ein, der Himmel habe mir diesen Fratz geschickt, um Vater jetzt gleich diese eine Frage zu stellen: Wann singe ich hier, wann überhaupt vor einem Publikum?
»Glauben Sie wirklich ...«
»Catharina! Wahrscheinlich hat mich der Himmel deshalb vor die Tür getrieben. Nur Mut!«
So sehnsüchtig also sah ich aus, daß Gerlach meine Gedanken lesen konnte.
Noch drei Schritte, zwei ... Friede grinste, und Carl war so frech, daß er hinter Gerlachs Rücken die Lippen schürzte – wenn Blicke töten könnten, wäre er jetzt nicht mehr am Leben.
»Nun? Zustimmung kann ich in deinen Augen nicht lesen, Catharina«, sagte Vater mit gespielter Strenge, während er mich kurz umarmte, Gerlach dabei aber nicht aus den Augen ließ. »Steht mir die Violine etwa nicht mehr? Oder geriet die Bearbeitung zu süß? Der Applaus wäre dann erklärlich. Hat sich der Musikdirektor Bach mit der Zuckerbäckerei versippt? Gerlach?«
»Musik hat im Endzweck an erster Stelle Gott zu loben und zu

ehren und als Nebenabsehen die Zuhörer zu bewegen und ihnen das Gemüt zu ergötzen – so haben Sie es uns gelehrt, Meister. Diese Air traf das Nebenabsehen nicht minder glücklich, als ich Ihnen unterstelle, jeder Note den vorrangigen Endzweck befohlen zu haben.«

»Kanzleikompliment, Gerlach! Für einen Organisten viel zu gewunden. Aber damit kommt man heute weiter als mit allem Registrierzauber. Meinst du nicht auch, Catharina?«

Vaters Augen blitzten, und seine Mundwinkel zuckten verräterisch. Offenbar sah er mich schon unter der Haube. Mit Spitzbauch und Kuhaugen.

»Das klingt gerade so, als würdest du einräumen, daß es bei Organistenprüfungen wichtiger ist, Komplimente zu machen, als eine Fuge zu extemporieren. Was ich mir, solange du einer Prüfungskommission angehörst, allerdings nicht vorstellen kann.«

Es sollte sich überlegen anhören, kam dann aber doch nur im Ton der bescheidenen Jungfer heraus.

Ich hätte mich ohrfeigen können!

Wenn Magdalena ein Kompliment macht, klingt es immer fordernd, manchmal geradezu ungeduldig. Ich aber rutschte in einen Ton, der zu einem Püppchen gepaßt hätte. Wo bloß hatte ich meinen Stolz gelassen? Hatte Gerlach ihn mir weggestrahlt?

Immerhin – die Worte selbst waren gut gewählt. Vater trat einen Schritt zurück und musterte mich verblüfft. Doch dann faßte er Gerlach mit sorgenvoller Miene ins Auge und sagte, indem er abwechselnd ihn und mich anschaute:

»Meiner Catharina gelingen da Komplimente, die ein Jesuit kaum besser herausbringen würde. Mit dem Unterschied, daß für Jesuiten der Zölibat gilt. Wem Gott aber die Verantwortung und Freuden der Mutterschaft möglich gemacht hat, der sollte dem gezierten Reden besser Valet sagen. Oder?«

Ich lief rot an und spürte, wie mir der Groll aufschäumte.

Warum bloß hältst du daran fest, Vater, daß Frauen mit Verstand letztlich nichts anderes als aus der Art gefallene Evastöchter seien? Selbst wenn du es immer nur halb ernst meinst und dich, wie vorhin, der Schalk gekitzelt hat!

Gerlach wenigstens bewies soviel Courage, den Kopf hin- und her-

zuwiegen. Worauf er völlig überraschend nach meiner Hand griff und bedeutsam sagte:
»Dem gezierten Reden, ja. Aber nicht dem gezierten Singen. Ihre Tochter, Meister, sollte ihre köstliche Stimme endlich den Leipzigern bekannt machen. Ich erlaube mir daher, sie Ihnen persönlich als neues und großes Talent zu empfehlen.«
Meine Hand fiel in die Vaters wie ein Stück Eis. Er führte sie spöttisch an seine Lippen und musterte Gerlach mit ungemeinem Wohlgefallen.
Aber bestimmt nicht wegen seines Vorschlags.
Und du selbst?
Standest da, wußtest nicht aus noch ein, fühltest nur die Last, Gerlach für seinen Einsatz irgendwie danken zu müssen.
Mein Herz klopfte, daß man es hätte hören müssen. Vater anzusehen, wagte ich nicht.
Statt dessen fing ich einen Triumphblick Gerlachs auf. So als ob er meinte, die Belohnung für diese Intervention müsse nun endlich mein Jawort sein.
Und Vater?
»Dein Vorschlag, Gerlach«, begann er bedächtig, »würde meinen Plan durchkreuzen, als nächsten Bach Bernhard zu präsentieren. Er wird mir gewiß keine Schande machen. Denn du weißt, er spielt favorabel.«
»Mit Verlaub, Meister, Ihr Sohn ist gerade vierzehn, Catharina dagegen wird einundzwanzig.«
»Meine Frau ist sogar achtundzwanzig, zudem Hofsängerin und hat hier auch noch nicht gesungen«, erwiderte Vater ungerührt. »In unserer Familie haben die Bache von sich reden gemacht, nicht die Bachinnen. Davon einmal abgesehen, daß Magdalena aus Schicklichkeitsgründen hier gar nicht auftreten dürfte. Und auch Catharina – sie wäre die erste Frau, die in einem Leipziger Kaffeehaus auftritt. Willst du sie in die Zeitung bringen und eitel machen?«
»Aber du, Vater, bist es gewesen, der Mutter entgegen allem Brauch auf dem Chor in Arnstadt hat singen lassen. Sogar vor eurer Hochzeit. Das Konsistorium damals zeigte sich darüber sehr befremdet. Wenn du also damals schon nicht einsehen wolltest,

daß die Frauen in der Kirche zu schweigen haben, wieso sollten wir Bachinnen es hier in einem Kaffeehaus tun? Leipzig ist schließlich nicht Arnstadt und das Kaffeehaus nicht St. Bonifaz.«
Nichts als der Mut der Verzweiflung ließ mich derart vehement gegen Vater anreden. Sollte Bernhard doch debütieren. Was sollte ich dagegen haben? Er war ein ausgezeichneter Cembalist.
Aber wo bleibe ich? begehrte ich stumm auf.
Du, Vater, bist stolz, daß ich so gut singe wie Magdalena! Warum willst du mir verwehren, was sie hat leben dürfen? Bin ich wirklich weniger wert als deine Söhne? Zu häßlich, um auf einer Bühne zu stehen?
Warum? Alles in mir empörte sich – und doch stand ich steif, wie vom Donner gerührt.
Gerlach schaute mich bewundernd an. Wenn du, Vater, dies nur halb so hingebungsvoll getan hättest, wäre ich zufrieden gewesen. Du aber runzelst die Stirn, schiebst das Kinn vor und blinzelst mich vorwurfsvoll an. Daß du wenige Sekunden später alles wiedergutmachen würdest: Habe ich das Gerlach zu verdanken oder Gott?
»Ihr sollt euren Willen haben«, sagtest du gleichmütig. Wohl eine Minute dauerte es, bis ich dies begriffen hatte. »Ich glaube, es wird sich etwas finden. Aber ich behalte mir vor, wo und wann ihr auftretet.«
»Ein Familienkonzert zur Weihnacht? Kompliment, Catharina!«
Gut, daß Friede sich in das Gespräch einmischte. Er zog so die Aufmerksamkeit auf sich, bekam einen Kniff in die Wange. Das erste Mal, daß nicht ich ihm, sondern er mir geholfen hat.
Gerlach und ich waren verabschiedet. Wir nuschelten noch irgendeinen Dank und gingen an unseren Tisch zurück, wo ich den eiskalten Kaffee hinunterstürzte. Köstlich! Draußen wollte Gerlach mir seinen Mantel überlassen, aber ich lehnte ab.
Schweigend gingen wir nebeneinanderher. Wie zeigte ich mich am schnellsten und einfachsten erkenntlich? Ich schaute mich um. Vater, Friede und Carl waren ein paar Dutzend Schritte hinter uns. Gerlach vor ihnen einen Kuß zu geben wäre einem Eingeständnis gleichgekommen. Also beschleunigte ich meine Schritte, bis das Dunkel der nächstbesten Gasse uns verschluckte.

»Sie rennen so, Catharina, daß ich beinahe zu hoffen beginne, Sie kochten wirklich noch einen Tee«, wurde er gleich vertraulich – nachdem auch er sich umgedreht hatte. Gleich mehrmals übrigens.
»Nein. Was Sie von mir kriegen, ist das hier.«
Es ging so schnell, daß Gerlach gar nicht stehenzubleiben brauchte. Und noch bevor er etwas sagen konnte, rannte ich los.
»Es hat nicht direkt mit Ihnen zu tun!« rief ich vor mich hin. »Nichts. Aber ich bin glücklich!«
Zu Hause weinte Regina. Magdalena schlief bereits. Ich beruhigte die Kleine, legte Holz nach und deckte den Frühstückstisch für den nächsten Morgen. Auf Heinrichs Hose war ein Flicken zu nähen. Die Ausgehröcke Vaters, Friedes und Carls waren ebenfalls noch auszubürsten. Zum Schluß der obligatorische Zimmerrundgang: Überall das Licht gelöscht, Mademoiselle Bach?
Du willst jetzt in unregelmäßigen Abständen Tagebuch führen? Wirklich? Ob du es durchhältst?
Jetzt bist du glücklich. In einem Monat auch noch?
Soviel wie heute wirst du aber bestimmt nicht wieder schreiben.
Vergißt du die Vagantin?
Ich glaube, nein.

Donnerstag, 2. Februar 1730, Mariae Reinigung

Wie es war, das weihnachtliche Familienkonzert? Wie ich gesungen habe? Es ist nicht wichtig. Oder, besser gesagt, mir ist es nicht mehr wichtig.

Falsch!

Es ist dir, Catharina, nur klargeworden, daß dein Aufbegehren von nichts als dem dreisten Gesinge einer Vagantin ausgelöst wurde. Sicher – du würdest auch gern einmal vor Publikum auftreten. Doch bedenke die Umstände! Du als bürgerliches Mädchen im nichthöfischen Leipzig: Singen – bloß in den Kaffeehäusern? Die Tochter des Musikdirektors Bach eine umherziehende »Kneipennachtigall«?

Die Kirche ist uns Frauen versperrt, die Oper hier vor neun Jahren eingegangen, vor wenigen Monaten sogar vollständig abgerissen. Bliebe nur das Theater anderswo. Aber da weißt du genau, daß Vater, zum Beispiel wenn es um Dresden geht, taub wird. Mit Friede dort einmal die Liederchen, wie er so harmlos sagt, zu besuchen ist ihm zwar vergnüglich, aber sonst hat er für sie nur Spott übrig. Das Kastratenwesen ist ihm ein Greuel, und von den Primadonnen und Hofsängerinnen hält er noch weniger. Weil sie für ihn allesamt nur Mätressen sind.

»Ihre Gurgeln sind so geläufig wie ihre Tugenden.«

»Danke für das Kompliment, Sebastian.«

Magdalena war beleidigt, Vater und Vogler aber haben gelacht. Wobei Vogler die Frechheit besaß, mir einen Blick zuzuwerfen, der von schmutzigen Gedanken nur so strotzte.

Die Oper scheidet also auch aus. So frei ich mich bewegen und benehmen darf: Vater besteht auf Sittsamkeit – ob hier, in Dresden, an einem Hof oder sonstwo in der Welt.

Schlag dir also die Singerei aus dem Kopf, Catharina! Zumindest berufsmäßig.

Und was auch sind die schönsten Opernarien Italiens gegen Vaters *Schlummert ein ...?* Geplärr und Geleier.
Du singst nur dann überzeugend, wenn du von dem, was du singst, selbst gerührt bist. Wenn ich also von *Schlummert ein ...* gerührt bin, wie sollte ich da jemals mit Sachen Erfolg haben, die mich kaltlassen? Und läßt mich nicht vieles kalt? Auch von Vater?
Du würdest also nie Erfolg haben, Catharina. Perfekt deduziert.
Schlummert ein, ihr matten Augen, fallet sanft und selig zu. Es klingt in mir, klingt und klingt und klingt: das Herzstück von Vaters Kirchenkantate *Ich habe genug.* Heute hast du es singen dürfen: Das ist wichtig!
Nein – es ist ein Stück Paradies.
Sie war schon länger Magdalenas Lieblingsarie gewesen, heute jedoch war sie von meinem Gesang so bewegt, daß sie mir gestand, sie werde die Arie in ihr *Notenbüchlein* eintragen. Vater hat sie, um Magdalena eine Freude zu machen, für unser heutiges Hauskonzert in den Sopran transponiert, aber Magdalena entschied, daß ich singen sollte. Noch sei sie Melodie und Text nicht gewachsen – Christiane Benedictas wegen. Vor einem Monat haben wir sie begraben, Vaters »Faulpelz«.
Sie habe es richtig gemacht, hat er gesagt. Sich schlafen gelegt, wie es sich für einen »Faulpelz« gehört. Das brachte ihn auf die Idee, die Arie für Magdalena zu transponieren. *Schlummert ein, ihr matten Augen, fallet sanft und selig zu* – ich weiß bestimmt, daß es auf der Welt nie mehr eine Arie geben kann, in der der Schlaf so innig angerufen und das Zufallen der Augenlider so schlicht und doch so eindringlich beschworen wird.
Aber ich will mir nicht selbst ausweichen: Wie war dein Auftritt, Demoiselle Bach? Willst du ihn nicht deinem Tagebuch anvertrauen? Doch. Aber im Grunde genommen war er lächerlich. Von der Warte Friedes oder irgendeines anderen Cembalisten aus gesehen ungefähr so, als wenn er mit des Herrn Vaters Anfängerpräludien angetreten wäre. Doch davon einmal ganz abgesehen: Mein Gesinge war mehr privat als öffentlich. Denn Vater hatte entschieden, mich bei den Boses »debutieren« zu lassen. Also nicht im Kaffeehaus, sondern unsrer Wohnung schräg gegenüber. Anfangs war ich sehr geschmeichelt!

»Die Boses? Ist das dein Ernst?«
»Glaubst du, ich lasse zu, daß meine Tochter ihre Stimme zwischen kaffeeschlürfenden Kaufleuten und weinseligen Studenten verschleißt? Du gegen kartenklopfende Ignoranten und Tabakschwaden ansingst?«
Ich fiel Vater um den Hals. Aus Übermut und einem spontanen Glücksgefühl heraus. Boses sind quasi unsere Freunde und so ziemlich die reichsten Leipziger dazu. Ihr Garten und ihre Orangerie draußen vor der Stadt zählen zur Zierde Sachsens, und der Festsaal, wo ich auftrat, ist wie in einem Schloß: mit vier riesigen eingemauerten Spiegeln an den Seiten, einer mit Stukkaturen umfaßten Decke samt ovalem Gemälde und sogar einer kleinen Galerie mit Balustrade.
Publikum waren wir Bache, Vogler, Gerlach – wozu aber alle aufzählen. Man war vom Rat, der Universität, der Kirche, Schule, Kaufmannschaft oder Bürgerschaft. Jeder kannte irgendwie jeden, und alle waren hochwohlgeboren und hochanständig. Als Vater mit Vogler ein Doppelkonzert gab, verflüchtigte sich mein Stolz jedoch von Takt zu Takt. Denn da begriff ich, als was ich in diesem Kreis wirklich angesehen wurde. Ich war nichts als die Tochter des städtischen Musikdirektors. Die Jungfer Bach, die so reizend war, einmal mit ihrer Silberstimme aufzuwarten.
So wohlwollend wurde ich angeschaut, daß mir bald ein Licht aufging: Meine Wenigkeit, Catharina Dorothea Bach, wurde nicht als neue Sängerin betrachtet, sondern allein als zukünftige Ehefrau. Ich war die noch zu Habende vom Bach der Thomasschule, eine gute Partie, singender Köder.
So war´s. Aber ja! Ihr Vater läßt sie singen, damit endlich einer anbeißt. Schwiegersohn gesucht! Musikdirektor Bach will endlich Enkel! Weswegen mein Debüt auch nur aus drei züchtigen Liedern nebst einer Arie bestand.
Den Anfang machten vier Strophen von Vaters Choral *Dir, dir Jehova, will ich singen,* der schickliche Einstand für die Kantorentochter, schlicht, aber auf seine Art modern. Darauf gab ich das Weihnachtslied *Uns kommt ein Schiff geladen,* dann, als Verbeugung vor der Vergangenheit, einen Christmetten-Satz, der ebenso altbacken wie kindlich war. Bei Nummer eins begleitete mich Frie-

de aus Respekt vor Vaters Komposition, wie es die Noten vorschreiben, bei Nummer zwei, als gelte es, einen Improvisationswettbewerb zu gewinnen, und bei Nummer drei mit vollgriffigen Pfund-Akkorden. Als wir fertig waren, gab es satten Applaus. Trotzdem kam ich mir vor wie die läppische Stimmdreingabe zu Friedes Tastenzauber.

Höhepunkt war die Blockflötenarie aus Vaters *Jagdkantate. Schafe können sicher weiden* – eine seiner bestimmt schönsten und lieblichsten Erfindungen, aber ich kam mir dämlich vor. Denn wer war das Schäfchen? Ich doch! Eins, das sicher im Haushalt weiden und walten wird, wenn es nur einen guten Hirtengatten bekommt!

Oh, wie waren die Herren und Damen Hochanständig alle entzückt! Allerdings wundert´s mich, daß ich bis heute noch keinen Antrag bekommen habe. Wahrscheinlich, weil Vater mit seiner neuen Vivaldi-Konzertbearbeitung alle irregemacht hat. Vogler, Friede, Gerlach und er an je einem Cembalo: ein Tastenfest! Klang- und Augenrausch in einem.

Gut so, Vater! Damit hast du dir selbst ein Bein gestellt! Dein Feuerwerk hat mein Lichtchen so wunderbar gründlich überstrahlt, daß ich anschließend bei den Boses gar nicht mehr vorhanden war.

Aber noch etwas verrate ich dir jetzt: Ich bleibe unbemannt. Werde nie Braut!

Gute Nacht, Vater!

* * *

BACH WÄLZTE SICH von einer Seite auf die andere, aber der Schlaf kam nicht. Eifersüchtig hörte er eine Weile auf die gleichmäßigen Atemzüge Magdalenas und war schon versucht, sie zu wecken – aber im letzten Augenblick entschied er sich anders. Denn plötzlich fiel ihm ein, warum er nicht zur Ruhe fand. Du hast Durst, sagte er leise. Zuwenig Wein und zuviel Matjes. Und die wollen schwimmen. Das ist es.

Bach schlüpfte in seine Filzpantoffeln und strich das Nachthemd glatt. Zum Glück schien der Mond. Er brauchte nicht mit der Hand an der Wand zur Tür zu tapsen und konnte dadurch recht-

zeitig der Wiege ausweichen, in der Regina Johanna leise vor sich hin keuchte. Bach strich ihr über die Wange und murmelte ein kurzes Gebet, dann sah er noch einmal nach Magdalena, die sich gerade auf die Seite drehte. Aber sie tat ihm nicht den Gefallen, wach zu werden. Bach verzog enttäuscht das Gesicht. Er hatte plötzlich Lust, mit Magdalena zu plaudern, sie zu streicheln und ...
Als er sich den Rest vorstellte, schlich sich ihm ein Knittelvers aus seinem Hochzeitsquodlibet in den Sinn: *Große Hochzeit, große Freuden, große Degen, große Scheiden, große Jungfern, große Kränze, große Esel, große Schwänze.* Wie war die Musik dazu? Bach überlegte angestrengt, während er in die Küche ging, und ballte die Fäuste, als er in den Wasserkrug sah. Er mußte sich beherrschen, nicht wütend aufzuschreien. Das Wasser nämlich reichte gerade noch für ein dreiviertel Glas. Die Söhne hatten sich vor ihm bedient! Die letzten beiden Stunden hatte er sie mehrmals durch die Wohnung schlurfen gehört, Friede beschäftigt mit Selbstgesprächen, Bernhard rülpsend.
Was jetzt? An Flüssigem gab es außer Essig nur noch einen halben Krug schal gewordenes Bier. Bach war versucht, Bernhard aus dem Bett zu werfen und zum Brunnen zu schicken. Aber dazu fehlte ihm die Kraft. Plötzlich fühlte er sich so schwach, daß ihm schwindelte. Mit zitternden Händen goß er Bier und Wasser zusammen und sank dann auf den Küchenschemel. Er trank langsam, zwang sich zu kleinen Schlucken.
»Ich auch.«
Magdalena war auf Zehenspitzen herangeschlichen. Ein Teil ihres Haars hing ihr auf die Brust. Sie sah verführerisch aus. Bach genoß den warmen Schlafdunst, der noch um sie war, und zog sie auf seinen Schoß. Beide stritten sie, wer trinken solle. Magdalena setzte sich durch. Bach dankte ihr, indem er ihr mit der Faust den Rücken massierte. Magdalena hielt die Augen geschlossen, seufzte.
»Daß Durst so schrecklich sein kann«, sagte Bach. »Weißt du, daß es noch gar nicht so lange her ist, daß sämtliche Schüler mit einem Wasserkrug auszukommen hatten? Im Sommer, in der Hitze unter dem Dach? Den sie sich dann mit den Ratten dort oben teilen mußten? Wasser mit Rattenpisse. Erst als die Hälfte aller Schüler sich beinah die Eingeweide rausgeschissen hatte, wurde gehandelt.«

»Die Ratten sind doch immer noch da.«
»Nicht so viele. Seit regelmäßig ein Kammerjäger kommt. Jetzt hat auch jeder einen eigenen Wasserkrug. Dazu gibt es zur Kräftigung jeden Sonn- und Festtag drei Becher Vollbier, unter der Woche Dünnbier. Der Leipziger Rat entdeckt die Barmherzigkeit.«
Bach ließ seine Hand unter Magdalenas Nachthemd wandern und streichelte ihren Busen. Magdalena quietschte unwillig auf, blieb aber auf dem Schoß ihres Mannes sitzen. Bach brummte eine Allerweltssequenz und stellte seinen Becher auf den Boden.
»Du würdest nur ein Mädchen mehr begraben müssen, Sebastian«, sagte Magdalena düster.
»Hat dir das der Teufel im Traum erzählt? Und was heißt nur ein Mädchen?«
»Sebastian!« sagte Magdalena mitleidig. »Du hast, als Heinrich geboren wurde, stolz verkündet: Dein erster, Magdalena. Was doch nur heißen kann, daß du dir auch noch einen zweiten und dritten wünschst. Wie Barbara sie dir geschenkt hat. Auf daß ich das Dutzend vollmache.«
»Ich liebe Catharina und Liese nicht weniger als ...«
»Friedemann?«
»Das verstehst du falsch. Friede fordert durch seine Begabung besondere Hinwendung. Gott hat ihn ausgezeichnet. Alles, was ich für Friede tue, ist Dienst an Gott.«
»Und meine Kinder? Sind für Gott entbehrlich.«
Magdalena begann zu weinen. Bach fühlte sich hilflos. Magdalena hatte ihm bislang sieben Kinder geboren, von denen nur Heinrich und Liese so kräftig waren, dem Leben standzuhalten. Im Tiefsten seines Herzens wußte Bach, daß auch Regina Johanna die Familie bald verlassen würde.
Magdalena fing sich zum Glück schnell wieder. Sie seufzte tief auf und lächelte Bach mit nassen Augen an. Der hielt sie so fest, wie er konnte, und schaukelte sie sanft. Magdalena drückte ihr Gesicht an seinen Hals.
»Weißt du, daß Catharina deswegen nicht mehr heiraten will?« flüsterte sie.
»Was hat das damit zu tun?«
»Wegen der Kinder, Sebastian!«

Magdalena machte sich los und sah ihren Mann erstaunt an. Sie hatte nie erwartet, daß er sich für die Belange der Frauen interessierte, schließlich war er Musikdirektor, Hofkapellmeister und Komponist. Aber trotzdem wünschte sie sich jetzt etwas mehr Einfühlsamkeit von ihm.
Ungläubig schüttelte sie den Kopf und schaute Bach mit großen Augen an. Ihr breites Gesicht mit den pausbäckigen Wangen strahlte in solchen Fällen immer eine große Überlegenheit aus, eine Eigenschaft, die ihr vor allem bei Bachs Söhnen Carl und Bernhard Respekt verschaffte. Bach liebte diesen Ausdruck. Er ließ sich gerne von seiner Frau belehren – auch weil er wußte, daß Magdalena hinterher immer besonders anschmiegsam war und so tat, als wäre das, was sie gesagt hatte, letztlich doch unwichtig.
»Du weißt also mal wieder mehr als ich?«
»In diesem Fall: Ja. Weil wir Frauen die Kinder bekommen. Sie auf die Welt zu bringen, sagte Catharina, um sie dann doch nur dem Sensenmann in den Arm zu legen, dazu fehle ihr die Kraft.«
Magdalena erzählte, wie sehr Catharina das fünf Tage währende Gewimmer Christiane Benedictas angegriffen habe. Catharina sei nämlich weicher, als sie sich nach außen hin gebe. Der Tod schrecke sie, auch wenn sie mit seiner Allgegenwart lebe. Es bedeute für sie nicht, sich an ihn zu gewöhnen.
»Dann wurde sie geradezu lästerlich. Hat gesagt, daß sie Christiane schnell vergessen werde. Ebenso schnell wie die anderen Geschwister, die sie habe zugrunde gehen sehen.«
Magdalenas Stimme brach, neue Tränen flossen.
»Sie begann mir vorzurechnen. Zählte jeden und jede auf. Mit einem Gesicht! Es war schrecklich!«
»Aber da hat sie sich doch selbst widersprochen.«
Bach barg Magdalenas Kopf an seiner Brust – und begann selbst zu rechnen. Die Liste war lang, Catharina hatte für ihr Alter den Tod tatsächlich zu oft gesehen. Sie war vier, da starben die Zwillinge. Mit zehn Jahren erlebte sie, wie Leopold August erstickte. Mit elfeinhalb nahm Gott ihr die Mutter, mit dreizehn die beiden Onkel Christoph und Jacob. Als sie achtzehn wurde, ging es weiter. Bach sah die immer müden, blassen Gesichtchen von Henrietta und Gottlieb vor sich, die beide gerade mal drei Jahre alt wurden.

Zwischen beiden kam noch der notgetaufte Ernst, letztes Jahr starb Tante Friedelena, jetzt im Januar Christiane Benedicta.
Wer ist der nächste?
Bach bewegte stumm die Lippen, aber in seinem Kopf kreiste der Name seiner Tochter Regina Johanna. Tat sie sich mit dem Leben nicht genauso schwer wie vor wenigen Jahren Henrietta oder Gottlieb? War sie einzig dazu geboren worden, in seiner Familie das Dutzend Tote vollzumachen?
Die Müdigkeit hing mit bleierner Schwere an ihm. Bach streichelte Magdalena über den Kopf. Hand in Hand gingen sie zurück ins Schlafzimmer, Magdalena voran, eine Hand nach vorne gestreckt.
Vor den Mond war eine Wolke gezogen.
»Die Wiege!«
Bach grunzte nur. Sein letzter Gedanke war: Wie ging die Musik zum *Quodlibet*? Dann schlief er ein.

Montag, 8. Mai 1730

Eine Woche ist es jetzt her, daß Vaters *G-Dur-Klavierpartita* in der Zeitung angekündigt wurde. Er hofft, daß sie genausoviel Beifall findet wie die vorigen vier. Friede sagte, wer diese fünf *Partiten* gut vortragen lerne, könne damit sein Glück als Virtuose in der Welt machen. So glänzend und ausdrucksvoll seien sie.
»Und auch so schwer.«
Friede spielte sie uns vor. Mit der gleichen Virtuosität wie Vater. Mit einer Leichtigkeit, als spielte er Musetten: völlig ruhig, ohne die geringste Verdrehung des Körpers, die Finger leicht gebogen über den Tasten, so daß man sie sich kaum bewegen sieht. Und dann natürlich das entspannte Gesicht mit dem souveränen Lächeln und den glänzenden Augen.
Ich bin stolz auf ihn.

Mittwoch, 10. Mai 1730

Diesen Nachmittag werde ich bestimmt nicht so schnell vergessen. Vater komponierte, Heinrich übte. Ich saß an Hosen und Röcken, nähte Knöpfe fest, stopfte Löcher. Magdalena polierte Silberknöpfe. Der Rest der Familie bis auf Liese und Regina genoß das frische Grün vor der Stadt.

Plötzlich rief Magdalena mir aus dem Nichts heraus zu, daß ich mich wohl endgültig entschlossen hätte, nicht zu heiraten.

»Ja, nicht mehr«, antwortete ich fest. »Den Adolph Scheibe hätte ich genommen. So wie er ist. Einäugig, zuweilen unsicher, dann wieder überheblich.«

Magdalena unterbrach ihre Arbeit nicht. Es gab weder Widerspruch noch Belehrung – im Gegenteil. Was sie sagte, klang eigentlich nur zustimmend: Ich sei eine echte Bach, und wenn die sich einmal zu etwas entschieden hätten, könnten Tod und Teufel daran nichts ändern.

Es schmeichelte mir. Aber es stimmt. Einmal zur Entscheidung gekommen, schert sich Vater, grob gesprochen, keinen Pfifferling um die Konsequenzen. Wie zum Beispiel das Jahr 1717 beweist. Da nahm er das Hofkapellmeister-Amt in Köthen an, noch bevor er die Konzertmeisterstelle in Weimar gekündigt hatte – was ihm unter dem Vorwand, seine nachträgliche Entlassung halsstarrig erzwingen zu wollen, prompt die Arretierung auf der Landrichterstube einbrachte.

Aber Magdalena wäre nicht Magdalena, hätte sie ihr Kompliment nicht mit ein paar Tropfen Galle gemischt. Sie sagte nämlich, daß ich als echte Bachin vor dem Problem stünde, einen echten Bach als Vater zu haben.

»Bach gegen Bachin, Catharina. Ich will es mir nicht so leichtmachen, deinem Vater die Waffen zu überlassen und dir zur Verteidigung die Schürze. Aber es wird nicht leicht für dich, wenn er dich wirklich an den Mann bringen will.«

»Ich werde ihm einfach vorrechnen, wie teuer eine Magd anstatt meiner wäre«, erwiderte ich leichthin. »Am verwundbarsten sind wir Bache nämlich, wenn der Gegner mit dem Geldsack nach uns schlägt. Meine Mitgift wäre teuer.«
»Ihr Bache und ich, die Wülcken.«
Wir lachten herzlich, aber dann wurde Magdalena überraschend ernst. Vaters Degen und seine Rockknöpfe waren poliert, Heinrichs Hose gestopft. Drei Knöpfe an Friedes Rock hingen an zu langen Fäden. Ich riß sie ab und begann sie neu anzunähen. Magdalena sah mir eine Weile zu, dann sagte sie leise:
»Auch wenn du ehelos bleiben möchtest, Catharina – ich glaube, du solltest trotzdem wissen, was Mann und Frau gelegentlich tun, weil Gott es nun mal so eingerichtet hat.«
Ich sog scharf die Luft ein, nähte weiter. Das, was Magdalena da andeutete, *das* wußte ich. Sogar schon sehr lange. Genau gesagt, seit Vater und Magdalena sich verlobt hatten.
Ich weiß noch, wie und wann mir in Köthen damals die Augen geöffnet wurden. Unser Köthener Mädchen, dasjenige, welches der Vogler damals beim Karottenschälen ... ich bin den Tag darauf mit ihr ein Faß Bier holen gegangen. Wir transportierten es auf einem Leiterwagen.
»Wie alt bist du jetzt, Catharina?« fragte sie.
»Zwölfeinhalb.«
»Und bist du schon eine Frau?«
»Wenn du das eine meinst, ja.«
»Dann weißt du schon die eine Hälfte. Die andere erzähle ich dir jetzt, damit du verstehst, warum du bald wieder die Bettkästen quietschen hörst.«
Das war damals.
Heute erzählte ich Magdalena davon – daß mir also einst beim Bierholen auseinandergesetzt wurde, was und wie es Hunde, Pferde, Rindviecher und Menschen machen müssen, wenn sie sich vermehren wollen.
Warum sollte sie es nicht erfahren, daß ich schon lange davon wußte?
Trotzdem, Magdalena ließ nicht locker. Ihr war es wichtig, mir ein paar, wie sie sich ausdrückte, »wesentliche Dinge« zu erzählen.

Aber das nicht als Stiefmutter, sondern als ältere Schwester, wie sie hinzusetzte.

Es war das erste Mal, daß wir von Frau zu Frau sprachen – aber die Offenheit, die Magdalena dabei an den Tag legte, war für mich »Jungfer« dann doch peinlich genug. Das muß ich zugeben. Aber jeder Tochter wäre dies so gegangen. Weil – es kann überhaupt nicht anders sein, wenn ... wenn die Stiefmutter vom Vater als Mann spricht.

»Dein Vater, Catharina, hat mich nicht nur geheiratet, weil er sich wieder eine Familie, und zwar eine noch größere, wünscht, sondern auch, weil er als Mann die Geborgenheit braucht, die er so früh verloren hat.«

Magdalena schaute mich bedeutsam an, und ich spürte, wie ich rot wurde.

»Du weißt, er hat seine Mutter schon mit neun Jahren verloren.«

»Und ich mit elf!« platzte ich heraus. »Aber so etwas hat er gesagt?«

»Natürlich nicht. Aber jede Frau, die Weib genug ist und seine Lebensgeschichte kennt, wird mir zustimmen. Nur, daß mein Schoß allmählich müde wird. Wie jeder Schoß. Weil er doppelt aushalten muß: Begehren und Mutterschaft. Etwas, das unsere Männer bestimmt noch in tausend Jahren nicht verstehen werden.«

Pause.

Mir schwindelte vor dieser Beichte. Das Blut schoß mir so heftig in den Kopf, daß mir die Ohren brannten.

»Es gehört sich, daß ich dies jetzt nicht verstehe, ja?« preßte ich hervor, verzehrte mich aber gleichzeitig vor Neugier.

»Vor acht Jahren, als ich deinen Vater heiratete, hätte ich es auch nicht, Catharina«, antwortete Magdalena, nicht das geringste bißchen verlegen. »Das Leben mit deinem Vater ist für mich der Himmel auf Erden. Nur bei dem, was das eine betrifft, gibt es einen gewaltigen Unterschied. Ich nämlich werde Mutter und bin damit wieder eine andere als die Frau ohne Kind. Neun Monate trage ich die Frucht unserer Nacht in meinem Körper, sie wächst und wächst. Wächst in mein Leben hinein und wird niemals mehr verschwinden. Ich bin Mutter, bleibe Mutter – selbst wenn mein Kind stirbt, wenn alle sterben. Weil ich es bin, die das Kind unter dem

Herzen trug. Selbst wenn es längst tot ist. Dies geht nie wieder aus meinem Herzen hinaus, Catharina. Nur, davon weiß ein Mann nichts, selbst dein Vater. Kein Mann wird es je wissen. Kein Mann kennt den Unterschied zwischen der Nacht der Liebe und der Zeit danach: der Mutterschaft.«

Magdalenas Blicke verloren sich, während ich nicht mehr wußte, wohin ich schauen sollte. Vor Verlegenheit setzte ich mir unsere sonnige Liese auf den Schoß und patschte *Backe backe Kuchen* mit ihr.

Die Erlösung brachte wenig später zum Glück Heinrich. Magdalenas Abgott. Er stürmte herein, um ihr zu zeigen, wie sicher er jetzt Vaters *F-Dur-Invention* in die Hände bekommen habe, zerrte sie regelrecht vom Stuhl – und damit war unser Gespräch beendet.

Schrecklich. Ich kann es nicht ertragen, wenn Magdalena Heinrich abküßt. Sicher, er ist ihr Erstgeborener. Aber hat Mutter jemals Friede, Carl oder Bernhard dermaßen überschüttet? Magdalena zerfließt vor Wonne, wenn sie Heinrich nur berührt! Dabei hat er es alles andere als leicht bei ihr. Obwohl er ihr Liebling ist, treibt sie ihn andauernd an. Ehrgeizig, wie sie ist, will sie einen zweiten Friede aus ihm machen. Nein, eigentlich soll er Friede übertrumpfen! Vielleicht gelingt es Magdalena ja! Denn was sein Klavierspiel angeht: Friede selbst sagt, daß Heinrich mit seinen sechs Jahren besser spiele als er damals mit acht.

Wenn es denn stimmt? In meinen Augen spielt Heinrich nur wilder. Wehe, ihm gelingt etwas nicht auf Anhieb! Gestern zum Beispiel. Da verhaspelte er sich bei der Invention. Vor Wut spielte er deswegen gleich mit den Fäusten. Carl amüsierte sich, Bernhard dagegen stachelte ihn, wie es nun mal seine Art ist, noch weiter auf. Wäre Magdalena nicht gekommen, Heinrich hätte nicht mehr aufgehört!

Aber dann! Das Donnerwetter ging nur gegen Carl und Bernhard, Heinrich dagegen bekam Liebkosungen und ein Stück Kuchen. Er ist bestimmt das fetteste Kind, das je den Namen Bach getragen hat.

Wird man so als Mutter? Ich muß wieder an die Vagantin vom Dezember denken. Was sie wohl gerade treibt?

* * *

Bach konnte aufatmen. Die Jubelfeierlichkeiten zum Gedenken an die vor zweihundert Jahren verkündete Augsburgische Konfession waren vorüber. Drei anstrengende Tage lagen hinter ihm, in denen er drei Festgottesdienste hintereinander musikalisch hatte gestalten müssen. Harrte er beim gewöhnlichen Gottesdienst drei bis vier Stunden in der Kirche aus, waren es an diesen Tagen fünf. Nach der Fest-Kantate folgten nämlich noch Beichte und Absolution, drei zusätzliche Gebete, das Leipziger »Herr Gott, Dich loben wir« mit Trompeten und Pauken und zu guter Letzt die Zelebration des Abendmahls.

Die Wochen davor hatte er mit sich gerungen, ob er, der überzeugte Lutheraner, neue Kantaten für diese Gottesdienste komponieren oder auf bestehende Kompositionen zurückgreifen solle. Aber schließlich war er zur Überzeugung gekommen, daß er mit entsprechenden Umarbeitungen bereits komponierter Kantaten Luther immer noch genügend Ehre erwies.

»Bist du gealtert?« Bach fragte es halblaut vor sich hin, während er in den Spiegel schaute. »Hättest du auch in Weimar Parodien einstudiert?«

Sein Spiegelbild gab keine Antwort. Es zeigte einen Mann mit weißer Perücke, die ein Gesicht einrahmte, das sich auf ein Doppelkinn aufstützte. Die Lippen blaß, aber voll, die Stirn glatt …

»Nichts.«

Bach wandte sich ab. Mehr wollte er nicht an sich entdecken.

Du hast, seit du in Leipzig bist, jetzt bald fünf Kantaten-Jahrgänge komponiert, murmelte er. Du hast – Bach zögerte, beendete den Satz stumm – keine Lust mehr.

Aber er war zu ehrlich, um sich nicht einzugestehen, daß er auch deshalb keine neuen Kantaten komponiert hatte, weil er gehofft hatte, eine Einladung vom Dresdener Hof zu erhalten. Denn der ergötzte sich in diesem Juni in Zeithayn an einem »Lustlager«, das die Feste des Sonnenkönigs weit in den Schatten stellte. Die Zeitungen hatten berichtet, daß mehr als 40 000 Gäste daran teilnahmen. Darunter über einhundertfünfzig aus Europas Adel und Hochadel. Revuen, Bälle, Jagden und Feuerwerke wurden veranstaltet – das letzte sollte fünf Stunden gedauert haben –, aber eben auch Theateraufführungen und Konzerte. Hatte man ihn vergessen? Deutschlands bedeutendsten Tastenvirtuosen, der einst in Dresden den berühmten Franzosen Marchand mit seinem Spiel zur heimlichen Flucht gezwungen hatte?

»Aber gegen wen hättest du diesmal antreten sollen?« seufzte er.

Es half wenig. Das Gefühl, daß sein Sieg in Dresden vergessen war, ließ sich nicht abschütteln. Selbst beim Frühstück ließ Bach das Zeithayner »Lustlager« nicht los. Aber nichtsdestotrotz war er an diesem Morgen guter Laune, und so fragte er in die Runde:

»Was ist vierzehn Ellen lang, sechs breit und eineinhalb Ellen dick?«

»Keine Ahnung«.

»König Augusts Riesenkuchen. Neun Stunden hat er gebacken. Siebzehn Scheffel Mehl, vier Tonnen Milch und zweiundachtzig Schock Eier stecken in ihm drin. Carl, wieviel Pfund sind siebzehn Scheffel? Bernhard, wieviel Eier sind zweiundachtzig Schock, hm?«

»Reingefallen!« Es war Heinrich, der sofort schadenfroh aufjubelte, wenn seine Stiefbrüder gefordert waren.

Und Carls und Bernhards Gesicht? Magdalena und Catharina hatten lange nicht mehr so herzlich aufgelacht. Catharina jedoch kannte ihren Vater. Er würde sie fragen, ob die Rechenergebnisse stimmten. Also begann sie sofort mitzurechnen.

Wer war schneller? Die Thomaner und Lateinschüler Carl und Bernhard oder sie, die Hauskraft? Für ein paar Augenblicke war es mäuschenstill. Dann – Carl war schnell, Bernhard frech.

»Und?«

»Zwölfhundertfünfundsiebzig Pfund Mehl, Vater!«

»Viertausendnochwas. Aber Schule ist aus, und zweitens ist so was Weibergeschäft.«

»Catharina?«

Bach schaute Bernhard scharf an, wirkte aber keineswegs böse. Catharina lehnte sich entspannt zurück.

»Carl kann´s«, sagte sie. »Ansonsten waren es 4920 Eier. Für seine Denkfaulheit muß Bernhard nachher den Tisch abdecken. Wer´s mit dem Kopf nicht kann, benutzt eben die Füße.«

Bernhard stampfte mit dem Fuß auf, bekam einen hochroten Kopf.

»Bin ich dein Lakai?« rief er empört. »Schöne Schwester bist du! Du Hausdrachen!«
»Ich schlage vor, daß Bernhard auch noch den Abwasch macht«, sagte Catharina daraufhin kühl und trank ungerührt ihren Tee aus.
Bachs Augen verengten sich, aber noch lächelte er. Bernhard jedoch ritt an diesem Morgen der Teufel. Er erhob sich, nahm sein Brett und seinen Becher und verschwand in die Küche. Nach einer Weile kam er zurück und stellte beides gespült an seinen Platz. Dann ging er aus dem Zimmer. Bach rief ihm betont freundlich nach, daß er die Frühstückstafel eigentlich nicht aufgehoben habe und im übrigen auch der Tisch noch längst nicht abgedeckt sei. Seine Augen waren eng und seine Mundwinkel zuckten. Niemand wagte mehr zu kauen. Gelegentliches Stuhlknarren war das einzige Geräusch im Zimmer.
Und Bernhard?
Drehte sich provozierend langsam im Türrahmen um und sagte beleidigt:
»Dann schlage ich vor, daß Catharina für ihre hochwohlweisen Hausfrauenvorschläge mit gutem Beispiel vorangeht und mir erst einmal ein Tablett holt.«
Die Antwort wurde sein Unglück. Bach schrie ihn an und schleifte ihn an den Haaren zu seiner Tochter. Drückte ihr seinen Kopf auf die Knie und ließ nicht eher los, bis sein ungeratener Sohn sich laut und deutlich bei seiner Schwester entschuldigt hatte. Die Ohrfeige, die er nebenbei verpaßt bekommen hatte, war so gewaltig, daß sie auf der Stelle einen Bluterguß hervorrief.
Bach verließ die Frühstückstafel ohne ein weiteres Wort und verschwand in seiner Komponierstube. Magdalena blickte strafend in die Runde und legte den Finger auf den Mund. Das Geschirr wurde zusammengestellt, Bernhard, der stumpf auf seinem Platz vor sich hin stierte, von niemandem weiter beachtet.
Eine viertel Stunde später klangen die ersten Takte der Melodie *Die goldne Sonne voll Freud und Wonne* durch die Wohnung. Doch Bach brach bald ab, begann Neues. *Brunnquell aller Güter* schloß sich an, eine schlichte Weise, die ihn so gefangennahm, daß er lange Zeit über sie phantasierte.

»Das hätte ja nun nicht sein müssen«, sagte Magdalena zu Catharina und zog sich Liese auf den Schoß, um ihr Haar nach Läusen zu durchsuchen.
»Natürlich nicht«, sagte Catharina, während sie die Teebecher abtrocknete. »Soll ich mir etwa alles gefallen lassen?«
»Nein, aber ...« Magdalena redete nicht weiter.
Wozu auch.
Es war ein fast normaler Frühstücksmorgen bei den Bachs. Mit so etwas mußte jede Familie leben. Es konnte viel schlimmer kommen.
Und es kam viel schlimmer.

* * *

NACH SIEBEN JAHREN Dienst wurde über den Musikdirektor und Thomaskantor ein Scherbengericht abgehalten. Juristen und Stadtbeamte trafen sich in der Ratsstube, um dem ihrer Meinung nach Aufsässigen Mores beizubringen.
Die Perückenköpfe ruckten über den zugeknöpften Kragen, steifen Hemden und engen Wämsern hin und her, Augenpaare suchten und fanden sich: Man wogte in Sympathien für den Kollegen, der nicht minder schwitzte als man selbst. Es war ein heißer Tag, Anfang August, aber die Gewichtigkeit der anberaumten Sitzung duldete selbstverständlich keine Nachlässigkeit im Äußeren: Amtswürde bedeutete, körperliches Unbehagen in Kauf zu nehmen.
Zum Glück war die Ratsstube angenehm temperiert. Man stimmte erst ab, ob das Fenster auf oder zu bleiben sollte, dann schritt man an den großen ovalen Tisch, der die Mitte des Raumes einnahm. Aufatmend ließen sich die elf hochwohlweisen Herren auf die langlehnigen Lederstühle nieder, jeder hatte seinen festen Platz. Die Blicke wanderten über die Kassettendecke, den Aktenschrank, die Vitrine mit dem Ratssilber. Einige Sekunden länger verweilte man bei den Parade-Porträts der sächsischen Kurfürsten, doch die Aufmerksamkeit richtete sich sehr bald auf den Kollegen, der begonnen hatte, das Problem des Lateinunterrichts an der Thomasschule zu referieren:

Mit Billigung aller habe Bach zwar von Anfang an den Lateinunterricht abgegeben. Daß jener Magister Pezold seine Sache allerdings dermaßen schlecht mache, war nicht vorauszusehen gewesen. Es sei tunlich, die Latein-Unterweisung einem anderen zu übertragen. Magister Kriegel stehe im Ruf, ein guter Mensch zu sein, Bachs Unlust zum Unterrichten hingegen könne begegnet werden, indem man ihn zwangsweise einer der unteren Klassen vorsetze. Dort könne er sich besinnen und den Latein-Schützen die Anfangsgründe der lateinischen Grammatik beibringen. Was selbst er ja wohl noch schaffen werde!
Nicht nur eine Faust fiel mehr oder minder kräftig auf den Tisch. Wobei die Gesichter eher erheitert als böse wirkten. Schmunzelten oder gar lachten die einen, nickten andere so heftig, daß ihnen der Puder aus der Perücke staubte. Die Schleusen für weitere Anschuldigungen waren geöffnet. Trotz des guten Wetters und des fröhlichen Kindergeschreis, das durch das Fenster strömte: Niemand verteidigte Bach.
Es hagelte Vorwürfe.
Die lauteten: Der Monsieur Thomaskantor habe sich herausgenommen, ohne Vorwissen des Herrn Bürgermeisters einen Choristen aufs Land zu schicken. Desgleichen seine unablässigen auswärtigen Orgelprüfungen und Orgelkonzerte: Bach verreise einfach, ohne um Urlaub nachzusuchen.
Die Stimmung wurde aggressiv. Bach war Bach, gewiß, aber auch er habe sich an seinen Anstellungsvertrag zu halten. Ausnahmen seien zwar zulässig, aber Sonderrechte gebe es nicht. Alles andere sei Dreistigkeit.
Bürgermeister Lange faßte zusammen: Es sei alles wahr, sie hätten Gott zum Zeugen. Ein Verweis sei demnach dringend angeraten, im übrigen sei Bach als Lehrer an die unteren Klassen zu versetzen und Magister Kriegel der Lateinunterricht anzuvertrauen.
»Und das ist nicht alles!« polterte der Hofrat Steger und zweite Bürgermeister. »Bach insgesamt – er tut nichts. Selbst wenn man im Gespräch mit ihm mit dem Zaunpfahl winkt: Er denkt gar nicht daran, sich zu ändern.«
»Und die Singstunden!«
»Richtig. Die hält er erst gar nicht mehr ab«, ereiferte sich der

Hofrat weiter. »Darüber hinaus ist er noch nicht einmal in der Lage, die Schüler zur Räson zu bringen.«
»So geht es nicht weiter!«
»Ja, aber Bach ist einfach inkorrigibel!«
Die übrigen Ratsherren samt Ratsprotokollführer stimmten dem Vorschlag eines Verweises samt Strafandrohung zu, wobei der Antrag des Herrn Doktor Hölzel, Bach die Besoldung zu verkümmern, zustimmendes Geraune fand.
Stiftungsrat Dr. Born wurde ausgewählt, Bach in einer mündlichen Aussprache zur Besserung anzuhalten.
Ob man nun noch geneigt sei, über den nötigen Umbau der Thomasschule zu verhandeln? Es sei dies leider eine Bedingung des Herrn Dr. Gesner, der sonst nicht für die verwaiste Rektorenstelle an der nämlichen Schule gewonnen werden könne.
Die Augen wanderten zum Fenster. Hofrat Steger murmelte etwas, das unmutig klang. Der Gegenstand sei zu umständlich, um noch bis zur Mittagszeit durchgearbeitet zu werden. Perücken knisterten, Münder schoben sich zustimmend vor.
Bürgermeister Lange schloß in der Zwischenzeit das Fenster. Als er sich wieder in den Raum wandte, sah er, wie der Ratsprotokollführer neben den entsprechenden Punkt notierte: vertagt.

Freitag, Samstag, 25./26. August 1730

Eine entsetzliche Woche! Vater ist immer noch wütend. Von der Unterredung mit Stiftsrat Born kam er dermaßen wutgeladen zurück, daß er sich jegliches Musizieren verbat. Nicht den kleinsten Ton wollte er hören – so etwas ist noch nie vorgekommen. Sogar das Konzertieren im Collegium musicum hat seine Stimmung kaum bessern können.
Ich hatte das Pech, ihm die Tür zu öffnen. Er schien mich gar nicht zu sehen. Rempelte mich geradezu an, als er in den Flur trat, wo er sich seine Perücke vom Kopf riß und samt Gehrock in die Ecke trat.
»Ich will, daß jetzt Ruhe herrscht«, stieß er hervor. »Überall. Sag es ihnen. Und ich gebe nachher keine Minute Unterricht.«
Ich eilte ins Musikzimmer, wo Heinrich wieder an den *Inventionen* übte, und schleppte Regina in die Küche. Friede war in der Universität, Magdalena mit Liese einkaufen. Die anderen hatten noch Unterricht. Sofort hetzte ich nach nebenan in die Schule. Zum Glück brauchte ich nicht lange zu warten, denn es war bereits kurz vor elf, für die Thomaner Mittagessenszeit.
Es ging weniger darum, Carl und Bernhard zu instruieren, als Magister Pezold abzufangen, der diese Woche die Tischaufsicht führte. Ich bat ihn, dafür zu sorgen, daß die Schüler das halbe Stündchen nach dem Mittagessen heute nicht herumtobten. Bis zum Beginn des Singunterrichts sollten sie sich um Himmels willen ruhig verhalten. »Vater ist in der Stimmung, den Unterricht mit dem Ochsenziemer abzuhalten.«
»Solchen Ärger?« fragte Pezold bestürzt – als ahnte er bereits etwas.
»Das ist ein noch viel zu schwaches Wort, Herr Magister«, erwiderte ich gereizt. Hätte ich da schon gewußt, daß Vater auch seinetwegen Ärger bekommen hatte, ich glaube, ich wäre unverschämt geworden.

Dieser Pezold! Vater war von Anfang an schlecht beraten, als er sich mit ihm vom Lateinunterricht freigekauft hat. Pezold nennt sich Magister, ist in Wahrheit aber ein Stümper! Hat Friede Vater dies früher eigentlich nie erzählt?
Natürlich! Bloß, Vater hat es nicht interessiert. Nicht im geringsten!
»Ich zahle ihm fü-ünfzig Ta-ler!«
Wie oft haben wir darüber gelacht! Vater hat vorgesungen, wir setzten dann nach und nach ein und sangen minutenlang einen Kanon darauf.
Dafür klopft jetzt der Racheengel an unsere Tür.
Natürlich vergaß ich nicht, Vaters Chorpräfekten zu bitten, heute den Singunterricht zu übernehmen – ein Ehrendienst, aber er wurde alles andere als begeistert übernommen.
»Schon wieder?« fragte er und zerdrückte vor meinen Augen eine Wanze, die er sich aus dem Haar gekratzt hatte.
»Mir zu liebe und für zwei Schoppen Wein?«
»Drei. Und einen Kuß.«
Er bekam drei – Schoppen natürlich. Bernhard hat sie ihm gebracht. Als er wiederkam, knackte es an meinem Ohr: eine Wanze.
»Geschenk von Herrn Chorpräfekt Johann Gottlieb Lange. Für Käte Bach.«
Für die »Käte« hab' ich Bernhard eine geknallt wie weiland Vater. Rotzkerl! Irgendwann werde ich ihn mal auf seine Bettlaken ansprechen – vor Magdalena. Und dann lösch' ich seinen roten Kopf mit einem Eimer Wasser!

* * *

FRIEDEMANN ERTRUG ES nicht länger, seinen Vater leiden zu sehen. Es drängte ihn, ihm Mut zuzusprechen, und darüber hinaus war dies vielleicht auch eine Gelegenheit zu beweisen, daß er nicht umsonst die Rechte studierte.
Beherzt klopfte er an die Tür der Komponierstube. Wartete. Nichts geschah. Friede klopfte ein zweites Mal, hielt den Atem an, lauschte. Wieder nichts. Durfte er es wagen? Aber wenn nicht er, wer von den Kindern dann? Catharina? Sein Vater war, was Stö-

rungen beim Komponieren betraf, eine robuste Natur, mußte es auch sein, denn an manchen Tagen glich die Wohnung einem Taubenschlag: Schüler baten um Einsicht in ihre Arbeiten, Freunde überbrachten Einladungen, Noten wurden geholt, Instrumente verliehen, die Programme für das Collegium musicum abgesprochen, Termine mit Druckern und Kupferstechern ausgehandelt.
Ruhe hatte Bach nur nachts. Weil er am Licht sparte, waren seine Augen oft so überanstrengt, daß er sie beim Frühstück geschlossen ließ. Manchmal schüttete er Bier oder Wein daneben, Magdalena hatte deswegen immer ein Fließtuch auf ihrem Schoß.
Friede trat ein, räusperte sich. Sein Vater hatte die Ellenbogen aufgestützt und sah aus dem Fenster. Er saß im Hemd, die Perücke hing am Haken.
»Friede, sie haben gedroht, mir die Besoldung zu schmälern.«
Bach sagte es, ohne sich umzudrehen. Es sollte sachlich klingen, aber der Unterton war voller Empörung.
»Aber doch nicht dir! Das dürfen sie gar nicht!«
Bach fuhr herum, so heftig platzte Friede heraus. Ungläubig sah er zu, wie Friede seinen Ausbruch mit einer Gebärde unterstrich, die Bach bislang nur von einigen Primanern der Schule kannte: Mit bleckenden Zähnen schlugen sie sich die Faust so vehement in die Hand, daß es klatschte. Ausdruck mordlüsterner Wut und Ohnmacht. Bach stand das Bild deutlich vor Augen, wie er einem Schüler letzten Winter die Schnapsflasche abgenommen hatte, hatte abnehmen müssen, obwohl der arme Kerl und seine Kameraden vom stundenlangen Adventssingen schon blau gefroren waren.
»Besoldung verkümmern!« Friede genoß seinen Auftritt und die Verblüffung seines Vaters. »Wegen ein paar aushäusiger Orgelprüfungen. Juristisch ist dies außerhalb des Prinzips der Angemessenheit. Erstens wissen sie das, ergo meinen sie dies gar nicht im Ernst. Im Anstellungsvertrag steht kein Wort, daß du nur innerhalb Leipzigs in Funktion treten darfst.«
Bachs Augen blitzten, sein Gesicht straffte sich. Friede, das trat jetzt deutlich zutage, war wirklich ganz aus seinem Holz. Nur, diese Geste … Gut, Friede war gerade zwanzig. Aber Bach fühlte, daß in Friede Kräfte schlummerten, die auch zerstörerisch wirken konnten.

»Mag sein«, sagte er langsam und fixierte die Faust seines Sohnes. Friede verstand. »Mag sein. Aber sie sind erbost, weil ich Orgelprüfungen unternehme, ohne vorher Urlaub eingereicht zu haben, verstehst du? Erlaubt hätten sie es mir wohl! Aber sie wollen gefälligst davon in Kenntnis gesetzt werden! Erst recht, wenn ich mir mal eben einen Choristen für eine Trauerfeier auf dem Land ausleihe. Ratsleute denken nun mal in Formalien.«

»Trotzdem.«

Bach lächelte, obwohl ihm der Ton seines Sohnes noch immer nicht gefiel. Aber darauf kam es jetzt nicht an. In ihm wuchs die Freude, daß Friedemann so viel Mut bewiesen hatte, nicht vor der unnahbaren Laune des Vaters kapituliert zu haben. Bach sah darin ein kleines Himmelsgeschenk, eins, das ihm endlich wieder ein Licht in der Seele anzündete.

»Und das ist immer noch nicht alles, Friede. Born hat mich auch darauf angesprochen, daß ich zuwenig Disziplin unter den Schülern halte. Was daher komme, weil ich die Singstunden zu oft an meine Präfekten delegiere.«

»Das ist doch ... Du bist doch hier nicht der Stadtbüttel!«

»Das sieht der Rat anders.«

Während Friedemann nach Worten suchte, nahm Bach an ihm vorbei Blickkontakt zu seiner Frau auf, die mittlerweile herangeschlichen war. Magdalena strahlte, aber wagte kaum zu atmen. Friede sah und hörte sie nicht. Bach aber fuhr geradezu launig im Ton fort: »Mit einem Wort: Der Herr Stiftsrat Dr. Born hat im Namen des Rates gesagt, dein Vater tue nichts und müsse sich ändern.«

Bach hatte die Reaktion seines Sohnes richtig vorausgesehen: Friede explodierte.

»Wie bitte? Du rackerst dich seit sieben Jahren mit der Kirchenmusik ab, schreibst und führst Dutzende von Kantaten auf, hast zwei große Passionen komponiert und ein Magnificat und für alle möglichen hohen Herren Fest- und Trauermusiken.«

Friede redete sich so in Rage, daß Bach und Magdalena Mühe hatten, sich nicht zu verraten. Sie hatten sich mit den Augen verständigt, denn Magdalena wollte Friede überraschen.

Der tobte weiter.

»Das nennt dieser Born Nichtstun? Woche für Woche die Arbeit für zwei Kirchen? Jeden Sonntag vor- und nachmittags eine Kantate und dies an Festtagen dreimal hintereinander? Dazu die zehn Stunden …«

Magdalenas warme Hände legten sich Friede über die Augen.

»… Musikunterricht die Woche? Nebst den übrigen Kompositionen? Wovon sogar einiges gedruckt ist? Nicht zu vergessen die monatliche Schulinspektion? Das Stimmen der Instrumente …«

Friede war zusammengezuckt, machte aber das Spiel mit und setzte die Aufzählung fort.

»… Frau, Töchter, Söhne, Schüler …«

»… und du!«

Friede wirbelte herum. Er stand so dicht vor seiner Stiefmutter, daß er nicht nur ihren Atem spürte, sondern auch den Druck ihrer Brust. Dies dauerte kaum länger als einen Augenblick, trotzdem schoß Friede das Blut zu Kopf. Sein Gesicht glühte. Plötzlich fühlte er sich von Magdalena gedemütigt und stürzte aus dem Zimmer.

»Mach mir bloß den Jungen nicht verrückt«, sagte Bach schelmisch und setzte sich wieder an den Schreibtisch.

Magdalena schlang die Arme um ihren Mann und schloß die Augen. Nach einer Weile hörte sie, wie die Schreibfeder über das Papier kratzte.

Dienstag, 29. August 1730

Gestern war Ratswahl. Heute hat Vater seinen »Entwurf einer wohlbestallten Kirchenmusik« abgegeben. Ich durfte ihn begleiten. Aufs Rathaus.
Wir gingen untergehakt, Vater führte mich wie seine Frau.
Wurden wir oft gegrüßt!
Zum Beispiel von den beiden Studenten, die mit im Kaffeehaus musizierten oder dem einen adligen Kommilitonen Friedes – der im übrigen, obwohl schon lange Vorlesung war, mit einem Mädchen herumpoussierte! Ja, und selbst die Ehefrauen, deren Männer bei Schule, Rat, Bürgerschaft oder Kirche dienten, nickten uns höflich zu.
Ich glaube, noch nie zuvor wurde ich von so vielen Menschen so eindringlich gemustert. Selbst wenn ich einen Großeinkauf mache und dann jemanden beauftrage, alles mit einem Burschen nach Hause zu bringen, gucken die Marktfrauen und Mägde nicht so interessiert.
Es war nach halb neun, ein herrlicher Sommertag. Die Luft ganz weich, doch bereits leicht erdig. Obst- und Gemüsedüfte wechselten mit würzigem Pilzgeruch. Ich hatte mein zweitbestes Kleid an – das blaßrote mit den weißen Rüschen an Ausschnitt und Ärmeln. Und ich ging ohne Häubchen. Aber dafür mit roter Haarschleife. Vater sagte im Scherz, ich sähe aus wie eine von den Fahrenden – mit dem Unterschied, daß man bei mir schon an der Nasenspitze ablesen könne, daß ich zu den ehrlichen und anständigen Demoiselles gehörte.
Mir lag natürlich einiges auf der Zunge. Aber ich schwieg.
»Was ich nur meine, ist: Du siehst auf jeden Fall verführerisch aus. Wenn dich der Gerlach jetzt sähe, würde er dir wahrscheinlich zu Füßen fallen.«
»Vater, nicht«, bettelte ich. »Du bist mein Kavalier. Zumindest jetzt.«

Vater brummte unwillig. Von der Seite sah ich aber, daß er schmunzelte. Ob Magdalena ihm von meinem Entschluß berichtet hatte?

Kein Dutzend Schritte vor dem Rathaus begegneten wir dem alten Bose. Seit meinem Auftritt hatte ich ihn nicht mehr gesehen – jetzt wirkt er noch gebrechlicher. Dafür aber um einiges gütiger als im Dezember.

»Bestelle dein Haus«, war das erste, was er nach der Begrüßung durch Vater sagte. »Ich habe düstere Ahnungen. Dabei bin ich gerade mal drei Jahre älter als ihr verehrter Herr Vater, Frau Bach.«

Frau Bach! Wirklich!

Vater redete energisch dagegen, und unvermittelt waren die beiden bei einem Disput über das Sterben. Bei diesem Wetter – in der vollen Sonne.

»Ihr Herr Vater hat meinen Lieblingschoral unvergleichlich gesetzt, Frau Bach. Sie kennen ihn bestimmt. Die herrliche Crüger-Weise *Du, o schönes Weltgebäude*. Unser großartiger Musikdirektor hat daraus *Komm o Tod, du Schlafes Bruder* gemacht. Am Schluß seiner Kreuzstabkantate. Ich nehme mir die Freiheit, sie so zu nennen, Monsieur Bach. Den Choral trage ich seitdem immer bei mir. Er gibt mir Kraft und Trost. Ihre verehrte zweite Mama, Frau Bach, hat ihn auf meinen Wunsch für mich aufgeschrieben.«

»Davon hat sie mir nie etwas erzählt.«

Mehr brachte Vater nicht heraus. Statt dessen blickte er Bose mit aufgerissenen Augen an. Er war wirklich betroffen, so sehr, daß er gar den Kopf senkte. Aber sein Gesicht leuchtete. Ich glaube, er hat sich gefühlt wie ein Prophet, dessen Predigten wenigsten einen Sünder bekehrt hatten.

Natürlich, Monsieur Bose, kenne ich die Kantate! Sogar sehr gut. Und jetzt verrate ich Ihnen etwas: Ihr geschätzter Herr Musikdirektor, der, wie Sie vielleicht wissen, Bariton singt, hat sie nicht bloß für den neunzehnten Sonntag nach Trinitatis komponiert, sondern auch für sich. So zerknirscht kann er sein, der Virtuose der Orgel und sämtlicher anderer Tasteninstrumente.

Bose nun schien sich über sein Kompliment unglaublich zu freuen.

Er straffte sich, lächelte und blitzte mich auf einmal an, als wären ihm Sachen in den Kopf gekommen, die das genaue Gegenteil vom Sterben sind.

»Ich wünsche meinem Sohn eine so tüchtige Frau, wie Sie es sind, Frau Bach«, sagte er gönnerhaft. »Aber ich nehme an, Sie wollen gerade das Aufgebot bestellen?«

Vater stellte alles richtig und machte zuerst bloß Andeutungen, weshalb wir hierhergekommen waren. Doch dann sprudelte der ganze Ärger plötzlich aus ihm heraus: daß man ihm bei der Auswahl der Thomasschüler in seine Befugnisse hineinregierte, ihn, wie es bereits letztes Jahr geschehen war, zwang, völlig unmusikalische Kinder in die Schule aufzunehmen, daß bei der ständigen Teuerung die ihm unterstehenden Stadtpfeifer aus Sorge um ihr tägliches Brot kaum noch die Kraft hätten, sich ihren Instrumenten zu widmen, und daß der Rat den Studenten, die ihm sonntags aushalfen, jetzt auch noch die eh schon viel zu geringen Honorare beschneiden wolle.

»Denn von den fünfundfünfzig Schülern sind ein Drittel schlichtweg nicht zu gebrauchen! Weder für den Chor noch für die Instrumente. Für St. Thomas, St. Nikolai und die Neu- und die Peters-Kirche muß ich aber vier Chöre zusammenstellen! Wenn ich jede Stimme dreifach besetze, sind das für die drei Hauptkirchen allein schon sechunddreißig Sänger. Und Instrumente gehören für eine Kantate ja auch dazu! Wie soll das also alles gehen? Kurzum: Ich habe den Status quo unsres Leipziger Musikwesens dargestellt. Ausgeführt, daß uns heute die Musik von früher nicht mehr klingt, dafür die moderne mehr Ansprüche an Musiker und Sänger stellt. Und das heißt, daß der Rat mehr Vergünstigungen gewähren muß. Sollen sie doch mal nach Dresden schauen!«

»Gewähren muß?«

»Unbedingt sollte.«

Wir lachten alle gleichzeitig auf – Kaufmann Bose kennt Vater also auch recht gut.

»Ich bin sehr Ihrer Meinung, Monsieur Bach«, sagte Bose darauf, »aber unter uns gesagt, der Hinweis auf Dresden: Mußte das sein? Unseren überzeugten Leipziger Ratsherren wird das sehr sauer aufstoßen.«

»Sie meinen, weil hier das Geld verdient wird, hingegen der Hof in Dresden alles ausgibt?«
Meine Einmischung quittierte Bose mit größtem Vergnügen. Er wünsche seinem Sohn nicht nur eine solch tüchtige Frau, sondern auch eine so kluge, wiederholte er sich – aber Vater ist viel zu stolz, um darauf einzugehen. Zum Glück! Im übrigen weiß er genau, daß Frau Bose mit einer armen Kantorstochter nie einverstanden wäre. Unwichtig!
Aber Vater hatte diese Begegnung gutgetan. Er führte mich noch zum Schellhafer. Für sich auf ein Glas Wein, für mich auf eine Tasse Kaffee.
»Vater, ich mache mir Sorgen«, begann ich, nur um etwas zu sagen.
Denn als wir uns so gegenübersaßen, wußten wir beide nicht mehr, worüber wir uns unterhalten sollten. Vater wirkte plötzlich etwas abwesend, besser gesagt, war damit beschäftigt, auf den Tisch zu trommeln.
»Tempo di Gigue, Neunachtel ...?« fragte ich.
Er brummte zufrieden und hörte sofort auf. Während ich den Kaffee genoß, trank er seinen Wein in einem Zug.
In einem Zug! Friede, der Apfel fällt nicht weit vom Stamm.
»Wie könnt ihr Frauen bloß so für diese bittere Brühe schwärmen, Catharina?« fragte Vater unvermittelt. »Schau dich um: Die Damen hier trinken sämtlich Kaffee. Das ist meinem Picander auch schon aufgefallen. Er hat gewitzelt, ihr Frauen hättet euch schon so stark in den Kaffee verliebt, daß, wenn ihr wüßtet, ihr bekämt ihn auch im Fegefeuer zu trinken, es euch nicht mehr ins Paradies ziehen würde.«
»Er reizt genau im richtigen Maß die Nerven und hält uns Frauenzimmer dadurch beweglich für den Haushalt«, sagte ich.
»Iwo – er macht das Blut sauer«, polterte Vater. »Im Gegenteil, ihr Weibspersonen werdet schwach wie das Flußbett im Sommer. Du bist mir viel zu mager.«
»Vater, davon verstehst du nichts«, sagte ich und streichelte ihm über die Hand. »Was uns der Kaffee ist, ist dir die Musik.«
Vater schaute mich gedankenverloren an.
»Das ist Stoff für eine Komödie, Catharina«, sagte er unvermittelt

und nickte mir zu. Strahlend schaute er in die Runde, war gelöst und entspannt wie seit Tagen nicht mehr.

Ich runzelte die Stirn, begriff nichts.

Zu Hause empfing mich Magdalena mit der Beiläufigkeit, daß ich bald wieder mehr für den Haushalt tun müsse. Warum? Weil sie jetzt mit Bestimmtheit wisse, daß sie wieder schwanger sei. Ihr achtes. Wie heißt es bei Martin Luther? »Ob sich die Weiber aber auch müde und zuletzt tot tragen: Es schadet nichts. Sollen sie sich tot tragen – sie sind dazu da.«

Er war eben auch nur ein Mensch! Mehr erlaubt mir meine Bescheidenheit nicht zu sagen.

* * *

Friedemann hatte recht behalten: Bach wurde die Besoldung nicht gekürzt. Die Unterredung mit Stiftsrat Born, so setzte er seinem Vater auseinander, habe von seiten des Rats den Status eines Verweises, womit den Akten Genüge getan sei.

Allerdings erwachse aus dem geharnischten Entwurf zur Verbesserung der Kirchenmusik ein neues Problem: Daß der Herr Vater nämlich unterschrieben habe ohne jegliche Form von Ehrerbietung, also allein mit seinem Namen, könne ihm als Anmaßung ausgelegt werden. Diesbezüglich seien, der Stimmung gegen ihn Rechnung tragend, Folgen zu gewärtigen. Denkbar wäre beispielsweise eine Beschneidung bei den quartalsfälligen Zinsen der Stiftungsgelder.

Friede wanderte gemessenen Schritts in Bachs Komponierstube umher – mit gesenktem Kopf, beherrscht und voller Konzentration, ganz ein Jurist.

Bach sah abwechselnd Magdalena und seine älteste Tochter an, bemüht, nicht zu lächeln. Er hatte Angst, Friede dadurch zu verletzen. Aber seine Augen! Sie leuchteten, strahlten, glänzten, so stolz war er auf seinen Sohn. Dabei war es ihm gleichgültig, ob Friedes juristische Ausführungen sich bewahrheiteten oder nicht. Bach freute sich über den Auftritt an sich.

Schließlich jedoch konnte er nicht mehr an sich halten: »Magdalena«, sagte er triumphierend, »Carl, Bernhard und Heinrich tun gut daran, sich künftig an Friede zu messen. Denn er wird in der Welt nicht nur viel erreichen, sondern auch das gutmachen, was ich schlecht anfing.«

Bachs Augen wurden feucht, Friede indes glühte vor Glück. Magdalena lächelte gepreßt. Noch nie hatte ihr Mann so eindeutig Partei ergriffen. Heinrich sollte sich an Friede messen! Der Satz war ein Stachel.

Catharina warf ihrer Stiefmutter einen triumphierenden Blick zu, faßte ihren Bruder an der Hand und zog ihn aus dem Zimmer. Es war später Nachmittag, im Haus war es dunkel. Friede setzte sich im Musikzimmer ans Cembalo und begann zu improvisieren. Catharina legte ihm die Hände auf die Schultern.

»Wir zwei«, sagte sie nach einer Weile nachdenklich. »Die Schwester und der Herr Bruder Studiosus juris.«

»Was ist denn so besonders dabei?« fragte Friede und erging sich in rauschenden Arpeggien.

»Nichts. Du bist soeben zum Obristen deiner Brüder befördert worden, während ich euer aller Obermagd bin.«

Friede hielt inne und drehte sich um. Es war so dunkel, daß Catharina sein Gesicht nur noch erahnen konnte. Aber sie spürte, wie er sie ausgiebig musterte.

»Ich weiß, was du sagen willst«, begann er mit Nachdruck und zog seine Schwester auf seinen Schoß. Aber er zögerte weiterzusprechen.

Catharina ließ sich nach hinten fallen, kicherte. Übermütig schob Friede den freien Arm unter ihre Knie und hielt seine Schwester wie ein Hochzeiter, der seine Braut über die Schwelle trägt. Beide seufzten sie, Friede vor Anstrengung, Catharina vor Wohlbehagen.

»Weißt du, trotz all der elenden Hauswirtschafterei bist du viel freier als ich. Denn Vater wird von mir jetzt noch mehr erwarten. Aus Stolz, Liebe, Güte – was du willst. Nur, ich habe sein Genie nicht. Was bei ihm eins ist, ist bei mir auseinander: Kopf und Herz. Beim freien Spiel fällt dies nicht auf. Aber wenn ich meine Gedanken zwischen Notenlinien packen will, dann schleicht sich erst seine Schrift in mein Hirn, dann seine Themen, Kontrapunkte, Melodien, schließlich seine Art der Ausführung. Seine, seine, seine – und

dann geht mein Geschwitze los. Meine Musik stinkt. Entweder zu sehr nach Kopf oder zu sehr nach Herz.«
Friede sprach immer tonloser. Am Schluß konnte Catharina ihn kaum noch verstehen.
»Du brauchst eine Frau, hörst du?« sagte sie.
Friede nahm alle Kraft zusammen und stand auf. Vorsichtig setzte er Catharina auf das Cembalo und blieb so dicht vor ihr stehen, daß er die Wärme ihres Gesichts fühlte. Catharina schürzte die Lippen. Der Kuß war flüchtig wie das Kitzeln einer Feder.

Dienstag, 7. November 1730

Vater ist ausser sich! Er kam bebend nach Haus, weiß im Gesicht. Und knirschte wahrhaftig mit den Zähnen. Tatsächlich ist nämlich eingetreten, was Friede vermutet hat. Der Rat hat gestern entschieden, das Philippische Stiftungsgeld so zu verteilen, daß er leer ausgeht. Wobei sie so perfide waren, Vaters Anteil ausgerechnet Latein-Magister Pezold, diesem Versager, zu geben. Der bereits gar keinen Dienst mehr tut und den der Rat selbst wegen Unfähigkeit abgesetzt hat!

Die Begründung? Pezold und der Konrektor hätten die verwaiste Rektorenstelle vertreten und somit mehr Schülerinspektionen durchgeführt.

Magdalena versuchte, Vater an Friedes hellsichtige Ausführungen zu erinnern und damit zu trösten. Das Glück, einen Sohn wie ihn zu haben, sagte sie, wiege derartige Malaisen schließlich allemal auf. Es half wenig. Vater kann nicht komponieren, noch nicht einmal spielen. Statt dessen liest er den Hiob.

* * * *

Es war gegen neun, die Sonne glitzerte auf dem Schnee, die Luft stand still. Bach schlenderte mit seiner Frau auf der großen Zentralallee des Klein-Boseschen Gartens, genauer auf einem schneegeräumten Streifen, und atmete tief und gleichmäßig aus und ein. Ganz so, wie Magdalena es ihm befohlen hatte. Er sollte einmal eine Viertelstunde nicht reden, sondern nur schauen und die Natur genießen. Sie wußte, daß es ihm schwer werden würde, aber versprochen war versprochen.

Am Ende der Allee schob sie ihn auf einen Trampelpfad, der dicht an der hohen Buchsbaumhecke entlang führte, die den Garten gegen die Felder abgrenzte. Nach einem kleinen Stück bog dieser Pfad aber wieder ab und folgte den Umrissen der geometrischen

Rabatten, die unter der Schneedecke noch schwach zu erahnen waren.

»Wer längere Eisfahnen pusten kann.«

Magdalena holte tief Luft. Bach schaute sie von der Seite an – ebenso skeptisch wie amüsiert. Als Magdalena den letzten Lufthauch aus ihrer Lunge gepreßt hatte, begann sie zu taumeln und suchte Halt bei ihrem Mann. Laut japsend sog sie die Luft ein, Bach schüttelte verständnislos den Kopf. Denn auch wenn man es Magdalenas Leib nicht ansah, es waren nur noch drei Monate bis zur Geburt.

»Aha – und nun muß ich dich nach Hause tragen, wie?«

Magdalena legte ihm den Finger auf den Mund. Die Viertelstunde war noch nicht um.

Bach knurrte unwirsch. Jetzt war er es, der seine Frau mit sich zog. Der Weg folgte den Umrissen der Rabatte, schlängelte sich um Halbmonde und Ellipsen, grenzte an Dreiecke und Sternformen und ließ kaum einen der Schmuckrahmen aus, die im Sommer mit Blumen aller Arten bepflanzt waren. Bach wurde immer ungeduldiger. Aber es half nichts: Zur Zentralallee kamen sie nur, wenn sie zurückliefen oder quer über alle Rabatten durch den Schnee stapften.

»Sebastian, das können wir nicht machen. Was sollen die Leute denken? Wenn das die Boses erfahren! Der Musikdirektor – ein Rüpel! Sonntags Kantaten, unter der Woche aber ein Benehmen wie Bauernknechte auf der Kirmes.«

»Dann sollen seine Gärtner dafür sorgen, daß Spaziergänge nicht zu Gewaltmärschen ausarten. Ich bin der Pirouetten hier jetzt überdrüssig. Komm.«

Bach marschierte los. Die Stiefel sanken drei Handbreit tief in den Schnee, Magdalena folgte ihm kopfschüttelnd. Es war immer dasselbe: Ihr Mann sagte immer, daß er die Natur schätze, aber wenn er dann draußen war, empfand er dies schnell als Zeitverschwendung.

Ich bin selbst zu sehr hervorbringende Natur, als daß mich das, was die Natur hervorgebracht hat, auf Dauer fesselt. So entschuldigte er sich – bis zum nächsten Spaziergang. Sie war da ganz anders: eine leidenschaftliche Gärtnerin und Blumenzüchterin, die sich über ein gelungenes Blumengesteck genauso freute wie Kinder über die Weihnachtsbescherung. Im Sommer verbrachte sie viel Zeit im Garten hinterm Haus, zog alles Gemüse selbst und konnte sich über nichts so ärgern wie über Schnecken, die an den Salat gingen, oder Madenfraßspuren im Lauch.

»Nicht so schnell!«

»Nicht so langsam!«

»Das ist der letzte Spaziergang, den ich mit dir gemacht habe!«

Bach hörte nicht zu. Magdalena hatte ebenfalls keine Lust, sich weiter zu ereifern. Nur noch wenige Schritte trennten sie von der Zentralallee. Und wer dort ihren Weg kreuzte, war Adolph Scheibe. Es wurde kein langes Gespräch. Aber ein für Bach gutes. Denn Scheibe versicherte, daß er ab Freitag für des Herrn Musikdirektors Collegium Musicum zur Verfügung stünde.

»Darauf habe ich über ein Jahr gewartet!« rief Bach anklagend aus und zupfte Magdalena am Ärmel, um ihr zu zeigen, daß sie nicht die einzigen gewesen waren, die den Weg über die Rabatten genommen hatten.

»Das Trauerjahr ist ja nun auch vorbei«, scherzte Scheibe in Anspielung auf seine mißlungene Bewerbung für das Amt des Nikolai-Organisten. In der Zwischenzeit hatte er sich mit Bachs Schüler Gerlach angefreundet und vertrat diesen gelegentlich an der Neu-Kirche. Darüber hinaus hatte er das Komponieren für sich entdeckt. Etwas davon aufzuführen ... warum nicht im Bachschen Collegium Musicum? Sozusagen als Entgelt, daß er ab jetzt mit seiner Violine aushelfen wollte?

»Besuchen Sie uns wieder einmal«, sagte Magdalena. Scheibe machte ein höfliche Verbeugung, sein eines Auge blitzte. »Catharina hat Ihnen längst verziehen.«

Scheibe wurde rot. Magdalena lächelte. Irgendwas ist an ihm, sagte sie zu sich. Er fasziniert. Und er ist berechnend.

»Bitten richten Sie ihr einen lieben Gruß aus.«

»Mehr nicht?«

Scheibes Auge riß weit auf. Er schluckte, errötete noch mehr. Er wußte, daß Magdalena geradeheraus war, doch jetzt war es um seine Fassung geschehen. Er kam ins Stottern und fühlte nichts als Leere in seinem Kopf.

»Sie … nein, ich wollte … sagen Sie ihr bitte: Es tut mir leid, die Art damals, der Brief.«

Scheibe wußte nicht mehr weiter. Er machte eine Verbeugung und stürzte davon. Bach rief ihm nach, den Freitag nicht zu vergessen, Magdalena schüttelte den Kopf.

Zu Hause umwölkte sich Bachs Laune. Er hatte gehofft, endlich Post zu bekommen. Aber Catharinas Gesicht sprach Bände. Immer noch kein Brief aus Danzig, von Georg Erdmann, dem einstigen Jugendfreund, der mit ihm vor über dreißig Jahren aus Ohrdruf nach Lüneburg gewandert war. An den nämlich hatte er mit der Bitte geschrieben, sich für ihn zu verwenden, falls in Danzig oder am Hof eine Stellung vakant sei. Denn der Leipziger Musikdirektorsposten entpuppe sich immer mehr als wenig erklecklich, die Nebeneinnahmen stagnierten, und Leipzig sei zu teuer. Vor allem aber sei die Obrigkeit im höchsten Grade wunderlich und der Musik wenig ergeben. Allenthalben sei er nur noch Verdruß, Neid und Verfolgung ausgesetzt.

»Vom Schulfreund zum russischen Residenten. Hat Zarinnenluft geschnuppert und will jetzt nichts mehr von einem wissen. So ist das mit der Karriere. Damals, in Ohrdruf, war er der Sitzengebliebene.«

Magdalena versuchte ihren Mann aufzumuntern: Schließlich seien noch nicht einmal zwei Monate vergangen. Aber Bach wollte diese Entschuldigung nicht gelten lassen. Immer wieder fing er an, Erdmann Vorwürfe zu machen, und schalt sich schließlich selbst einen gutgläubigen Narren.

Magdalena konnte es nicht mehr ertragen. Sie rannte in die Küche, doch schon einen Augenblick später war sie wieder in der Stube, wo ihr Mann vor dem Cembalo saß und aus ihrem *Notenbüchlein* Carls Polonaisen spielte.

Bach ging gerade daran, einzelne Gedanken seines Sohnes in einer Fugenimprovisation zu verarbeiten, da schlug ihm die Stimme seiner Frau in den Rücken: Er sei doch selbst schuld, daß Erdmann nicht schreibe. Denn wenn der lese, daß sein Freund in Leipzig die Luft für zu gesund befinde und sich beschwere, daß die Leute zu wenig stürben: Wie klinge denn das? Selbst wenn die Einbußen an den Leichengeldern hoch seien: Letztlich heiße dies nichts anderes, als daß dem Leipziger Musikdirektor der Tod lieber sei als das Leben, das Geschäft wichtiger als das Glück der anderen. Das sei das eine.

Bach spielte, knirschte mit den Zähnen.

»Und dann deine treudumme Ehrlichkeit: Es sei dir anfangs wenig anständig vorgekommen, vom Köthener Hofkapellmeister zum Kantor herabzusteigen.«

Bachs Spiel war an Gewalttätigkeit nicht mehr zu überbieten, die Stimmen schlugen gegeneinander, die Dissonanzen wurden zu Geräuschen.

»Aber vorher zu schreiben, daß der Fürst und seine Frau lau und amusisch seien, Sebastian, das widerspricht sich. Dein Erdmann wird denken: Jetzt ist er wunderlich geworden.«

»Was maßt du dir eigentlich an?« Bach hieb einen zehnstimmigen Akkord in die Tasten und erhob sich so ungestüm vom Schemel, daß der umkippte. Sein Unterkiefer war weit vorgeschoben, die linke Schläfe zuckte. »Kümmere dich ums Haus. Nicht um meine Briefe!«

»Du hast ihn mir doch vorgelesen!«

»Aber nicht, um mir deine dummen Kommentare anzuhören!«

»Du tobst doch nur, weil ich recht habe! Erdmann weiß, daß die Obrigkeit überall gleich ist und du mit deinen Ansprüchen über kurz oder lang in jeder Stadt der Welt auf Widerstand stoßen würdest. Selbst bei einem Hofkapellmeisteramt. Man täte Erdmann zur Rechenschaft ziehen, wenn dir wieder einmal einfiele, mir nichts dir nichts eine Entlassung zu erzwingen.«

»Weiberlogik. Dumm wie …«

»So?«

Magdalena standen vor Empörung Tränen in den Augen.

»Du schließt es ja noch nicht einmal aus! Nur, daß du bei den Russen nicht auf eine Landrichterstube kommen würdest, sondern gleich an den Galgen! Deine Söhne aber zum Militär und wir ins Spinnhaus.«

Magdalena eilte an Catharina vorbei in die Küche. Bachs Tochter war mit den Kleinen der Familie bei den Teichen gewesen und hatte mit ihnen den Schlittschuhläufern zugeschaut. Fröhliches Gelärme war auf dem Flur, Catharinas Wangen waren rot von der Kälte.

Heinrich hatte einen Schneeball in der Hand, den er Liese zuwarf. Sie fing ihn auf, aber ein Teil spritzte ihr ins Gesicht und fiel auf den Boden. Heinrich nahm ihr den Rest wieder weg und stürmte in die Küche.
»Mama ...!«
»Ihr Weiber könnt immer nur heulen«, sagte Bach giftig zu Catharina und verschwand in Richtung Komponierstube.
»Ich soll dich erinnern, daß du heute die Schüler zum Abendmahl führen mußt«, rief sie ihm unbeeindruckt nach.
»Das werde ich auch!«
Bach stöhnte auf und faßte sich an die Brust. Sein Herz schlug mit gewohnter Kraft.

Mittwoch, 1. Februar 1731

Das wird ein Jahr werden! Vater platzte heute mit der Botschaft ins Haus, daß die Schule umgebaut werde.

»Dieser Gesner! Ein Teufelskerl! Rektor mit Goldfuß und Heiligenschein! Wißt ihr, was er angestellt hat? Gegenüber dem Rat erklärt, auf eine Professur zu verzichten – aber nur, wenn die hochwohlgeborenen Herren ihm verbindlich zusagen, daß dafür die Schule umgebaut wird!«

Die Familie lief in der Stube zusammen. Vater knallte übermütig seinen Degen auf den Tisch, rubbelte sich das von der Kälte rote Gesicht und stopfte sich eine Pfeife. Wir standen da und schauten zu, als warteten wir auf eine Theatervorstellung. Ein paar tiefe Züge und ebensoviel kräftige Huster später blickte Vater bedeutsam in die Runde und sagte:

»Gesner erweist mir nach dem Mittagstisch die Ehre und will die Singstunden besuchen. Und das nicht nur heute, sondern auch in Zukunft. Das hat vor ihm bestimmt noch kein Rektor getan.«

Vaters Pfeife dampfte, er fühlte sich so wohl, daß er sogar seinen Rock auszog. Wir guckten und schwiegen. Als hätte es uns die Sprache verschlagen.

In Wirklichkeit waren wir benommen von dem Glück, daß wir endlich einmal wieder dein zuversichtliches Forte hören durften, Vater. Denn in den letzten Wochen hast du nach kurzem Furioso viel zu oft con molto tristezza geredet.

Du kannst dir nicht vorstellen, wie schlimm das für uns war.

Dagegen heute!

Im Hemd, wohlig brummend, gingst du zum Buffetschrank, die Pfeife im Mund, eingenebelt in Dampfwölkchen. Ein Bild der Zufriedenheit. *So oft ich meine Tabakspfeife, mit gutem Knaster angefüllt …* Dein Lied aus Magdalenas *Notenbüchlein,* ich glaube, wir haben es alle im Geiste mitgesummt.

Begießen wolltest du die gute Nachricht. Mit Steingutbechern?

Dein Lächeln sagte: Nicht gut genug. Die kleinen Glaspokale mußten her. Einer für Magdalena, einer für Carl, Bernhard, Heinrich und mich. Der letzte für dich.
Trotzdem: War da nicht ein Glas zuviel?
»Friede ist noch in der Vorlesung,« wagte ich einzuwenden.
Du, ruhig und fröhlich: »Aber nicht meine Liese!«
Sagst es, verschwindest in Richtung Haustür und polterst höchstselbst durchs Treppenhaus in den Keller.
»Den?«
Magdalena und ich schrien gleichzeitig auf.
»Ist gerade gut genug!«
Vater entkorkte eine Flasche Ungarwein!
»Ja, und Friede nicht?« rief ich entgeistert.
»Wer sagt denn, daß dies heute die einzige Flasche bleibt?«
Wir guckten wie dumme Hühner. Sprachlos. Heinrich und Bernhard mit offenem Mund.
Als Vater uns eingeschenkt hatte – für Liese der erste Wein ihres Lebens – , gebot er feierlich, uns zu erheben.
»Der Herr ist mein Hirte«, begann er und betete den gesamten 23. Psalm. »Ergo bibamus.«
Wir tranken. Andächtig, voller Ehrfurcht. Der Wein war so köstlich, daß ich vor Wonne die Augen schloß.
»Austrinken! Liese, du auch.«
Das war ein Bild. Unser Sonnenschein, wie er kerzengerade in seinem Leinenkittel dastand, die Füße in dicken Wollsocken. Die Schleife hing Liese schief über dem Ohr, von der Toberei mit mir war ihr Haar völlig durcheinander. Alle Augen waren beim Trinken auf sie gerichtet. Und sie war sich der Ehre voll bewußt. Tapfer schluckte sie den Wein, der, wenn er auch süß war, doch scharf für sie geschmeckt haben muß.
»Fertig«, sagte sie treuherzig und stellte das Glas auf den Tisch. Aber dann mußte sie sich schütteln. Vater nahm sie auf den Arm.

* * *

DIE GELÖSTE STIMMUNG hielt nicht nur den Nachmittag über an, sondern auch die nächsten Tage und Wochen.

Rektor Gesner hielt Wort und besuchte den Singunterricht. Bach hörte das erste Mal in seiner Leipziger Zeit lobende Worte für seine Arbeit. Doch damit nicht genug: Gesner würdigte vor allem die Kompositionen seines Schulkollegen.

»Wie der Apostel Paulus ein Prediger des Wortes ist, sind Sie ein Prediger in Tönen. Ein eindringlicher Hermeneutiker. Sie verstehen es, Sensum und Scopum des Evangeliums überzeugend zu exprimieren. Mein Kompliment!«

Gesner hatte mit leuchtenden Augen der Kantatenprobe gelauscht. Für den kommenden vierten Sonntag nach Epiphanias hatte Bach *Jesus schläft, was soll ich hoffen* vorgesehen, eine sieben Jahre alte Kantate, die die Ereignisse um die Stillung des Seesturms durch Jesus Christus zur Grundlage hat.

»Wenn Sie dies sagen, macht es mich doppelt glücklich, Monsieur Gesner«, antwortete Bach bescheiden und wedelte die letzten noch verbliebenen Choristen aus dem Raum. »Zumal, weil Ihnen der Ruf vorauseilt, in der Rhetorik so bewandert zu sein wie einst Quintilian.«

Gesner lachte geschmeichelt auf. Er war zwar sechs Jahre jünger als Bach, doch seine Geschmeidigkeit erinnerte mehr an einen Dreißig- als Vierzigjährigen. Tatsächlich beschäftigte er sich damit, die Institutio Oratoria, Quintilians Ausbildung des Redners, neu herauszugeben. Denn Gesner war ein leidenschaftlicher Pädagoge, und Quintilian war für ihn ein ebenso guter Rhetoriklehrmeister wie Erzieher.

Gesner hatte sich dessen Ideal eines vir bonus, des »guten Menschen«, verschrieben, was er als Lehrer umsetzte, indem er seinen Schülern mit Milde begegnete. Selbstverständlich hielt er auf Disziplin, aber Bach wie seine Kollegen hatten früh bemerkt, daß er nie im Übereifer des ersten Zorns strafte. Rutschte ihnen die Hand oder der Rohrstock immer sofort aus, redete Gesner dem Maleficanten erst nach dem Unterricht ins Gewissen. Gesühnt wurden die Vergehen durch Putzarbeiten und Auswendiglernen.

Vor allem aber gab Gesner sich tolerant. Wenn ein Schüler sich schriftlich mit Dingen abgab, die außerhalb des Lehrplans standen, geriet er nicht in Zorn, sondern beschied ihn freundlich, das Begonnene fortzusetzen. Denn, so verteidigte er sich gegenüber

seinen Kollegen, der Staat bedürfe Subjekte aller Talente und Fähigkeiten. Unter seiner Ägide werde die Thomasschule jedenfalls nicht zu einer Drillanstalt verkommen.
»Die Rhetorik ist in der Tat eine ehrenwerte Wissenschaft und Kunst«, nahm Gesner Bachs Stichwort auf. »Luther selbst schätzte meinen Fabius Quintilianus außerordentlich.«
»Das weiß ich«, sagte Bach. »Und Luther, das bekenne ich, ist für mich so etwas wie ein dreizehnter Apostel. Alle Musik im Gottesdienst, sagt er, müsse klingende Predigt sein. Und wer predigen will, dem dürfen die Regeln der Rhetorik nicht fremd sein.«
Gesner nickte zustimmend, während er sich auf einen der klapprigen Instrumentalisten-Stühle niederließ und zuschaute, wie Bach die einzelnen Stimmen einsammelte und in den Schrank räumte. Die Partitur lag noch auf dem Cembalo, acht Blätter Papier, eng, aber gut lesbar beschrieben. Gesner war versucht, sie sich zu holen, doch da hatte Bach den Notenschrank abgeschlossen und kam mit schnellen Schritten wieder auf das Cembalo zu.
»Ich bin jetzt so aufdringlich, Ihnen meine Art von musikalischer Rhetorik kurz an einem Beispiel zu erläutern«, sagte Bach. »Wie ein Prediger will auch ich mit meiner Musik Verstand und Herz ansprechen. Doch heuer bedarf es für die beständige Rekreation des Gemüts auch der Unterhaltung. Sonst fruchten die musikalischen Reden nicht. So bin ich mir nicht zu fein, auch die Oper eines Blikkes zu würdigen.«
»Die Oper? Sie?«
»In der Musik gibt es keine an und für sich minderwertigen Gattungen«, sagte Bach. »Von dem, was gelungen ist, soll man lernen. Und zweifelsohne, was die Kunst, Auge und Ohr zu kitzeln, angeht, da leistet die Oper viel.«
Gesner schaute Bach mit einer Mischung aus Unglauben und vagem Verstehen an. Bach lächelte, dann machte er eine entschuldigende Handbewegung.
»Ich rede verquer. Was ich meine, ist allein, daß die Rezitative und die Da-Capo-Arien in meinen Kantaten von der Form her die Oper nicht verleugnen. Ebenso die Koloraturen. Meine Thomaner könnten auch Opernarien singen. Ich schenke ihnen nichts.«
Bach begann die ersten Takte der eröffnenden Arie zu spielen. Ges-

ner trug kurz entschlossen seinen Stuhl zum Cembalo und plazierte sich, so dicht es ging, neben Bach. *Jesus schläft, was soll ich hoffen? Seh ich nicht mit erblaßtem Angesicht schon des Todes Abgrund offen?*

»Der Scopus«, begann Bach zu erklären, »betrifft den Kleinglauben der Jünger angesichts des bevorstehenden Seesturms. Christus, ihr Tröster, schläft, sie wissen nicht, was sie hoffen sollen. Um diese Hoffnungslosigkeit geht es mir. Ich hebe sie hervor durch die vielen Pausen oder lasse den Satz – zum Beispiel hier – quasi stehen.«

»Um die größtmögliche Ratlosigkeit zu zeigen? Richtig?«

»Ja.« Bach spielte von vorne und sang die entsprechenden Takte. »Gleichzeitig stehen diese Pausen natürlich für die Ruhe unseres schlafenden Herrn Jesus an sich. Daß die Singstimme hinabsinkt und auf liegenden Tönen ausruht, das ist Bild und Effekt in einem, Unterhaltung für einen zuhörenden Christen.«

»Eben die rhetorische Figur der Hypotyposis. Quintilian schon hat hervorgehoben, daß sie gesehen und gehört wird.«

Bach nickte und freute sich über den konzentrierten Gesichtsausdruck Gesners, dessen Augen eindringlich auf die Partitur geheftet waren.

»Weitere Figuren sind natürlich noch die der Frage, der Interrogatio, die ich mittels aufsteigender Linien und phrygischer Kadenz – also mit abwärtsgerichtetem Halbtonschritt im Baß – fasse.«

»Ja, man hört dies alles«, murmelte Gesner.

»Die Atmosphäre ist für die Jünger sehr angespannt«, fuhr Bach fort, »einer fühlt wie der andere, deshalb die dichten Imitationen.«

»Und mit und über allem die Flöten, die Instrumente des lieblichen Schlafs unseres Herrn. Ihr beruhigender Klang geht mit den unruhigen Geigen: Christus ist mit seinen Jüngern. Es klingt einfach und streng zugleich, Hoffnung und Unruhe in einem. Ihre Musik ist für die Ewigkeit, Monsieur Bach.«

Bach kadenzierte ab und drehte sich zu Gesner um. Die beiden Männer saßen sich für Sekunden schweigend gegenüber. Dann seufzte Bach zufrieden auf und erhob sich.

»Ich komponiere allein, Gott zu ehren. Wenn er meine Musik für würdig befindet, wird er dafür sorgen, daß man sich an sie erinnert. Alles andere wäre eitel.«

Gesner schüttelte den Kopf.

»Ihnen werde ich mit unserem Dr. Martin Luther die Bescheidenheit austreiben«, sagte er streng. »Er wußte, was er wert war. Nehmen Sie sich an ihm ein Beispiel. Denn Luther hatte, als man ihm seine so eigene Art des Schreibens vorhielt, sinngemäß gesagt: Ei, ja. Das tue ich, weil ich will, daß man es merkt. Denn wer etwas von mir liest, der irgendwann schon einmal etwas von mir gehört und gelesen hat, wird dann sagen: Ei, ja – das ist doch der Luther. So ist es auch mit Ihnen. Wer nur ein paar Kompositionen von Ihnen gehört hat, wird bei den ersten Tönen, die er von Ihnen neu hört, sofort sagen: Ei, ja – so etwas kann nur der Bach.«

* * *

REKTOR JOHANN MATTHIAS Gesner war für Bach eine Lichtgestalt. Und der Elan, mit dem er in der Thomasschule ein neues Denken förderte, inspirierte auch den Leipziger Musikdirektor und Sächsisch-Weißenfelsischen Hofkapellmeister, über sein bisheriges Schaffen neu nachzudenken. Immer häufiger ertappte er sich dabei, daß sein Blick zurück vor allem den Jahren in Köthen galt, jener Zeit, in der er ausschließlich Instrumentalmusik komponiert hatte, Jahre, in denen er soweit gereift war, daß seine Werke über die Stufe der Originalität hinaus einen Ton ausprägten, der sie unverwechselbar individuell und charakteristisch werden ließ.

Gesners Vergleich mit Luther hatte Bach ungemein geschmeichelt, doch der Rektor hatte nur ausgesprochen, was Bach sich selbst heimlich erhoffte: mit seiner Musik aus der Heerschar der Komponisten herauszustechen und der Musikwelt Kompositionen zu hinterlassen, angesichts deren sie sagte: Ei, ja – das kann von niemand anderem komponiert worden sein als vom Leipziger Bach.

In Zukunft würden die Kenner und Liebhaber auch außerhalb der sächsischen und thüringischen Grenzen dies vermehrt sagen, hoffte Bach, als er den Vorabdruck seines Opus I in den Händen hielt. In wenigen Tagen sollte es auf der Ostermesse erscheinen: eine

Klavier-Übung, die er auf eigene Kosten hatte stechen und drukken lassen, sechs Clavierpartiten, bestehend aus Präludien, Allemanden, Couranten, Sarabanden, Giguen, Menuetten und anderen Galanterien. Bach war ausnehmend zufrieden mit diesen Kompositionen, stolz auf sie.

Die Komplimente von Schülern und Freunden taten wohl, aber eigentlich wußte er es selbst nur zu gut: Noch nie hatte die Welt solch glänzende und wirkungsvolle Clavierkompositionen gesehen. Ihr Einfallsreichtum und klangschöner Satz vollendeten, was er in den Köthener Clavierwerken wie dem *Wohltemperierten Clavier*, den *Inventionen und Sinfonien*, *Französischen und Englischen Suiten* begonnen hatte. Mit den *Partiten* war die Stufe zur völligen geistigen und kompositorischen Freiheit genommen, die Synthese zwischen italienischer Melodiosität, französischer Suitenstrenge, deutscher Kontrapunktik und virtuoser Bravour gelungen.

Wie könnte nach diesem Opus I nun das Opus II heißen? Bach runzelte die Augenbrauen und blinzelte aus dem Fenster. Draußen fegte ein heftiger Wind, und die Regenschauer, die immer wieder mit blauem Himmel abwechselten, waren eisig. Beeilung, Frühling! sagte er gedankenverloren und wurde sich im selben Moment darüber klar, daß sein Opus II ebenfalls eine Clavierübung werden müsse. Nur, diesmal vielleicht eine für die Orgel? Sie war noch mehr als das Clavier sein Instrument – der Musikwelt also ein Opus II als Sammlung verschiedener Orgelstücke anzukündigen – es lag dies auf der Hand, andererseits …

Die Tür ging auf. Magdalena rief ihm zu, daß »Monsieur Scheibe« ihn für ein paar Minuten sprechen wolle.

Scheibe kam mit Catharina.

Bach warf seiner Tochter einen überraschten Blick zu, forschte in ihrem Gesicht und beschloß sofort, sich mit allem einverstanden zu erklären. Er setzte sein gütigstes Lächeln auf, breitete die Arme aus und sagte:

»Sie wollen etwas Bestimmtes, Monsieur Scheibe?«

Scheibe lächelte gequält, wirkte so verlegen wie noch nie. Hilfesuchend blickte er sich zu Catharina um, doch die neigte nur ein wenig den Kopf: Nur zu, er frißt dich nicht.

Eine lähmende Pause entstand. Bach winkte seine Tochter zu sich heran, wollte sie in die Arme schließen.
»Papa, es ist nicht ...«, begann sie jetzt ihrerseits verlegen, doch da hatte sich Scheibe endlich gefaßt.
»Ich brauche Ihre Hilfe, Monsieur Bach«, stieß er hastig hervor. »Deshalb habe ich mir herausgenommen, Sie zu stören. Denn – ich, ich möchte mich bewerben. Nach Freiberg.«
Scheibe konnte Bachs Blick nicht standhalten. Hilfesuchend wandte er sich zu Catharina um.
»Er benötigt ein Zeugnis, Papa.«
»Das soll er haben«, antwortete Bach tonlos und zog die Augenbrauen zusammen. Sein Gesicht wurde abweisend, doch als er bemerkte, wie sehr Scheibe um Beherrschung rang, sein eines Auge fiebrig ins Leere stierte und ihm dabei der Mund vor Anspannung zitterte, keimte wieder Sympathie für diesen jungen Mann auf, der so stolz sein Autodidaktentum in der Musik lebte. »Sie hätten mich, bekenne ich, höchstwahrscheinlich mit einem anderen Anliegen mehr erfreut ...«
»Papa!«
»... aber Gott hat offensichtlich vor, Sie in Freiburg glücklich werden zu lassen.«
»Ich bin Ihnen auf immer zu Dank verpflichtet«, preßte Scheibe hervor, doch dann entspannte er sich und sagte mit einem Lächeln in der Stimme: »Aber die Realitäten sind nun einmal die, daß Orgelspielen und Ihr Name ein und dasselbe sind.«
Bach schüttelte den Kopf.
»Wie eine Schwalbe noch keinen Sommer macht, so eine Empfehlung von mir noch lange keinen Organisten. Ich erinnere Sie an den Dezember im vorletzten Jahr.«
»Papa, schreib Adolph bitte die Empfehlung«, sagte Catharina ungeduldig. »Mach es uns doch nicht so schwer.«
»Ihr zwei seid anscheinend völlig miteinander im reinen«, sagte Bach verwundert. »Kein Groll von beiden Seiten. Abgeklärt und vernünftig. Ist das die neue Zeit?«
»Papa!«
»Keine Sorge. Als ob ich jemals einem« – Bach zögerte, doch dann gab er sich einen Ruck – »einem Kollegen nicht geholfen hätte.

Meine Empfehlung allein wird aber nicht reichen. Bitten Sie Monsieur Gerlach tunlichst auch um eine.«
Scheibe machte eine tiefe Verbeugung und entfernte sich wie ein Höfling mit dem Rücken zur Tür.

Sonntag, 1. Juli 1731

Alles neu macht der Mai, und der ist auch schon lang vorbei. Heute bin ich albern. Noch eine Kostprobe? Am ersten Tag im Julius, da bekam ich auf die Nuß 'nen Kuß. Aber ach, der Augustus, der machet damit Schluß. Weiter? Ja. Im Septemberum da bist du endlich vollends dumm, Catharina.

Wir sind alle aufgekratzt. Die ganze Familie. Endlich einmal wieder eine neue Wohnung! Haynstraße 17, das Donndorfsche Haus. Der Rat hat uns hier einquartiert, solange die Schule umgebaut wird.

Wann war meine letzte Eintragung? Aha! Nun, der Geist war willig, die Finger schwach. Oder war es umgekehrt? Die Finger willig und der Geist schwach?

Ach was! Du warst bloß faul!

Also hübsch der Reihe nach: Dein neues Schwesterchen heißt Christiane Dorothea. Mitte März kam es zur Welt. Seine Namen gaben ihm gemäß der guten alten Tradition seine Taufpaten. Zum einen Herrn Boses Tochter und Magdalenas liebste Freundin Christiana Sibylla, zum anderen Christiana Dorothea Hebenstreit, die Frau unseres Konrektors. Warum Vater die alte Hebenstreit gebeten hat, ist mir rätselhaft. Magdalena mag sie noch weniger als ich. Wahrscheinlich wollte Papa nur dem Herrn Konrektor ein wenig schmeicheln, damit der sich nicht zu sehr ärgert, daß er, der unter ihm stehende Herr Musikdirektor, mit Rektor Gesner einen so herzlichen Umgang pflegt.

Was kümmert es die Kleine! Sie wird von ihren Taufpaten genausoviel haben wie ich von meinen, nämlich nichts. Für mich dagegen wird es wieder ein Stück anstrengender werden. Sieben Geschwister sind es jetzt. Mir ihre vollen Namen zu merken und ganz schnell hintereinander aufzusagen, das ist wie bei einem Zungenbrecher. Der Tag ist nicht mehr fern, da werde ich sie alle durcheinanderbringen. Wilhelm Friedemann, Carl Philipp Emanuel, Jo-

hann Gottfried Bernhard, Gottfried Heinrich, Elisabeth Juliana Friederica, Regina Johanna, Christiana Dorothea.
Ob ich mir noch mehr Namen werde merken müssen?
Und welchen – kann, muß, werde ich – vergessen?
Den von Johann Adolph Scheibe. Endgültig.
Seine Bewerbung nach Freiberg war wieder erfolglos. Ob es am Zeugnis gelegen hat? Papa attestierte Adolph, daß er sich nicht nur auf dem Klavier und der Violine sondern auch in der Komposition auszeichne. Von Adolphs Befähigung zum Orgelspiel schrieb er nichts. Absicht? Unsinn! Papa hat sich mit Gerlach unterredet. Und der hob in seinem Zeugnis gebührend hervor, daß Adolph ihn oft genug geschickt als Organist vertreten habe. Er hat einfach wieder Pech gehabt. Jetzt ist er gänzlich verhärtet. Will Leipzig verlassen, Studienreisen unternehmen.
Am Tag unseres Kennenlernens vor zwei Jahren haben wir voneinander Abschied genommen. Kurz und schmerzlos. Unter einer der Linden auf der Promenade. Die Knospen waren kurz vor dem Aufbrechen. Wir liefen durch die halbe Stadt, ich mit einem Korb voller Backmodel, Holzspielzeug und Wickelleinen. Bis zur Promenade sprachen wir kein Wort miteinander.
»Vergiß mich nicht, wenn du in der Welt Karriere machst«, brach ich unser Schweigen. Adolph nickte und lächelte.
»Das werde ich, Catharina«, antwortete er. »Sowenig wie deinen Vater.«
»Gut«, habe ich gesagt und den Korb abgestellt. »Dann laß dich noch einmal umarmen.«
Wir schieden voneinander wie Bruder und Schwester. Ich ging nach Hause, Adolph in die entgegengesetzte Richtung. Wo er hin ist? Friede erzählte, nach Prag. Ich weiß, daß er mir nicht schreiben wird.
Jetzt bist du doch ein wenig melancholisch geworden, Jungfer Bachin. Nun ja – hast Adolph ja doch eine gewisse Zeit lieb gehabt. Schluß!

Endlich wird umgebaut! Rektor Gesner sagte, die Zustände unter dem Dach verdienten allein die Bezeichnung Augiasstall.
Jetzt wird ausgemistet.

Die Schule wurde um das Jahr 1550 gebaut. Mit dem Zweck, Kinder unentgeltlich zu unterrichten, damit sie im Gegenzug die Kirchen der Stadt mit Gesang und Musik versorgen. Nun wurden aber im Lauf der Jahre die Klassen ständig vergrößert. Statt ursprünglich vier Klassen mit vier Lehrern sind es jetzt sieben Klassen mit sieben Lehrern nebst einem Kantor – dies auch, weil der Rat irgendwann erlaubt hat, daß außer den eigentlichen Schülern auch zu Hause wohnende Kinder in St. Thomas unterrichtet werden.
Das ist der äußere Rahmen – sozusagen. Wie es innen aussieht, davon hat Vater uns genügend erzählt. In den Schlafstuben ist die Krätze nicht weniger normal als in altem Fisch die Würmer.
»Und ich kann euch sagen: Dort oben im Winter den Büttel zu spielen, glaubt mir, es ist widerlich. Die Kälte, weil der Ofen nicht durchgehalten hat, die Dunkelheit von zwei Ölfunzeln, der Gestank der Nachtgeschirre, das Umherhuschen von Ratten und Mäusen. Das alles ist nicht weniger schlimm, als die Schüler bei Unflätigkeiten oder Mißhandlungen Jüngerer zu ertappen.«
Damit wird es nach dem Umbau hoffentlich vorbei sein. Um zwei Etagen wird die Schule aufgestockt. Das Mansardendach soll noch steiler werden, auf jeden Fall erhält es mehr Fenster als vorher. Und das wichtigste: Jeder Schüler bekommt ein eigenes Bett.
Wir haben dann drei von fünf Stockwerken für uns!
Aber Vaters Bütteldienst einmal im Monat wird trotzdem derselbe bleiben: Früh um fünf den Schuldiener anweisen, die Schüler aus dem Bett scheuchen und mit ihm aufpassen, daß sie wenigstens Katzenwäsche machen. Darauf die mürrische Horde zum Gebet anhalten, sie in Decurien stellen, Entschuldigungen und Krankheitsmeldungen abnehmen, Nachtschwärmer in den Karzer stekken sowie alle rechtzeitig in den Klassen abliefern. Dann mit ihnen Mittagstisch halten. Um elf! Dasselbe abends um sechs. Dazwischen Unterricht. Abends dasselbe Procedere wie morgens, nur andersherum. Um neun schließlich muß er, egal wie heiß und hell es draußen noch ist, Nachtruhe durchsetzen.
Und in so einer Woche sogar in der Schule schlafen.
Wie oft er wohl an so einem Tag »Ruhe« gebieten muß? Ein dutzendmal? Zwei dutzendmal? Hundertmal?

Vaters Kollegen tun zwar das gleiche, aber sie komponieren nicht! Ob Rektor Gesner in so einer Inspektions-Woche an seinem Quintilian arbeitet?
Bestimmt nicht! Niemand ist so fleißig wie Vater!
Das muß ich hier jetzt einmal schreiben. Weil es einfach die Wahrheit ist.

* * *

Die Kutsche war längere Zeit über weichen Sand gerollt, jetzt rumpelte sie wieder über ein Stück Straße, das zwar befestigt, dafür aber von Schlaglöchern übersät war. Zwei der vier Reisenden wurden wach: Friedemann Bach und sein Vater, die anderen beiden, ein Kaufmann und ein katholischer Priester, dösten weiter vor sich hin, blinzelten nicht einmal mit den Augen.
Noch zwei Stunden bis Dresden.
Es war stickig. Die Kutsche fuhr unter dunstig blauem Himmel einem Horizont entgegen, der grau bis violett war. Friedemann meinte, als er den Kopf aus dem Fenster steckte, in der Ferne Wetterleuchten zu sehen.
»Die Fuhrleute sind alle Säue«, sagte er. »Da schaust du einmal aus dem Fenster, und was siehst du? Jene schleudernde Handbewegung, in deren Folge die Finger in der Achselhöhle abgestreift werden.«
»Daß du einmal was siehst und nicht hörst ...«
Bach musterte seinen Sohn mit Wohlgefallen. Friedemann war in den jetzt gut zwei Jahren an der Universität zu einem richtigen Mann geworden. Mit Augen, die wissend und forschend zugleich in die Welt blickten und ausgesprochen gut mit seinen markanten Gesichtszügen harmonierten.
Sein Bart wird noch dunkler werden, dachte Bach. Er macht äußerlich mehr her als ich. Aber wo sind die Jahre hin?
Bach schloß wieder die Augen.
Noch bevor Friede zur Schule gegangen war, hatte er ihn bereits planmäßig auf dem Cembalo unterrichtet. Denn ihm sollte nicht, wie es ihm selber in Ohrdruf durch den Bruder viel zu oft geschehen war, versagt werden, wonach sein Herz am sehnlichsten ver-

langte: Musik zu machen, Cembalo zu spielen, Instrumente unter die Finger zu bekommen. Und Friede sollte auch nicht, wie er selber es einst in Lüneburg und Celle, Hamburg und Lübeck hatte hinnehmen müssen, auf nur zufällige Begegnungen mit den wichtigen Komponisten und Künstlern angewiesen sein.

Deshalb jetzt diese Reise mit ihm nach Dresden. Dort nämlich trat in der Zwinger-Oper die Faustina auf. Sie galt allen, die sie gehört hatten, als größte Sängerin ihrer Zeit, und die Opernkenner wurden nicht müde, ihre Stimme und Schönheit zu rühmen. Man scherzte, dort, wo sie auftrete, verließen selbst die Podagristen das Bett. War es da nicht selbstverständlich, daß er dafür Sorge trug, daß Friede sie singen hörte? Zumal, wenn sie in der »Cleofide« ihres Mannes Johann Adolph Hasse auftrat, dem neben Händel ungekrönten König der italienischen Oper?

Bach seufzte zufrieden auf. Friede war diese Mühe wert. Hasse, den Hamburger, kennenzulernen, war im übrigen selbst für ihn eine Pflicht. Des Lernens ist schließlich nie ein Ende.

Darüber hinaus die alten Beziehungen und Freundschaften – sie mußten ebenfalls gepflegt werden! Zum Beispiel zu Silvius Leopold Weiß, dem Giganten auf der Laute, oder Georg Pisendel, dem zukünftigen Konzertmeister der Hofkapelle.

Bach hörte im Geist Pisendel, wie der ihm seine *Sonaten und Partiten* für die Violine vortrug – der einzige Geiger, der ihnen annähernd gewachsen war. Ob er wieder etwas von seinem Freund Antonio Vivaldi erzählen würde? Dem venzianischen »roten Priester«, dessen Konzerte er in Weimar einst so zahlreich bearbeitet hatte?

Bach schlug die Augen auf. Jetzt döste Friede. Draußen war es dunkler geworden, tatsächlich. In Dresden würde es regnen. Wahrscheinlich sogar gewittern. Gab es was zu gucken? Nein. Das Land glitt zu beiden Seiten träge vorüber. Staub, verdorrtes Gras, Felder mit Hafer, der sich entweder wölbte oder flach darniederlag.

Schließlich sah Bach rechter Hand drei Personen. Ein Bauer im weißen Kittel schwang unablässig Oberkörper und Sense, hinter ihm stand ein Kind mit etlichen Streifen Stroh unter dem Arm und drehte daraus Seile. Mehrere Schritte hinter ihm bückte sich eine

Frau und raffte mit einer Sichel den gesensten Hafer zu Garben zusammen. Bach stupste seinen Sohn an, zusammen sahen sie auf die hoch- und niederfahrende braune Haube der Frau, besahen sich ihren zerschlissenen, zusammengerafften Rock.

»Man könnte sich einbilden, ihren Schweiß zu riechen«, sagte Bach. »Aber ihrer ist anders als unserer, nämlich sauer. Wir schwitzen aus Bequemlichkeit.«

»Du bist bestimmt der einzige Virtuose auf der Welt, der ein so weites Herz für den niederen Stand hat«, sagte Friede.

»Möglich«, erwiderte Bach und lächelte dem katholischen Priester zu, der ihn verwundert anblickte. »Andererseits werde ich fuchtig, wenn Bauern und Handwerker an meinem Orgelspiel sogenannte wunderliche Töne kritisieren.«

»Das eine ist das eine, das andere das andere, Monsieur Bach«, sagte der Priester. »Das eine betrifft das Herz, das andere den Verstand. Den Bauern Herz zu zeigen geht wohl an, aber für den Verstand sind sie nicht geboren.«

»Für den Verstand?« fragte Friedemann. »Sollen alle Bauern gleich dumm sein?«

Der Priester lachte süffisant und schmunzelte. Friede fing einen überlegenen Blick auf, und Hochwürden hob tatsächlich den Zeigefinger.

»Die Bedeutung, die ich meine, ist anders. Für den Verstand im gelehrten Sinn sind Bauern nicht zugänglich. Dennoch kann durchaus einer von ihnen schlau sein, sogar klug. Denn das ist Natur, das andere muß erworben werden.«

Ein Donnergrollen ertönte, sofort darauf ein Fluch des Kutschers.

»Man darf heutzutage nicht einmal mehr etwas gegen die Bauern sagen«, stellte Hochwürden mit gespielter Empörung fest und brachte damit alle zum Lachen. Friede war anschließend trotzdem noch in der Stimmung, das Gespräch weiterzuführen.

»Aber, Hochwürden, mit Verlaub: Wer klug ist, wird auch den Verstand im engeren Sinn erwerben können ...«

»Laß gut sein, Friede«, sagte Bach. »Ich glaube, Hochwürden ist mehr ein Freigeist, als er zugeben würde.«

Der Priester fixierte Bach mit kleinen, aber freundlichen Augen. Dann begann er heftig zu schmunzeln und zog ein Brevier aus der

Tasche. Es ging jetzt bergab, in den Dresdener Kessel. Als die Neustadt erreicht war, brach das Gewitter los. Aber am Horizont schimmerte bereits wieder Licht.

* * *

DAS PROBESTÜCK JOHANN Adolph Hasses für eine feste Anstellung in Dresden war ein voller Erfolg. Seine Oper »Cleofide« wurde bejubelt. Bach und Friede zollten dem Werk nicht weniger ihren Respekt wie den Sängern. Wie der versammelte Hof applaudierten sie vor allem der Primadonna Faustina, deren durchdringender Mezzosopran und stupende Trillertechnik Bach jedoch weniger beeindruckten als ihre Vorstellungskunst. Wie selbstverständlich Faustina sich in die Affekte hineinversetzen konnte und dabei nie in Mimik und Gestik übertrieb, das war höchst bewundernswert, aber der Umfang der Stimme ließ für ihn doch zu wünschen übrig.
»Aber du selbst sagst doch immer: Qualität kommt vor Quantität«, wunderte sich Friede, als Bach ihn auf den noch nicht einmal zwei Oktaven reichenden Stimmumfang ansprach.
»Sicher, aber wem soviel Lorbeer aufgesetzt wird, der muß auch in der Quantität hervorstechen. Signora Faustinas Stimmumfang wird selbst von Catharina und erst recht Magdalena um ein Ziemliches übertroffen. Oder, um einen gewagten Vergleich zu ziehen: Ein Geiger, der die höchste Lage nicht beherrscht, kann zum Beispiel Locatelli nicht spielen. Wo kommt die Kunst hin, wenn wir uns von den technischen Fertigkeiten von Musikanten und Sängern beeinflussen ließen?«
Friede und Bach waren Gäste der Premierenfeier, hielten sich aber abseits. Erst wollten sie sich über die Musik austauschen und die frischen Eindrücke verarbeiten. Schon während der Aufführung hatten sie sich gegenseitig in die Seite gestoßen. Zum Beispiel, wenn ihnen eine halsbrecherische Koloratur lächerlich erschien oder aber das Thema einer Arie gefiel. Friede bewunderte besonders Hasses Fertigkeit, einem lichten Satz durch geschickte Stimmverdoppelungen Volumen zu geben, Bach dagegen die geschmeidige Melodik. Vom Pomp der Bühnendekoration ließen sie sich wie jeder unterhalten, doch die aufgebauschte römisch-antikische Ko-

stümierung, die die Sänger zu sehr langsamen Bewegungen zwang, bewerteten sie übereinstimmend als Geldverschwendung.
In den Trubel der Feier riß sie das Malheur einer Hofdame, die mit Hasse und Faustina plauderte. Hasse hatte seine Augen bereits auf den Leipziger Musikdirektor und seinen Sohn gerichtet, doch die Hofdame dachte nicht daran, ihn freizugeben. Sie trug ein ausladendes Kleid, dessen zarte Stoffbahnen zwar zu ihrer gewaltigen Hochfrisur paßten, für den Festraum aber zu groß war. Ständig nämlich schoben Lakaien Servierwagen mit kleinen Leckereien und Wein durch die Gästeschar, denn wie Friede und Bach ließen es sich auch die anderen wohl sein.
Schließlich kam ein papageienbunter Mann auf die Gruppe zu, offensichtlich der Kavalier der Hofdame. Er breitete die Arme aus und bekundete mit theatralischer Miene sein Entzücken, endlich die Angebetete gefunden zu haben. Und die wirkte nicht weniger enthusiasmiert. Sie strahlte über das ganze Gesicht, rief ihrem Kavalier etwas zu und wollte gerade einen Schritt auf ihn zu machen – da fuhr ihr ein voller Servierwagen auf den Kleidersaum. Stoff riß, Gläser klirrten. Der Lakai haschte nach den Gläsern und trat vor Schreck mit der ganzen Breite seines Schuhs zu. Die Hofdame kippte nach hinten, dabei schwappte ihr der Wein in den Ausschnitt. Schon war ihr Kavalier herbeigeeilt. Er faßte die zum Kuß hingestreckte Hand und zog seine Angebetete an sich – das Kleid zerriß am Ausschnitt.
Ein spitzer Schrei erklang. Den Anwesenden blieben die Worte im Halse stecken. Die Kühle des Weins ließ die Hofdame nach vorne schnellen, auch versuchte sie, ihre Blöße zu bedecken: Doch für einen kurzen Augenblick taumelten ihre Brüste wie Quarkkugeln in der Luft. Der Kavalier barg sein gräßlich schluchzendes Hoffräulein im Arm und brüllte den Lakaien an, er werde ihn an den Galgen bringen. Ringsum donnerte das Gelächter.
Faustina geleitete das Paar in einen Nebenraum, der Lakai war längst geflüchtet.
Hasse war frei.
Seine Blicke kreuzten sich mit denen Bachs. Ihre Münder zuckten, gleichzeitig begannen sie zu lachen. Bach fing sich zuerst und verbeugte sich. Friede tat es ihm nach.

Hasse schüttelte den Kopf, seine Augen waren noch naß vom Lachen.
»Nicht doch. Wo kommen wir denn da hin?«
»Sie sind eine Zierde Europas, ich bestenfalls eine Leipzigs, Monsieur Hasse«, sagte Bach.
»Dafür dürfen Sie sich im Ruhm sonnen, der wirklich einzige Orgelfürst zu sein. Fürsten für die Oper gibt es viele.«
»Sie meinen Händel, Monsieur Hasse?« fragte Friede vorlaut.
»Ihr Herr Sohn, Monsieur Bach, beweist Geschmack. Händel, ja, er ist wahrscheinlich in der Oper der König der Fürsten.«
»Und ein Kaiser gleichsam an Unpräsenz für Landsleute.«
»Friede!«
Bach wies seinen Sohn mit Unmutsmiene in die Schranken und klärte Hasse über seine zwei vergeblichen Versuche auf, mit Händel in Kontakt zu treten. Das eine Mal sei er, 1719, als er vernommen hatte, der werte Kollege sei auf der Rückreise von Italien nach England bei der verwitweten Mutter eingekehrt, sofort von Köthen nach Halle gereist, in einer Kutsche des Fürsten, wie Bach betonte. Aber kaum am Ziel, habe er erfahren müssen, daß der Ersehnte tags zuvor abgereist war.
»Das andere Mal schickte ich meinen Sohn, weil ich selbst krank war. Das war vor zwei Jahren. Aber unser geschätzter Kollege meinte, er habe nicht das Recht, seiner gebrechlichen Mutter eine Stunde von der Zeit wegzunehmen, die er mit äußerster Mühe für sie reserviert habe. Da aller guten Dinge drei sind, werde ich es aber bei Gelegenheit noch einmal versuchen.«
»Wenn Gott es so will«, sagte Hasse nachdenklich.
»Nun, ich fühle mich bei Kräften«, erwiderte Bach. »Morgen habe ich die Ehre, es mit einem Konzert in der Sophienkirche unter Beweis zu stellen.«
»Das Orchester fiebert Ihrem Auftritt entgegen, Monsieur Bach. Und nicht nur das Orchester. Auch meine Frau und ich. Bis morgen um drei?«
Hasse machte gegen Bach und Friede eine Verbeugung und verschwand in der Schar der Gäste. Statt seiner schob sich Pisendel durch die Menge.
»Der Hasse!« rief er. »Stell dir vor, was er zu meiner Art von Pro-

benarbeit gesagt hat, nur weil ich ein paarmal abgeklopft habe: Wenn Sie so weitermachen, spielen die Herren bei der Premiere so akkurat, wie sie dirigieren. Unverschämt, wie?«
»Und was hast du geantwortet?«
»Seine Oper sei nicht wegen des Orchesters da, sondern das Orchester der Oper wegen. Das hat ihn so beeindruckt – jetzt sind wir Freunde.«
»Jetzt weiß ich wieder, warum es mich nie hierher gezogen hat«, sagte Bach. »Es ist diese Art, wie ihr miteinander umgeht. Ihr Opernleute schwimmt auf den Wellen der Konzilianz wie Möwen auf der Brandung. Ich dagegen wäre wie ein Fels.«
»Der vom Wasser stetig ausgehöhlt wird«, ergänzte Friede.
»Was spielst du morgen?« wechselte Pisendel unvermittelt das Thema.
Bach zuckte mit den Schultern. Friede lachte.

* * *

DIE KIRCHE WAR bis auf den letzten Platz gefüllt. Sämtliche Hofmusiker waren zugegen, auch Hasse und Faustina fehlten nicht. Selbst zwei Exzellenzen hatten sich incognito unter die Zuhörer gemischt. Zum einen Reichsgraf Joachim Friedrich von Flemming, der vor sieben Jahren als Leipziger Gouverneur und Kommandant der Pleißenburg eingesetzt worden war, zum anderen der böhmische Reichsgraf Franz Anton von Sporck.
Bach hatte Flemming kürzlich im Zimmermannschen Garten eine Glückwunschkantate zum Geburtstag aufgeführt – Flemming revanchierte sich jetzt, indem er Bach mit seiner Gegenwart beehrte. Reichsgraf Sporck begleitete ihn. Er war ein ebenso lebenslustiger wie großzügiger Mäzen, der sich nicht minder für die Kirchenmusik einsetzte wie für die Oper.
»Hat er ein Programm?« fragte Sporck und nickte Hasse und Faustina zu, die sich auf der anderen Seite des Ganges in eine der Kirchenbänke zwängten.
»Bestimmt«, antwortete Flemming. »Im Kopf. Aber ich würde mit dem Teufel wetten, daß er uns ein Thema aus der ›Cleofide‹ präsentiert und daran zeigt, was Hasse alles nicht kann.«

Währenddessen setzte sich Bach an den Spieltisch. Eine Minute saß er still da, hielt die Augen geschlossen. Hörte auf das Krachen des Gebälks, das Getuschel im Kirchenschiff und wie sich die Bälgetreter den Gürtel weiter stellten. Friede hatte ihnen schon vorher ein Trinkgeld zugesteckt, denn, so sagte er ernst: Sein Vater brauche nicht bloß Wind, sondern ab und an auch Sturm.

»Tretet also schnell!« mahnte er. »Um des Himmels willen, gebt euch Mühe!«

Bach wandte sich um, richtete die Augen auf den Altar. Dann senkte er den Kopf und betete: »Laß dir wohlgefallen die Rede meines Mundes und das Gespräch meines Herzens vor Dir, Herr, mein Hort und mein Erlöser.«

»Hilf, Herr Jesus!« sagte er leise – darauf erklangen die ersten Töne. Es war kurz nach drei Uhr. Friede stand neben dem Spieltisch, wartete auf die Registrieranweisungen. Sein Herz pochte. Er selbst hatte Lust zu spielen. Aber wie gegen diesen Vater bestehen?

Herr Jesus Christ, Dich zu uns wend – ein kolorierter Choral machte den Anfang. Ein schlichter Beginn, aber Bach verzierte die Melodie so originell, daß die Zuhörer die Luft anhielten. Ein durchaus beabsichtigter Effekt, womit Bach die Aufmerksamkeit geschickt auf die Musik konzentrierte. Das Knarzen in der Kirche wurde von Takt zu Takt weniger – als er das Stück endigte, war es still.

Aber Bach war in Dresden, einer beschwingten Stadt. Die Musik hatte Rücksicht darauf zu nehmen. So ließ er die erste der sechs Orgelsonaten folgen, die er für Friede komponiert hatte – ein Werk voller Grazie und Lebenszugewandtheit. Die Zuhörer rissen die Augen auf: Wie konnte man so geschwind die Orgel schlagen? Und dabei so präzise? Drei völlig gleichberechtigte Stimmen erklangen, ohne die geringste Unregelmäßigkeit im Anschlag. Im dritten Satz zuckten Graf Sporck regelrecht die Beine. Was er hörte, war nicht nur im wahrsten Sinne leichtfüßig, sondern auch leichtgewichtig: Das also konnte dieser Leipziger Kantor auch? Flemming hatte ihm erzählt, Bach liebe nur das Schwere, Gewaltige – bis jetzt war davon nichts zu merken.

Ein Ruck ging durch den böhmischen Grafen. Was hatte er da gerade gedacht?

Falsch.
Auch die Bälgetreter begriffen jetzt, was Friede mit Sturm meinte. Denn er hatte alle Register gezogen, die sich ziehen ließen, und koppelte, was zu koppeln war. Ein c-Moll erklang, groß wie die Kathedrale auf dem Hradschin in Prag, nein, gewaltiger. Pathos ins Grandiose gesteigert war dieses *c-Moll-Präludium* mit seinen wogenden Triolen, ein Riesenstück, das mit seinen Klangmassen ängstigte und zerknirschte.
Den Bälgetretern trat der Schweiß auf die Stirn. Sie fürchteten, die Orgel würde bersten. Bach spielte mit himmelstürmender Gewalt, griff mit sämtlichen Fingern in die Tasten beider Manuale. Nach der Fuge hörte er, wie sich jemand vernehmlich schneuzte. Er dankte Gott dafür und warf Friede einen glücklichen Blick zu. Doch der schluckte. Wie bloß sollte er jemals gegen diese Kunst bestehen?
Drei Choräle schlossen sich an. Es ging darum, das bewegte Herz für die Andacht gegen Gott zu öffnen. Die Musik riß hin zu Gebet und zerknirschter Selbstreflexion. Von den italienischen Musikern schlug manch einer das Kreuz, als die letzten Töne von *Wachet auf, ruft uns die Stimme* verklungen waren.
Die Hasse-Phantasie folgte. Wie Graf Flemming vermutet hatte, wählte Bach ein Thema aus der Oper »Cleofide«. Hasse wandte den Kopf und starrte zur Orgel: Was tat dieser Mann mit seiner Melodie? Bach präsentierte sie in einem kanonischen Präludium im vollen Werk. Dann zeigte er seine Kunst des Registrierens in einem Trio, an das sich ein Choral anschloß, den Bach mit Hasses Melodie bestritt. Die Hälfte der Köpfe hatte sich gedreht. Viele Münder standen offen. Hasse schüttelte den Kopf, wußte nicht, ob er lachen oder weinen sollte, Flemming sah ihn grinsend an, Sporck beschloß, Bach zu bitten, für ihn Musik zu schreiben. Nach einer ausgedehnten Fuge über Hasses Thema modulierte Bach in seine *d-Moll-Toccata*, deren Unisono-Anfang wie ein Blitzstrahl durch die Kirche zuckte. Bach tobte sich aus, spielte die Fuge mit atemberaubender Geschwindigkeit und steigerte den Toccatenschluß in solch ungeheuerliche Klanggewalt, daß einige die Hände falteten und zu beten begannen.
Wer nur den lieben Gott läßt walten – im schlichten vierstimmigen

Satz endete Bach sein Konzert. Friede schob die Register zurück. Die jähe Stille war lähmend, aber nahezu vollkommen. Orgel und Kirche hatten den Atem angehalten, es schien, als ob alles erst den Schrecken der abwesenden Töne verarbeiten mußte.
Man erhob sich schweigend. Blickte sich ehrfürchtig um. Bach stand auf der Empore und verbeugte sich mehrmals. Er wußte, daß er triumphieren konnte. Stolz blickte er auf die Schar der Besucher herab, die zum Ausgang strebte.
»Du warst zufrieden?« fragte er seinen Sohn.
Friede schluckte. Nickte. Erst langsam, dann ein wenig schneller.
»Ich gratuliere dir, Papa«, sagte er leise und schlug die Augen nieder.
Bach umarmte ihn – Friede aber litt. Er begriff endgültig, daß er nie aus dem Schatten seines Vaters würde treten können. Denn der war die Musik selbst – spielte so, als ob Gott sich mit sich selbst unterhielt.

Montag, 3. Dezember 1731

Gevatter Tod geht wieder um. Heute vor zwei Monaten starb Herr Bose. Haben sich seine düsteren Vorahnungen also doch bestätigt. Ich sehe ihn noch ganz deutlich vor mir, als Vater und ich ihm vor dem Rathaus begegnet sind: *Komm o Tod, du Schlafes Bruder* – ist es tadelnswert, wenn mich der Gedanke nicht losläßt, daß er vielleicht noch leben würde, wenn er Vaters Choral nicht ständig bei sich getragen hätte? Hat Herr Bose den Tod damit vielleicht erst herbeigerufen?

Unsinn. Wenn es so wäre, müßte es nämlich auch umgekehrt gehen – indem wir uns den entsprechenden Choral auf die Brust schreiben.

Aber welchen?

Mir fällt keiner ein. Und weil es also keinen gibt, starb vor drei Tagen auch noch Magdalenas Vater. Heute kam der Brief. Andere Geschenke vermag der knöcherne Gevatter sich nicht auszudenken. Magdalena und Vater wollten heute ja bloß ihren zehnjährigen Hochzeitstag feiern – jetzt tragen wir alle Schwarz statt Festtagskleidung.

Bis zum späten Nachmittag war Magdalena beeindruckend gefaßt: gütig, stets lächelnd. Bestimmt hat sie uns »Kinder« noch nie so viel nebenhin gestreichelt – doch als sie singen sollte, ging erst ein Zittern durch sie, dann warf sie sich weinend in Vaters Arme. Wie konntest du auch, Papa! Hast du wirklich geglaubt, Magdalena an diesem Tag mit Musik trösten zu können?

Sie ist doch nicht du!

Vater, du wirst noch in deiner Sterbestunde Musik im Kopf haben und komponieren. Ja, aber wir anderen: Wir sind nicht so stark. Haben nicht deine Kraft und dein Genie.

Dabei wolltest du nur das tun, was Magdalena sich gestern noch gewünscht hatte: deine *Advents-Kantate* mit der ganzen Familie zu musizieren.

Schwingt freudig euch empor – du hast die Musik nicht neu komponiert, aber um Magdalena eine Freude zu machen, bei Picander den Text so bestellt, daß alles auch auf Hochzeitliches paßt. Die Tenorarie spricht das Entzücken von Braut und Bräutigam an, und wenn es darauf in der Baßarie heißt: *Willkommen, werter Schatz! Die Lieb und Glaube machet Platz vor dich in meinem Herzen rein. Zieh bei mir ein* – dann bist du das, der da die Braut willkommen heißt. Die Braut – deine Magda.
Hast du eigentlich jemals für Mutter etwas komponiert?
Warum fällt mir dies jetzt ein? Weil ..., ach was!
Seit Oktober habe ich noch einen Bruder, der studiert: Carl ist stolzer stud. jur. an der hiesigen Universität.
»Ich mach Friede keine Konkurrenz, daß ihr´s alle wißt!« sagte er am Morgen der Immatrikulation, womit er uns wieder einmal verblüffte.
Carl ist ein Schalk. Wenn er etwas sagt, weiß selbst Vater nicht, ob er dabei einen im Sinn hat oder nicht. Carl kann selbstvergessen vor dem Cembalo sitzen – mit herabhängender Unterlippe, was zusammen mit seinem rabenschwarzen Haar und seiner dunklen Gesichtshaut wirklich sehr seltsam aussieht –, aber aus dem Stand heraus Grimassen schneiden und sein eigenes Spiel verulken. Er mimt dann den »Enthusiasmatiker«, wie er sagt, und kommentiert, während er die Tasten drückt, das, was er spielt.
»Dies ist das Seufzen der gequälten Seele des Sünders am Galgen« – Carl spielt Sekundketten und greift dazu Sextakkorde in Moll – »dies der dumpfe Plumps, wenn der Strick des Sünders reißt« – Carl schlägt abrupt einen Akkord – »und dies die wirbelnden Beine des Sünders, der vom Galgenberg flüchtet, dabei einen Bienenkorb umrennt, sich in die Pleiße rettet und darin dann doch ertrinkt.«
Carl malt im Baß die Bienen mit chromatisch hoch- und niederfahrenden Läufen und läßt dazu die Rechte wirbelige Hüpfereien machen. Plitsch, Pletsch, Platsch, Plotsch, Plutsch: Der Sünder ist in der Pleiße, die Linke vergurgelt im Baß.
Vater kann dies nicht vertragen! Für ihn ist es kein Spaß, sondern bloß Herabwürdigung von Musik. Carl hat deswegen sogar mal ein Ohrfeige eingesteckt. Jetzt paßt er auf. Aber wenn Liese ihn

bittet, kann er nicht widerstehen. Er hat einfach einen Narren an ihr gefressen.

»Carl, machst du Vorstellung?« bettelt sie.

»Und was kriegt der Carl dafür?«

»Einen Kuß von Liese.«

Carl saust zum Cembalo, Liese juchzend hinterher. Na ja, auch ich und Heinrich und Bernhard und jetzt auch Regina …

Ich werde manchmal neidisch, wenn ich den beiden zuschaue. Carl weiß das. Einmal nahm er mich deswegen in den Arm und schnuffte mich mit seiner Stupsnase ab.

»Weißt du, Catharina: Die Liese kommt mir vor wie du, als du klein warst. Ich knuddel sie deshalb so gerne, weil ich dies bei dir nie durfte.«

Ich wußte nicht, ob ich lachen oder beleidigt sein sollte. Dieser Filou!

Noch etwas, Catharina? Hm?

Nein! Nur weil ich beim Leichenschmaus nach Herrn Boses Begräbnis mit Johann Abraham Birnbaum als Tischnachbarn ein paar zuvorkommende Worte wechselte? Er ist Magister an der Universität. Unterrichtet Rhetorik. Sechs Jahre älter als ich – warum erwähne ich das eigentlich alles?

Birnbaum war sehr zuvorkommend. Er schätze Vaters Kantaten, weil sie so deutlich »inzisioniert« seien, wie er bemerkte. Darauf erklärte er, daß die Disposition und Elaborierung der Texte bei Vater die immer richtigen rhetorischen Figuren zeitige. Ich habe ihn groß angeschaut und genickt. Da mußte er lachen. Ganz frei. Er schalt sich selbst einen Esel. Weil er als Rhetoriker das Gebot der Angemessenheit außer acht gelassen habe und zwar sowohl in Ansehung der Person als auch des Orts und der Umstände.

Er will mich besuchen!

Ob Vater dahintersteckt?

Dienstag, 4. Februar 1732

Heute ist Vater in Stöntzsch zur Orgelabnahme. Er prüfte sie bereits letztes Jahr im November, legte die Reparaturen fest. Jetzt geht's zum »Nachhören«.

»Cassa machen«, sagte er Liese kurz vor dem Abschied. »Papa holt Geld für ein neues Kleidchen.«

»Für mich bitte auch!« setzte ich vorwitzig hinzu.

Magdalena bekam glücklicherweise nicht mit, wie er mich an sich drückte ... Aber Heinrich. Vater war kaum auf dem Hof, da brüllte er Magdalena schon seine Beobachtung zu:

»Vater liebt Catharina. Hat ihr einen Kuß gegeben. Und was ins Ohr geflüstert. Kriegt sie jetzt ein Kind?«

»Nein, ein Kleid!« Ich war so wütend. Muß auf Heinrich in meinem grauen Kittelkleid mit dem Schürzensack vorne dran gewirkt haben wie eine Hexe. »Du bist bestimmt der hinterhältigste Bach, der jemals geboren wurde!«

»Catharina, bitte!«

»Was heißt hier bitte? Ein Vater wird seiner Tochter wohl einen Kuß geben dürfen! Und zwar, ohne daß sie sich anschließend kindsdumme Sprüche anhören muß!«

Ich schaute ihr provozierend auf den Bauch: Nummer neun. Versessen auf einen Sohn.

»Heinrich wird doch erst acht!« Magdalena klang versöhnlich, schaute aber böse. Eine ihrer erstaunlichsten Fähigkeiten. Wie sie das macht, ist ein Wunder der Natur. Sie kann mit Augen dolchen und Mund und Wangen verziehen wie eine aufgebrachte Jahrmarktsfrau – dabei aber so sanft sprechen, als tröste sie ein Kind. Natürlich war sie nicht eifersüchtig. Aber es macht ihr zu schaffen, wenn Vater Heimlichkeiten mit uns Barbara-Bach-Kindern hat.

Ob Vater sein Versprechen hält?

Wie kannst du zweifeln?

Aber mit wem gehe ich dann zum Schneider? Mit Magdalena

nicht. Und wohl auch kaum mit Friede. Ach – warum hab ich auch keine große Schwester! Aber die wäre dann auch wieder nur neidisch.
Ich gehe mit Vater! Wenn er mir schon ein Kleid bezahlen will, soll er sich auch was angucken. Ich werde mich siebenundsiebzig Mal für ihn umziehen.
So – und jetzt zum Magister Birnbaum. Ich war mit ihm bei Frau Witwe Bose. Allein. Er ist mit ihnen ja weitläufig verwandt. Sie hatte uns auf eine Schokolade und zum Kartenspiel eingeladen, doch wir haben nur eine Partie Patience gelegt. Dann bat mich Witwe Bose zu singen. Birnbaum begleitete mich. Er ist kein Friede, kein Carl, kein Bernhard, aber es reichte. Sie wolle nichts »Frommes«, am liebsten Tanzlieder. Also hielten wir uns an die Sammlung der »Musikalischen Rüstkammer«. Zum Schluß sangen wir im Quintett: vier Bose-Töchter und meine Wenigkeit. Birnbäumchen war für Stunden der einzige Mann!
»Machen Sie mit mir einen Umweg?« fragte er mich nach der Verabschiedung.
»Wenn Sie meinen, daß dies sicherer ist als der direkte Weg?«
»Beschaulicher«, sagte er ganz ehrlich, und seine Augen blitzten.
Es lag ein Hauch Frühling in der Luft. Abraham spürte es nicht minder als ich und summte nach einem Luftzug doch tatsächlich: Komm lieber Mai und mache …
Der Umweg war nicht über die Gebühr lang. Einmal wurden wir von ein paar Studenten gegrüßt. Einer von ihnen grinste natürlich, so, als wüßte er Pikanterien über uns. Aha! So geht's, wenn man zur alternden Jungfer wird. Übertreibe ich? Bin doch – erst? schon? – dreiundzwanzig!
Birnbaum wurde zum Glück nicht im geringsten vertraulich. Dazu ist er wohl auch zu klug. Worüber wir sprachen? Über Hefeknödel mit und ohne Füllung, ob mit Butter begossen oder Blaubeerenkompott. Dann kamen wir auf die Hinrichtung des preußischen Leutnant Katte zu sprechen. Abraham meinte, sicher werde sich der Kronprinz irgendwann einmal dafür rächen.
»Und wenn es an der ganzen Welt ist. Da mag er jetzt auf Schloß Rheinsberg Flöte spielen, soviel er lustig ist.«
»Mit einem Krieg?«

»Böses schafft Böses, Catharina.«
Ich schwieg. Abraham schaute mich von der Seite an. Ich erwiderte seinen Blick. Dann schieden wir mit einem Händedruck.
Er ist klug. Ich achte ihn, vertraue ihm. Doch Liebe? Ich weiß es nicht.

* * *

»Nun lauft mir nicht nach wie die Küken hinter Mutter Gans!« Bach blieb am Eingang des Thomaskirchhofs stehen und schaute belustigt auf seine Familie, die herausgeputzt ein paar Schritte hinter ihm herlief. Schon ein paarmal war er stehengeblieben und hatte sich umgeschaut, aber Magdalena konnte und wollte sich ihrer Schwangerschaft wegen nicht seinem Tempo anpassen.
Es war ein typischer Apriltag, mit Wind und Regenschauern, aber die Luft war bereits so warm, daß sie nicht mehr in die Haut kniff. Bach strahlte. Er atmete tief ein, genoß den Duft von Frühlingsblumen und regennasser Erde. Vor ein paar Minuten war die Sonne hervorgekommen, die alles mit gleißendem Licht überzog und die Kleider seiner Lieben zum Leuchten brachte.
Magdalena trug Grün mit weißen Rüschen an Ausschnitt und Ärmeln, Catharina ihr neues »Stöntzscher Orgelkleid«, hellblau, aus weichem Tuch, hinten leicht gerüscht. Magdalena hatte sich bei ihr untergehakt, vor ihnen stapften Liese und Heinrich, hinter ihnen Carl, Friede und Bernhard. Friede trug braune Hosen, dazu einen gleichfarbigen Überrock zu gelber Weste, Carl und Bernhard waren grau gekleidet, der eine mit roter, der andere mit schwarzer Weste.
Bernhard hatte seine Weste nur halb zugeknöpft, und seine Schuhe glänzten als einzige nicht. Bei näherem Hinsehen waren seine weißen Strümpfe fleckig. Er war der letzte der Bachschen Kolonne, und von seiner Zopfperücke standen die meisten Haare ab.
»So, meine Frauen- und Herrschaften«, sagte Bach feierlich vor dem Wasserkasten, dem »Löwenbrunnen« des Thomaskirchhofs. Zwei Mägde holten gerade Wasser, grüßten und setzten ihre Eimer ab, um zu hören, was der Herr Musikdirektor seiner Familie zu sagen hatte. Eine andere Frau war damit beschäftigt, Weidenruten

einzuweichen. Ihre Miene war verächtlich verzogen. Sie hantierte ungeschickt, und ihre Bewegungen hatten etwas Gewaltsames an sich. Ihr blondes Haar war am Hinterkopf verknotet, doch Catharina erkannte sie trotzdem. Es war die Vagantin.
Noch bevor sie sich darüber im klaren wurde, ob sie sich erschrekken oder freuen sollte, fing sie einen Blick von ihr auf. Unwillkürlich mußte sie lächeln. Die Vagantin schaute weg. Catharina lief rot an, warf den Kopf in den Nacken. Da sah die Vagantin wieder auf. Catharina erkannte ein Lächeln und glaubte ein Nicken ihres Kopfes zu erkennen.
»Wenn wir jetzt unser neues Zuhause inspizieren«, redete Bach weiter, »bitte ich darum, nicht lauthals in Begeisterung auszubrechen. Der Rat hat nämlich nichts anderes als seine Pflicht getan. Der Umbau ist kein Gnadenerweis. Den Schülern, uns und dem Herrn Rektor Gesner, der übrigens gestern seine Räume in Augenschein genommen hat, steht ein besseres Wohnen schlichtweg zu. Alles andere wäre Heuchelei.«
Die Vagantin bewegte die Lippen, die Mägde warfen sich vielsagende Blicke zu.
Fünf und eine halbe Reihe von je zehn Sprossenfenstern blickten jetzt auf den Thomaskirchhof herab, dazu gesellten sich in dem gewaltigen Mansardendach drei Zeilen kleiner Gaupenfenster. Es war ein erhebender Anblick. Die Thomasschule strahlte wieder die Würde aus, die sie ihrem Ruf schuldig war.
»Die Tür!« rief Catharina.
Sie fiel mit sattem Schlag ins Schloß, doch niemand sonst war dies eine Bemerkung wert. Der Rest der Familie hatte das vormalige Krachen offensichtlich vergessen. Statt dessen fanden sie beifällige Worte für den Duft der Kalkfarbe und des frischen Gipses. Bernhard rief ein lautes »Amen« in das ziegelgepflasterte Treppenhaus. Es hallte kräftig und echote prompt verstärkt aus einem der leeren Zimmer zurück.
Ratsbaumeister Friedrich Michael Falckner kam die Treppe herunter, mit Zimmermannshut und zusammengefaltetem Bauplan.
»So ist es recht«, sagte er. »Der Herr Filius, Monsieur Bach, hat den richtigen Ton getroffen.«
»Ausnahmsweise«, sagte Bach. »Leider trifft er in anderen Belan-

gen des Anstands meist daneben. Aber lassen wir das. Es riecht gut und sieht bis jetzt recht ordentlich aus.«

Ratsbaumeister Falckner ging nicht weiter darauf ein und bot Magdalena den Arm. Die schaute ihren Mann an, Bach nickte. Er hatte plötzlich keine Lust, den rechthaberischen Griesgram hervorzukehren, es konnte schließlich alles nur besser werden.

»Am Keller und Bierlager hat sich nichts geändert, außer daß aller Dreck weg ist.«

Ratsbaumeister Falckner trat im Erdgeschoß ins Waschhaus, in dessen einem Becken ein Eimer mit Kalkfarbe stand und im anderen zwei Quaste im Wasser schwammen.

»Bier und Wein, das ist fein«, sagte Bernhard. »Ich schlage vor, ihr holt mich dort unten in einer Stunde wieder ab.«

Falckner, Friede und Carl lachten laut auf, Bach aber verzog das Gesicht und zog seinen Sohn am Ohr. Friede kam seinem Bruder zu Hilfe, sagte, daß er sich ihm gerne anschlösse, vorausgesetzt, sie fänden dort unten überhaupt ein Faß.

»Sicher«, sagte Falckner. »Mit schalem Dünnbier.«

»Äh«, sagte Heinrich, und Carl mimte den zutiefst Enttäuschten.

»Wer Bach heißt, liebt klares Wasser oder kräftiges Bier, Monsieur Falckner«, sagte Magdalena. »Deshalb erlauben wir uns, Sie nach dieser Führung auf einen Krug einzuladen. Einverstanden?«

»Es ist mir eine Ehre!«

Falckner war sichtlich erfreut. Magdalena stützte sich noch ein wenig fester auf den Ratsbaumeister, während sie ins Zwischengeschoß stiegen, wo neben zwei Wohnräumen auch die Speisekammer untergebracht war. Herzstück der Kantorenwohnung war das erste Obergeschoß mit Küche und Wohnzimmer, jeweils zwei Musizier- und Schlafräumen sowie Bachs Komponierstube mit angrenzendem kleinen Bibliothekszimmer. Falckner zeigte auf den neuen, zweieinhalb Zentner schweren Eisenofen, an dem Heinrich ausgiebig herumpochte, während er das Ohr ans Rohr legte.

»Es ist seltsam«, sagte Bach, »während er aus dem Fenster seiner Komponierstube schaute. »Nichts ist hier unverändert, und doch weiß ich schon jetzt, daß die Musik, die ich hier in Zukunft schreiben muß, eine andere sein wird als bisher.«

Bach ließ seinen Blick über den Stadtgraben und die Gärten

schweifen. In der klaren Luft konnte man heute eine gute Meile weit über Wiesen, Baumgruppen, Felder und Hütten bis Großzschocher schauen. Die Sonne überglänzte eine Idylle, die Bach von Monat zu Monat mehr schätzte. Seit Gesners Rektoratsantritt fühlte er sich wohl in Leipzig. Was aber auch damit zusammenhing, daß sein Renommee als Komponist seit der Veröffentlichung seiner Klavier-Partiten erheblich gestiegen war.
So hatte Deutschlands führender Musikschriftsteller, der Hamburger Komponist und Diplomat Johann Mattheson, in der zweiten Auflage seiner »Organisten-Probe« eigens einen Hinweis auf Bachs Partiten einfügen lassen, weil ihm deren Würdigung am Herzen lag. Und das Konzert in Dresden hatte Bach nicht nur das Wohlwollen des Grafen Sporck eingebracht, der ihn bat, wenn er bei Laune sei, ein paar Kurz-Messen zu komponieren, sondern auch eine poetische Huldigung: *Ein angenehmer Bach kann zwar das Ohr ergötzen, wenn er in Sträuchern hin durch hohe Felsen läuft; allein, den Bach muß man gewiß weit höher schätzen, der mit so hurtger Hand ganz wunderbarlich greift. Man sagt: Daß, wenn Orpheus die Laute sonst geschlagen, hab alle Tiere er in Wäldern zu sich bracht; gewiß, man muß dies mehr von unserm Bache sagen, weil er, sobald er spielt, ja alles staunend macht.*
»Sie *müssen* andere Musik schreiben?« wunderte sich Falckner. »Warum das? Wozu die Anstrengung?«
»So, wie Sie es Gott und der Stadt schuldig sind, solide Häuser für seine Bewohner zu bauen, bin ich es Gott und allen Musikliebhabern schuldig, solide Musik zu schreiben, die ihnen das Gemüt ergötzt.«
Bach drehte sich zu Falckner um und fing Liese ein, die mit Heinrich zwischen Magdalena und Catharina Fangen spielte.
Falckner zuckte mit den Schultern, mußte dann aber doch loswerden, was ihm auf der Zunge lag.
»Was ist solide Musik, Monsieur Bach? Selbstverständlich Ihre sonntäglichen Kantaten, mein Kompliment. Sie gehen mir auch ans Herz – daher, mit Verlaub: Was bereits solid ist, muß man doch nicht ändern.«
»Ich will ja auch nichts verändern.« Bach hob Liese hoch und setzte sie auf Carls Schulter, dann fing er Heinrich ein und ließ sich von

ihm seine Faust bearbeiten. »Nur Altes und überhaupt alles noch besser machen.«
Heinrich schlug so heftig zu, daß Bach unwillig grunzte. Catharina riß ihn daraufhin zu sich, weswegen Heinrich sie als dumme Kuh beschimpfte. Wem die Hand ausrutschte, war Friede. Heinrich wollte losplärren, da traf ihn die Hand der Mutter.
Nach der Besichtigung des zweiten und dritten Obergeschosses, die über je einen großen Schlaf- und Wohnraum verfügten, fragte Magdalena laut in die Runde:
»Und wer wohnt jetzt wo? Wir haben 15 Räume!«
»Das besprechen wir beim Bier«, sagte Falckner gemütlich.

Donnerstag, 5. Juni 1732

Es ist schon seltsam. Nun bin ich schon einmal – fast – allein, und es geschieht etwas Unvorhersehbares. Regina saß auf meinem Schoß, während ich ihr vorlas. Christiana schlief. Plötzlich klopft es an der Tür. Unwillig stehe ich auf, in der festen Annahme, daß ein Nachzügler noch zur Schul-Einweihungsfeier und Vaters Festkantate möchte – und wer steht vor der Tür?
Die Vagantin! Deren opernhaftes Gesinge mich einst so in den Bann geschlagen hatte.
»Ich bitte um ein Almosen, Mademoiselle Bach«, sagte sie leise, aber selbstbewußt. »Für meinen Bruder. Er ist krank. Nur ein Chirurg kann ihm den Brand wegschneiden.«
»Ich kann nicht viel geben«, antwortete ich, ohne nachzudenken. »Aber woher wissen Sie meinen Namen?«
»Seit ich Sie einmal mit Ihrem Herrn Vater gesehen habe.«
»Ja, ja, natürlich.«
Ich atmete einmal tief durch. Dann schickte ich Regina weg, die an die Tür gekommen war. Fieberhaft überlegte ich, wieviel ich geben sollte. Zuwenig wäre unchristlich, zuviel hätte die Gefahr bedeutet, daß sie wiederkommt. In ihren Kreisen spricht sich das schnell herum …
»Warten Sie.«
Ich schlug ihr die Tür vor der Nase zu und ging zur Kommode mit der Haushaltskasse. Zwei Groschen. Gutes Geld. Ein Viertel vom Tageslohn eines Zimmermann-Handlangers oder die Hälfte von dem, was Vater eine Totenfeier für eine kleine halbe Leiche einbringt. Mit zittrigen Fingern trug ich den Betrag ins Haushaltsbüchlein ein und schärfte Regina ein, das Zimmer nicht zu verlassen.
»Hier, nehmen Sie, auf daß Ihrem Bruder geholfen werde.« Mir klopfte das Herz bis zum Hals, denn noch nie hatte ich an der Haustür Almosen verteilt.

»Vergelt's Gott«, hörte ich sagen, doch dann glaubte ich, meinen Ohren nicht zu trauen – denn das Luder sagte: »Mehr können Sie nicht geben?«
Sie klang enttäuscht, aber ihre Stimme war fest. Ich beneidete sie in der Sekunde um ihre Courage.
»Das darf ich nicht!« platzte ich heraus.
»Nein, Sie wollen nicht!« rief sie anklagend und riß ihre Augen weit auf. »Was ist schon unser Leben? Ein ewiges Stolpern von einem Jammertal ins andere! Für uns gibt es nur Winter. Sie und Ihresgleichen kennen doch nur Frühling und Sommer. Den Herbst nur dann, wenn's Zipperlein zwackt!«
Die Tür hätte ich zuschlagen sollen! Warum tat ich's nicht?
Aus Mitleid? Verblüffung, Schreck, Hilflosigkeit, Ekel, Scham? Sicher, doch das Luder beeindruckte mich auch – und so erstarrte ich auf der Türschwelle wie Lot zur Salzsäule.
Regina kam.
»Wer ist das?« fragte sie.
»Ich bin Barbara. Und bitte um ein Almosen.«
»Bist du arm?«
Ich war unfähig einzuschreiten.
Die Stimme von diesem Luder klang freundlich und warm, dazu lächelte sie Regina offen an.
»Andere sind ärmer«, war die Antwort.
Aufmerksam sah sie Regina an. Die hatte, wie Kinder eben sind, die Wahrheit, die mir nicht über die Lippen kommen wollte, berührt. Diese Barbara sah nämlich gar nicht so arm aus. Und verhungert schon gar nicht. Langsam gewann ich meine Fassung wieder. Ob sie mit ihren Gesangskünsten denn nicht genug einnähme, hörte ich mich schließlich fragen und bekam zur Antwort, daß sie außer einem verschwindend kleinen Rest alles an die Gemeinschaft abgeben müsse.
War es Mitgefühl, oder wollte ich sie nur loswerden? Wahrscheinlich beides. Hauptsache, ich konnte wieder handeln.
»Kommen Sie ein andermal wieder«, schlug ich vor. »Ihr Bruder tut mir leid. Aber auch wenn ich wollte, mehr kann ich Ihnen nicht geben.«
»Danke, Mademoiselle Bach. Wir Musiker müssen doch zusam-

menstehen. Betteln tun wir alle. Unsereiner so, Ihr tut es mit der Kurrende.«

Der Knicks, den sie machte, erschien mir wie Hohn. Eine von den Fahrenden stellt sich auf die gleiche Stufe mit – uns! Mit – Vater! Mir blieb der Mund offenstehen. Eine derartige Undankbarkeit, Dreistigkeit und Unverschämtheit hatte ich bis dato noch nie erlebt. Teeren und federn sollte man sie!

Was bloß hat das alles zu bedeuten?

Freitag, 6. Juni 1732

Sie hat recht. Kurrende ist nichts anderes als Bettelei, sagte Vater selbst einmal.

»Ich fühle mich jedesmal in der Zeit zurückkatapultiert, wenn ich meine Thomaner umsingen sehe. Dreimal die Woche hieß es Herbst und Winter in Eisenach und Ohrdruf: Fertig machen zum Almosensingen! Dann griffen wir zur Blechbüchse, dem schwarzen Zylinderhut und zu den langen steifen Schalaunen, unseren Umhängen, und los ging's. In den Händen die Notenrollen – Singen bei jedem Wetter. Kantor und Lehrer haben immer ihr Scherflein abgezweigt. Oft waren wir derart durchgefroren, daß wir noch am nächsten Morgen blaue Lippen hatten. Und die, die Löcher im Schuhwerk hatten: Mal war's ein kleiner, dann ein großer Zeh, der verfroren ist. Aber schon Luther hat Kurrende gesungen. Und gesagt: Es sind dies die Rechten, die sich mit Flickenmänteln und Schuhen das Brot vor der Tür ersingen. Denn es werden einmal die besten und klügsten Leute. Verachtet also diese Gesellen nicht.«

Und hier in Leipzig ist es nicht anders. Das Luder hat es gut beobachtet.

Dreimal die Woche marschieren acht Thomaner, zwei für jeden Stadtteil, los und krähen irgendwelchen Unsinn, um damit eine milde Gabe für den Schulerhalt zu erhalten. Vom Bettelmammon werden für jeden Schüler sechs Groschen die Woche einbehalten: zur Abdeckung nichtgezahlter Schulgelder und zum Notenankauf. Der Rest wird geteilt – ja, auch Vater bekommt seinen Teil, wie der Rektor, Konrektor und Tertius.

Ich habe dieser Barbara unrecht getan. Vergib mir, Herr Jesus.

* * *

DIE VAGANTIN LIESS sich nicht mehr blicken – weder am nächsten Morgen noch die Tage darauf. Catharina war geneigt, die Begebenheit rasch zu vergessen. Sie war in diesen Wochen sehr um Christiana Dorothea besorgt, das jüngste Kind der Familie, dessen Schluckbeschwerden von Tag zu Tag größer wurden.

Am 13. Juni kamen die Emigranten. Friede, Carl und Bernhard waren unter der Menge der Schaulustigen, die das Spektakel verfolgten. Eintausendachthundert Protestanten aus dem Salzburgischen wurden vor dem Peterstor mit Chorgesang und Blechblasmusik von der Stadt in Empfang genommen. Gruppenweise wurden die Vertriebenen in die für sie aufgeschlagenen Zelte geführt. Viele jubelten, applaudierten und schwenkten Fahnen, manche reckten aber auch die Faust gegen den Papst. Immer wieder spendeten die Geistlichen den vielfach völlig zerknirschten Menschen, die vor ihnen in die Knie gingen, den Segen und hielten ihnen erbauliche Ansprachen.

Eine auserlesene Schar von Töchtern aus den höheren Ständen verteilte nebenher Brot, aber die Stadt unterhielt auch mehrere Feuerstellen, über denen Kessel mit Suppe hingen. Auf drei Ochsengespannen lagerten Fässer mit Dünnbier, gestiftet von den Leipziger Brauereien. Ein großer Krug kostete für die Leipziger einen Groschen, die Emigranten bezahlten nichts.

»Wer kauft den Krug? Wer bezahlt das Bier?« fragte Bernhard.

»Immer der, der so fragt«, sagte Carl, kramte aber in seiner Rocktasche bereits nach Geld.

Friede winkte gelangweilt ab. Ohne ein Wort zu sagen, trottete er zu einem Krämer, der neben allen möglichen Holzmodeln auch Holzkrüge verkaufte, und stellte sich dann in die Schlange der Bierdurstigen.

»Hat er Liebeskummer?« fragte Bernhard.

»Nicht, daß ich wüßte. Beziehungsweise, daß Catharina es wüßte. Friede ist studienmüde. Alles langweilt ihn.«

»Weiß Vater es?«

»Er ahnt es. Sagt aber nichts. Friede ist reizbar geworden. Und aufbrausend. Freilich nur dann, wenn Vater nicht in der Nähe ist. Hältst du den Mund?«

Bernhard nickte, und die beiden Brüder steckten die Köpfe zusam-

men. Carl erzählte, daß er vor kurzem Friede mit ein paar Kommilitonen erwischt hatte, wie sie morgens an einem Weinstand becherten, anstatt die Vorlesung zu besuchen.
»Ich hab´ ihnen übrigens ein paar Schluck abgetrunken.«
»Meine beiden Brüder sind Liederlinge!« rief Bernhard gekünstelt und verdrehte die Augen.
»Halt bloß die Klappe!« fuhr Carl ihn an, denn Friede kam mit einem vollen Krug Bier, über dessen Rand der Schaum rann. Wenige Schritte vor seinen Brüdern blieb er jedoch stehen, grinste und setzte den Krug an – er schluckte und schluckte und schluckte. So gierig, daß ihm das Bier in den Kragen lief.
Bernhard und Carl rannten los. Der eine nannte ihn einen Schuft, der andere einen Hundsfott. Von beiden Seiten hingen sie sich an den Krug. Es sah aus wie in einer Theaterposse. Friede versuchte weiterzutrinken, drehte sich auf der Stelle, reckte sich auf die Zehenspitzen. Immer mehr Bier ging daneben. Schließlich war der Krug leer. Friede warf ihn in die Luft, Bernhard fing ihn auf. Da öffnete der älteste Sohn des Herrn Musikdirektor Bach den Mund – und ließ einen Rülpser herausorgeln, der im Umkreis von einem Dutzend Schritt für einen Augenblick alle Gespräche verstummen ließ.
Friede winkte und verließ den Ort seines sonderbaren Betragens. Carl und Bernhard zeigten ihm den Vogel und stellten sich anschließend gemeinsam in die Schlange. Aber als sie endlich an der Reihe waren, schmeckte ihnen das Bier nicht mehr. Carl verkaufte den Krug samt Hälfte seines Inhalts für einen Groschen an einen Handwerksburschen.
»Du weißt doch«, sagte er, mit sich selbst sehr zufrieden, zu Bernhard: »Mein Patenonkel Telemann ist für seine Musik nicht minder berühmt wie für seinen Geschäftsgeist. Hörst du? Die größte Kunst ist, Geld zu machen, aufs Geld kommt letztlich alles an. Wer dieses Handwerk nicht verstehet und mit der Weisheit betteln gehet, der ist wahrhaftig schlimm daran.«

* * *

Des Herrn Musikdirektors Willkommensgruß für die Salzburger war zwei Tage darauf eine eigens komponierte Kantate: *Brich dem Hungrigen dein Brot.* Sie erklang im Rahmen eines Festgottesdienstes mit abschließenden Abendmahl und rahmte mit ihren beiden Teilen die Predigt ein, die die Emigranten mit viel Tränen anhörten.
Es war ein glücklicher Zufall, daß das Evangelium für diesen ersten Sonntag nach Trinitatis die Lukas-Geschichte »Vom reichen Mann und armen Lazarus« vorsah – vom Reichen, der herrlich und in Luxus lebt, während vor seiner Tür Lazarus krank liegt und hofft, sich von den Abfällen des Reichen sättigen zu können. Eine vergebliche Hoffnung, denn statt Hilfe kommen nur die Hunde und lecken seine Geschwüre.
Zeitliches und Ewiges der Begebenheit führte Bach der Gemeinde gleich im Vorspiel vor Augen. Eine herbe Musik erklang, die die Worte *Brich dem Hungrigen dein Brot* im Befehlston vorbringt. In den eigentümlich gebrochenen, von den Holzbläsern zu den Streichern und wieder zurück wandernden Achtelmotiven wird anschaulich das Brechen und Verteilen des Brotes abgebildet – dies, hoffte Bach, mußte zu begreifen sein.
Ob es den Menschen aber auch die Geldbörse öffnete? Bach lauschte am Ende des Gottesdienstes auf das Geklimper der Münzen. Bildete er es sich nur ein, daß es an diesem Sonntag mehr war als sonst?

* * *

Eine Woche später brachte Magdalena Johann Christoph Friedrich zur Welt. Das Kind machte einen kräftigen Eindruck, es schrie und zappelte. Magdalena war glücklich wie schon lange nicht mehr. Stolz hielt Bach seinen fünften Sohn über das Taufbecken und drückte das Kind kräftig an seine Brust, bevor er es Magdalena wieder in den Arm legte. Liese und Regina streichelten ihrem Brüderchen die Wange – was sie zehn Wochen später bei ihrem toten Schwesterchen Christiana Dorothea ebenfalls tun sollten. Es war erstickt und wurde am selben Tag begraben.
Als die Reihe an Regina war, drei Schaufeln voll Sand mit dem al-

ten Spruch in die offene Grube zu werfen, konnte sie es vor Weinen nicht. Bach mußte ihr die Hand zur Schaufel und von dort aus zum Grab führen. Er sagte an Reginas Stelle: Erde zu Erde – Asche zu Asche – Staub zum Staub. Regina konnte nur nicken. Mit verweinten Augen sah sie zu ihrem Vater auf, dann zu Magdalena. Warum warfen sich ihre Eltern einen so sorgenvollen Blick zu?
Regina faßte nach der Hand des Vaters. Die war warm und schwer. Bach drückte die kleine, schwache Hand seiner Tochter. Und betete für sie.

Montag, 6. Oktober 1732

Nun ist die schöne Zeit auch schon wieder vorbei. Zwei Wochen lang stand ich dem Haushalt vor. Jeder, ob groß oder klein, mußte auf mein Kommando hören, von Friede bis zum Friederich, unserem neuen Wonneproppen. Vater sollte die Orgel zu St. Martini in Kassel, an der man fast drei Jahre repariert hatte, prüfen und mit einem Konzert einweihen. Zu Magdalenas großer Freude nahm er sie mit.

Für mich war es hier zu Hause natürlich auch anstrengend. Vater meinte zwar, ich solle ruhig Schmalhans Küchenmeister das Regiment führen lassen, aber er muß das Gemaule und die Gesichter ja auch nicht über sich ergehen lassen. Einmal allerdings war ich so frei: Mittags gab es nur Gerstengraupensuppe und danach Linsen mit Rauchspeck, als Nachtisch Apfel- und Zwetschgenkompott. Die Kommentare sollen der Nachwelt erhalten bleiben:

»Amazona Catharina. Friß oder stirb.« (Bernhard)

»Catharinas Rache.« (Heinrich)

»Spitalskost.« (Carl)

»Krank machend.« (Friede)

»Mama hat uns mehr lieb.« (Liese und Regina)

Was sie sich eigentlich dächten, die Damen und Herrschaften?

»Aal mit Salbei, gefolgt von gefülltem Huhn.« (Friede)

»Hamburgische Saure Suppe, anschließend Schweinebraten mit Kruste und krossen Knödeln.« (Carl)

»Hefeknödel mit Petersilienpudding drin und Kuchen mit Tortenfüllung.« (Heinrich)

»Tauben. Aber ausgebeint. Mit Zuckerschoten.« (Bernhard)

»Von allen Tellern essen.« (Liese und Regina)

Wir haben gelacht. Aber richtig über die Stränge schlug Gott sei Dank keiner. Carl und Friede luden natürlich ihre Kommilitonen ein und feierten kraftvoll nach Studentenmanier. Das bedeutete: viel Tabakrauch, noch mehr Bier, wüste Späße und eine Catharina,

von der sich jeder bedienen lassen wollte: Wasser, frische Gläser, saubere Teller, neues Brot. Und Bierholen durfte ich auch noch!
»So macht man es in den schlechteren Lokalen«, sagte Friede und schlug mir doch tatsächlich einmal mit der vollen Hand auf meine Kehrseite, daß ich aufschrie. Dann wieder hieß es, mit der Ehe sei es genauso wie mit einem Vogelhaus: Diejenigen, die draußen sind, wollen rein, und die, die drinnen sind, wollen raus. Ich sagte, es gäbe auch andere, und dachte in meiner Beschränktheit tatsächlich an Vater und Magdalena – doch ich erntete nur Gelächter und Blicke, die mich auf dreiste Art daran erinnerten, die »Jungfer Ba-a-ch« zu sein.
Seit diesem Abend weiß ich wenigstens, was Studenten so im Kopf herumgeht, wenn sie zugucken, wie ein Hahn im Topf gekocht werden soll: »Aufgedeckt, hineingesteckt, die Knie gebogen, frisch nachgeschoben.«
Aha!
Sogar Birnbaum kam einmal vorbei. Wir tranken Tee, aßen Kekse, eine Spezialität der Friesen vom Meer, die er mitgebracht hatte. Mit Fenchel, Anis und Honig – köstlich! Wie schön muß es sein zu reisen, andere Menschen, Düfte, Speisen, Gewohnheiten kennenzulernen ... Wäre ich doch bloß als Mann zur Welt gekommen! Wieviel hätte ich dann unternehmen können! Ach, Catharina ... schweig und halt still. Jeder hat sein Los zu tragen.
Regina und Liese spielten Anstandsdame. Neugierig hörten wir Abrahams Erzählungen zu. Er berichtete dies und das von der Universität, und, ich gestehe es, in meine Bewunderung mischte sich eine Spur Neid, als er mir stolz erzählte, er wolle jetzt darangehen, eine Sammlung von Musterreden zu schreiben und zu veröffentlichen.
Ob er ein Beispiel geben könne, rutschte mir heraus.
Auf diese Frage schien er nur gewartet zu haben. »Die Klugheit, sich bei jedermann beliebt zu machen«, wollte er eine seiner Reden nennen. Und dann legte er los: »Aber die ohnehin zum Wanken geneigte Gegenliebe politischer Freunde erhalten wir nicht anders als durch den Beitrag dessen, was ihre oftmals eitlen Affekte vergnügen kann, insofern solches der Billigkeit gemäß und unserer Ehre nicht nachteilig ist. Eben hier erfordert die Klugheit, diesel-

ben durch eine ebenfalls politische Gefälligkeit zu gewinnen, um sie vielleicht von ihren eitlen Absichten nach und nach abzuziehen, nicht aber sich mit ihren gleichen Torheiten teilhaftig zu machen.«
Aus dem Stegreif – in die Luft diktiert! Bemerkenswert! Abraham Birnbaum, mein Kompliment! Sie gefallen mir! Eigenartig, wo Sie doch ein Mann sind, der mit dem Wort umzugehen versteht, während ich eines Komponisten Tochter bin und gerne singe!!
Magdalena tat der Besuch in Kassel sichtlich gut. Die Ringe um die Augen sind verschwunden und die Wangen wieder rund.
»Sebastian wurde behandelt wie ein kleiner Fürst«, erzählte Magdalena. »Ich gestehe dir, ich bin fast geplatzt vor Stolz.«
Weil es so warm war, spazierten wir mit Heinrich, Liese und Regina nachmittags an der Rannstädter Bastei vorbei bis ins Rosental. Ob Magdalena weiß, daß dieser lauschige Park nachts die Heimstätte amouröser Abenteuer sein soll? Erzählte mir Birnbäumchen, was Friede grinsend bestätigte.
»In die Gondel!« unterbrach Heinrich mein Sinnieren, und – o Wunder – Magdalena steuerte, als ob es das Selbstverständlichste von der Welt wäre, an den Anlegesteg.
»Ist das nicht etwas kostspielig?« flüsterte ich.
Magdalenas Augen blitzten. Ihr Mund zuckte, dann brach sie in ein gurrendes Lachen aus, das ich so noch nie bei ihr gehört hatte. Als ob Geld auf einmal nebensächlich war.
Sollte Vater soviel Honorar erhalten haben?
»Wenn man gerade einmal etwas hat, Catharina, dann wäre es Sünde, sich einen Wunsch zu versagen.«
Sie schaute selbstzufrieden aus, verströmte die Aura der glücklichen und abgesicherten Ehefrau eines erfolgreichen Mannes. Wie klein ich mir auf einmal vorkam …
Was nützt es! Was hättest du davon, dem nachzuweinen, was nicht ist? Magdalena sprach eben einmal nur wie Madame Gernegroß bei Hof. Die Gondelfahrt auf der Pleiße war trotzdem schön. Sehr schön sogar.
Herrlich! Die Kinder hielten die Hand ins Wasser, platschten mit Stöckchen und spritzten sich mehr als einmal Wasser ins Gesicht. Magdalena sah großzügig über alles hinweg – wirkte wie eine Baronin, die sich durch Schilffelder und unter Hängeweiden rudern

ließ. Ab und zu schloß sie die Augen, legte den Kopf nach hinten, dann erzählte sie wieder etwas.
»Der Kasseler Rat übernahm für uns sämtliche Zehrkosten. Und stellte sogar einen Lakai! Kannst du dir das vorstellen? Keine Schuhe putzen, keine Kleider bürsten, nichts aufräumen, weder Betten machen noch Koffer packen. Einmal klingeln, Befehl aussprechen, und dir wird ein Glas Wein serviert, oder Kaffee gebracht. Du schickst nach Gefrorenem, bekommst es genauso wie Waschwasser und frisches Obst. Kein Suchen nach Papier, Feder, Tinte. Nur sitzen und liegen, den Vögeln zuhören, spazierengehen, schauen, und der Wirt verbeugt sich vor dir, wie unsereins vor dem Fürsten.«
»Mein Gott!« Mehr brachte ich nicht heraus. Die häßlichen fraulich-schwesterlichen Gefühle versenkte ich mit meiner Hand in die Pleiße.
»Aber das Schönste war zuzuschauen, wie Sebastian mit der Sänfte durch die Stadt getragen wurde.«
Magdalena beugte sich zur Seite und fischte eine Blume aus dem Wasser, die einsam an unserer Gondel vorbeischwamm. Regina barg sie schützend in der hohlen Hand, während Heinrich mit einem Zweig das Wasser peitschte.
»Und das Konzert?« fragte ich.
»Welches?« fragte sie zurück und schaute mich triumphierend dabei an. »Sebastians oder meins?«
»Was?«
Ich erschrak. Was völlig unsinnig war, denn Magdalena war schließlich Köthener Hofsängerin gewesen, aber – ich empfand es in dem Augenblick als Hieb gegen meine Seele. Sie ist immer für eine Überraschung gut, sagte Vater einmal, ja – und du, Catharina? Mit welchen Überraschungen kannst du aufwarten?
Mit neuen Saucen zu Fleisch und Gemüse. Und kunstgestopften Kinderhosen. Ach ja, vergiß nicht dein Talent, stets weniger Geld beim Einkaufen auszugeben, als du dürftest. Das einzig Wirkliche, mit dem ich Vater und Magdalena überrasche, ist meine Bokkigkeit, wenn es um die Ehe geht.
Magdalena erzählte dann, wie sie *Jauchzet Gott* im Haus des Hof- und Stadtorganisten sang: eine von Vaters Kantaten für jede Zeit

und sein Paradestück für Sopran schlechthin. Er sagt, daß in keiner Oper mehr verlangt werde – demnach könnte ich auf der Bühne mithalten …
Hörst du's, Welt?
»*Meine Frau singt einen sauberen Sopran, und auch meine* Tochter *schlägt nicht schlimm ein.*« So schrieb er es einmal an seinen Jugendfreund Erdmann. Ein größeres Kompliment kann er seinen Kindern nicht machen. Bei Friede heißt es, er spiele gut, bei mir, ich sänge nicht schlimm. Da Friede nach Vater der größte Virtuose ist, muß ich im Verhältnis zu ihm recht gut sein.
Was soll das Sinnieren. So eine wie Barbara, die Vagantin, würde bestimmt gerne mit mir tauschen. Sie singt wieder. Manchmal bleibe ich stehen und höre ihr zu.
Ob sie mal wieder ein Almosen will?
So kostbar wie das Geschenk des Kasseler Erbprinzen wird es freilich kaum werden. Der zog sich nämlich mal schnell einen edelsteingeschmückten Ring vom Finger, weil Vaters Pedalkünste ihn so beeindruckten.
Ah – jetzt weiß ich wenigstens, warum Magdalena so gut Geld und Laune hat!

* * *

FRIEDRICH AUGUST II., genannt der Starke, Kurfürst von Sachsen und König von Polen, war tot. Bach spielte, als Catharina ihm die Nachricht aus der Stadt brachte, gerade Samuel Anton Bach und Ludwig Krebs vor. Samuel Anton war ein Vetter aus Meiningen, studierte seit letztem Oktober Jura und logierte im Haus, Krebs war noch Thomaner. Bach hatte den zurückhaltenden zwanzigjährigen Jüngling in sein Herz geschlossen, denn Krebs hatte sich mit Haut und Haaren dem Orgelspiel verschrieben und sehnte sich nach nichts so sehr, wie selbst einmal Organist zu werden.
»Rex Augustus tot?«
»Gestern«, schnaufte Catharina und lief durch die Wohnung, um allen die Nachricht zu verkünden.
Bach hielt mitten im Spiel inne und drehte sich auf dem Schemel um, wollte auch schon weitersprechen. Aber dann besann er sich,

modulierte in die Ausgangstonart zurück und schloß das begonnene Präludium in ordentlicher Harmonie.
»Das spart Arbeit, schafft aber auch neue«, sagte er und schaute seine beiden Zuhörer nachdenklich an. »Ja, und wann beginnt die Landestrauer?« rief er Catharina hinterher, bekam aber keine Antwort.
»Bestimmt in vierzehn Tagen«, sagte Krebs. »An Estomihi. Christus' dritte Leidensankündigung. Der Tod wirft seine Schatten voraus.«
Bach sah Krebs zufrieden an, stand auf und klopfte ihm auf die Schulter.
»Ich habe einen klugen Krebs in meinem Bach«, scherzte er. »Wißt ihr beiden, daß meine Probekantate für das Kantorat vor zehn Jahren auf diesen Sonntag fiel? *Jesus nahm zu sich die Zwölfe*. Es sind zwei hohe Baßpartien darin. Die habe ich gesungen.«
»Gab es keinen Thomaner, der ihnen gewachsen war?« fragte Samuel erstaunt.
»Natürlich!«, sagte Bach und lächelte spitzbübisch. »Aber damals ein bißchen den Politicus zu spielen, dachte ich, könne nur von Vorteil sein. Sich als Sänger, also wirklicher Kantor, einzuführen, schien mir nicht unklug. Schließlich war ich noch Köthener Kapellmeister.«
»Und jetzt Leipziger Musikdirektor, Monsieur Bach«, bemerkte Krebs versonnen. »Für den Namenstag unseres Königs haben Sie letztes Jahr eine Glückwunsch-Kantate aufgeführt – für den zu erwartenden dritten Augustus, Kurfürst von Sachsen und König von Polen, ziemte sich jetzt eine Messe, oder?«
Bach schaute Krebs aufmerksam an und wiegte unschlüssig den Kopf. Doch dabei schien ihm ein Gedanke gekommen zu sein. Er nickte kaum merklich. Dann setzte er sich wieder ans Cembalo und winkte Krebs und Samuel näher zu sich heran.
»Nur die vorderen Gelenke der Finger dürfen in Bewegung sein«, dozierte er. »Auch bei den schwersten Stellen muß die Hand rund bleiben. Mir übrigens ist es ein Greuel, den Daumen unter den fünften Finger zu schlagen …«
Bach spielte das *Cis-Dur-Präludium* aus seinem *Wohltemperierten Klavier* samt dazugehöriger Fuge. Und weil er in aufgeräumter

Laune war, schob er *Präludium und Fuge cis-Moll* nach, darauf die Präludien und Fugen in D-Dur und *d-Moll*, machte weiter mit den Werken in *Es-dur, es-Moll, e-Moll* …
Krebs stieß Bachs Vetter mit dem Ellenbogen an, die Zeit verging wie im Flug. Als die *h-Moll-Fuge* verklungen war, schaute sich Bach schelmisch um.
»Ist es jetzt klargeworden, wie ich das mit dem Fingersatz meine?«
»Schon«, sagte Samuel Anton. »Ja, ja. Aber eigentlich …«

* * *

Es kam so, wie Krebs gesagt hatte. Die Landestrauer begann den Sonntag Estomihi. Angeordnet wurde sie für ein halbes Jahr. In dieser Zeit hatte alle Musik zu schweigen. Es gab keine Kantatenaufführungen und keine Konzerte im Collegium Musicum, selbst die Passionsmusiken fielen aus.
Statt die Ruhepause für sich und die Familie zu nutzen oder eine Reise zu unternehmen, begann Bach eine Messe zu komponieren: eine *Missa brevis* mit *Kyrie* und *Gloria*, für ihn, wie für jeden anderen Protestanten, die eigentliche Messe. Nur an hohen Festtagen hatte sie ihren Platz im Gottesdienst – neben der eigentlichen Hauptmusik, der Kirchenkantate. Bach komponierte teils freiwillig, teils aus Pflichtgefühl seinem Amt gegenüber. Denn es war sehr bald offenkundig geworden, daß, wie alle sächsischen Kurfürsten und Könige vor ihm, auch der neue Herrscher August III. eine Erbhuldigungs-Reise durch sein Land unternehmen würde. Neben Dresden, Wittenberg, Torgau, Bautzen und Freiberg wollten auch die Leipziger ihrem neuen Herrn die Treue geloben.
In der dritten April-Woche sollte diese Huldigung stattfinden, sämtliche Institutionen der Stadt waren aufgefordert, daran mitzuwirken.
Man werde es den Dresdenern einmal zeigen! Beweisen, daß Leipzig das ökonomische Zentrum Sachsens war. Was dort die höfischen Prunkbauten waren, waren hier die Manufakturen und Handelshäuser. Mit ihren geschlossenen Höfen und Durchgängen waren sie die Paläste Leipzigs. Fünf Stockwerke hoch, die manche

Besucher glauben machten, sie stünden vor einer Burg. Nur daß darin Bürger lebten, Kaufleute und Handelsherren, und keine Fürsten, die das Geld ausgaben, das auf Dörfern und anderen Besitzungen für sie erwirtschaftet wurde.
Stolz und auch ein wenig überlegen fühlte man sich während der Festplanung: Immerhin hatte die Stadt sich längst von der Unterhaltspflicht für den Kurfürsten und sein Gefolge bei deren Besuchen losgekauft – ihm huldigen: ja, das ging an, ihn dafür aber auch noch zu bezahlen: nein.
Bach stritt vor seiner Familie ab, daß er sich von der allgemeinen Stimmung anstecken ließ, aber Carl war mehr als einmal in der Laune, ihm da zu widersprechen:
»Deine Chorbibliothek, Vater, umfaßt Messen nach Dutzenden. Von Schelle sogar eine mit vierundzwanzig Stimmen. Du selbst hast dir von Lotti und Palestrina etliches abgeschrieben, letzteren sogar noch mit Cornetten und Posaunen aufpoliert. Wozu der Aufwand? König August bleibt als Katholik dem Festgottesdienst ohnehin fern. Für die tumben Ohren der Leipziger wieder Kraft zu verschwenden: Haben sie dir jemals für eine deiner Kantaten applaudiert?«
Bach hörte Carls Einwand ruhig zu, schob dennoch trotzig das Kinn vor. Seine Söhne saßen mit ihm im Wohnzimmer, jeder vor einem Glas Wein. Die Stimmung war entspannt, friedlich. Einen Stock über ihnen schimpfte Magdalena, im Musikzimmer nebenan sang Catharina aus Magdalenas *Notenbüchlein: Bist du bei mir.* Bach streichelte Regina, die auf seinem Schoß zusammengerollt schlief, über den Kopf. Carl hielt sich am Weinbecher fest, Friede rauchte Pfeife. Bernhard saß mit dem Rücken an der Wand auf dem Fußboden und kämmte seine Perücke.
»Die Kantate fällt aus, Kommunion und anderes Liturgisches auch«, sagte Bach. »Zweitens: Wenn Rat, Militär, Universität sich produzieren – warum dann nicht der Leipziger Musikdirektor?«
»Weil das eine das eine ist und das andere das andere«, ließ sich Bernhard vernehmen und brachte damit alle zum Lachen. Regina seufzte entspannt auf, ihre geschlossenen Lider zitterten. Für ein paar Minuten wich das kehlige Schnaufen ruhigem Atmen,

doch als es kurze Zeit darauf wieder begann, erstarb Bachs Lächeln.
»Ihr habt Krämerseelen«, sagte Bach. »Und mit dieser Einstellung wollt ihr in meine Fußstapfen …«
»… wollen wir gar nicht«, sagte Bernhard.
»Du nicht, das ist mir klar«, entgegnete Friede.
»Aber Bruderherz! Du natürlich. Als Vaters Schatten.«
Bernhard klang herablassend, er schaute nicht einmal auf. Friede wurde rot und schluckte, seine Augen traten glasig hervor. Er erhob sich und reichte Carl die Pfeife. Bach war zu müde, um für Friede in die Bresche zu springen, hoffte aber, daß sein Sohn Bernhard die Antwort nicht schuldig blieb. Doch er täuschte sich. Auf der Türschwelle wünschte Friede allen eine gute Nacht und stapfte die Treppe hoch. Einen Augenblick später kehrte er dann aber noch einmal um, steckte seinen Kopf ins Zimmer und sagte:
»Aus dem Schatten kann man treten, Bernhard. Aber du würdest auch bei grellster Sonne gar nicht erst einen werfen.«

* * *

BACH LIESS SICH nicht beirren, nur daß er sich bei der Arbeit selbst zu wundern begann, welch ungeheure Dimension diese *Missa brevis* annahm. Kyrie und Gloria – das Kyrie sollte vor der Predigt erklingen, das Gloria danach. Flehentliche Anrufung des Herrn und jubelnde Lobpreisung. Verzweiflung und Huldigung, Trauer und Triumph. Bach kam zur Überzeugung, daß sein Kyrie der Stimmung der Trauerwochen gemäß sein mußte und das Gloria die Freude über den neuen König auszudrücken hatte. Und beides mit allen Mitteln und aller Kunst, die ihm zu Gebot standen. Tag für Tag wuchs die Zahl der Takte und sprengte schließlich alle Dimensionen bisheriger Meß-Kompositionen. Das Kyrie türmte sich zu einem Requiem auf, bot mit seiner gemessen einherschreitenden Fuge das Bild eines majestätischen Trauerzuges, der am Sarkophag des gestorbenen Königs vorbeidefilierte. Und das Gloria? Hatte die Welt jemals derartig festliche Trompeten gehört? Eine Huldigung von solch strahlender Kraft?
Ruhig und gleichmäßig kratzte der Federkiel über das Papier. Äu-

ßerlich war es wie immer: In der Komponierstube war das Fenster einen Spalt geöffnet, und auf dem Schreibtisch stand die große Karaffe mit dem Wasser-Wein-Gemisch. Alle Stunde drang durch die Tür, die von der Komponierstube in den Schultrakt führte, das Gelärme der Schüler, ab und an hörte er sogar ein Rascheln, Kratzen und Zischeln. Ein paar Verwegene waren wieder so dreist, durch das Schlüsselloch zu schauen. Es störte Bach nicht. Ab und zu jedoch sprang er blitzartig hoch, riß die Tür auf und zog die zu Tode erschrockenen Lauscher am Ohr zu sich. Waren sie gute Sänger oder Instrumentalisten, ließ er Gnade vor Recht ergehen, traf es aber ein für die Musik »untaugliches Subjekt«, verhängte er zur Strafe Putzdienste.

So robust Bachs Natur war, was Menschenlärm betraf, so empfindlich reagierte er, wenn irgendwer in der Nähe seiner Komponierstube sang und pfiff oder wenn Carl oder Bernhard Firlefanz auf dem Cembalo machten. Dann hämmerte er hart gegen die Tür und rief nach Catharina oder seiner Frau, die dafür sorgen mußten, daß dieses »Geplärre« sofort aufhörte.

Und was fühlte Bach im Innern? Ein neues Gefühl von Erhabenheit. Etwas, das er bei der Komposition seiner Kantaten immer seltener verspürt hatte, das jetzt aber unverhofft zurückgekommen war. Die Objektivität des lateinischen Messetextes wirkte inspirierend, schaffte sich Raum und eroberte seiner Musik die Zeit zurück. Bach seufzte vor Behagen, wenn er die Silben unter die Noten schrieb. Endlich einmal herrschte er über den Text, nicht der Text über ihn. Er fühlte sich leicht. Der Zwang, wie in den Kantaten, allen Text bild- und affektsatt auszudeuten, war gebannt. Bach spürte, wie er neue kompositorische Kräfte gewann – für ihn war König Augusts Tod ein Glücksfall.

Und je länger er komponierte, um so mehr verdichtete sich seine Überzeugung: Mit dieser *Missa* legst du soviel Ehre ein, daß sie dafür taugt, dem neuen König als Pfand deiner Treue gewidmet zu werden.

»Mit ihr wirst du zum sächsischen Hofkompositeur befördert. Die Lust auf Schikanen wird euch Ratsmännern dann sauer werden«, sagte Bach leise und pustete über den Streusand. Darauf nahm er das Manuskript samt ausgeschriebener Chor-Stimmen und ging ins Musikzimmer. Eine Stunde später verschlangen sich die Stimmen von Magdalena, Catharina, Krebs, Carl und Friede. Bach stützte, wo er konnte, sang und brummte, schlug auf das Cembalo ein, spielte mit aller Leidenschaft, deren er fähig war. Zeit spielte keine Rolle mehr, *Kyrie* und *Gloria* der *Missa* waren nach zwei Monaten endgültig Musik geworden.

Samstag, 14. Februar 1733

War das gestern voll! Weil morgen die Landestrauer beginnt, wollte halb Leipzig noch einmal Musik hören. Vaters Collegium war bestimmt noch nie so gut besucht. Ein einziges Gedränge, alle Sitzplätze belegt. Viele waren froh, gut stehen zu können. Aber die Gemütlichkeit wog alles auf, und von Trauerstimmung war nichts zu spüren.

Vater hatte für Birnbaum, Magdalena und mich zum Glück reserviert. Wir saßen ganz vorne, mir zwei Armlängen entfernt der gute Gerlach am Cembalo. Vater machte, wie so oft, den Bratscher: Weil ich da mitten drin bin in der Harmonie, hatte er uns Kindern in Weimar einmal erklärt. Und es ist für mich jedesmal ein Fest, ihm zuzusehen. Vater hat alle im Auge, jede Stimme im Gedächtnis. Einsätze gibt er durch Kopfnicken, aber auch mit dem Kinn. Droht etwas aus dem Takt zu kommen, hämmert er mit dem Absatz, rollt mit den Augen oder schlägt mit ausgestrecktem Finger durch die Luft. Sein Ohr scheint sich gleichsam über alle Instrumente zu wölben. Augenblicksweise hilft er manchmal sogar in anderen Stimmen aus, dann feuert er mutmachende Blitze – mit gewellter Stirn, aber herausforderndem Lächeln.

Für Bernhard war es heute ein großer Tag! Er blies in Vaters großer Ouvertüre die Solo-Flöte – und wie! Mit viel Luft und großer Gebärde ging er ganz in seinem Part auf, schaute mal auf die Noten, spielte darauf wieder mit geschlossenen Augen. Bei den schnelleren Folgen kroch er in sich zusammen, doch wenn er bei den pathetischen Passagen Luft holen und ausruhen konnte, dann streckte er sich, stellte sich breitbeinig hin und stand vor uns Zuhörern wie die Statue des Flötisten schlechthin.

Applaus, Applaus! Die *Badinerie* mußte wiederholt werden. Kaffee, Bier und Wein flossen in Strömen, die Pfeifen qualmten.

Aber Monsieur Gerlach tat eifersüchtig! Er, der bislang nie gegrüßt hatte, tat es jetzt. Wie ein beleidigter Höfling: die Augen aufgerissen, aber trübe, wie mit Milch poliert. Und den Kopf leicht schief, mit einem sauersüßen Lächeln, wobei er es schaffte, einen Mundwinkel noch oben und den anderen nach unten zu ziehen. Von Abraham nahm er überhaupt keine Notiz. Am Tisch konversierte er mit Magdalena über Eisblumen an Fensterscheiben, mich fragte er, ob ich immer noch so gern Kaffee tränke.

»Mais bien sûr, Monsieur Gerlach«, sagte ich kokett und strahlte ihn an, als ob Abraham an meiner Seite nur ein Mißverständnis sei.

Ist er denn mehr, Catharina?

»Aber jetzt trinken Sie Wein!« sagte Gerlach beleidigt.

»Weil Monsieur Birnbaum uns zu einem Glas eingeladen hat. Er hätte auch gerne Sie dazugebeten, aber Sie zogen es ja vor, Cembalo zu spielen.«

Das war frech. Gerlach hielt die Luft an. Und suchte verzweifelt nach einer passenden Antwort. Vater kam ihm zuvor.

»Du hast alles genauso im Griff wie ich«, sagte er zufrieden, was Gerlach mit angedeuteter Verbeugung und strahlendem Lächeln quittierte. Er wirkte nach diesem Kompliment wie ausgewechselt.

»Beim *Tripelkonzert* aber kannst du das Tempo anziehen.«

»Dieses haarige Stück?« rief Magdalena.

»Du Naseweis!«

Vater griff Magdalenas Glas, trank es aus und zwinkerte Abraham zu. Er bat ihn noch, auf seine Rechnung die nächste Runde zu bestellen, und verschwand gleich darauf wieder ins Orchester.

Es war eine Sternstunde. Bernhard spielte Flöte, Friede Violine, Vater das Solocembalo. Ein solcher Applaus ward hier noch nie so gehört, sagte Monsieur Oertel pathetisch und setzte sich mit Carl und Vater an unseren Tisch, während Friede und Bernhard mit einer Sonatenimprovisation aufwarteten.

Monsieur Oertel hielt uns darauf frei – noch eine Runde Wein, dann noch eine, noch eine …

Hatte ich einen Kater heute morgen. Abraham verabschiedete sich zum Glück für seinen Kopf noch vor uns. Bei mir mit einem Handkuß, der sehr feucht war. Gerlach hat's gesehen. Zog Schnute, wurde bleich.

Getträumt hab' ich, daß beide mich ausgezogen haben …

Sonntag, 26. April 1733

Du schlägst die schweren Augenlider auf, aber statt deines Herzens spürst du nur eine Wunde. Du willst die Hände zum Gebet falten, aber die Finger gleiten nicht ineinander. Du lauschst, aber hörst nichts außer dem Rauschen des eigenen Blutes. Doch noch bevor du irgend etwas denken kannst, würgen dich Schrecken, Angst, Verzweiflung um die Wette. Nur die Ohnmacht lacht.

Unsere Familienuhr zeigt wieder das Zifferblatt der Ewigkeit: Keine Zahl ist darauf zu sehen, nur ein schwarzer Finger. Vorgestern hat er Regina das Ziel gesetzt – nach viereinhalb Jahren.

Es hatte nichts mit ihrem schweren Schnaufen zu tun. Vor zwei Wochen bekam sie Fieber, und ihre Nase begann zu triefen. Sie war noch schwächer als sonst, hat nur gelegen. Eine Erkältung – das nahmen wir alle an.

Vater entschied: Schwitzkur. Also gaben wir Kamillentee mit Essig und steckten sie bis an den Hals in einen Schafsack. Wie hat sie geschnauft! Abwechselnd tupften Magdalena, Liese, Heinrich und ich ihr die Stirn. Sie glühte. War so tapfer. Vater entschied dann, sie auf China-China zu setzen. Das Fieber senkte sich – mit der gleichen Geschwindigkeit, wie vom Kopf aus die Flecken zunahmen. Masern!

Vater schickte Friede zum Arzt. Der auch sofort mit dem Aderlaß begann.

»Je mehr vom schlechten Blut am Anfang beseitigt wird, um so besser.«

Regina biß die Zähne zusammen und schaute Vater unverwandt an, während der Arzt ihr das Handgelenk aufpolkte. Magdalena streichelte sie und summte ihr leise vor. Ich stand mit den Leinwandlappen bereit. Und schäme mich jetzt noch, daß ich plötzlich an die Vagantin denken mußte, deren Bruder der Brand weggeschnitten werden sollte. Ob er es überlebt hat? Oder war unser Obolus doch nur in Branntweinkehlen geflossen?

Regina begann zu wimmern, schließlich sogar zu japsen.
»Papa!«
Es war kaum zu verstehen gewesen. Vater zeigte Regina noch das Blut-Krügchen und flüsterte ihr ins Ohr, daß sie sich, weil sie so tapfer war, einen Wunsch ausdenken dürfe. Sie schien es nicht mehr gehört zu haben. Oder doch? Ich glaubte ein Lächeln erkannt zu haben.
»Wenn sie zu lange schläft, tun Sie Meerrettich unter die Fußsohlen. Das belebt die Empfindungen. Und den Ausschlag mit Ameisen-Spiritus betupfen.«
Alles half. Nach drei Tagen war der Ausschlag so gut wie weg, dafür aber kamen Kopfschmerzen.
Wieder mußten wir sie zur Ader lassen. Aber es tat ihr gut, glaubten wir. Sie schlief erleichtert ein. Der Doktor war zuversichtlich, sprach von gesunder Ohnmacht. Zwei Tage darauf nachts dann das Schreien. Wir standen um ihr Bettchen herum, Regina schlug um sich, patschte mit kalten Händen gegen den Rahmen, zuckte mit dem Kopf. Die Augen waren geschlossen, zog man das Lid herunter, was nur das Weiße zu sehen.
Vater sank auf die Knie, betete. Magdalena raufte sich die Haare. Ich bot mich an, den Doktor zu holen, Vater schüttelte den Kopf.
Da war der Anfall vorbei. Regina schlug die Augen auf, lächelte. Aber sie hörte uns nicht. Trotzdem: Vater spielte *Jesus meine Zuversicht*. Die Tränen tropften ihm über die Wangen. Ich hielt die Nachtwache – und schlief vor Übermüdung ein. Als ich aufwachte, fand ich sie in ihrem Erbrochenen. Magdalena sah mich an, wie ... aber Vater nahm mich in den Arm. Ich war doch so müde.
Ich rannte zum Doktor. Der tröpfelte ihr süßes Quecksilber ein. Es half nichts. Regina lallte, erbrach sich und versuchte aus ihrem Bett zu steigen, indem sie hilfesuchend die Arme nach uns ausstreckte. Vater stand stumm da – alterte von Sekunde zu Sekunde. Wie seine Lippen bebten. Wie er sich zusammenriß.
Ich weiß, daß du fluchen wolltest, Vater! Daß es keinen ...
Eine halbe Minute stand Regina. Ihr Köpfchen wackelte, und sie tapste einen Schritt auf mich zu. Ihr Lächeln aber war das einer Wahnsinnigen. Dann heulte sie auf, warf sich auf den Boden und schrie immerzu: »Bauch!«

Nie haben wir Gräßlicheres erleiden müssen.
Wieder kam der Doktor. Wieder half der Aderlaß. Darauf rieb er ihr den Körper mit Bittersalz ab und goß Franzbranntwein über sie. Dann wurde sie wie ein Säugling eingeschnürt. Ihr Körper war kalkweiß. Eigentlich war sie schon tot. Nur noch lauwarm. Ein Bündel ohne Seele und Geist, die Glieder schlaksige Dreingaben, das Gesicht eine Maske, in dem es dann und wann nur noch etwas zuckte.
»Jetzt hilft nur noch Gott«, sagte der Doktor. »Die Masern sind aufs Gehirn geschlagen.«
Er verbeugte sich und verließ Vater, Magdalena und uns Große mit festem Händedruck.
Regina – du bist nicht mehr aufgewacht. Nach zwei Tagen wikkelten wir dich wieder aus. Nach etlichen Stunden seufztest du noch einmal. Es klang recht zufrieden. Sogar Musik haben wir für dich gemacht. Vater spielte deine Kinderlieder auf dem Clavichord: Hoppe hoppe Reiter, Summ, summ summ, Kraut und Rüben. Da begannst du sogar wieder dein altes Geschnaufe! Magdalena hielt dich im Arm und wiegte dich, dann wechselten wir uns ab: Vater nahm dich, dann Friede, Carl. Wir alle. Bis dein Mündchen auf einmal offenblieb. Bei mir.
Nur bei Mutter habe ich so geweint.

* * *

»Warum lässt du ihn nicht selbst schreiben?« wunderte sich Magdalena, die in die Komponierstube gekommen war, um Friede und ihren Mann zum Mittagessen zu holen.
Bach runzelte unwillig die Augenbrauen, Friede dagegen zuckte mit den Schultern. Er saß neben seinem Vater am Schreibtisch und schaute zu, wie dieser an den Dresdener Rat schrieb.
»Er überwacht ja, was ich schreibe«, knurrte Bach. »Das ist besser als umgekehrt. Schließlich ist er der Jurist.«
Magdalena schüttelte nur den Kopf. Sie wußte, daß es hier nichts weiter zu sagen gab, denn wenn es um Friedes Wohl ging, stellte sich Bach für Vorschläge von außen taub. So war für Magdalena die Tatsache, daß ihr Mann Friedes Bewerbungsbrief für das Amt

des Dresdener Sophien-Organisten schrieb, nur ein weiterer Beleg für seine Sonderliebe gegenüber seinem ältesten Sohn – ob es dem nun paßte oder nicht.

Indessen, Bach war der Meinung: Doppelt genäht hält besser, und so schrieb er am selben Tag nicht minder unterwürfig noch einen zweiten Brief nach Dresden – diesmal an den Präses der Dresdener Kirchengemeinden: Der hochgeneigte Gönner möge dem Rats-Kollegium die Wahl Friedemanns zum Organisten der Sophienkirche von sich aus empfehlen. Denn Friede, das hatte Bach in Erfahrung gebracht, hatte sechs ernstzunehmende Mitbewerber, unter anderem Christoph Schaffrath, der drei Jahre lang Cembalist des verstorbenen Königs gewesen war.

Friede blieb nichts weiter zu tun, als mit verschnörkelten Buchstaben seinen Namen unter die beiden Schriftstücke zu setzen.

»So, jetzt wirst du Organist«, sagte Catharina am Abend vor der Abreise zu ihrem Bruder. »Weil du alle aus dem Felde schlägst.«

»Meinst du«, erwiderte Friede trocken und musterte seine Schwester. Ein gequältes Lächeln spielte plötzlich um seinen Mund, und das wirkte auf Catharina so mitleiderregend, daß sie ihren Bruder innig umarmte.

Magdalena und sie waren die einzigen in der Familie, die begriffen hatten, daß Friede zusehends unter seinem Vater litt. Je berühmter Bach wurde, um so stärker fühlte sich Friede wie Sisyphus. Immer wenn er glaubte, in seiner Kunst vorangekommen zu sein, wartete sein Vater mit einem neuen Monolithen auf, der die Bemühungen des Sohnes zurück ins Unerhebliche walzte. Friede erkannte mit immer größerem Entsetzen, daß es sein Schicksal werden würde, im Guten wie im Bösen nur der Sohn des Herrn Leipziger Musikdirektors zu sein – ein Bach im zweiten Glied.

»Kopf hoch, Friede«, flüsterte Catharina und streichelte ihrem Bruder über den Rücken. »Wenn du hier erst einmal weg bist, wirst du Ruhe für dich finden. Und dann wird es nicht lange dauern, bis …«

»… auch ich ein paar Huldigungsverse in der Zeitung über mich lese, ja?«

»… daß du eine Frau findest, eine Familie gründest und dann zum

Komponieren kommst«, rettete sich Catharina aus dem verfänglich begonnenen Satz.

Friede preßte seine Schwester an sich, seine Hände krallten sich in ihren Rücken, Catharina hörte unterdrücktes Schluchzen.

»Friede. Du hast keinen Grund«, sagte sie tröstend, aber auch tadelnd.

In der Tiefe ihres Herzens gab sie ihm jedoch recht. Denn selbst wenn er spielte, daß man glauben konnte, er habe sich mit dem Teufel verbündet, sagte oder dachte jeder: Er macht seinem Vater alle Ehre. Aber eben wieder: zuerst seinem Vater! Erst dann sich selbst! Auch für seine Kommilitonen war Friede derjenige, dessen Lebensweg durch den großen Vater unabänderlich vorgezeichnet war. Catharina erinnerte sich daran, wie sie allen einmal Kaffee auf die Stube gebracht hatte, da disputierten sie gerade über ihre Zukunft.

Friede sprach von dem Plan, als reisender Virtuose in der Welt sein Glück machen zu können – und erntete tosendes Gelächter!

»Friede! Dein Vater schreibt einen Brief, unterzeichnet mit all seinen Titeln, und schon wirst du von irgendwelchen Hochwohlgeborenen eingeladen und gewählt. Der Rest ist dann Freude und Eierkuchen!«

Friede lachte mit. Aber sein Gesicht war zur Maske erstarrt, Catharina sah es noch deutlich vor Augen. Sie hatte ihm zugezwinkert: Nimm's nicht ernst. Sind doch alle nur neidisch! Abends hatte er dann mit seinem »alten Herrn« stark getrunken. Die beiden Bache hatten den Ehrgeiz, den angehenden Herren Juristen ordentlich Bescheid zu geben. Aber wieder war Friede der Verlierer. Bach schlief wie ein Stein, er dagegen mußte sich nachts mehrfach übergeben.

* * *

Über das Ergebnis des Probespiels vermerkte der Präses, daß des »jüngeren Bach Geschicklichkeit« vom kurfürstlichen Vize-Kapellmeister Pantaleon Hebenstreit besonders hervorgehoben worden sei – am nächsten Tag bestätigten dies nicht weniger als elf weitere Unterschriften. Friedes Wahl zum Sophien-Organisten

war vollzogen, er selbst unterzeichnete den Anstellungsvertrag am letzten Juni-Tag.
Bach war stolz und euphorisch zugleich.
»Friede trägt jetzt die Tradition unserer Familie in die Welt. Und das in einer Stadt, die selbst Musik ist. Ich begann im bescheidenen Arnstadt mit achtzehn, er beginnt in der Königsstadt Dresden mit dreiundzwanzig. Was ist besser, frage ich euch?«
Niemand antwortete. Alle Blicke waren auf das Pastellbild geheftet, das der Meininger Vetter Gottlieb Friedrich vor kurzem von Friede gemalt hatte. Helle weiche Farben bestimmten das Bild, von dem Friede mit großen Augen würdevoll, aber auch ein wenig verkrampft auf seine Betrachter schaute.
Viel Rock und Schärpe, dafür ein etwas kleiner Kopf. Also genau getroffen, meinte Bernhard damals, als es fertig war. Friede war so gekränkt, daß er es durchsetzte, daß Bernhards Porträt auf den nächsten Besuch verschoben wurde. Der gute Vetter, der sich selbst nur als einen »Gelegenheits-Pinsler« bezeichnete, malte also nur noch Carl. Jetzt hingen beide Bilder in der Stube über dem Geschirr-Büffett, auf dem stets zwei Vasen mit frischen Blumen standen.
Sie brauche es bunt, sagte Magdalena jedem Besucher, der sie darauf ansprach.
»Weil, bei uns geht's auch bunt zu. Das hört man, oder?«

Samstag, 5. September 1733

Des einen Glück ist des anderen Leid. Das gilt sowohl für Carl wie für Abraham. Für das mit Carl kann ich nichts, fürs zweite könnt' ich mich ohrfeigen.

Aber das mit dem Glück und dem Leid gilt auch für Vater und Magdalena. Während er Ende Juli voller Zuversicht in die Kutsche nach Dresden stieg, schüttete sie ihr Herz bei mir aus.

»Es soll nicht sein, Catharina«, sagte sie und schaute auf ihren gewölbten Leib – ihr zehntes Kind. »Ich weiß es. Seit Reginas Tod. Nur will es dein Vater nicht wahrhaben. Er tut bald so, als ob es auf eine Fehlgeburt mehr oder weniger nicht ankommt.«

»Sprich nicht so von deinem Mann!« rief ich empört aus.

»Doch, Catharina. Seit die Messe fertig ist und dein Vater weiß, daß Friede die Orgel spielen wird, an der er zwei Jahre vorher selbst so ruhmreich brilliert hat, spaziert er durch die Welt, als gehe sie ihn nichts mehr an.«

»Aber Vater ist doch noch nie so auf dem Parkett der Welt gewesen wie jetzt«, begehrte ich auf. »Er sitzt gerade in der Kutsche, um dem Kurfürsten die Messe zu überreichen. Damit der ihn dafür zum sächsischen Hofkapellmeister macht! Ausdrücklich in der Hoffnung, daß der Rat ihn aus Respekt von da an weniger behelligt. Was uns zugute kommt. Je besser seine Laune …«

»Laß gut sein. Du sprichst als stolze Tochter. Ich bin Mutter, ich habe Angst und leide. Wie willst du das also verstehen?«

Der reine Unmut lag auf Magdalenas Gesicht. Ihre Augen schauten kalt. Wir saßen in Friedes Zimmer, das wir begonnen hatten aufzuräumen, weil Vetter Samuel und Ludwig Krebs hier einziehen sollten. Ich saß auf dem Tisch und schlenkerte mit den Beinen, Magdalena auf einem klapprigen Kellerstuhl, mit dem Rücken zum Fenster.

»Ich war und bin noch immer eine Frau, die mehr kann als …«

Magdalena brach ab und schnellte vom Stuhl. Ihre Wangen

bebten. Abrupt drehte sie sich zum Fenster um und stieß dann hervor:
»Es kann doch nicht sein, daß ich zum Backofen geworden bin: Leib rein, Leib raus!«
Mit Tränen in den Augen stürzte sie aus dem Zimmer und warf mir zwei Schulhefte in den Schoß, die sie auf dem Boden des Wandverschlags gefunden hatte.
Ein Arbeitsheft Friedes! Aus seiner Schulzeit. Sieben Jahre alt. Ich lächelte, als ich darin blätterte. Blieb auf der dritten Seite hängen, auf der mit großen Buchstaben »J. N. J.« stand: In nomine Jesu. Ganz ähnlich wie bei Vater, der vor jede seiner Kompositionen »J. J.!«, Jesus hilf!, zu schreiben pflegte. Was folgte, war so etwas wie eine Stammtafel.
Vergiß jetzt nicht zu erzählen, daß du einigermaßen beleidigt aus der Wäsche geguckt hast, weil du die einzige warst, die von Vaters lebenden Kindern nicht aufgeführt war – gut, Liese stand auch nicht drin, aber die war damals ja noch nicht mal ein halbes Jahr alt.
Ja, ich wurde vergessen. Ich, Catharina Dorothea Bach. Die große Schwester – und dem Kreis meiner Brüder wahrscheinlich als unbachischer Hausteufel entrückt.
Deshalb bin ich richtig schadenfroh, daß Carls Bewerbung auf die Organistenstelle an der Naumburger Wenzelskirche gescheitert ist.
Jetzt darfst du dich schämen, Catharina!
Erst recht für das mit Abraham. Ich hab' mich auch schon geohrfeigt deswegen. Und zwar auf beide Wangen!
Heute war im Zimmermannschen Garten Namensfest für Kurprinz Friedrich. Vater steuerte wieder die Musik bei – wie vor einem Monat für den Namenstag unseres neuen Kurfürsten und Königs. Das Wetter war gut und die Leipziger noch immer ausgehungert nach Musik, dabei wurde die Landestrauer fürs Collegium schon Mitte Juni aufgehoben.
Sei's drum.
Magdalena und ich gingen mit den Boses: Wir waren ein richtiger Frauentrupp, sekundiert von Abraham und Herrn Professor Andreas Rivinus, der Magdalenas Herzensfreundin Christiana ein

wenig den Hof macht. Vom September war wenig zu spüren. Die Luft war leicht wie im Mai, nur die Düfte altsommerlich, erdig, warm, fruchtig.
Wie du die Obstluft geradezu ausgewittert hast, Catharina! Magdalena war ganz entzückt. Sie fragte im Scherz, ob ich auch die Sorten herausriechen könne – sie würde es sich zutrauen. Professor Rivinus machte die Probe aufs Exempel. Er kaufte einer Apfelbäuerin im Vorbeigehen etliche Sorten ab und kritzelte mit einem abgenagten Stift die Sorten auf einen Zettel. Als wir im Garten an unserem Tisch saßen und die Bestellung aufgegeben hatten, ging's ans Raten. Magdalena mußte die Augen schließen, dann hielt ihr Professor Rivinus die Äpfel unter die Nase.
Kompliment, Magdalena! Du hast dreiviertel der Sorten richtig gerochen.
»Eine gute Nase hat sie, aber ein noch besseres Ohr«, begrüßte uns Vater. Er kam mit Gerlach, heute sein Konzertmeister. Gerlach sah mich, mir gegenüber saß Abraham, und, o Wunder: er beherrschte sich. Verbeugte sich artig gegen den »Herrn Doktor Birnbaum«, wünschte ihm und uns gefällige Unterhaltung und strebte von dannen.
Die Unterhaltung hatten wir. *Herkules am Scheidewege* hieß Vaters liebliche Musik, hätte aber auch heißen können: Herkules' Versuchung. Es traten nebst dem Chor der Götter die Wollust (Sopran), Herkules (Alt), die Tugend (Tenor) und Merkur (Baß) auf. Immer wenn die Wollust im süßen Sopran klang, spähte ich zu Christiana Bose. Einmal ertappte sie mich. Ihre Augen blitzten. Und sie schaute – Catharina, greif dir doch selbst an die Nase – auf Abraham. Wir wurden beide rot.
Doch was sagte die Miene einer zehnfachen Mutter?
Magdalena hielt die Hände auf ihrem Leib gefaltet und lauschte, ganz an die Musik hingegeben. Ihr Gesicht war mild, traurig. Wie das einer Pieta-Madonna. Sie sagt, daß sie genau weiß, daß sie dieses Kind nur zum Sterben zur Welt bringt.
Eine gute Stunde nach Vaters Musik gab es Tanz. Abraham warf mir einen Blick zu, der ungefähr besagte: Verzeih, ich kann nicht anders. Denn er war als Vetter von Professor Rivinus verpflichtet, Frau Witwe Boses vier Töchter zum Tanz zu bitten. Frau Witwe

Bose selbst nämlich genoß ausgiebig das Anerbieten von Professor Rivinus, der selbst viel lieber mit Christiana getanzt hätte.
Und Gerlach, der Filou, nutzte dies aus. Vater war nämlich so vergnügt, daß er Magdalena aufforderte, »mal wieder ganz jung zu tun«. Er reichte ihr die Hand – Magdalena mußte wohl oder übel. Worauf Gerlach sein Sprüchlein bei mir anbrachte. Und das wirkte ansteckend: Professor Rivinus nahm Witwe Bose, und Abraham ertanzte sich die Komplimente von vier Bose-Töchtern.
Die Studenten, unter ihnen Carl und Bernhard, spielten recht artig – Menuett, Polonaise und Marsch. Gerlach tanzte gut – immer in der Nähe von Abraham und den Bose-Töchtern. Er erzählte und scherzte, fragte, verneigte sich, reichte mir die Hand, zirkelte seine Schritte um mich herum.
»Mir hat die Musik zur Wollust am besten gefallen«, sagte er, so daß Abraham es hören konnte. »Ihnen auch, Monsieur Dr. Birnbaum?«
»Ja, was wäre das auch für eine Wollust, wenn sie nicht verlockend dargestellt wäre«, antwortete Abraham. Christiana kicherte – ich nicht minder. Wir konnten uns sogar kaum beherrschen. Abraham wirkte verlegen, doch Gerlach, der Schuft, er genoß es. Als Vater und Professor Rivinus ihre Damen an den Tisch führten, wurde er sogar richtig anzüglich.
»Aber diese musikalische Wollust ist natürlich nichts gegen das wollüstige Vergnügen, mit Ihnen zu tanzen, Mademoiselle Bach.«
Ich wollte ihm aus eitlem Stolz heraus nicht nachstehen – so schlitterten wir wie auf Kufen ins Schlüpfrige. Die Wortfetzen, die Abraham zu hören bekam, hatten es in sich. Jetzt wurde er eifersüchtig. Warf mir empörte Blicke zu und machte den Bose-Töchtern um so eifriger den Hof. Was die weidlich genossen. Nun erntete ich spöttische Blicke. Und was machte Vater? Tanzte mit Witwe Bose.
»Wie sang doch die Wollust, Monsieur Gerlach? Folge der Lokkung entbrannter Gedanken? Schauen Sie sich um! Frau Witwe Boses Töchter bringen Herrn Dr. Birnbaum ganz schön ins Schwitzen!«
»Schmecke die Lust der lüsternen Brust und erkenne keine Schranken, singt die Wollust, Mademoiselle Bach.«
»Und was singen Sie?«

Seine Antwort war eine unsittlich feste Hand an meiner Hüfte: sein Glück, daß sie einen Marsch spielten! Seit an Seit schritten wir nebeneinander, sein Bein drückte mir gegen den Rock.
»Was machen Sie eigentlich, wenn ich Sie jetzt küsse?« fragte Gerlach, während wir die Seiten wechselten.
»Dann beiße ich Ihnen in die Zunge!«
»Sie kennen sich aus!«
Dem armen Abraham müssen die Ohren geschlackert haben, als er Gerlachs geschürzte Lippen sah. Ich erhaschte ein paar Blicke und strahlte ihn an – was er prompt falsch auffaßte.
»Führen Sie mich bitte an den Tisch«, bat ich Gerlach schnell.
»Aber nicht für lange«, drohte er. Und er war noch so dreist, mich von hinten durch die Menge zu schieben.
Ich glaube, Vater gefiel das. Er hat die Hoffnung noch immer nicht aufgegeben.
Gerlach bedankte sich und forderte eine der Boseschen auf. Man glaubt es nicht, aber sie war tatsächlich so eitel, daß sie es sich mit Freuden gefallen ließ.
Mit Abraham habe ich es jetzt bestimmt verdorben. Gerlach ließ mich daraufhin zwar in Ruhe, aber zu einem Tanz mit Abraham kam es nicht mehr. Die Studenten packten ein, sammelten mit dem Hut ihren Obolus. Ich trank ein Glas Punsch zur Beruhigung. Gezahlt hat's Professor Rivinus.

* * *

Friede war aus dem Haus, Carl trat in dessen Fußstapfen. Bereits seit längerem hatte er sich verstärkt dem Komponieren zugewendet: seine Art, es mit dem Orgel- und Improvisationsgenie des Bruders aufzunehmen.
»Friede hat seine Füße eben lieber auf dem Pedal, ich meine unter dem Tisch. Er arbeitet mit den Hacken, ich mit dem Kopf. So hat jeder auf seine Weise noch etwas Nachholbedarf.«
Bach schaute auf und nickte vielsagend. Daß Carl auf seine erfolglose Bewerbung in Naumburg anspielte, stimmte ihn versöhnlich. Aber Carl hatte nicht unrecht – tatsächlich entpuppte er sich von Monat zu Monat mehr als guter Komponist. Schon an seiner Cem-

balobearbeitung des väterlichen *d-Moll-Violinkonzerts* gab es nichts auszusetzen, doch mit dieser neukomponierten *a-Moll-Triosonate* bewies Carl augenfällig eigenes Format.

»Der Satz, so wie du ihn machst, ist richtig«, sagte Bach und korrigierte eine Ziffer des Generalbasses. »Aber warum willst du ihn so? Erzähl mir einmal, was du wolltest.«

Bach beabsichtigte mit der Frage herauszufinden, wie hoch bei Carl noch der Anteil des Zufälligen im Verhältnis zum eigentlichen kompositorischen Wollen war.

»Denn du weißt«, fuhr er fort, »ebenso, wie alles für einen Komponisten zu machen sein muß – dein Patenonkel Telemann zum Beispiel traut sich zu, selbst den Meldezettel der Torwache zu komponieren –, ebenso muß ein Komponist auch wissen, warum er etwas macht. Das Stück entsteht, weil du es so kannst und vor allem willst. Anderes wäre Sudelei.«

Bach schob den Stuhl nach hinten und schlug die Beine übereinander. Erwartungsvoll schaute er seinen Sohn an, der sich neben ihn stellte und seine *Triosonate* zu erklären begann. Carl sprach ruhig und zeigte auf die entsprechenden Stellen im Manuskript.

»Ich habe auf die Technik der Flöte Rücksicht genommen: deshalb das allmähliche Vortasten im Tonraum.«

Bach nickte und summte, schlug mit dem Finger den Takt in die Luft.

»Und weil ich das Thema gleich anständig polyphon verarbeiten wollte, ist es offen und nicht periodisch gehalten.«

»Es drängt. Will weiter«, bemerkte Bach. »Gut. Sehr melodisch.«

»Ja, was fehlt dir denn?« bemerkte Carl eine Spur verdrossen. Denn er hörte sofort am Ton, daß sein Vater nicht rückhaltlos zufrieden war.

»Was mir fehlt, fehlt nicht unbedingt dem Stück«, sagte Bach ungerührt. »Melodische Fortspinnung ist dir wichtig, mir bloß nicht alles.«

»Dir fehlt also die Kunst«, sagte Carl mit einem großen Seufzer. »Ich muß mir aber notwendig einen anderen Stil wählen. Weil, der deinige ist für mich, nein, für niemanden erreichbar. Schau mal, hier verselbständigt sich das Thema, die Harmonik wird reicher, dort gibt es sogar eine deiner geliebten Engführungen. Und das erst: echt bachisch verzahnt. Der Affekt bleibt einheitlich. Für mich einheitlich langweilig. Aber du ...«

»Hab ich gesagt, daß es schlecht ist?«

»Nein«, lenkte Carl ein.

»Also«, sagte Bach und reichte seinem Sohn das Manuskript. »Sie ist nur anders. Durchaus modisch, galant. In sich stimmig. Mir zu wenig entwickelt. Aber ich gehe auch auf die Fünfzig zu. Du auf die Zwanzig. Daß die Musik mit der Mode geht, das war schon immer so. Aber an dieser Mode haftet, nimm es mir nicht übel, wenn ich es sage, der Hautgout des Verfalls.«

»Danke. Sehr ermutigend, Vater.«

Die Ironie war nicht zu überhören.

»Falsch, Carl.« Bach lächelte und erhob sich. »Ich bin stolz auf dich. Bernhard und euer Freund, der Stählin, ihr tretet mit deinen Werken im Collegium auf.«

Carl strahlte. Vor Begeisterung jodelte er auf dem Flur und rannte lärmend die Treppe hoch in sein Zimmer.

»Sag Bernhard, ich bin beim Stählin«, rief er eine Minute später Catharina zu. Er hatte einen Stoß Manuskripte in der Hand, stürzte ohne Mantel aus dem Haus. Draußen regnete es. Carl kam fluchend wieder herein, auf dem Deckblatt seines neuesten Werks war die Tinte zerlaufen.

»Regen und Scheiße gibt's satt an der Pleiße. Warum hast du mir nicht gesagt, daß es regnet?«

Catharina zeigte ihm den Vogel. Sie wischte gerade den Boden im elterlichen Schlafzimmer.

»Hau bloß mit deinen Dreckstiefeln ab!« herrschte sie Carl an und schaute danach verdrossen zu Magdalena, die im Bett angelehnt las. Seit dem Morgen war ihr übel. Aber sie sah rosig und wohl aus.

Vor kaum einem Vierteljahr hast du hier gestöhnt, dachte Catharina. Dann geweint, weil dein neuer Sohn nur einen Tag alt wurde. Wie kannst du da schon wieder schwanger sein?

»Brauchst du noch was?« fragte sie ihre Stiefmutter, während sie den Feudel auswrang.

»Nein. Aber schick Sebastian zu mir«, antwortete Magdalena, ohne die Bibellektüre zu unterbrechen.

Catharina antwortete nicht.
Sie ferkelt wie die Sauen, dachte sie gehässig und schloß unsanft die Tür.

* * *

Bach wurde von Tag zu Tag unzufriedener. Es kam keine Nachricht aus Dresden.
Der 19. Februar strich vorüber, der Tag, an dem Kurfürst August in Krakau zum König gekrönt wurde, und jetzt war bereits die erste Märzwoche vergangen und noch immer nicht der kleinste Hinweis gekommen, daß Bachs Gesuch um Verleihung eines Hofkapellmeistertitels entsprochen werden würde.
»Mein Wettiner-Soll ist erfüllt«, polterte er gegenüber seiner Frau. »Letztes Jahr Huldigung für den Kurprinzen, zwei Monate darauf Geburtstagsmusik für die Kurfürstin, vor drei Wochen Musik zur Krönung. Alles für nichts?«
»Deine Messe liegt zwar bei Hof, aber was du hier in Leipzig aufführst, das können die in Dresden doch nicht hören!«
»Aber Zeitung wird auch in Dresden gelesen!« tobte Bach jetzt unbeherrscht los. »Oder gibt es da nur Kretins? Der Flemming? Sporck? Er hat ein Sanctus gekriegt, im Begleitbrief habe ich mit dem Zaunpfahl gewunken! Die hochwohlgeborenen Herren! Saufen und huren. Mehr können sie nicht! Wir berserkern – und sie behandeln dich wie Luft.«
»Sebastian …«
»Nie wieder schreibe ich eine Note für das Pack!«
Bach sprang auf, vor Wut rot im Gesicht, und zog den Säbel aus der Scheide. Entschlossen hieb er die Waffe auf den Holzbecher, der an der Tischkante stand, und spaltete ihn mittendurch.
»So arm bin ich, daß ich aus Holz saufen muß. Wie Vieh!«
Bach schlug ein zweites Mal zu, doch diesmal blieb die Klinge im Holz stecken. Mit vorgerecktem Kinn besah er sich den gevierteilten Trinkbecher, die Mundwinkel verächtlich nach unten gezogen.
Magdalena stand auf, es hatte geklopft. Als sie wieder in die Stube trat, war Bachs Zorn verraucht. Dafür jedoch mußte sie sich eine

ihr bislang fremde Anwandlung von Selbstmitleid ihres Mannes anhören.
»Alles hat sich gegen mich verschworen. Rektor Gesner geht, Konrektor Ernesti rückt auf, Bach dagegen steigt ab. Der Lebenshobel rast über mir.«
»Post.«
Bach fuhr herum, Magdalena sah die Hoffnung in seinen Augen.
»Nein, Sebastian.«
»Dann lies du vor.«
Mit jedem Satz mehr, den Magdalena las, entspannte sich Bachs Gesicht. Er zerrte den Becherrest von der Säbelspitze und warf ihn in den Papierkorb, steckte den Säbel in die Scheide und hängte beides an den dazugehörigen Haken.
»Franz Benda. Ist auf den Tag genau ein Jahr älter als Friede. Haben wir letztes Jahr in Dresden festgestellt. Ein netter Bursche – und ein Violinist, sag ich dir, der selbst eiskalte Fürstenherzen noch zum Weinen bringt.«
»Deshalb ist er wohl jetzt Kapellmitglied bei Kronprinz Friedrich in Neuruppin. Als Tröster für den exekutierten Leutnant Katte.«
Bach ging nicht auf den lauen Scherz Magdalenas ein. Statt dessen stellte er sich vor den Spiegel und musterte sich ausgiebig. Darauf kniff er sich in die Wangen, massierte sein Doppelkinn und straffte die Haut um die Augen. Mit dem kleinen Finger rüttelte er sich im Ohr, betrachtete Hände und Fingernägel und klopfte sich zum Schluß mehrfach kräftig auf den Bauch.
»Ich bin feist geworden, oder?« fragte er, ohne Magdalena anzuschauen. »Wann will er uns besuchen?«
»In der zweiten Märzwoche. Aber wenn es dich beruhigt: Du bist nicht feist, du bist stattlich.«

Samstag, 13. März 1734

Heute bekamen wir Besuch. Von Franz Benda aus Neuruppin. Er soll Geiger vom Niveau eines Pisendels sein, erzählte Vater. Ich dagegen behaupte, er ist ein Weinschlauch mit weibischer Stimme und Augen, die das Talent haben, uns Frauenzimmer nackt zu sehen. Er werde in Leipzig bestimmt auf seine Kosten kommen, hatte Magdalena ihm mit Unschuldsmiene in Aussicht gestellt …

»Denn so gut wie seine Musik, Monsieur Benda, sind auch Leipzigs Galanterien.«

»Oh, Madame Bach! Ich bin ein Böhme in Preußen! Wie lang das gutgehen soll, weiß ich nicht. Und wenn, dann nur, wenn das Herz etwas findet, woran es sich wärmen kann.«

Er schaute spitzbübisch in die Runde. Das Lächeln, das er mir schenkte, war besonders lang.

Ah! So attraktiv bist du!

Heute hast du die Männer am Wickel, Catharina. Liegt's am Alter? An der Luft? Zur Zeit macht es mir Spaß, mit ihnen zu kokettieren wie die Miezekatze mit der Maus. Nach Benda wirst du also noch Birnbaum und Gerlach durchhecheln … Es war ja auch zu schön gestern nachmittag.

Schön? Du meinst närrisch!

Ich hatte Heinrich und Liese versprochen, mit ihnen vors Tor zu spazieren. Auf die Promenade zum Toben. Wir waren fast angezogen, da beendeten Gerlach und Vater ihre Unterredung – es ging um Geld.

Gerlach war drauf und dran, eine Eingabe an den Rat zu machen, weil er es nicht mehr länger einsah, Kopisten und Instrumententräger aus eigener Tasche zu bezahlen.

»Also, überstürze nichts. Warte lieber noch ein Jahr.«

Gerlach sah schlecht aus. Krank. Seine verrenkten Gesichtszüge wirkten verquält, seine Augen fiebrig.

»Monsieur Gerlach, Sie sehen ungesund aus.«

Ich knüpfte Liese die Schnürsenkel, Heinrich zog vor dem Spiegel Grimassen. Gerlach aber straffte sich, sein blasses Gesicht bekam Leben.
»Mir fehlt nur frische Luft«, sagte er, und es war nicht gelogen. »Die Plackerei um eine Gott wohlgefällige Neukirchen-Musik. Mir armem Sünder fehlt immer häufiger die Kraft dazu.«
»Dann begleiten Sie mich«, sagte ich vorschnell, was Vater mit verwundertem Augenaufschlag quittierte.
»Gern«, erwiderte er. Aber das erste Mal ohne sichtbare Anwandlung von Freude.
»Monsieur Gerlach«, ließ sich plötzlich Heinrich vernehmen. »Glauben Sie, daß unser Herr Jesus Christus, als er klein war, auch Grimassen geschnitten hat?«
Gerlach guckte so hilflos wie Vater und ich entsetzt. Heinrich reckte den Kopf vor, wir starrten in sein Gesicht mit den aufgerissenen Augen und dem offenen Mund – es sah wirklich aus, als hätte er den Verstand verloren.
»Nein, natürlich nicht«, fuhr Heinrich im Brustton der Überzeugung fort und schlug die Augen nieder, während er den Kopf schüttelte – was noch irrsinniger aussah. »Unser Herr Jesus Christus hatte dafür ja überhaupt keine Zeit. Weil er Latein lernen mußte. Denn sonst hätte er sich ja nicht mit Pilatus unterhalten können.«
»Du Ausbund von …«
Ich schob Heinrich aus der Tür. Liese und er rannten die Treppe herunter. Vater entschuldigte sich.
Diesen Zwischenfall mußte ich einfach erzählen. Heinrich wird von Monat zu Monat sonderlicher. Seit ein paar Tagen phantasiert er ausschließlich in Dissonanzen.
»Weil ich von nun an der Anti-Harmonikus bin«, sagte er Carl. »Einer von uns Bachen muß nämlich auch das sein.«
Daran mußte ich denken, als Gerlach und ich spazierengingen und auf das Wetter zu sprechen kamen – auf einmal war Heinrich dann plötzlich verschwunden. Einer seiner Scherze, meinte ich halb besorgt, halb beschwichtigend und schickte Liese zwischen die Linden suchen. Heinrich war nirgends zu sehen. Ich rief, Liese rief – schließlich orgelte sogar Gerlachs Baß über die Promenade. Ich

schwankte zwischen Angst und Ärger. Es begann zu nieseln. Die Wolken wurden dunkler, hingen immer tiefer.
»Heinrich!« schrie ich erbost, Gerlach rannte zwischen den Bäumen Zickzack und spielte mit Liese Fangen, da trat hinter einem Busch Abraham hervor. Ich starrte ihn an wie den Deus ex machina auf der Opernbühne. Was tat er hier? Zunächst einmal erschrak er so fürchterlich, daß ihm die Zähne klapperten.
Er war austreten! Nach der Weinfahne und seinem Äußeren zu urteilen, mußte er gerade aufgestanden sein.
Gerlach kam zurück, atemlos. Als er Abraham sah, nein, roch, begann er laut zu lachen.
»Ja, Monsieur Docteur! Ich bekenne, ich bin erstaunt! Gestern abend, als ich Sie beim Schellhafer gesehen habe, saßen Sie vor einem Krug und haben gelesen. Mir scheint nun, es ist nicht bei dem einen Krug geblieben, mit Verlaub?«
Abraham murmelte irgend etwas von einem fertigen Buch – wahrscheinlich seine Musterreden – und ausspannen, feiern, loslassen. Er tat mir richtig leid. Trotzdem, ernst nehmen konnte ich ihn in dieser Situation auch nicht. Und das wird er mir übelgenommen haben. Allein schon, wie ich guckte! Und bemüht war, mein Schmunzeln zu unterdrücken. Um abzulenken, erklärte ich, daß Heinrich verschwunden sei. Bat Abraham, uns beim Suchen zu helfen. Er nickte mechanisch, schlurfte kraftlos hinter uns her. Liese hatte die grausame Idee, mit Abraham um die Bäume zu tollen, aber der brauchte nur drei schnelle Schritte zu machen und wurde dabei schon grün.
Was soll ich noch lang erzählen – Heinrich saß auf einem Baum. Weiter vorne, hoch im Geäst. Von wo er allein aber nicht mehr herunterkam. Ein Fischergeselle hätte ihn auf seinen Wunsch hin hochgehoben, jammerte er. Weil er uns überraschen oder, besser gesagt, einen Streich spielen wollte.
»Und dann kamt und kamt ihr nicht, nur der Niesel, und der hat mir angst gemacht.«
Gerlach und ich hatten Heinrichs Mama-Rufe gleichzeitig gehört. Wir rannten los, Abraham uns hinterher.
Aber ein paar Schritt vor dem besagten Baum, da trat er dann wieder aus – weil er sich übergeben mußte.

»Warum k ... er?«
»Zuviel Wein, mein Junge«, sagte Gerlach.
Abrahm sah aus, als würde er im nächsten Moment sterben.
Er war so schwach, daß Gerlach und ich ihn in die Mitte nahmen.
Sonst wäre er womöglich zusammengebrochen.
Von Gerlach bekam Abraham zu hören, daß er in Zukunft besseren Wein trinken solle, von mir, wie unvernünftig er gewesen sei.
Der Niesel ging in Regen über, wir begleiteten Abraham bis in die Haynstraße.
Der Ärmste mußte mit ansehen, wie Gerlach sich bei mir einhakte und wir mit seinem über den Kopf gezogenen Paletot zu uns nach Hause rannten.
Mit Gerlach, glaube ich, könnte man Pferde stehlen.
Habe ich womöglich doch etwas falsch gemacht?

* * *

Leipzig war eine Stadt des Geldes. Bach konnte sich nicht damit genugtun, sie als zu teuer zu beschimpfen und Magdalena vorzurechnen, daß er in Thüringen mit der Hälfte des Geldes größere Sprünge machen könne als hier mit doppeltem Salär.
»Dann werde eben wieder Organist in weltfremden Landen oder Kapellmeister eines bigotten und despotischen Fürsten.«
Magdalena sagte es freundlich, aber gänzlich ungerührt, während sie ihrem Mann in den Rock half. Bach wollte zum Rat auf die Zahlstube, um sich dort seinen ihm zustehenden Zinsanteil von einem der Stiftsgeld-Deputate abzuholen. Diese Deputate waren einst von reichen Leipziger Bürgern der Thomasschule und -kirche gespendet worden – in der Hoffnung, sich damit das Wohlwollen der Geistlichkeit und die Gnade des Himmlischen Vaters zu sichern. Mehrmals im Jahr gab es aus diesen Stiftungen für Bach ein wenig Geld – Geld, das er stets mit zufriedenem Dank quittierte.
»Ich habe eine große Familie. Man muß sehen, wo man bleibt.« So dachte er stets, während er die Quittung unterschrieb und die Münzen in seiner Rocktasche verschwinden ließ.
Eine ihm wohlbekannte Stimme ertönte – bestimmt, aber nicht unfreundlich. Bach sah in das polierte, gerade siebenundzwanzigjäh-

rige Gesicht des Konrektors Johann August Ernesti, der noch dieses Jahr das Amt des neuen Rektors der Thomasschule antreten würde.

»Kleinvieh macht auch Mist, Monsieur Bach«, sagte Ernesti. »Solche Hennen sind mir die liebsten.«

»Jaja«, sagte Bach, zog einen Groschen aus der Tasche und hielt ihn ins Licht. »Dem Mammon verfallen sind wir. Es ist schändlich.«

»Doch nur, weil wir's pfundweise wollen.«

Gemeinsam traten sie auf den Rathausplatz. Ernesti blinzelte in die Sonne und lud Bach auf einen »Schwatz-Trunk« ein. Er habe soeben gute Nachricht erhalten, die müsse er jetzt begießen. Bach schlug es ihm nicht ab – Ernesti war immerhin sein Vorgesetzter, überdies Pate für den letztes Jahr im November gestorbenen Sohn August Abraham gewesen. Ob er dem jugendlichen Philologen noch einmal die Patenschaft antragen sollte? Bach schaute Ernesti von der Seite an, zögerte mit der Antwort. Ernesti wühlte gerade in seiner Rocktasche nach ein paar Münzen und blieb stehen. Vor ihnen hockten drei invalide Bettler auf einer Bastmatte. Bach stöhnte auf: Wie gewonnen, so zerronnen.

»Was habe ich da einmal von Ihnen gehört, Monsieur Bach?«

Ernesti sah seinen Begleiter verschmitzt an, der lachte auch gleich auf, aber winkte ab. Ernesti spielte auf einen berühmtberüchtigten Scherz an, den Bach sich einmal mit einer Schar angetrunkener Bettler nach dem Collegium Musicum erlaubt hatte. »Ich bin einmal neugierig, ob er sich bei schon bei diesen Halunken herumgesprochen hat.«

»Aufgepaßt!« rief er den Bettlern zu und wies auf Bach: »Kennt ihr unseren Herrn Musikdirektor?«

Die Bettler nickten. Einer war einäugig, der andere einarmig, und dem dritten fehlten beide Ohren. Hoffnungsvoll starrten sie auf die Rocktaschen der beiden vornehmen Herren, in denen es verheißungsvoll klimperte. Ernesti blickte sich zu Bach um, der ein süß-säuerliches Gesicht aufsetzte und seinen einstigen Spaß heftig bereute. Aber kneifen ging jetzt nicht an, also klimperte auch Bach in seiner Rocktasche ausgiebig mit ein paar Münzen. Dabei sagte er laut:

»Seid ja doch nichts anderes als Faulpelze, ihr Gauner. Man sollte euch durchbleuen, daß die Flöhe springen!«
Bach hakte sich bei Ernesti unter und machte Anstalten weiterzugehen, doch die Bettler jaulten laut auf und reckten flehentlich die Hände. Bach blieb stehen und hielt die Hand hinters Ohr. Und tatsächlich, die Bettler kannten das Spiel. Sie setzten einer nach dem anderen mit kräftigem Heulton ein. Eine gewaltige Dissonanz klang auf, Bach lauschte: Es war ihm noch nicht laut und klar genug. Mittlerweile waren etliche Leute stehengeblieben. Einige kannten Bach, der Name machte die Runde, wurde von einem Ohr zum anderen geflüstert. Es wurde genickt und gegrinst – man wartete bereitwillig. Die Bettler hatten plötzlich Publikum. Und sie begriffen, welche Chance sich ihnen bot. Sie rangen die Hände, verzogen das Gesicht und betrachteten gespannt die Miene des Herrn Musikdirektors. Der verzog das Gesicht, zeigte auf einen von ihnen und war nicht eher zufrieden, bis dieser so heulte, wie er es für richtig hielt. Ernesti warf eine Münze, andere taten es ihm nach. Das Gewimmer wurde weniger, klang aber enttäuscht. Bach zeigte einen ganzen Groschen, steckte ihn aber wieder ein und wollte weitergehen – augenblicklich schwoll das Gejammer mächtig an. Bach zuckte mit den Schultern, die Bettler fanden in den vormaligen Akkord zurück. Als er sauber klang, warf er ihnen den Groschen zu, andere taten es ihm nach. Helles Münzplinkern mischte sich mit Lachen und auffordernden Zurufen, denn mittlerweile hatte sich ein kleiner Menschenauflauf gebildet. Kinder dirigierten, Münder zuckten. Hie und da tönten die ersten Nachahmungen auf. Bach zeigte auf den Bassisten, senkte den Finger. Dessen Stimme folgte, die Augen weit aufgerissen, völlig hingegeben. Ein sauberer Septakkord entstand, Bach warf noch eine Münze. Ihn harmonisch aufzulösen, bedurfte es noch ein paar weiterer Anläufe – aber am Ende hatten die Bettler einen vollkommen befriedigenden Schluß hervorgebracht. Bach winkte ab. Für Sekunden war es mucksmäuchenstill. Dann gab er wieder den Einsatz. Die Bettler parierten wie am Schnürchen: Jeder sang seinen Ton, Bach schlug dazu den Takt.
Drei Leipziger Bettler wehklagten in den Akkorden einer Kadenz – nicht einmal, sondern so oft, bis wirklich kein Geld mehr zu er-

warten war. Die Umstehenden jubelten, Pfiffe ertönten. Bach aber schämte sich. Zwar lachte er pflichtschuldig mit, hakte sich dann aber bei Ernesti unter und verschwand mit ihm in der nächsten Weinstube.

Donnerstag, 9. September 1734

Heute dachte ich den ganzen langen Tag an Carl. Weil er sich im fernen Frankfurt an der Oder an der Universität eingeschrieben hat.
Jetzt sind deine zwei Nächsten fort, Catharina. Die Zeit der Einsamkeit beginnt, hörst du? Denn mit Bernhard – er ist dir fremd, mach dir nichts vor. Höchstens, daß er jetzt umgänglicher wird, weil – ich sag's direkt – Blut dicker als Wasser ist. Nach der Art: die beiden von der Barbara Bach gegen die drei der Anna Magdalena Bach. Alt gegen jung. Bach gegen Bach.
Unsinn!
Ach Carl, dein sonniges Temperament wird uns allen fehlen. Liese hat die letzten beiden Tage deswegen oft geweint.
»Carl soll hier studieren!«
Mit dem Fuß stampfte sie auf! Und wie zornig sie Vater anguckte! Er durfte sie nicht auf den Arm nehmen.
Bist doch ihr Liebling, Carl. Hast so oft mit ihr herumgealbert! Als sie klein war, sie sogar manchmal auf dem Schoß gefüttert – was mich jetzt an früher denken läßt, die Jahre in Köthen.
Da warst du bei Mama auf dem Schoß. Schautest Vater mit Pustebacken und Schmollmündchen beim Komponieren zu. Friede saß auf dem Fußboden, den Kopf an Mamas Knie, Tante Friedelena und ich am Tisch: Handarbeiten lernen. Damals liebte Vater sowohl unser Getuschel wie deine gelegentlichen Schmatzlaute. Wenn es still wurde, murmelte er »Macht nur weiter! Weiter, weiter …« Vor allem die Abende, wo wieder einmal die Markgrafen-Konzerte an der Reihe waren. Weißt du noch? Erinnerst du dich noch an diesen einen Abend? Vater arbeitete am *D-Dur-Konzert* und wurde immer vergnügter wegen seiner ausgeheckten Cembalo-Schwierigkeiten, die er selbst kaum in die Finger bekam. Ich glaube, du warst fünf damals. Oder doch schon sechs?
Du warst auf Mamas Schoß eingeschlafen. Wurdest aber augen-

blicklich wach, als Vater zu spielen begann. Es war das erste Mal, daß du hörtest, daß selbst Vater sich verspielen konnte! Was dich so aufregte, daß du die halbe Nacht wach bliebst, um das Einüben zu belauschen. Bis zur Morgendämmerung, wie Vater mir am nächsten Mittag erzählte.

»Und Papa hat wirklich noch alles in die Finger gekriegt?« fragte dich Friede.

»Ja, der Kopf, hat er gesagt, ist beim Klavierspiel der General, die Finger sind die Soldaten. Und wenn die was falsch machen, müssen sie eben so lange auf den Exerzierplatz, bis sie alles können.«

»Welchen Exerzierplatz denn?«

»Na, die Klaviatur!«

Du wirktest soooo überlegen. Friede natürlich war wütend auf sich, weil er so dämlich gefragt hatte. Daraus wurde wegen eines verlegten Malstifts ein paar Stunden später dann eure erste Prügelei. Du blutetest an der Lippe, Friede hatte einen Riß im Ohrläppchen. Mama steckte euch mit nassen Tüchern ins Bett. Beide schlieft ihr dann auch ziemlich schnell ein. Vater steckte immer mal wieder den Kopf in euer Zimmer – und schmunzelte.

»Wo zwei Bäche zusammenfließen, da rauscht es kräftig.«

Catharina, du weinst ja!

Jetzt nicht mehr. Es ist eine Stunde vor Mitternacht. Ich stoße das Fenster auf und lausche. Von irgendwoher kommt Lachen. Es riecht leicht brackig. Bin ich froh, daß die Mücken mein Blut nicht mögen. Eine habe ich trotzdem erschlagen.

Abraham war am Namenstag des Kurfürsten mit einer Boseschen in Vaters Collegium. Aber welcher? Krebs, der es mir erzählte, zuckte mit den Schultern und guckte schadenfroh.

Es ist mir egal. Wollte ihn ja schließlich nicht heiraten.

Gerlach dagegen setzte alles daran, Monsieur Dr. Birnbaum zu überbieten. Vor ein paar Tagen machte ich mich ganz früh auf den Weg, weil am Abend zuvor in der Zeitung gestanden hatte, daß vom Kaufmann Cölln aus Hamburg mehrere Partien Austern eintreffen würden. Ich wollte doch Carl noch einmal eine Freude machen …! Jetzt heule doch nicht schon wieder! Gut – also, ich stand schon um sechs, Korb bei Fuß, vor Monsieur Haubolds Geschäft. Zwischen einer Schar von Mägden und Lakaien aus wohl allen

Leipziger Häusern, in denen gerne gut und viel gegessen wird. Schäkern und Poussieren, wo ich auch hinsah. Vom Küßchen bis zum – was ist die Steigerung von Küssen? Anknabbern? Abweiden? Sabschen?
Nun gut, ich wartete, bis die Reihe an mich kam. Da hörte ich eine mir bekannte Stimme. Drehte mich um und sah unseren wackeren Neukirchen-Organisten mit zerzaustem Haar und offenem Gehrock. Hemd aus der Hose, aber im Arm ein Mädchen mit rosarotem Korsett und einem Rock, der offenbar so kostbar war, daß das Geld nur soweit gereicht hatte, den Stoff bis kurz unter das Knie zu bezahlen. Das Luder trug noch nicht mal Strümpfe. Hübsches Ding, diese H …, fünfzehn, sechzehn Jahre frisch!
Wo sie ihre Hand hatte? In Gerlachs Gürtel! Was er wohl kaum gemerkt haben wird, denn er war mehr als bloß lustig. Seine Fahne stank gegen den Wind.
»Holla, Catharina!« begrüßte er mich und tat so, als sei sein Auftritt noch selbstverständlicher, als auf den Abtritt zu gehen.
Ich wünschte einen guten Morgen. Seine H … keifte sofort, wer ich denn sei usw. Gerlach nannte immer nur meinen Vornamen und steigerte sich in einen Lachkrampf, mit dem er sein Luder ansteckte.
»Er braucht die Austern, weil er keinen mehr hoch kriegt«, japste sie schließlich und war so dreist, Monsieur Organist zwischen die Beine zu fassen. »Die Pfeife hängt.«
Das Wort machte die Runde. Laß mich mal dein Pfeifchen sein, Pfeifen sind gut einzuseifen, es pfeift und steift und kneift und scheißt …
Bevor ich wirklich verlegen wurde, war die Warteschlange soweit vorgerückt, daß ich an die Reihe kam.
»Ein Schock Austern, bitte.«
»Das sind 60 Stück?«
»Ich kann rechnen.«
Meine zwei Körbe waren randvoll. Und schwer. Ich erntete bewundernde und neidische Blicke.
»Wollen Sie mir nicht tragen helfen?« nahm ich all meinen Mut zusammen und lächelte Gerlach herausfordernd an. Denn vor einer H … zu kuschen, das geht doch wohl nicht an, Catharina, oder?

Er grinste schief, lief rot an, als spiegele sich auf seinem Gesicht ein Sonnenuntergang. Ich triumphierte. Ging weiter. Die Antwort blieb er mir schuldig. Aber sein Luder krähte:
»Ca-tha-ri-na! Mit Austern klappt es wie-da!«
Oh, Monsieur Gerlach, wie tief sind Sie gesunken!

* * *

»Ich weiss manchmal selbst nicht mehr, ob die Musik, die ich komponiere, geistlich oder weltlich klingt«, klagte Bach Hieronymus Homilius, dem Kantor der Nikolaikirche. »Zwei Herrscher-Musiken in einer Woche und vor ein paar Tagen mal so nebenbei die Musik für den Festakt Ernesti, unseren neuen Rektor.«
Die beiden Männer saßen im Collegium Musicum ihres Kollegen Johann Gottlieb Görner, der als letztes Werk des Abends eine Telemannsche Orchester-Suite zur Aufführung gebracht hatte. Es war Donnerstag, und Bach hatte zufrieden festgestellt, daß hier, im Schellhaferschen Kaffeehaus in der Klostergasse, das Publikum nicht so zahlreich war wie in seinem Collegium Musicum.
Homilius gab sich Mühe, Bachs kompositorische Gewissensbisse zu verstehen, aber wie alle Nikolai-Kantoren war er in erster Linie Gelehrter. Für ihn wie für seine Vorgänger bestand keine Verpflichtung zum Komponieren. Ein paar Singstunden zu geben und die Choräle bei den sonntäglichen, orgellosen Mittagspredigten zu intonieren war alles, was sie musikalisch zu leisten hatten.
»Ja, Monsieur Bach«, begann Homilius gedehnt und stopfte sich seine Pfeife, »hat Ihnen etwa jemand den Vorwurf gemacht, daß Ihre Kantaten sich seit neuestem, sagen wir es ohne Umschweife, opernmäßig ausnehmen?«
»Was meinen Sie?«
Bach nickte Görner zu, der sein Collegium engagiert führte und sich hier als überraschend tüchtiger Musiker präsentierte – ganz anders als an der Orgel der Thomaskirche, deren Spiel er von Jahr zu Jahr mehr vernachlässigte, was Bach inzwischen nur noch ein Schulterzucken wert war.
Homilius hüllte sich in eine Dampfwolke und hustete ausgiebig.
»Komplimente erhalten Sie für Ihre Huldigungsmusiken. Diese

sind weltlich. Keine Komplimente macht man Ihnen – wie Sie selbst am besten wissen – für Ihre Kirchenkantaten. Ergo: Sie halten beides auseinander.«

Bach verschwand jetzt seinerseits in einer Dampfwolke. Ein neuer Krug Wein wurde gebracht, Görner setzte sich mit einem Krug frischen Biers zu ihnen. Er lüftete seine Perücke und kratzte sich ausgiebig den Kopf, danach nestelte auch er in seiner Rocktasche nach Pfeife und Tabak. Ein paar Minuten später waren die Köpfe der drei Herren Musiker hinter einer Wolke von blaugrauweißen Tabakschwaden verschwunden.

»Ihre Musik zum Jahrestag der Königswahl war superb«, sagte Görner. »Sechshundert Studenten mit Wachsfackeln und vier Marschälle, die Ihrer Musik Takt und Einsätze gaben. Unsere Majestäten sind auf dem Balkon sitzen geblieben. Der Titel des Hofkompositeurs ist Ihnen sicher.«

»Meine Musik, werter Kollege, hat dazu beigetragen, daß unser Gottfried Reiche jetzt tot ist«, erwiderte Bach betroffen. »Er war der beste Clarinbläser überhaupt, einer, der …«

»… sich bei der königlichen Musik wegen des Trompetenblasens bei qualmenden Fackeln dermaßen überanstrengt hat …«

»… daß ihn am Tag drauf der Schlag getroffen hat.«

Görner und Homilius genossen es, Bachs schlechtes Gewissen zu schüren. Der sich natürlich genau darüber im klaren war, wie man über seine den Musikern zugemuteten Schwierigkeiten dachte. So beschloß er, nicht weiter darauf einzugehen, und tröstete sich damit, daß Reiche siebenundsechzig Jahre alt geworden war, ein Alter, das jeder von ihnen erst einmal würde erreichen müssen.

»Unser werter Herr Musikdirektor hegt Befürchtungen, seine Musik klinge zu weltlich«, begann Homilius nach einer langen Pause.

»Mit Verlaub, seine köstliche Kaffee-Kantate – die ist weltlich«, antwortete Görner. »Die gefällt sogar mir. Alles andere ist einfach nur Bach. Ob für die Kirche oder fürs Kaffeehaus. Mir ist alles zu schwierig, Monsieur Musikdirektor. Aber das wissen Sie längst.«

»Gut, die Kaffee-Kantate. Wieviel zahlen Sie, daß ich Sie Ihnen für eine Aufführung überlasse?«

Bach nahm einen großen Schluck Wein und stopfte die Pfeife mit dem Daumen – den er darauf sofort an sein Weinglas preßte.

»Nichts«, sagte Görner. »Sie sind hier der Krösus. Ich bin ein armer Schlucker, wie Sie bestens wissen. Schlage also vor, die Runde hier übernehmen Sie.«
Homilius lachte schallend auf und schlug mit der Faust auf den Tisch, daß die Gläser klirrten. Bach stimmte in das Lachen ein, man prostete sich zu.
»Eine neue Zeit beginnt jetzt für Sie, Monsieur Bach, nicht wahr? Rektor Ernesti ...«
»Neu? Schwer!« sagte Bach. »Rektor Gesner habe ich im Januar zur Erinnerung einen Kanon ins Stammbuch geschrieben. Ein Rektor Ernesti würde mir sein Stammbuch gar nicht erst vorlegen.«
»So ein Amusus?« fragte Görner nach und zerkaute seinen Wein, da Bach zugestimmt hatte, die Runde zu zahlen, mit sichtlichem Behagen.
»Meine Begrüßungs-Kantate hat er wahrlich nur über sich ergehen lassen«, murrte Bach. »Das Gesicht ist ihm eingeschlafen, die Augen verdrehten sich ihm vor Qual. Seinem seeligen Vater Heinrich habe ich damals eine Begräbnis-Motette komponiert. Wißt ihr, was der damals reichlich grünschnabelige Herr Sohn hinterher zu mir gesagt hat? Den Tod, Herr Musikdirektor, kann ich mir musikalisch am besten als riesige Pause vorstellen. Wenn die Reihe einmal an mir ist, dann brauchen die Herren Musiker nichts als Pausen zu spielen.«
»Und was haben Sie geantwortet?« fragte Homilius.
»Dumm geschaut hab' ich«, schnaubte Bach. »Mein kleiner Carl aber, damals fünfzehn, der hat's ihm gegeben. Dann würden Sie wie ein Nichts in den Himmel eingehen, hat er gesagt. Dafür bekam er eine Maulschelle. Zu Hause freilich, da hab' ich ihn umarmt.«
»Und nun?« fragte Homilius einfältig.
»Komponiere ich für Weihnachten«, lenkte Bach ab.

* * *

JAUCHZET, FROHLOCKET, AUF *preiset die Tage* – Bach schmunzelte, als die ersten Töne seiner Musik erklangen. Für die sechs Festtage des Weihnachtsfestes hatte er eine Musik komponiert und zu-

sammengestellt, die mehr alt als neu war. Ob es die Schafe unten im Kirchenschiff nicht doch merken? fragte er sich immer wieder, während der Eingangschor die frohe Botschaft verkündigte.
»I wo, Vater. Nie!« Die ganze Familie war fest davon überzeugt, nachdem Bach ihnen die ersten Parodien vorgeführt hatte.
Jauchzet, frohlocket ... Mit Paukenschlägen und strahlend hellen Trompeten setzte die Musik ein. Beglückende Lebensfreude, Töne, wie aus einer klaren Quelle geschöpft, die Bach, seine Thomaner und die Gemeinde mitrissen. Vor einem Jahr wurde auf diese Töne gesungen: *Tönet, ihr Pauken! Erschallet Trompeten!* – die Geburtstagsfanfare für die Kurfürstin und Königin.
Die Kirche war kalt. Weiße Weihnachten würde es dennoch auch dieses Jahr nicht geben. Bach betrachtete seine Sänger und Instrumentalisten. Schon bei den Proben hatten sie großen Eifer gezeigt. Es schien tatsächlich so, als habe Picander, sein treuer Poet, mit den neuen Versen gleichsam der Musik ihren eigentlichen Grund gegeben. Bach wurde sich von Takt zu Takt sicherer, daß es ihm und Picander gelungen war, kostbarste Musik für den kirchlichen Gebrauch gerettet zu haben. Die irdischen Töne verschiedener weltlicher Huldigungs- und Gelegenheitsmusiken waren in sein Weihnachtsoratorium eingeflossen – nun konnte Bach an den Gesichtern ablesen, daß seine Parodien vollständig geglückt waren.
Aber die Kollegen? Die Geistlichkeit?
Als Bach vor die Kirche trat, war die Mehrzahl der Gottesdienstbesucher längst wieder in ihren warmen Stuben verschwunden. Homilius jedoch schwatzte noch mit den Angehörigen seiner und Bachs Familie. Als er den Kollegen sah, breitete er die Arme aus und rief ihm zu:
»Meine Gratulation, Monsieur Bach. Ich habe extra auf Sie gewartet, weil es mir im Herzen brannte, Ihnen zu sagen: Diese Musik ist Weihnachten.«
»So?« fragte Bach vergnügt und schaute Catharina und Bernhard vielsagend an.
»Wenn ich es Ihnen doch sage! Sie brauchen sich wirklich nicht mehr zu sorgen, ob es nach Kirche oder Collegium klingt. Das haben Sie heute überwunden. Ihre Musik, Monsieur Bach, klingt nach Ihnen allein.«

Homilius war aufrichtig begeistert. Bach konnte es kaum glauben: Nicht einmal ein Kantor hatte die Parodie bemerkt. Er zog ehrerbietig den Hut und wußte dennoch nicht, ob er darüber nun lachen oder weinen sollte.
Hatten die Leipziger denn so gar keine Ohren?

DIENSTAG, 21. MÄRZ 1735

WIR HATTEN GESTERN abend mit Vater abgesprochen, daß er noch vor dem Frühstück einen Spaziergang macht. Und natürlich auf keinen Fall die Stube betritt. Was er schwören mußte. Und auch tat. Aber geärgert hat er uns doch!

»So viel?« hat er scheinheilig gerufen. »Euer weniges Geld für mich feisten Greis? Wie mich das dauert!«

»Jetzt aber raus, du Notenknecht!«

Magdalena und ich faßten uns an den Händen und schoben Vater, noch während er sich ausgehfertig machte, elegant zur Tür hinaus. Papa ächzte und stöhnte wie ein wirklicher Greis, reckte aber den Hals wie ein fünfzehnjähriger Hans Neugier.

Vater ist fünfzig!

So – und jetzt seid ihr Mannsleute unter euch, weil *mulier taceat in hora posteriori,* Frauen zu späterer Stunde den Mund halten sollen. Brav verzogen wir uns nach dem Familienquodlibet – was Magdalena nicht weniger recht war als mir. Sie wird ins Bett gefallen sein und wahrscheinlich schon geschlafen haben, bevor ihr Kopf das Kissen berührte. Ich dagegen bin noch erstaunlich munter, obwohl seit halb fünf in der Früh auf den Beinen. 's kann nur am Essen liegen. Essen? Dem Schmaus!

Hühnerbrühe – Hühner mit Muskat – Hechte mit Salbei – Krebse – Rinderbraten – geräucherter Schafschinken – Magdalenas Wiesensalate – Käse – Kompott – Honigscheiben – Konfekt – Kaffee – Kirschbranntwein. Ein Faß Starkbier, je ein Tischfaß weißen und roten Frankenwein.

»Quodlibet oder Gaumenfeder!« japste Carl. »Schnell!«

Friede röhrte los, sang von jungen Weibern und fetten Pfaffen, Magdalena zwitscherte von Flöhen. Vater kontrapunktierte mit dem *Dies Irae.* Carl hustete sich was zum Schnupftabak, dann folgte, wer singen mochte und konnte. Es wurde ein herrliches Bachsches Quodlibet, ein freies Nebeneinander und Durcheinander von Liedern, Gassenhauern, Kirchenweisen, Arien und was man sonst noch so singt. Ich erklärte dem einigermaßen bestürzt dreinschauenden »Dr. Tausendsassa« Christoph Lorenz Mizler, der das erste Mal bei uns zu Gast war, die dazu gehörende Bachsche Philosophie:

»Sehen Sie, Herr Doktor: Wie das Leben so ist dieser Singsang. Reibungen und Widerhaken, wo man hinhört. Aber um so schöner klingen die Harmonien, welche dann und wann entstehen.«

Er nickte zwar, schien aber nichts zu begreifen. Was nur am Wein liegen konnte.

»Aber das Fundament!« stieß er hervor.

»Wir Bache sind doch musikalisch!« rief ich aus. »Wenn es zu kippen droht, setzt Vater einen Orgelpunkt. Wir finden dann in den richtigen Akkord, und alles ist wieder lotrecht.«

Zum Beweis mischte ich mich ein: *Urschel brenne mir ein Licht an, daß ich besser sehen kann. Willst du mir kein Licht anzünden, seh' ich dich im Finstern stinken.*

Der Ärmste! Dr. Mizler hatte gerade noch dargelegt, wie vernünftig Musik und Mathematik im Verhältnis zueinander stünden – jetzt erlebte er, wie Vater fröhlich der Unvernunft frönte. Mizler kommt aus dem Württembergischen, ist drei Jahre jünger als ich und schon jetzt ein Kauz. Einerseits spielt er begeistert Flöte, Violine und Klavier, andererseits versteift er sich darauf, die Mathematik als Grundlage des denkenden Komponisten zu behaupten. So was Krauses!

»Die musikalischen Affekte und Gemütsbewegungen, die durch Sang und Klang hervorgebracht werden, sind letztlich in den äußeren Zahlenverhältnissen der Töne zu finden. Dem war schon Pythagoras auf der Spur.«

»Wußt' ich's doch schon immer«, sagte Friede mit erhobenem Zeigefinger. »Die Finger unseres Herrn Vaters, wenn sie die Tasten in einer freien Phantasie berennen, tun dies nach den Regeln des Dreisatzes.«

Mizlers Gesicht! Wie ein ungebügeltes Handtuch.

Vater sagt, der Mizler sei sein einziger vorbehaltloser Bewunderer. Schon seine Doktorarbeit hat er ihm und dem Herrn Mattheson aus Hamburg gewidmet, jetzt will er Vater als Mitglied für eine noch zu gründende »Sozietät der musikalischen Wissenschaften« gewinnen.

Himmel – jetzt hat mich dieser Mizler mit seinem Zahlengewäsch so durcheinandergebracht, daß ich hier unordentlich herumschreibe.

Nun endlich zurück zum heutigen Morgen. Vater kam nach einem Stündchen zurück, wobei er ordentlich auf der Treppe polterte: für uns das Zeichen. Wir verschwanden in die beiden Musizierräume. Alles war mucksmäuschenstill.

Was Vater beim Eintreten in die Stube sah? Den großen gedeckten Familientisch zum Oval vergrößert, davor die schwarzen lederbezogenen Hochlehner. Ein diesmal leeres Kaffeebrett, weil alles Messing auf dem Tisch stand. Rechts das Geschirrbüfett mit den Bildern von Carl und Friede, links das offene Clavichord mit den Porträts von Vater Ambrosius und Onkel Christoph, daneben die beiden Lauten und Vaters Stainersche Violine.

Also nichts Neues.

Bis auf den Gabentisch vor dem Fenster. Wir hatten ihn mit Trockenblumen bestreut, dazwischen die Rauchglasschüssel mit schwimmendem Teelicht als Dekoration – ein Einfall Heinrichs, der symbolisieren sollte, daß Vaters Licht auf den Wellen des Lebens selbst dann noch leuchtet, wenn es in der Welt dunkel ist. Heinrich wollte es unbedingt so haben. Wir ließen ihm seinen Willen, denn wehe, er steigert sich in seine Aufregung …

»Ja, soll ich jetzt alleine feiern?«

Auf den oder einen ähnlichen Aufruf hatten wir gewartet – die Hand vor dem Mund, um auch das geringste Kichern oder Glucksen zu unterdrücken. Ich sehe Vater vor mir, wie er minutenlang seine Bücher, Emanuels Trios, die Seidenstrümpfe und Schuhschnallen, das Kistchen mit dem Ungarwein, den arabischen Tabak, das neue Batisthemd und die anderen Kleinigkeiten betrachtet, dabei gespannt lauscht – und schließlich die Geduld verliert.

Die Türen flogen auf. Coro pleno con strumenti molto forte: *Wie schön leuchtet der Morgenstern.* Die Wände haben gewackelt! Familie und Vettern, nebst den Thomanern vom ersten und zweiten Chor. Es war eine einzige Pracht.

Vater ruhte völlig in sich, wie er da vor uns stand und lauschte, den

Kopf leicht geneigt, mit einem wissenden Lächeln und Blicken, hinter denen man die Glut seiner großen Seele leuchten sah. Eine geradezu heilige Ruhe ging von ihm aus – aber dann mußte er sich doch schneuzen, und seine Augen begannen zu schillern.
Die Luft zitterte noch von der ersten Musik, da erscholl bereits *Was Gott tut, das ist wohlgetan.* Seit ich denken kann, ist es Vaters Lieblingschoral. Drei Kantaten hat er darauf gemacht!
»Damit dies auch endlich jeder begreift!« wie er vor zwei Jahren gewettert hat.
Ja, ja – weißt du noch? Ende September? Wo wir wegen dieses Satzes ziemlich schmunzelten, weil Vater sich voller Ärger beim Konsistorium beschwert hatte, daß ihm immer mehr Hochzeitsgelder entgingen? Weil die Leipziger aus Geiz immer mehr in den umliegenden Dörfern heiraten und nicht in der Stadt?
»Eben: Was Gott tut, das ist wohlgetan, Vater!«
Wumms – das war wieder eine Ohrfeige. Für Bernhard. Und was für eine!
Heute früh, Vater, musizierten wir den Eingangssatz aus deiner Kantate nur für dich. Jeder wußte, daß du schwerlich nur zuhören würdest. Krebs war schließlich so verwegen, dir tatsächlich den Einsatz für den Cantus firmus anzuzeigen – und du hast gesungen für zehn. Um deine Rührung zu verbergen.
Während des Frühstücks zauberte Magdalena dann ganz beiläufig noch eine Überraschung aus dem Busen: das Vorabexemplar deiner neuen, zweiten Klavierübung, der *Französischen Ouvertüre* und des *Italienischen Konzerts.* Gestern nachmittag war beides mit Extrapost aus Nürnberg eingetroffen. Samt Glückwünschen.
Herrje, ganz plötzlich bin ich todmüde. Also muß ich nun doch morgen weiterschreiben.
Warum hat Gott die Natur der Frauen eigentlich so umständlich gemacht? Ob es Eva im Paradies auch schon so erging? Oder erst nach der Vertreibung? Auch das noch, jetzt!
Ihr Männer dagegen habt's gut. Was singt, kräht, krächzt, poltert und reimt ihr gerade? *Ich bin nun, wie ich bin, und bleib bei meiner Mode* usw. *So macht mir nichts Verdruß, dies ist mein fester Schluß.* Ode mit Murki-Bässen. O ja! Trommelt mich nur hübsch in den Schlaf.

Donnerstag, 23. März 1735

Gestern war ich müde wie die Soldaten nach Geschwindmärschen. Heute habe ich die Kraft einer Wachspuppe. Für uns Frauen läuft beides so ziemlich auf dasselbe hinaus. Wir beißen die Zähne zusammen.

Immerhin: Magdalena hat mir heute ihr letztes Geschenk für Vater verraten. Was er aber erst im September bekommt. Dafür dann aber auch fein säuberlich in Wickelleinen eingepackt.

»Was hast du ihm denn ausgesucht?« fragte ich sie.

»Ich habe lange überlegt«, ging sie auf meinen launigen Ton ein. »Von beiden Sorten gab's je fünf. Davon hat er leider nur noch drei, wie du weißt. Allerdings haben sich vier von früher her erhalten. Die ich ihm freilich nicht ausgesucht habe. Nun wissen wir beide, daß Sebastian seine Kompositionen gerne im halben Dutzend schafft: die markgräflichen Konzerte, die Soli für die Violine und das Cello, die Klaviersuiten und Orgelsonaten. Also hab ich mir gedacht: Schenk ihm am besten noch eins von der Äpfelchen-Sorte. Dann hat er davon insgesamt auch sechs.«

»Sehr klug, Magdalena!« rief ich und schaute sie bewundernd an. »Die Äpfelchen-Sorte. Sie gilt gemeinhin auch mehr als die, sagen wir, Pflaumen?«

»Ja, warum wohl, Catharina! Weil in den Pflaumen einfach allzuoft der Wurm drinsteckt.«

Wir haben gekichert wie zwei Mägde beim Aalhäuten. Ich glaube, Vater weiß gar nicht, was er an Magdalena hat.

* * *

Das Erscheinen des zweiten Teils der Klavierübung brachte Bach den Erfolg, den er sich gewünscht hatte: Die Druckausgabe rechnete sich. Nur wenige Monate nach Ostern erschien eine korrigierte zweite Auflage. Sie war das Ergebnis eines sorgfältig geplanten Vertriebsnetzes, was nichts anderes hieß, als daß Bach verschiedene Kollegen in Deutschland dazu gebracht hatte, seine Werke über ihr Zuhause zu verkaufen. Dafür bekamen sie ein paar Prozente des Verkaufspreises, und da eine Hand die andere wäscht, tat es Bach den Kollegen in Dresden, Halle, Lüneburg, Wolfenbüttel, Nürnberg und Augsburg gleich: Er betrieb nebenher einen kleinen Musikalienhandel. Dazu gehörte, daß er in der Zeitung inserierte, und so konnten die Leipziger Anfang Mai erfahren, daß bei ihrem Herrn Musikdirektor zum Beispiel die neuen Cembalosonaten des Braunschweiger Organisten Conrad Friedrich Hurlebusch zu haben seien.

»Daß Vater einmal den Hurlebusch verkaufen würde! Ich hätte damals, um dem Herrn meine Hochachtung zu zeigen, mehr Fehler beim Vom-Blatt-Spiel gemacht!« witzelte Bernhard gegenüber seinem Freund Jacob von Stählin. Die beiden hatten gerade die große *h-Moll-Flötensonate* des Vaters musiziert, jetzt hudelte Bernhard auf Wunsch seines Freundes über die neuen Noten.

»Im Gegensatz zu dir ist er wenigstens gewandt im Umgang und höflich.«

Bach trat mit Magdalenas Fächer ins Musikzimmer und wedelte sich Luft zu.

»Wissen Sie, Monsieur von Stählin, der Hurlebusch kam mich vor ein paar Jahren besuchen, um sich vor mir als Kenner des französichen Stils zu produzieren. Wir hörten ihm wohl eine ganze Stunde zu, und, nun ja, ich habe mir erlaubt, ihm meine Ouvertüre jetzt zum Vertrieb anzuempfehlen.«

»Späte Rache für die Langeweile«, sagte Bernhard und gähnte. »Monsieur Hurlebusch wird nun glauben, du wolltest ihm zeigen, was französischer Stil wirklich ist. Warum bloß mußte der Narr so galant sein, uns seine Sonaten-Elaborate ans Herz zu legen.«

Bernhard drehte sich um und schlug die ersten Takte der Ouvertüre an. Bach gefiel der Hochmut seines Sohnes nicht, und so verbat er sich dessen Spiel.

»Dir geht's schon lange zu gut«, sagte er verdrossen. »Aber nicht mehr lange!«

Stählin schaute Bernhard überrascht an, und der wurde plötzlich weiß im Gesicht.

»Ich dachte, es wäre ein Scherz, Vater.«
»Ein Scherz?«
Bach lachte hell auf und bot Stählin einen Stuhl an. Der setzte sich. Neugierig und gleichermaßen fasziniert blickte er vom Vater zum Sohn und griff ganz selbstverständlich nach dem Glas Most, das Bach ihm einschenkte.
»Monsieur von Stählin, was meinen Sie, taugt Bernhard zum Organisten?«
Stählin schaute kurz zu Bernhard, der ihm einen bittenden Blick zuwarf, und sagte:
»Ich würde sagen, das kann er auch. Aber ...«
»Eben«, unterbrach ihn Bach und nahm einen großen Schluck, denn es war ein schwüler Tag. »Und weil man das Eisen schmieden soll, solange es glüht, habe ich nach Mühlhausen geschrieben und untertänigst beim Rat gebettelt, für die freie Stelle an St. Marien Großmaul Gottfried Bernhard Bach zu favorisieren.«
»Da würde er, mit Verlaub, in Ihre Fußstapfen treten«, meinte Stählin. »Was Vorteile aber auch ...«
»Fußstapfen? Daraus sind mannstiefe Kuhlen geworden! Die Schatten werfen, daß man erfriert!«
Bernhard stieß es in einem Ton der Verzweiflung hervor, der selbst seinen Vater überraschte. Um seinen Sohn zu beruhigen, legte er ihm die Hand auf die Schulter und setzte ihm lang und breit auseinander, daß erstens die Zeiten andere geworden seien und zweitens die Marienkirche nicht Divi Blasii war, an der er einst lächerliche neun Monate gewirkt hatte.
»Glaub Vater nicht«, sagte Bernhard zu Stählin. »Auch wenn die Pietisten dort jetzt nicht mehr keifen, daß die Kirchenmusik sich mit der sündigen Oper eingelassen hat ...«
»... indem die Sänger den Text zerreißen, Koloraturen anbringen und herumtrillern, bald ein anderer Knabe hineinwinselt oder wie ein Hahn kräht, und überhaupt der ganze Haufen wie auf der Jagd zusammenschreit, wobei noch gefiedelt, trompetet, gepaukt, gelärmt wird, daß man darob kein christliches Wort mehr vernimmt ...«, erinnerte sich Bach nicht ohne Vergnügen an die damaligen Vorwürfe des pietistischen Superintendenten.
»... also auch wenn in Mühlhausen jetzt alles in Harmonie

schwelgt: Vaters Schatten schwebt über jedem neuen Organisten. Erst recht, wenn der den Namen Bach trägt. Bedenke einmal: Vater war bereits Organist in Weimar, da hat der Rat noch eine zweite Ratswechselkantate bei ihm in Auftrag gegeben und sogar auf seine Kosten drucken lassen. Von keinem Händel, keinem Telemann wurde damals Vokalmusik gedruckt, von niemandem. Und mit diesem Bach soll ich mich vergleichen?«

»Jeder Bach sucht sich seinen eigenen Weg«, hörte Bernhard seinen Vater kategorisch feststellen.

»Ihr Herr Sohn wünscht eigentlich nur zu studieren«, brachte Stählin kurz und bündig vor. »Wie seine Brüder.«

Bach schneutzte sich und schüttelte dabei den Kopf.

»Was Friede und Carl nur halbherzig betrieben haben und betreiben, soll ausgerechnet bei diesem Ungedulds- und Wutengel anders werden?« Bach hatte einen hochroten Kopf, als er sich zu Stählin wandte, seine Augen waren gerötet. Er rief nach Wasser und griff dann hastig zu Magdalenas Fächer.

»Nein«, fuhr er fort. »Friede hat, weil unter meiner Kuratel, bloß gute Miene gemacht. Und Carl jetzt in Frankfurt? Gibt Klavierunterricht, organisiert Musiziergemeinschaften nach Art unserer Collegia Musica und komponiert für jeden sich bietenden Anlaß. Ob er die Fakultät auch von innen kennt, bezweifle ich.«

»Das wäre bei mir anders, Vater«, erwiderte Bernhard hoffnungsvoll, doch die Stirn Bachs zog sich augenblicklich zusammen.

»Du wirst probespielen. Und unseren Namen dabei nicht in den Schmutz ziehen.«

Der Ton ließ keine weiteren Einwände zu. Bernhard schaute Stählin unglücklich an. Der zuckte mit den Schultern. Bach ließ sich davon nicht beeindrucken. Er griff zu den Triosonaten Carls und reichte sie Stählin.

»Sie dürfen sie mitnehmen. Aber erst einmal sollten Sie hören, wie sie klingen.«

Stählin erhob sich steifbeinig. Bach reichte Bernhard die Hand, zog ihn vom Stuhl.

* * *

Bernhard hatte viel zu viel Respekt vor der Familientradition, als daß er beim Probespiel nicht das Beste gab. Wie hätte er auch schlecht spielen dürfen, schließlich saß sein Vater selbst in der Kirche und hörte zu. Und so geschah es, wie es nach Meinung Bachs auch gar nicht anders hätte kommen dürfen: Bernhard erhielt die Organistenstelle an St. Marien.

Bach atmete auf. Er glaubte, das Amt werde Bernhard den Halt geben, den Maria Barbaras aufbrausender Jüngster benötigte, um seiner Launen Herr zu werden. Hätte er geahnt, wie widerständig Bernhard sich wirklich noch gebärden sollte, er hätte in Leipzig nicht mit leichter Feder nach der Geburt Johann Christians eine Genealogie verfaßt.

Sechs Söhne hatte er jetzt! Bach war schon allein stolz auf die Zahl. Er hatte dazu beigetragen, die siebenundvierzig männlichen Bache, die seit dem müllernden und bäckernden Urahn Veit Bach in Thüringen und Sachsen den Ton angaben, auf dreiundfünfzig zu erhöhen.

»Es ist ein echter Männerstammbaum, Magdalena«, sagte Bach, als er ihn seiner Frau zeigte. »Deshalb kommen darin Barbara, du, Catharina und Liese nicht vor.«

Magdalena nickte und reichte ihrem Mann das Papier, ohne es näher gelesen zu haben, zurück.

»Ich mache mir Sorgen um Heinrich«, sagte sie. »Du schreibst unbekümmert, er neige wie die anderen ebenfalls zum Klavier, aber bitte: Wie sieht das Kind aus! Früher war er der Dickste, jetzt ist er der Magerste. Er verzehrt sich.«

»Erkläre ihm lieber, daß er sich sputen soll«, sagte Bach ohne sonderliches Interesse, die Augen auf der Familienchronik. »Ich brauche ihn je eher, desto besser im Collegium. Er muß Carl und Bernhard ersetzen.«

»Er zerbricht«, jammerte Magdalena.

Bach schaute verwundert auf, musterte seine Frau.

»Ein Bach zerbricht nicht. Ein Bach fließt«, sagte er zuversichtlich. Bach erhob sich, drückte Magdalena den Familienstammbaum in die Hand und ging in seine Komponierstube.

* * *

Auf welche musikalische Gattung Bach seine Gedanken auch richtete, außer der Oper fand er keine, in der er nicht gearbeitet hatte. Wenn er seinen Manuskriptschrank öffnete, war der jedesmal um ein paar Bögen beschriebener Notenblätter voller, wovon die Kantatenpartituren die Hälfte aller Kompositionen ausmachten. Nach Kirchenjahr geordnet, hatte er sie aufeinandergestapelt: vorne beschriftete Trennpappen gliederten die Notentürme in etwa gleich dicke Packen, die nie Staub ansetzten, weil die Partituren immer wieder zu Aufführungen und Abschriften hervorgezogen wurden.

»Ich gehöre zu euch wie mein Name zum Orgelvirtuosen«, sagte Bach vor sich hin, als er begann, seine gesamten Kompositionen zu sichten. »Und glaubt mir: Ich liebe euch und bin auch stolz auf euch, obwohl ich euer überdrüssig bin. Denn schließlich werde ich dermaleinst nicht an euch gemessen.«

Bach fegte einen kleinen Käfer zu Seite und griff nach dem Packen seiner weltlichen Kantaten. Sie wurden ein paarmal durchgeschüttelt und dann wieder weggelegt.

»Und ihr? Für Fürsten und Professoren, Kaffeehaus, Hochzeiten und Begräbnisse«, zischelte er durch die Zähne. »Oratorienhefe und Backzutat, wenn es mal wieder im Kopf nicht anfangen will zu klingen. Ein Bach kriegt eben alles naß.«

Bach lachte zweideutig vor sich hin und goß sich ein Glas Wein ein, das er wie gewohnt mit Wasser mischte. Nachdem er einen kleinen Schluck getrunken hatte, nahm er seinen Schreibtischstuhl und stellte ihn vor den offenen Schrank. Die Beine übereinandergeschlagen, saß er still da und hörte auf die Geräusche, die aus der Schule und seiner Wohnung zu ihm drangen. Weil Sonntag war, blieb es in der Schule bis auf ein klein wenig Türenschlagen ruhig. Magdalena, mit dem dreijährigen »Friederich« auf dem Schoß, Catharina, Liese und Heinrich spielten irgendwelche Würfelspiele, die Vettern Ludwig und Ernst gingen mit Krebs und August Homilius, dem neuen Schüler, soeben außer Haus. Als ihre Schritte verklungen waren, schlugen die Uhren fünf.

»Hast du eigentlich, seit du Leipziger bist, jemals Sonntags komponiert?« fragte er halblaut und schüttelte beinahe im selben Augenblick den Kopf.

Nach einer Weile schloß er die Augen und horchte in sich hinein. Heute war es wie jeden Sonntag gewesen – in Leipzig blieben nicht nur von früh bis spät die Tore geschlossen, sondern auch die Straßen ohne Wagenverkehr. Denn am Sonntag regierte Gott, nicht der Mensch die Stadt. Für Bach blieb es der Tag mit den größten, gleichzeitig aber auch vornehmsten Pflichten, selbst wenn niemand vom Rat oder Konsistorium ihm jemals ein Kompliment für seine Kantaten ausgesprochen hatte.

Um sieben Uhr begann der Gottesdienst in den beiden Hauptkirchen St. Nikolai und St. Thomas. Lateinischer Hymnus, Orgelvorspiel, Motette und andere Kirchengesänge gingen der Hauptmusik, der Kantate, voraus – bildeten den Auftakt für das Herzstück, die Predigt. Sie begann stets pünktlich um acht Uhr und durfte nicht länger als eine Stunde dauern. Eine große Sanduhr auf dem Orgelchor erinnerte den Pastor auf seiner Kanzel an die ihm gesetzte Zeit. Drohte sie überschritten zu werden, war der Organist gehalten, mittels Handzeichen den Schluß der Predigt anzumahnen. Darauf folgten das Abendmahl mit den üblichen Gebeten, die Danksagungen und Abkündigungen samt Kollekte, Segen und Postludium. Nach vier Stunden war in der Regel der vormittägliche Hauptgottesdienst vorüber und damit die Mühsal, Unfug und Gelärm der sich langweilenden Schüler Herr zu werden.

Was im Sommer Pflicht für Gemeinde, Kantor und alle übrigen Gottesdiensttätigen war, wuchs sich im Winter für sie zur Qual aus. Weil nur die Wohlhabenderen Kerzen von zu Hause mitnahmen, saß die Gemeinde anfangs im Dunkeln, denn Laternen und Kerzen waren nur für die Schüler auf dem Chor. Doch ob dort oben oder in den Kirchenbänken unten, man fröstelte, fror, zitterte, sehnte sich zurück ins Bett. Kein Pelz, kein Fußsack, weder heiße Schamottsteine noch Handöfen vermochten es, die feuchte, kalte Luft zu verscheuchen – da konnte man zusammenrücken, wie man wollte. Erst bei schneidender Kälte wurden auf der Empore die beiden Kohlebecken entzündet, in deren Glut herumzustochern ein Privileg war, das der Präfekt nach Gutdünken gewährte. Und da jeder der wärmenden Glut am nächsten stehen wollte, wurde geschoben und geschubst, gedroht und geflucht. Es polterte auf dem Chor gelegentlich so heftig, daß der Pastor zwischen den

Sätzen lange Pausen machte, die dann vom scharfen Klatschen einer Ohrfeige durchschnitten wurden.
Aber der morgendlichen Pflicht für Kantor, Schüler und Musiker gesellte sich noch die am Nachmittag hinzu. Um viertel nach eins begann in der anderen Hauptkirche der Vespergottesdienst. Und dort mußte die Kantate ebenfalls erklingen. Was vormittags in St. Nikolai musiziert wurde, erklang nachmittags in St. Thomas. Und umgekehrt. Jede Woche im Wechsel. Und auch wenn die Liturgie am Nachmittag kürzer war, vor drei Uhr endete der Gottesdienst nie.
In Bach klang das Postludium nach, dessen er sich nach den Anstrengungen des Gottesdienstes gerne überließ. Hatten er und seine Musiker die Botschaft Gottes der Gemeinde hoffentlich tief in Herz und Gemüt hineinmusiziert, suchte er das gepredigte Wort im Anschluß für sich an der Orgel mit Leben zu erfüllen. Darin fand er die Entspannung, die er suchte und für sein weiteres Schaffen benötigte.
Bach schreckte hoch – war er doch tatsächlich für Sekunden auf dem Stuhl eingenickt. Ohne länger zu überlegen, griff er blindlings in den Schrank. Die Noten, die er herauszog, waren fürs Klavier: ein *Adagio in G-Dur*, die Umarbeitung des ersten Satzes seiner *C-Dur-Sonate* für Violine allein.
Sogleich begannen die Noten lebendig zu werden, Bachs Augen glänzten. Nichts fand er auszusetzen an dieser Bearbeitung, die er in schwerer Zeit angefertigt hatte: 1720, nach dem Tod Maria Barbaras.
Bach legte die Noten beiseite.
»Ich will es hören«, sagte er zu sich. »Catharina bestimmt auch. Tu ihr die Freude. Aber – was haben Sie noch zu bieten, Monsieur Bach?«
Bach zog neue Noten aus dem Schrank, versenkte sich in die Musik, packte sie zurück. Anderes folgte. Anfangs bereitete es ihm Vergnügen, schließlich aber überflog er nur noch die Titel. Unzufrieden knirschte er mit den Zähnen: zu vieles, was er gesehen hatte, schien unvollkommen, forderte dazu heraus, noch einmal Hand anzulegen.
Verbessern, feilen, korrigieren. Vor Gott war nur dann mit reinem

Herzen zu treten, wenn er, Bach, alle Musik für ihn so setzte, daß sie nach irdischem Maßstab vollendet war. Doch wo anfangen? Was zuerst?

»Die Sachen für die Orgel«, entschied Bach und wollte gerade in den Schrank greifen, da trat Catharina ein.

»Wir warten auf dich«, sagte sie und nahm die leere Wasser- und Weinkaraffe an sich. Das Adagio streifte sie mit flüchtigem Blick, erkannte es nicht.

»Gibt es was Gutes?« fragte Bach.

»Wassersuppe mit Brennessel«, scherzte Catharina.

Bach musterte seine Tochter. Sie war noch immer im Sonntagskleid, das frisch gewaschene Haar duftete. Bach lächelte, während er ihr in die Stube folgte. Catharina wirkte geradezu aufreizend. Es juckte ihn in den Fingern, sie um die Hüfte zu fassen und zum Quietschen zu bringen.

»Das ist was Gutes«, sagte er fröhlich und schlug ihr mit der flachen Hand auf den Po. Eine der Karaffen zerbarst.

»Scherben bringen Glück«, sagte Magdalena trocken.

»Aber keine Glasscherben«, schnaufte Catharina und schaute ihren Vater empört an.

»Ich spiel' dir dafür nachher auch ein schönes Adagio«, sagte Bach.

Dienstag, 10. April 1736

Wieviel Arten Grün es gibt! Es fiel nicht nur mir auf, sondern auch Konrektor Dresig, den ich auf der Promenade traf. Er stand einfach so da, mitten im Strom der Spaziergänger, und zerbröselte mit Lust die Knospen eines abgebrochenen Lindenzweigs. Als ich grüßte, schreckte er etwas zusammen und wirkte für einen Augenblick so, als hätte ich ihn aus einem schönen Traum gerissen. Sein Blick flatterte und wurde für einen Moment stier, dann aber lächelte er so vertraulich liebenswürdig, daß man meinen könnte, man kenne sich schon jahrelang.

Liese und Heinrich guckten ihn neugierig an. Es war einfach zu kurios, daß ein Konrektor gedankenverloren Baumknospen zerbröselt.

»Es gibt doch nichts Erhebenderes als den Frühling, Mademoiselle Bach«, sagte er. »Findet ihr beiden nicht auch?«

Dresig wuschelte Heinrich über den Kopf und fischte – so merkwürdig es auch klingen mag – ein Veilchen aus seinem Rock, das er Liese auf der flachen Hand präsentierte.

»Das ist wahr«, sagte ich in einem plötzlichen Anflug poetischer Rührung: »Das goldene Morgenlicht, wenn es durch die graue Dämmerung bricht, und das Heer der Vögel, das die Leere der Luft wieder mit Tönen füllt: Das ist jedes Jahr ein unvergleichliches Geschenk.«

Dresig war entzückt und bot mir den Arm.

Heinrich wurde dadurch offenbar gereizt, etwas Wunderliches zu bemerken. Denn nach wenigen Schritten, die er mit hängendem Kopf vor uns gegangen war, blieb er stehen, drehte sich zu uns um und sagte:

»Der Frühling ist grün. Der Sommer ist rot. Mischt man beides zusammen, dann gibt es Braun, und das ist der Herbst. Und wenn man alle Farben wegläßt, nur grauweißes Papier übrigbleibt, dann ist dies der Winter.«

»Du hast Genie«, sagte Dresig. »Vielleicht wirst du ja neben einem Klavieristen noch Maler und Poet?«
Ich lachte, versuchte abzulenken. Sprach von Vaters Meininger Vetter, der ja tatsächlich auch malt – aber Heinrich wollte sein schiefes Gerede unbedingt mit Unsinn krönen. O ja, rief er aus, ich werde erst mit dem Klavier malen, dann mit dem Pinsel dichten und schließlich mit Wörtern Musik machen.
»Weil ich ein Omni-Musicus-Pictor-Poeticus bin!«
Das gefiel ihm so, daß er es Liese wohl ein dutzendmal ins Ohr kreischte. Dresig fand es köstlich. Ich – nun ja – schämen tat ich mich nicht, aber im stillen sagte ich mir: Nie wieder machst du mit Heinrich einen Spaziergang! Schon gar nicht im Frühling.
So sei es!
Wir schlenderten noch über die Straßen und über den Markt. Dresig hatte eine Tüte Plätzchen gekauft, die wir – deshalb schreibe ich heute doch – bei einem Konzert der Vagantin verzehrten.
Dieses sogenannte »Konzert« werde ich bestimmt nicht mehr vergessen, weil ... hübsch der Reihe nach, Catharina!
Die Kinder waren schuld. Nein, Dresig! Er wollte ihnen etwas Gutes tun und drängelte sich mit ihnen nach vorn – ich, ahnungslos, träge und mit falschem Mut, ging mit.
Mitgegangen – mitgefangen – mitgehangen.
Das gleiche blutrote Kleid und dieselben weißen Handschuhe. Der Busen aber schien mir noch größer geworden zu sein. Sie sang prächtig! Und agierte noch besser. Daß sie Publikum hatte, war gerecht. Begleitet wurde sie diesmal von Gitarre, Geige und Schalmei. Was sie sang, kannte ich nicht, es klang auf jeden Fall italienisch, war richtige Oper. Geschickt abgelauscht – Barbara. So war doch dein Name, oder? Barbara, die Fremde ...
Schaudernd erinnerte ich mich an den Almosen-Auftritt vor unserer Tür, während Liese, Heinrich und – ja! – der werte Herr Konrektor fasziniert zuhörten. Dresig war ganz entrückt. Seine Augen klebten an ihrem Kirschenmund und saugten sich an ihrem Busen fest. Geistesabwesend lächelte er mit seiner Plätzchentüte in der Hand vor sich hin – schien alles um sich herum vergessen zu haben.
Und sie?

Natürlich bemerkte sie recht bald, welchen Verehrer sie sich mit ihrer Aktion eingefangen hatte. Sie erkannte mich natürlich sofort und würdigte mich auch mit freundlichen Blicken, setzte dann aber ihre ganze Kunst ein, Konrektor Dresig zu becircen.
Wie sie ihn anschaute! Sich vor ihm an den Busen griff und ihn anstrahlte, wenn sie über die Schulter blickte!
Dresig und Barbara zuzusehen war unterhaltender als das Musizieren an sich. Ich vergaß darüber das Gedränge um uns herum, die Hauptsache war, daß Heinrich und Liese sich nicht losrissen.
Natürlich hatte ich mein Seidentuch, das ich mir locker um die Schultern gelegt hatte, längst vergessen. Es war warm, windstill, und erst zu Hause bemerkte ich, daß es fehlte. Zu Anfang des »Konzerts« hatte ich es noch gehabt, doch waren da nicht irgendwann einmal ein paar nur leidlich anständige Gestalten um uns herumgeschlichen ... nun ja: so tun's eben die Vaganten. Deshalb sind sie verhaßt.
Das Tuch war ein Geschenk Vaters. Zu meinem einundzwanzigsten Geburtstag. Florentiner Seidendruck.
Es ist weg! Wegen Dresig. Wegen der Vagantin! Ich könnte heulen vor Wut! Auf mich und ihn.
Und sollte diese Barbara mir noch einmal über den Weg laufen, bringe ich sie ins Zuchthaus! Rufe die Wache! Sperrt sie in den Turm!
Mitgegangen, mitgefangen, mitgehangen, Catharina. Das ist das Leben.

* * *

Kurz vor sieben Uhr abends, als die Hochzeitsfeier richtig ausgelassen zu werden versprach, war sie für das Häuflein Thomas-Choristen zu Ende. Also mahnte, weil die Statuten verlangten, daß um sieben Uhr kein Thomasschüler mehr außerhalb des Schulgeländes zu sein habe, Bachs erster Präfekt Theodor Krause zum Aufbruch. Er und die ihm unterstellten Schüler hatten weltliche Lieder und Tanzstückchen musiziert, jetzt hätte man sich am liebsten ausgeruht, wäre gerne noch geblieben. Denn die Brautleute schenkten tüchtig aus, und irgendwer von der Hochzeitsgesellschaft steckte einem doch noch einmal ein paar Pfennig Trinkgeld zu.

Das Wetter lud ja auch zum Feiern ein. Es war warm, geradezu schwül, da schmeckte jedes Glas Wein doppelt. Und wirkte auch dementsprechend.

»Du! Krause!« rief einer der Schüler. »Weißt du eigentlich, was dein Spitzname ist?«

»Nee«, sagte Krause gelangweilt. »Verrat's mir in Gottes Namen.«

»Krause!« sagte der Schüler und lachte los. »Dein Name ist nämlich Spitzname genug!«

Der banale Scherz amüsierte den Trupp. Einer von ihnen lallte lauthals:

»Krauses grause Krause graust den Kantor noch zu Hause!«

»Halt's Maul!«

Die anderen lachten noch mehr, griffen den Knittelvers auf und johlten ihn durcheinander. Krause rächte sich, indem er dem Urheber eine Ohrfeige verpaßte. Sofort schlug die Stimmung um. Krause sah sich von einem Moment auf den anderen von einer Schar mißliebiger Thomaner umringt. Als er drohte, er werde dem Kantor die Aufsässigkeit melden, wurde er ausgelacht. Schließlich war er, der Präfekt, kaum älter als die ältesten Schüler.

»Weißt du, was Zinsen sind?« wurde er gefragt und sah, wie der Geschlagene demonstrativ die Hand spreizte.

Krause knirschte mit den Zähnen und griff zu seinem Rohrstock, den er als Abzeichen seiner Oberhoheit am Gürtel hatte.

»Wag's doch, grauser Krause!«

Es war dies zuviel. Krause schlug zu. Mit dem Rohrstock. Und zwar so heftig, daß sein Opfer nicht nur laut brüllte, sondern er auch seine Autorität wiedergewann. In leidlicher Ordnung lieferte er die Schüler auf ihren Kammern ab. Die Sache schien erledigt.

Sie war es nicht.

Am nächsten Tag machte das Opfer Meldung beim Rektor höchstpersönlich: Des Herrn Kantor Präfekt Theodor Krause habe ihn so unmäßig mit dem Rohrstock geschlagen, daß er geblutet habe. Die Besichtigung durch den Schulbalbier erbrachte ein paar blaue Flecken und eine Beule am Kopf – Ernesti fand es an der Zeit, ein

Exempel zu statuieren. Sein Groll gegen den selbstherrlichen Musikdirektor Bach, der seine Musik so komponierte, daß die Schüler sie nur unter Aufbietung aller Anstrengungen bewältigten, suchte ein Ventil. Denn Ernesti war das stetige Gesinge und Musizieren der Schüler über – Musik, ja, in Maßen, aber die Thomasschule war für ihn zuallererst ein Hort der Bildung. Cicero und Tacitus statt Kantaten, Philosophie und Wort statt Noten und Instrumente. Seine Geduld war zu Ende.

»Willst du auch Bierfiedler werden?« raunzte er die Schüler an, die auf ihrem Instrument übten. Es waren andere Töne als noch beim Rektor Gesner, der die Musik seines Kantors und seiner Schüler stets »himmlisch« zu nennen pflegte.

Jeder Schüler wußte, wen Rektor Ernesti mit seinem »auch« meinte – und Bach, der mit demselben Eifer in Biergärten und Kaffeehäusern musizierte wie in St. Thomas und St. Nikolai, tat den Schritt, zu dem ihn Gerechtigkeitsgefühl und Stolz verpflichteten: Er stellte sich vor seinen zweiundzwanzigjährigen Präfekten – nachdem der von der Schule geflohen war.

»Wo ist er denn hin?« fragte Magdalena, als Bach mit der Nachricht ins Haus fiel.

»Wer das wissen will!« entgegnete Bach ärgerlich. »Hätte ich geahnt, daß er soweit geht ...«

»Was dann?«

»... hätte ich mich eher für ihn verwendet. Jetzt wird er denken: Bach kuscht. Hat Courage nur an der Orgel.«

Bach sank unwillig auf seinen Sessel und drückte Liese die Perücke in die Hand. Er schwitzte, sein Gesicht war rot. Catharina brachte ihm ein feuchtes Handtuch, mit dem er sich Kopf und Nacken abrubbelte, anschließend trank Bach hastig mehrere Gläser kalten Hagebuttentee.

»Dieser eingebildete Querkopf! Dieses amusische Stück Vieh!« Bachs Augen wurden zu Schlitzen, die Stirn zog sich zusammen.

»Stell dir das doch einmal vor: Dieser Philologen-Grind beharrt darauf, Krause vor vollständig versammelten Schülern mit zehn Hieben auf den Arsch zu züchtigen und ihn dann ohne Abgangszeugnis von der Schule zu jagen! Krause bettelt in zwei Briefen um Milde. Aber der Herr Theologe Ernesti bleibt stur: öffentliche Prü-

gel! Um jeden Preis! Dimissionsbescheinigung? Abgelehnt! Zeugnis? Ausgeschlossen!«
Bach schnaubte vor Wut, Magdalena legte ihre Näharbeit beiseite.
»Weil er dem Großen nichts am Zeug flicken kann, nimmt er den Kleinen«, sagte sie und erhob sich. »So ist es doch immer.« Mit den Augen gab sie Catharina einen Wink, mit Liese aus dem Zimmer zu gehen, stellte sich hinter ihren Mann und begann, ihm die Schultern zu massieren.
»Jetzt willst du dir also noch den Ernesti auf die Schultern setzen. Sebastian, überheb dich nicht.«
»Du hättest sein Gesicht sehen sollen, als er mir Krauses Abschiedsbrief in die Hand gedrückt hat. So muß Kaiphas ausgesehen haben, als Pilatus Christus zum Kreuzigen überantwortet hatte.«
Bach schloß die Augen, Magdalena massierte weiter, aber die Schatten auf ihrem Gesicht wurden von Minute zu Minute dunkler.
»Krause kann für nichts: Beruft sich auf mich, der ich ihm Züchtigung bei Widersetzung befohlen habe. Darüber hinaus, hat er geschrieben, könnten alle Lehrer bezeugen, daß sein Betragen stets tadellos gewesen sei, weshalb er bitte, den in der Schule verbliebenen Hausrat mitzunehmen und die ihm im Chorknabenbuch noch nicht ausgezahlten Gelder zu überlassen – satte dreißig Taler!«
»Und was hast du nun vor?«
»Rat!«
Magdalena seufzte auf, verdrehte die Augen. Warum ging bei den anderen immer alles gut? Und bei ihnen nicht? Vom Brief Bernhards hatte sie Bach wohlweislich noch gar nichts erzählt. Schon wieder wollte er Geld. Und nicht nur das: Er drohte darin, die »leidige Orgelspielerei« im »unausstehlichen Mühlhausen« nicht länger mehr hinzunehmen. Er brauche »andere Luft« und einen »neuen Spieltisch«.

* * *

Bach handelte mit der ihm eigenen Kompromißlosigkeit. Er setzte ein Schreiben an den Leipziger Rat auf, lud die Schuld für Krauses sogenanntes Vergehen auf sich und bat, Krauses Bitte nach Hausrat und Geld zu billigen.
Der Rat forderte Rektor Ernesti auf, sich zum Vorfall zu äußern – und verfügte, weil der Rektor seiner Eingabepflicht nicht nachkam, Krause das Gewünschte zu gewähren.
Ernesti biß die Zähne zusammen: Er hatte eine Niederlage gegen den offensichtlich beim Rat im Ansehen gestiegenen Musikdirektor einstecken müssen. Aber irgendwo mußte der doch zu packen sein!
Ja – vielleicht damit. Ernesti nickte, atmete auf. Sein Gesicht entspannte sich. Richtig – vor einem dreiviertel Jahr, nach der Hochzeit von Magister Kriegel, des Lateinlehrers und Tertius der Schule! Man saß zusammen im Wagen, zockelte nach dem opulenten Schmaus zurück nach Hause.
»Du hast gefressen und gezecht für drei, Bach«, sagte Ernesti vor sich hin.
In der Dämmerung und spätherbstlichen Kühle hatte Bach, fest in seine Decke eingewickelt, vor sich hin gedöst. Das monotone Rollen und Knirschen der Räder, das Geächze der Achsen – Ernesti fragte beiläufig, ob der Herr Musikdirektor zustimme, den anderen Krause, nicht den Theodor, sondern Gottlob, zum Präfekten zu kreieren.
»Er ist ein liederlicher Hund«, sagte Bach ablehnend.
»Zugegeben«, erinnerte sich Ernesti an seine Worte, »er ist ein schwacher Charakter, aber hat Besserung gelobt, und seine Schulden kann er durch den Posten abtragen. Außerdem ist es ein Gebot der Nächstenliebe, reuigen Sündern die Hand zu reichen.«
»Durchaus. Nur – können tut er deswegen noch lange nichts.«
»Vom ersten Präfekten habe ich ja auch gar nicht geredet.«
Ernesti sah Bachs verdrossen müdes Gesicht vor sich. Und hatte schließlich dessen nach langem Schweigen mürrisches »Meinetwegen« im Ohr. Ja, damals war der Herr Musikdirektor schlichtweg so weinfeucht, daß er nur noch schlafen wollte.

Mittwoch, 18. Juli 1736

Sind wir neugierig! Vater ist nach Mühlhausen gefahren, will Bernhard ins Gebet nehmen und auch, wie er mir mit saurer Miene gestand, »deines Bruders Verpflichtungen ordnen«.

Bernhard, ein Liederling! Ich hab's immer gewußt. Von allen von uns Barbara-Kindern hat er sich ausgesucht, den Sargnagel für Vater zu spielen.

Und das bei diesem Ärger, den der jetzt auszuhalten hat!

Rektor Ernesti hat doch tatsächlich nach der Flucht von Vaters Chorpräfekt Theodor Krause eigenmächtig den Zweiten Präfekten zum Ersten gemacht! Der übrigens auch Krause heißt, allerdings Gottlob. Einen Monat ist das jetzt her!

Ein Racheakt, weil der Rat gegen seine unmäßige Strafe entschieden hat. Denn dieser zweite Krause, das weiß sogar Ernesti, bringt es immer noch nicht fertig, einen Zweier- und Dreiertakt so zu schlagen, daß der Chor danach singen kann.

Geschickt, geschickt, Herr Rektor! Denn der Vertreter des geflohenen Krause, dem Vater die Stelle zugedacht hatte, war krank.

Aber Ihr Herr Kantor, Herr Rektor, kuscht bekanntlich weder vor Herzögen noch vor Stadträten. Vor so einem wie Ihnen also schon gar nicht!

Deshalb setzte er kurzerhand Ihren Gottlob Krause vor einer Woche wieder ab. Mit der einfachen Begründung, der Kantor sei Herr im Reich der Musik. Nicht der Rektor.

Vater imponierte mir mit seiner Courage. Nachdem ich ihn heute zur Kutsche gebracht hatte, wurde ich bei der Vagantin vorstellig. Ich wartete ab, bis sie mit ihrem Auftritt fertig und alles auseinandergelaufen war – dann trat ich auf sie zu.

»Ich habe mit Ihnen zu reden, Barbara«, stieß ich hervor. Das Herz klopfte mir bis zum Hals, und mir war schwindelig vor Aufregung.

Sie seufzte und warf ihren Musikanten einen anklagenden Blick

zu – wohl, weil sie nur zu genau wußte, weshalb ich sie zur Rede stellte. »Streuen wir uns bitte zwischen die Leute?« sagte sie mit verkrampftem Lächeln. Mir war es in meiner Wut einerlei, sollte darüber reden, wer wollte. Ich hatte ja meine Gründe.
Trotzdem wählten wir die unbelebteren Straßen, hielten uns schließlich ans Fischerviertel.
»Ich will mein Tuch wiederhaben, Barbara«, sagte ich. »Oder das Geld, das einer von euch dafür beim Höker bekommen hat.«
»Warum kommen Sie erst jetzt?«
Wenigstens gab diese selbstbewußte Almosenjägerin ohne viel Federlesens zu, daß ihre Spießgesellen mein Tuch geraubt hatten.
»Ich war so einfältig zu glauben, daß diejenige, der ich einmal ein Almosen für ihren brandkranken Bruder gegeben habe, sich auf Ehre und Anstand besinnt und mit dem Tuch an dieselbe Tür zurückkehrt, wo sie etwas bekam.«
Die Worte müssen eine Eingebung von einem Kobold gewesen sein. Denn so gedacht oder gefühlt hatte ich, ehrlich gesagt, gar nicht. Die Wahrheit ist sogar, daß ich begonnen hatte, mich mit dem Raub abzufinden. Wie zur Strafe wehte mir auf einmal der Gestank fauligen Fischs in meine Nase. Er war so heftig, daß mir übel wurde. Ich griff zum Taschentuch, Barbara lachte hämisch.
»Ich kann versichern, daß bei meinem Bruder der Brand genauso stank, als der Chirurgus daran rumschnitt. Als ich das Geld endlich beisammen hatte, war das Bein schwarz und bereits madig. Stank durch den Weingeist, den wir drübergegossen hatten. Und alles war für die Katz. Erst wurde der Kiefer steif, dann erfror ihm das Gesicht zum Teufelslächeln, schließlich kamen die Krämpfe im Hals. So krepiert niemand von euch Großkopferten!«
»Wir sterben weder besser noch schöner«, sagte ich bitter.
Beide blieben wir stehen und musterten uns feindselig. Plötzlich füllten sich Barbaras Augen mit Tränen. Dann sprudelte es aus ihr heraus.
Ich gestehe, ich bekam Mitleid mit ihr.
Überhaupt: diese Barbara – ich kann sie irgendwie doch nicht verachten oder gar hassen. Sie verströmt einen ungekünstelten Charme und hat vom Ruch der Fahrenden eigentlich gar nichts an sich.

Sie entschuldigte sich und setzte mir wortreich auseinander, wie sehr sie das Diebsgetue ihrer Gemeinschaft verabscheue.
»Ich hab' sehr wohl bemerkt, wie einige von uns um Sie herumgeschlichen sind. Und abends dann, als die Ausbeute des Tages gesichtet wurde, da hab ich eine große Szene gemacht, als Ihr Tuch dabei war. Aber ich wurde nur ausgelacht. Wer hat, der darf auch einmal was abgeben, heißt es einfach. Seit mein Bruder tot ist, bin ich vollends zum Lockvogel geworden. Nur darum bin ich so anständig ausstaffiert. Dafür muß ich tun, was mir gesagt wird.«
»Ob ich Ihnen glaube oder nicht – mein Tuch werde ich also nimmer wiedersehen. Es war ein mir sehr kostbares Geschenk meines Vaters.«
Wir waren am Mühlgraben angelangt. Brackige, faulige Schwaden, Fliegen, dümpelnde Boote. Netze wurden geflickt, Katzen trieben sich herum. Wir wurden angestarrt, angegrinst und ernteten Pfiffe. Einer der Burschen hielt eine Ratte am Schwanz hoch und schleuderte sie auf einen Haufen, auf dem schon andere zwischen Fischabfällen lagen. Nebendran prasselte ein Feuer, und für die Kinder war es das größte Vergnügen, die toten Tiere, auf einen Stock gespießt, in die Flammen zu halten.
»Ja«, sagte Barbara mit sich beschäftigt. »Man kann alles essen. Wenn es lang genug im Feuer war.«
Bevor ich etwas einwenden konnte, schob sie das Sprüchlein von der Not, dem Teufel und den Fliegen nach, sah mich mit glühenden Augen an und rief:
»Ich werde Ihnen beweisen, daß ich soviel Ehre im Leib habe wie nur irgendeiner von euch! Bis bald, Mademoiselle Bach!«
Sie rannte los. Drehte sich nicht mehr um, sooft ich ihr auch nachrief.
»Bach?« hörte ich von einem der Fischerboote heraufrufen.
Ein muskulöser Bursche mit schwarzen Locken und zerschlagener Nase sah mir neugierig ins Gesicht. Ich bejahte mit gemischten Gefühlen. Er hatte gerade die letzte Reuse geleert und hob den vollen Krebskorb auf den Bootssteg.
»Wer so heißt, muß mir Krebse abkaufen!« rief er.
»Ach so«, sagte ich und mußte unwillkürlich lächeln. Hatte ich in meiner Einfalt im ersten Moment doch geglaubt ... Aber abwar-

ten! »Wenn Sie mir ein Dutzend für sechs Groschen lassen? Und nach Hause tragen? Weil ich keinen Korb dabeihabe?«
Er kam mit seinem Korb die Stufen heraufgehastet und schien ziemlich glücklich über meinen Preis.
»Das sind doch prächtige Leckerbissen«, sagte er und hielt einen Krebs mit weit geöffneten Scheren hoch. »Weil Ihr Herr Vater sonntags immer so schöne Singmusik aufführt, lass' ich sie Ihnen auch für diesen Preis.«
Ich war gerührt. Ein einfacher Fischersmann hatte Ohren für Vaters Kantatenkunst! »Solch Kompliment hört er selten, ob Sie es glauben oder nicht«, sagte ich und zahlte. »Sie müssen mithin auch etwas von der Musik verstehen?«
»Nein«, sagte er treuherzig und winkte einen Jungen heran, an dessen Nase jeder sehen konnte, daß er der Sohn war.
Kurzum, ich wurde nach Hause begleitet, und wohl das erste Mal in seinem Leben betrat der Fischer ein anständiges bürgerliches Haus. Er wollte anfangs gar nicht eintreten, aber schließlich ließ er sich in der Küche auf einen Krug Bier überreden.
»Ich darf vorstellen, Magdalena: ein Leipziger Fischersmann, dem Vaters Kantaten mehr bedeuten als allen seinen Kollegen.«
Magdalena holte einen Stuhl, ich schickte Heinrich mit einem Krug in den Keller. Der Ärmste wußte vor Verlegenheit nicht, wo hinschauen.
»Wenn meine Frau mir das heute früh vor dem Ausfahren erzählt hätte …«, begann er hilflos. Mit Riesenschlucken trank er sein Bier und war nicht zu bewegen, etwas von sich zu erzählen. Ein paar Jas, ein paar Neins, sonst winkte er immer nur ab. Vater wird's auf jeden Fall freuen, wenn wir ihm davon erzählen. Er kann gut mit den niederen Ständen.
»Besser als mit den bürgerlichen«, sagte Magdalena. Da kam Heinrich in die Küche. Er hatte sich wieder was überlegt – fragte, ob Petrus nicht auch deshalb Jünger Jesu geworden sein könnte, weil er es nicht mehr habe ertragen können, daß die Krebse ihm immer beim Einholen der Netze in die Finger zwackten.
Der erste Bach, der verrückt ist.

* * *

Kaum war Bach aus Mühlhausen zurück, bekam er vom Rektor einen Brief, in dem dieser ihm mitteilte, daß er den vom Herrn Kantor abgesetzten Präfekten Gottlob Krause wieder für den ersten Chor einsetzen werde. Bach schleuderte das Schriftstück in den Papierkorb und blätterte trotzig weiter im fertiggestellten Manuskript des Schemellischen Gesangbuchs, dessen neunundsechzig ariose Lieder und Choräle er teils komponiert, teils mit neuen Generalbaßstimmen versehen hatte.

Jeder Liedsatz sei dadurch zu einem vollendeten Mikrokosmos an Melodie und Harmonie geworden, hatte der Zeitzer Schloßkantor Georg Christian Schemelli die Arbeit gelobt, jetzt wirbelten Bach seine Lieder im Kopf herum, durchsetzt mit der hämischen oder geifernden Stimme Ernestis. An einem Lied blieb er hängen, sang es in seinem Herzen und betete die Melodie: *Liebster Herr Jesus, wo bleibst Du so lange? Komm doch, mir wird hier auf Erden so bange, komm doch und nimm mich, wenn Dir es gefällt, von dieser argen, beschwerlichen Welt. Komm doch, Herr Jesus, wo bleibst Du so lange? Komm doch, mir wird hier auf Erden so bange.*

Am Sonntag, in der Thomaskirche, riß ihn aber der Zorn hin. Während unter den lauen Klängen von Thomasorganist Görner die Gemeinde Platz nahm, machte sich Ernestis Präfekt Gottlob Krause fertig, die darauffolgende lateinische Motette zu dirigieren. Bach kam gerade die Treppe empor, sah den untauglichen Präfekten und riß ihn mit unbeherrschten Schimpfworten vom Platz.

»Kittler!« brauste er den stellvertretenden Präfekten an. »Wer zum Teufel ist hier der Musikdirektor?«

Samuel Kittler schluckte und trat vor den Chor, Krause war schon nicht mehr zu sehen.

Unten im Schiff spitzte nicht nur die Gemeinde die Ohren, sondern vor allem Rektor Ernesti. Noch während der Motette eilte er zum Superintendenten und fragte, ob er Bach zur Absetzung ermächtigt hatte. Prediger Deyling, der gerade den Talar überstreifte, schüttelte verwundert den Kopf, Ernesti bedankte sich und hetzte wieder in die Kirche. Empörung und Freude stritten in seinem Gesicht. Das Warten auf das Ende des Gottesdienstes wurde ihm zum Genuß.

Als die Kirche sich geleert hatte und Bach von der Empore stapfte, stellte er ihn zur Rede.
»Sie wissen, wie die Stufenleiter zwischen Kantor und Rektor aussieht, Monsieur Bach, ja?«
»Schon.«
»Dann befehle ich Ihnen, meine vorgesetzliche Einsetzung des Präfekten Johann Gottlob Krause zu befolgen!«
Ernesti sagte es, so harsch und kalt er konnte, doch Bach ließ sich nicht einschüchtern. Er trat einen Schritt auf den Rektor zu und entgegnete ihm, daß er sich durchaus nicht daran kehre.
»Es mag kosten, was es wolle!«
Bach sprach's, wendete sich ab und ging.
Ernesti ballte die Fäuste, rang um Fassung. Den Kampf um den Vormittagsgottesdienst hatte er verloren, den um den Nachmittagsgottesdienst und alle weiteren Gottesdienste würde er gewinnen. In der Schule zitierte er die beiden Präfekten zu sich und eröffnete ihnen, sich nicht um die Anordnungen des Kantors zu scheren – was bedeutete: Gottlob Krause wurde befohlen, beim Nachmittagsgottesdienst in der Nikolaikirche wieder den für die Kantate benötigten ersten Chor zu leiten.
»Und Kittler, du dirigierst nachher den zweiten Chor in der Thomaskirche – selbst wenn es deinen werten Musikdirektor zerreißt. Verstanden?«
Kittler verwünschte Bach, den Rektor, die Schule und die Musik. Ernesti aber zwirbelte nicht nur beide Präfekten, sondern auch noch die Sänger des ersten und zweiten Chors. Bei Androhung schwerer Strafen herrschte er sie an, unter keinem anderen als dem von ihm bestimmten Präfekten zu singen. Die Schüler senkten eingeschüchtert die Augen – verfluchten Bach, den Rektor, die Schule und die Musik.
Unterdessen stocherte Bach zu Hause mit unterdrückter Wut im Mittagessen. Schließlich hielt er es nicht mehr aus und verschwand in seine Komponierstube. Er griff zu Feder und Tinte und begann zu schreiben: keine Noten, sondern einen Brief an den Rat. Catharina klopfte an die Tür:
»Es ist Zeit!«
Bach überflog das Geschriebene, war zufrieden. Noch ein paar ele-

gantere Formulierungen – noch nie war ihm das Briefeschreiben so schnell von der Hand gegangen. Schweigsam gingen er und sein Schüler Ludwig Krebs durch Leipzigs stille Straßen. Krebs war seit kurzem selbst vom Schüler zum Lehrer aufgestiegen: Bach hatte ihn Luise Adelgunde Gottsched als Kompositions- und Lautenlehrer empfohlen und war fast noch stolzer als Krebs selbst, daß sein Schüler die Frau eines der berühmtesten Professoren Deutschlands unterrichten durfte.

Als er in der Nikolaikirche dann wieder Krause vor dem ersten Chor sah, wurde er nicht nur laut, sondern sogar handgreiflich. So packte er Krause am Kragen und schob ihn die Treppe runter. Der hütete sich, Widerstand zu leisten. Die Schüler mußten wider ihren Willen grinsen, bewunderten aber doch die Courage ihres Kantors.

»Wo ist Kittler?«

»In der Thomaskirche, Herr Musikdirektor.«

»Wer übernimmt?«

Die Schüler erbleichten. Keiner wagte vorzutreten.

»Der Herr Rek …«

Bach knischte mit den Zähnen, seine Augen wurden zu Schlitzen. Krebs erhob sich, der schon bei den Violinen Platz genommen hatte. Bach nickte.

Die Musik konnte beginnen. Der heiligen Ordnung des Gottesdienstes blieb weitere Störung erspart.

Ohne irgendwie, irgendwas und irgendwen abzustrafen, war für Bach jedoch kein geruhsamer Sonntagabend denkbar. Da er den Rektor schwerlich maßregeln konnte, erwählte er sich den seiner Meinung nach ungehorsamen Präfekten Kittler. Als der zum Abendessen den Speisesaal der Schule betrat, verwies ihn Bach des Tischs.

Kittler schossen vor Wut die Tränen in die Augen. Diesmal grinste keiner von den Schülern. Die Suppe wurde hereingetragen. Nur gelegentlich war ein zaghaftes Löffelkratzen zu hören.

Samstag, 27. September 1736

Vater war so kühn, wegen des Prädikats eines sächsischen Hofkompositeurs noch einmal an den Kurfürsten zu schreiben. Wenn es daran liegt, meinte er, daß ich bislang den sächsisch-weißenfelsischen Titel geführt habe, besteht dieses Hindernis jetzt nicht mehr.

»Herzog Christian ist tot, damit mein Privileg auf den Titel erloschen. Und zum anderen ist jetzt Ruh' in Polen. Die Kämpfe mit Gegenkönig Lesczynski waren alle siegreich, obendrein hat der Kurfürst in zehn Tagen Geburtstag, wofür ich ihm noch eine Musik …«

»… wenn man eine Echo-Kette organisieren könnte, die mit Orchestern entlang des Wegs nach Schloß Hubertusburg installiert wird, würde der Kurfürst irgendwann deine Musik hören«, sinnierte Heinrich. »Freilich würde sie erst am nächsten Tag bei ihm ankommen. Und wäre damit keine Geburtstagsmusik mehr, sondern eine Post-Geburtstagsmusik. Wenn du sie aber als Prä-Geburtstagsmusik aufführen würdest, Vater, dann käme sie noch rechtzeitig an.«

Das Schlimme ist meist nicht, was Heinrich sagt, sondern wie er es sagt. Und vor allem danach kichert.

»Heinrich«, sagte Vater milde. »Aber wie käme sie dann an? Nicht anders als beim Stille-Post-Spiel: völlig kraus, ohne Sinn und Verstand.«

Er zog Heinrich an sich und streichelte ihm den Kopf. Allmählich sieht auch er ein, daß Heinrich – gelinde gesprochen – wunderlich geworden ist. Magdalena gibt ihn bereits verloren. Ihr Ältester und einstiges Hätschelkind wird den drei Großen von Mutter nie gewachsen sein. Heinrich hat Friede und Carl immer gefürchtet. Flüchtet sich vor ihnen ins Wunderliche. Da ist sein Geist ihnen nämlich voraus.

Wie ich die beiden so sah, schnürte es mir die Kehle zu. Vier Briefe hat Vater jetzt wegen der Präfektensache an den Rat geschrieben, aber nichts tut sich. Und Ernesti, dieser Teufel, scheut sich nicht, das Gerücht zu streuen, auf Vaters Beteuerungen könne man nicht nur sich nicht verlassen, sondern er bekäme Geld dafür, daß er Kinder in die Schule aufnehme, die zu einem Diskantisten völlig untauglich seien!

Ehrerbietungslos, faul, untüchtig, bestechlich. Der das von Vater sagt, war letztes Jahr noch Christians Taufpate!

Montag, 19. November 1736

Bernhard soll nach Sangerhausen! An die Marktkirche. Vater hatte sich einst selbst vergeblich dorthin um die Organistenstelle beworben, damals, als er noch in Lüneburg Michaelisschüler war.
»Dein Bruder gedenkt, von vorne anzufangen«, sagte er.
»Ist das sein Ernst oder mehr deine Hoffnung?«
Vater sah mich stirnrunzelnd an, verzog den Mund.
»Glaubst du, daß es falsch war, ihn nicht studieren zu lassen?« fragte er mich.
»Wenn ich jetzt ja sagen würde, Vater, würde dies etwas an deiner Entscheidung für Sangerhausen ändern? Das hieße, die Briefe an Bürgermeister Klemm wären umsonst.«
Hat man nicht mit seinen Kindern hunderttausend, hunderttausend Hudelein …
Das war seine Antwort. Gebrummt und gegrunzt, die Arie des Schlendrian aus der *Kaffee-Kantate*.
»Wenn du ein Mann wärst, Catharina«, sagte er dann voller Anerkennung, »wärst du mit Friede mein Lieblingssohn.«
»Und was bin ich jetzt?«
Ich stellte mich dicht vor ihn, Vater zog mich an seine Brust.
»Was bin ich?« drängelte ich.
»Die Lieblings-Catharina.«
»Zuwenig!« brummte ich in sein Wams.
»Dann eben Lieblingstochter!«
»Schon besser.«
»Nur besser?« grummelte er.
»Mehr«, bettelte ich.
»Mehr geht doch nicht!« sagte er entrüstet und küßte mich auf die Stirn.
»Hättest du mich eigentlich, wenn du ein anderer wärst, geheiratet?« fragte ich und sah Vater forschend in die Augen.
Er wurde rot!

»Bestimmt hätte ich mit dir getanzt«, sagte er schlau und verschwand ganz schnell ins Musikzimmer.
Heinrich mußte ihm vorspielen und bekam viel Lob.

* * *

Am dreissigsten November saß Bach an der großen neuen Orgel der Dresdener Frauenkirche. Gottfried Silbermanns Meisterstück der Orgelbaukunst, welches Friede gerade vor zwei Wochen abgenommen und dem Rat der Stadt übergeben hatte.
»Ich muß und werde mich beim Baron Keyserlingk mit einem Konzert bedanken«, hatte Bach wenige Tage zuvor gesagt und sofort mit den Reisevorbereitungen begonnen.
Die ersehnte Nachricht von der Verleihung des Dresdener Hofkompositeur-Titels war eingetroffen. Der livländische Freiherr von Keyserlingk hatte Bach geschrieben, daß ihm vor zwei Tagen die Ernennungsurkunde zugegangen sei. Ob der Herr Musikdirektor nicht Lust habe, sie bei einem Besuch in Empfang zu nehmen?
Familie, Neffen und Schüler schauten ehrfürchtig zu Bach auf. Dieser Mann im schwarzen Kantorenrock und seiner weißgepuderten altmodischen Perücke stand in der Gunst des Königs, seine Person war dem Herrscher Sachsens und Polens soviel wert, daß er sich die Mühe gemacht hatte, ihn mit dem Titel des Sächsischen Hofkompositeurs auszuzeichnen.
Auch Friede ging es nicht anders, als er seinen Vater in der Wilsdruffer Gasse, wo er im Hause einer Hofrätin wohnte, überrascht in die Arme schloß.
Bach schickte, nachdem er die Erlaubnis des Frauenkirchenorganisten eingeholt hatte, eine Nachricht an den Baron, bedankte sich für dessen Eintreten in seiner Angelegenheit und bat um die Gnade, ihm aufwarten zu dürfen. Keyserlingk antwortete, indem er Bach noch am gleichen Abend mit seinem Sohn zu sich einlud.
Daß »Bach aus Leipzig« von zwei bis vier Uhr ein Orgelkonzert geben wollte, sprach sich wie ein Lauffeuer in Dresden herum. Neben Baron Keyserlingk gesellte sich auch anderer Adel unter die Zuhörer – neben Ratsmitgliedern, Geistlichen, Beamten und Bürgersleuten, höheren Schülern und Chorknaben. Die Frauenkirche

war bis auf den letzten Platz gefüllt, einige Menschen standen. Zahllose Kerzen leuchteten, spendeten Geborgenheit und imaginäre Wärme. Bach war sich bewußt, daß dieser Tag zu den bedeutendsten seines Lebens zählen würde. Auch wenn Friede sah, wie Stolz und Demut vor der glücklichen Fügung in seines Vaters Herzen stritten, er fühlte sich merkwürdig unwichtig neben diesem Mann. Seinen Vater umgab in diesen Stunden eine Aura, die mit Worten nicht zu beschreiben war. Friede dachte für Augenblicke an seine wenig besuchten Orgelkonzerte in der Sophienkirche: Er lächelte schmerzlich, doch war weit davon entfernt, Neid zu verspüren.

»Der Herr hat Seine Engel um ihn gestellt«, sagte er leise und zog die Register.

Die Turmglocke schlug, die Geräusche in der Kirche erstarben. *Nun komm der Heiden Heiland,* die alte Adventsmelodie erklang mit überwältigender Schönheit in einem mystischen Rankenwerk: Das Geheimnis der Menschwerdung Gottes verzauberte die Zuhörer. Der Bann brach bei keinem der nachfolgenden Werke. Indem Bach seine Kompositionen vortrug, überspielte er den Ärger der letzten Wochen und erspielte sich dabei seine schöpferische Kraft zurück. Spieler und Gespieltes, Darbietung und Dargebotenes, Virtuose und Werk standen wieder als Einheit da. Das eine war vom anderen nicht mehr getrennt und stand sich nicht mehr gegenüber. Friede begriff so deutlich wie nie zuvor, daß der Musik seines Vaters eine Macht beschieden ist, die über den Moden aller Zeiten liegt.

Jeder Ton, jeder Akkord muß vom Glauben an Gottes gerechtes Wirken durchdrungen sein, hatte er seinen Vater einmal sagen hören. Jetzt durfte er wieder erleben, wie ernst und wahrhaftig sein Vater diese Worte erfüllte – und zwar mit einer Kraft, die nicht mehr zu überbieten war.

Bach hatte sich völlig in der Gewalt, spielte, wie er noch nie in seinem Leben gespielt hatte. Er schwitzte nicht, verrenkte weder Gesicht noch Körper. Er überließ sich ganz einfach seinem Genie, das in ihm brauste wie der Sturmwind im Frühling.

Donnerstag, 6. Dezember 1736

Vater ist königlich polnischer und kurfürstlich-sächsischer Hofkompositeur.

»Nachdem Ihre Königliche Majestät in Polen und Kurfürstliche Durchlaucht zu Sachsen Johann Sebastian Bach, auf dessen geschehenes alleruntertänigstes Ansuchen und um seiner guten Geschicklichkeit willen, das Prädikat als Compositeur bei der Hof-Kapelle allergnädigst erteilt hat, also ist demselben darüber gegenwärtiges Dekret unter Ihre Königliche Majestät höchsteigenhändige Unterschrift und vorgedruckte Königliche Insiegel ausgefertigt worden.«

Siegel und Unterschriften von Sachsens mächtigsten Männern: König Augustus und Graf Brühl.
Wer platzt zuerst vor Stolz? Magdalena? Oder ich?

Dienstag 16. Januar 1737

So hat man Bernhard also vorgestern in Sangerhausen zum Organisten an die Marktkirche St. Jakobi gewählt.
Mögest du dort dein Leben besser meistern, du mein ungezogenster Bruder. Daß wir beide dieselben Eltern hätten, sagte Magdalena einmal sehr irdisch, das sei schwerer zu glauben, als daß es an einem gewissen Ort nicht stinken würde.
Ja – wenigstens du könntest Vater deine Wenigkeit vom Kreuz nehmen. Denn der Rat hat natürlich noch kein Machtwort gesprochen. Wie es jetzt um die Disziplin der Schüler bestellt ist, muß ich das noch besonders aufschreiben? Weil Ernesti stur wie ein Fels ist, geben Krebs und Vater selbst den Präfekten. Wobei ihren Befehlen mit der Langsamkeit einer Schnecke nachgekommen wird. Die Schüler äffen nach, wie Vater sich unter der Perücke kratzt, und singen bewußt falsch, nur um sich laut zu räuspern. Und üben tun sie auch weniger, weil sie immer mehr saufen.
»Am demütigendsten ist, wenn du nach einem Donnerwetter mit Kugelaugen und offenem Mund abgemustert wirst und dann das *Ja, Herr Musikdirektor* kommt – mit Betonung auf Musik.«
Das habe ich kürzlich aufgeschnappt, als Vater im Bett lag. Ich wollte in mein Zimmer – bin dann vor der Tür stehengeblieben und habe gelauscht. Es ging mir nah, Bernhard! Vater dachte laut darüber nach, daß einem, der Sebastian heißt, mithin den Namen des Märtyrers trägt, der von Dutzenden von Pfeilen durchbohrt den Martertod stirbt, kein glückliches Los beschieden sein könne.
»Gott prüft, wen er liebhat«, hörte ich Magdalena nur sagen. Dann war Ruh.
So zerknirscht sind beide schon.
Denn von wegen kürfürstlich-sächsischer Hofkompositeur!
Dresden und Keyserlingk sind weit. Hier in der Pfeffersack-Stadt Leipzig nützt Vater der Titel bis jetzt gar nichts! Er selbst sagt, daß Ernesti und die Obrigkeit, selbst Prediger Deyling, der ihm ja im-

mer gewogen war, sich hinter seinem Rücken »kurfürstlich-königlich« amüsieren, weil er, Hofkapellmeister honoris causa, ja nach wie vor alle Kantorenpflichten aushalten muß. Wenn du das sehen könntest, wie er bei jedem Gang in die Schule die Lippen aufeinanderpreßt! Weiß werden sie!
Ergo: Benimm dich! Das ruft dir deine große Schwester zu, weil sie dir sonst bei deinem nächsten Besuch mit dem Flederwisch übers Maul haut!

* * *

Finde ich kein Gehör beim Rat, dann vielleicht beim Konsistorium, sagte sich Bach, als er Mitte Februar an die Kirchenbehörde schrieb – ein unnötiger Brief, denn die Leipziger Stadtväter hatten den Streit zwischen Thomaskantor und -rektor nicht vergessen. Sie waren nur so klug, bis Ostern abzuwarten, wo das Schuljahr zu Ende war und das Subjekt des Ärgernisses, der Präfekt Johann Gottlob Krause, die Schule verließ.
Im April schließlich war es soweit: Ernesti und Bach erhielten die hochwohlweise Stellungnahme der Stadtväter, in der sie beide gerügt wurden. Ernesti wegen seines brutalen Verhaltens in Betreff des alten Präfekten Theodor Krause und seiner überzogenen Drohungen gegen die Schüler und Bach, weil er seinen Amtspflichten nicht nachgekommen sei, indem er das Hochzeitssingen nicht selber geleitet und in der Zwischenzeit die Präfektenpflichten dem »Auswärtigen« Johann Ludwig Krebs überantwortet habe.
Im übrigen gebe es klare Vorschriften für die Einsetzung des neuen Präfekten.
Bach runzelte die Stirn, als er das paragraphenreiche Schriftstück durchlas. Er war nicht zufrieden. Denn daß allein er das Recht habe, den Präfekten zu bestimmen, dies Privileg hatte der Rat ihm nicht bestätigt.
»Was meinst du?«
»Nichts!«
Magdalena brauste auf, daß der kleine Christian, den sie gerade auf dem Schoß fütterte, zu weinen begann. Sie war bereits seit ein paar Tagen schlechter Laune, weil sie nicht umhinkam, sich einzu-

gestehen, daß sie wieder schwanger war. Bach wußte noch nichts von seinem Glück, denn Magdalena glaubte, daß es ihn nur wenig interessieren würde. Sie fühlte sich allein gelassen, war die nicht enden wollenden Mutterpflichten bis zum Überdruß leid. Zudem kränkten sie Heinrichs Wunderlichkeiten, wobei sie immer noch nicht wußte, wieviel davon echt und wieviel gespielt waren. Nichts fruchtete, keine Liebe, keine Schläge. Nach außen spielte Heinrich mittlerweile konzertreif, aber nur dann, wenn er sich unbelauscht fühlte.

Und in dieser Situation überlegte ihr Mann ernstlich, den Kampf weiter fortzusetzen! Als ob die vergangenen Monate nicht schon Kraft genug gekostet hatten! Magdalena empfand die Sturheit ihres Mannes nicht nur als Herausforderung Gottes, sondern als persönliche Dummheit.

»Du bist schlimmer als der Rat, das Konsistorium und Ernesti zusammengenommen!« rief sie. »Wie kann man so starrsinnig sein, auf einem Klumpen Gold zu bestehen, wenn man mit Silber überschüttet wird! Reicht es dir immer noch nicht? Ich bin wieder schwanger, dein einer Sohn nennt sich der seltsame Bach, der andere der mißratene Bach, und deine Catharina ist die alte Jungfer Bach.«

»Du meinst, uns stehen ab morgen himmlische Zeiten ins Haus?« fragte Bach belustigt. »Die im Herbst mit einem Engelchen Bach gekrönt werden?«

»Der Herr Hofkompositeur sollte seinem Sohn Bernhard lieber den Sauf- und Hurenteufel ausprügeln«, zischte Magdalena und verabreichte dem kleinen Christoph Friedrich eine Ohrfeige, weil er ein angeekeltes Gesicht machte, als er von Christians Brei probierte.

Bach konnte und wollte seine Frau im Moment nicht ernst nehmen.

»Ich glaube, ich geh' besser komponieren«, sagte er gedehnt.

»Ich dachte schon, du hättest es verlernt!«

»Meinst du wirklich?«

Bach verschwand in der Komponierstube. Sein Gesicht wurde ernst. Nein, so aufgeräumt, wie er sich gab, fühlte er sich nicht. Nach langer Zeit komponierte er wieder eine neue Kirchenkanta-

te – für das Fest Jubilate, den dritten Sonntag nach Ostern. Es war ein Vers aus der Apostelgeschichte, der ihn gepackt hatte. *Wir müssen durch viel Trübsal in das Reich Gottes eingehen* hieß es da, und Bach stand die Musik auf einmal vor Augen. Ohne Zwang verband sich der Text mit den Klängen des grimmigen ersten und elegischen zweiten Satzes seines *d-Moll-Konzertes*. Aber auch die Violine, die sich in den Himmel konzertiert, und die Oboen, die tropfende Tränen malen, schließlich das duftige Duett mit seiner Freudenmusik – Bach war zufrieden wie lange nicht mehr. Als er die Feder beiseite legte, nickte er und rief sich zu:
»Arbeite! Denn wie es der große Leibniz gesagt hat: Die Ordnung des Taktes ordnet dir das Gemüt.«
Er schenkte sich reinen Wein ein – der ihm köstlich schmeckte.

* * *

BACH LIESS SICH von Magdalenas Standpauke nicht beirren. Aber er sah ein, daß es für eine Weile besser sein würde, den Streit mit Rektor Ernesti auf sich beruhen zu lassen.
»Ich krieg' dich trotzdem, du Amusen-Sohn«, dachte er, während er in der Kutsche nach Sangerhausen saß und endlich soweit eindöste, daß nur noch Fahrgeräusche und unzusammenhängende Rhythmen in seinen Geist drangen. Bach konnte sich nicht daran erinnern, jemals mit solcher Unlust eine Reise angetreten zu haben, aber bei Bernhard nach dem Rechten zu sehen war einfach väterliche Pflicht.
»Das wichtigste ist doch eh immer, daß du Geld im Gepäck hast.« Einer der Mitreisenden sagte es im Brustton tiefster Überzeugung, Bach schreckte auf.
»Geld?« fragte er, ohne zu überlegen, aber noch ganz benommen.
»Sie sind anderer Ansicht?«
Bach rieb sich die Augen und rubbelte sich die Wangen.
»Wahrscheinlich doch leider nicht«, sagte er umständlich. »Ich kann Ihnen dazu eine Geschichte erzählen. Einst traf es sich, daß in Hamburg die Organistenstelle an St. Jacob frei wurde, um die sich ein, nach Urteil einiger Kenner, nicht ganz unbegabter Organist bewarb. Der Herr reiste an und gab vor dem Probespiel ein Kon-

zert, das dem berühmten ururalten Adam Reinken einige Komplimente wert war. Aufgrund des Erfolgs und der Komplimente erließ man dem Herrn Organisten sogar das Probespiel, wollte sich dann aber doch nicht so ohne Umschweife auf ihn einigen. Der Grund: Der Kandidat weigerte sich, eine gewisse Bedingung anzuerkennen, die zwar selbst nirgends schriftlich niedergelegt war, aber für die Herren der kirchlichen Kassenverwaltung, die von dieser Bedingung zu profitieren pflegten, als Usus angesehen wurde.«

»Mir schwant ...«, wurde Bach unterbrochen.

Bach nickte.

»Kurzum«, fuhr er fort, »es kam, obwohl man sich redliche Mühe gegeben hatte, dem zukünftigen Herrn Organisten jene Bedingung als bald wieder hereingespieltes Dankopfer zu verharmlosen, zur Nachwahl. Ja – und da hatte ein Handwerkerssohn wohlweislich vorher durchblicken lassen, daß ihm im Falle seiner Wahl diese Bedingung durchaus munden würde.«

Bach schwieg. Man nickte, schmunzelte, genoß den wohligen Schauer der wahren und peinlichen Geschichte.

»Der Vorfall beschäftigte Gelehrte und Prediger«, sagte er schließlich. »Einer schrieb ganz treffend, daß der Handwerkerssohn schlichtweg besser mit Talern als mit Fingern zu präludieren verstanden habe. Und der Prediger der Kirche – es war um die Weihnachtszeit – legte das Evangelium dahingehend aus, daß er ganz gewiß glaube, wenn auch einer von den bethlehemitischen Engeln vom Himmel käme, der göttlich spielte und Organist zu St. Jacob werden wollte, aber kein Geld habe, man hätte ihm beschieden, gleich wieder davonzufliegen.«

Die Formulierung erheiterte, und Bach leugnete nicht, daß er der Organist war, den die Hamburger 1720 nicht in die Hansestadt einfliegen ließen.

In Sangerhausen wurde er dagegen vom Ratsherrn Klemm sehr gastlich aufgenommen. Für ihn war es eine Ehre, den berühmten Organisten und kurfürstlich-sächsischen Hofkompositeur in seinem Haus zu haben. Denn auch wenn Johann Friedrich Klemm sich zu den Vornehmen der kleinen Harzstadt zählen durfte: Daß Bach in den Stadtmauern weilte, war ein Ereignis, das dem Ratsherrn neben der willkommenen Abwechslung auch den Rücken stärkte, wenn er seine Kollegen einmal mehr bitten mußte, das sehr weltliche Gebaren des neuen Organisten mit dessen Jugend zu entschuldigen. Bach hatte sich vorgenommen, mit einem Konzert mögliche Kritiker des Namens Bach zu beruhigen – seine Art, für den schwierigen Sohn gut Wetter zu machen.

Ratsherr Klemm hatte seiner Frau aufgetragen, ein ansprechendes Begrüßungsmahl für den Herrn Hofkompositeur bereitzuhalten, denn, so sagte er:

»Der Apfel fällt bekanntlich nicht weit vom Stamm. Ich habe bis jetzt noch nie gehört, daß einer von den Bachen Vergnügungen des Leibes verschmäht hätte.«

»Ich frage mich nur, wie gesund der Baum ist, von dem solch wurmstichige Äpfel fallen«, bekam er zur Antwort.

Madame Klemm sagte es durchaus harmlos, denn sosehr sie das Benehmen des Bach-Sohnes nach außen hin tadelte: Die ungestüme und dabei galante Art Bernhards zog sie an. Ihr hatte er bislang die geliehenen Groschen pünktlich zurückbezahlt. Von der Miete ganz zu schweigen. Und wie er sie dabei anschaute! So bewundernd! So strahlend! Madame Klemm, die ihm ab und an den Gefallen tat, ein Hemd zu bügeln, brachte dies stets persönlich nach oben. Es war einfach aufregend für sie, sich im Dunstkreis von Bernhards Jugend zu bewegen und dessen abenteuerlichem Liebesleben hinterherzuwittern.

Den Willkommensschmaus teilten sich indes nicht nur die beiden Bache und Ratsherr Klemm, sondern auch der Pastor.

Bernhard hielt sich zurück, sprach wenig, lobte vor allem die Kochkunst von Madame Klemm. Bach unterhielt mit Leipziger Klatsch, aber die rechte Stimmung wollte nicht aufkommen. Denn die Begrüßung zwischen Vater und Sohn war frostig gewesen, und noch immer loderte Ärger in Bachs Blicken auf, wenn sie über den bunten Anzug Bernhards glitten. Daß er gut gekleidet war, dagegen hatte er nichts einzuwenden – aber mußte sein Sohn wie ein Geck herumlaufen?

»Sonnenlicht und Mondschein, Herr Hofkompositeur. Sie lieben die Sonne, Ihr Herr Sohn den Mondschein. Ja?«

Der Pastor zwinkerte Bernhard versöhnlich zu. Ihn zu provozieren war nicht seine Absicht, wohl aber, den Vater ein wenig aus seiner Strenge zu locken.

»Sonnenlose Monate zerstören, mondlose machen junge Menschen unglücklich«, antwortete Bach ausgleichend. »So könnte nicht einmal ich sagen, ob für meine Wenigkeit ein Leben ohne Mondschein erträglich wäre.«

»Ohne Sonne möchte ich nicht, ohne Mondlicht könnte ich nicht leben, Vater«, spitzte Bernhard zu. »Da sind wir auseinander.«

»Auseinander«, sagte Ratsherr Klemm jovial. »Auseinander gehen die Weiber, wenn sie Kinder kriegen. Aber Vater und Sohn ...«

»... mein Herr Vater, der ein großer Lehrer ist, pflegt gerne zu sagen: Wenn du keine Lust zu etwas hast, dann gib nicht nach, sondern mache dir welche«, setzte Bernhard nach und warf seinem Vater einen undurchdringlichen Blick zu.

»Du meinst, da sind wir auch auseinander, oder?« warf Bach ruhig, zu ruhig, ein. Der Pastor bedachte Ratsherrn Klemm mit einem besorgten Blick. Der verstand. Er rief ein fröhliches Zum Wohl! in die Runde und schwenkte bekümmert die leere Weinflasche.

Nachdem frisch eingeschenkt war und die Pfeifen gestopft wurden, sagte Bach unvermittelt:

»Bernhard, auch wenn du meinst, wir wären in manchem auseinander: Nicht die Meinung bedeutet das Entscheidende, sondern das lebendige Beispiel, die eigenen Taten. Duldsamkeit und Bescheidenheit zu erzwingen widerstrebt oft genug dem eigenen Temperament. Aber trotzdem verpflichtet uns Gott dazu, es immer wieder zu versuchen. Sonst hält er seine Hand nicht über die eigene Kunst.«

»Jaja, die Orgelkunst«, sagte Bernhard gedehnt. »Mache ich auf der Orgel etwa unheilige Musik? Plärre ich auf ihr herum?«

»Er spielt wie der Sohn seines Vaters«, beschwichtigte Ratsherr Klemm zuversichtlich. »Und der beehrt uns in den nächsten Tagen mit einem Konzert?«

»Zu Diensten«, sagte Bach und bemühte sich um ein Lächeln.

* * *

Der Abend nach dem Konzert war kurz, Bach war erschöpft. Er empfahl sich den Klemms und ging früh zu Bett. Sein Zimmer lag unter dem Schlafzimmer Bernhards. Kurz bevor er einschlief, hörte er Stiefelschritte und eine fremde Männerstimme.
Als er aufwachte, leuchtete der Mond in sein Fenster, und eine Frauenstimme kicherte. Bach mußte wider seinen Willen schmunzeln, doch es erstarb ihm auf den Lippen, als er die fremde Männerstimme hörte. Er hatte ein zu feines Ohr, um nicht sofort zu hören, daß der Mensch, dem sie gehörte, kein Umgang für einen Organisten war. Bach zog sich die Decke über den Kopf. Er wollte nicht mehr hören, hatte Angst vor der Wahrheit. Und die Bilder, die sich ihm aufdrängten – sie waren mutig, aber doch noch harmlos. Die, die sich wirklich ergaben, hätte er in keinem Höllengemälde gefunden.
Bernhard und sein Kumpan hielten sich mit glasigen Augen an ihren Flaschen fest, während auf Bernhards Bett ein Frauenzimmer mit ihren ausgezogenen Strümpfen spielte.
»Ich ertrag' es nicht mehr«, sagte Bernhard dumpf und setzte die Flasche an. »Diese alte Perücke tut immer noch so, als könnte sie über mich so verfügen wie über alle Orgeln der Welt.«
»Er weiß, daß er zahlt. Das ist seine Macht«, ließ sich Bernhards Kumpan vernehmen und haschte nach dem Strumpf des Mädchens.
»Und ich bin so feige!« stöhnte Bernhard.
»Ach was!«
Das Mädchen warf Bernhard den anderen Strumpf zu und streckte ein Bein. Ihr Rock schlug zurück, entblößte ihr Bein bis zum Oberschenkel. Bernhards Kumpan grinste, reichte die Flasche hinüber. Das Mädchen nahm einen großen Schluck und ließ den Flaschenhals zwischen ihren Schenkeln verschwinden.
»Gib her!«
»Hol sie dir doch!«
Mit Schwung warf sie die Flasche zurück, wobei ein paar Tropfen in die Luft flogen. Gekonnt wurde sie wieder aufgefangen – Branntweingeruch hing in der Luft.
Bernhard verfolgte das Treiben mißmutig. Immer wieder setzte er die Flasche an.

»Niemand läßt er neben sich aufkommen. Nimmt allen von uns das Licht. Es ist zum Verrecken!«

»Sei frei! Lebe! Du kannst es dir leisten! Mit deinem Talent! Kannst doch wirklich was.«

»Was denn?«

Die Stimme gurrte, der Rock rutschte so weit hoch, daß die Männer augenblicklich auf andere Gedanken kamen. Sie warfen sich einen kurzen Blick zu und stellten ihre Flaschen auf den Boden. Einen Augenblick später wanderten ihre Hände über den entblößten Leib des Mädchens und forschten sie nach ihren Wünschen aus. Branntwein tropfte ihr schließlich auf Busen und Schoß, wurde verrieben und weggeküßt. Das Mädchen stöhnte, wälzte sich, forderte mehr.

Die Männer waren nicht betrunken genug, um nicht auch noch den letzten Schritt zu tun.

Bach drückte sich derweil die Finger in die Ohren, während die drei über ihm laut stöhnten und alle Hemmungen vergaßen.

Donnerstag, 16. Mai 1737

Ich wusste weder aus noch ein, und Vater ins Gesicht zu schauen, wagte ich die ersten Stunden nicht mehr. Das ist zum Glück längst vorbei, aber Magdalenas vielsagende Blicke treiben mir noch immer die Schamröte ins Gesicht, wenn ich an sie denke.
Auch wenn ich mir bis jetzt hundertmal eingeredet habe, daß Adolph Scheibes Angriff nichts mit uns beiden damals zu tun hat: Ich bin es, die mit ihm einmal angebändelt hat, weil ich so dumm war zu glauben, er wäre ein guter Mensch.
Wie ich mich schäme! Es würgt mir im Bauch, und die letzten beiden Tage bin ich wie ein dusseliges Huhn herumgelaufen – weil ich so voller Rachegefühle stecke, daß ich taub im Kopf war für meine Arbeiten.
»Warum hat Catharina so einen roten Korallenkopf?« fragte Friedrich.
»Weil sie an eine Scheibe denkt, auf die sie zielen möchte«, flüsterte Heinrich sehr hellsichtig.
Sagt das nicht genug?
Es geht mit ihm übrigens aufwärts.
»Muß es ja«, meinte er auf meine Nachfrage und drehte sich so lange auf der Stelle, bis er vor Schwindel umfiel. »Bernhard geht es schließlich schlecht!«
Sprach's und rannte davon.
»Dann ist er noch so feige, sich hinter einem fingierten Brief zu verschanzen!« rief Vater nach dem Essen bitter aus. Gerade erst kam er mit der verzweifelten Botschaft aus Sangerhausen wieder, allein Gott könne Bernhard noch auf den richtigen Weg führen, da muß er sich von einem, der unter ihm im Collegium Musicum spielte und für den er ein wohlwollendes Zeugnis schrieb, beleidigen lassen.
Adolph Scheibe hat im sechsten Stück seines Critischen Musicus – 14. Mai – vom Leder gezogen, wie – wie es einfach zu seinem spitz-

findigen Wesen paßt. Er läßt sich über die Zustände des deutschen Musikwesens aus, um Vater plötzlich unvermittelt bittersüße Gemeinheiten hinzuschmieren.
Er nennt ihn den »vornehmsten der Musikanten«! Was für eine Unverschämtheit! »Musikanten« sind, solange ich noch Deutsch verstehe, bekanntlich Musiker der niedersten Sorte. Aber nicht genug – wenige Zeilen später legt er nach und erdreistet sich, Vater mangelnde »Annehmlichkeit« zu attestieren und seinen Kompositionen ein »schwülstiges und verworrenes Wesen« vorzuwerfen, sie als unnatürlich zu verunglimpfen.
Dazwischen Zucker: Man erstaune bei Vaters spielerischen Fertigkeiten, daß man »kaum begreift, wie es möglich ist, daß er seine Finger und Füße so sonderbar und so behend ineinanderschränken, ausdehnen und damit die weitesten Sprünge machen kann, ohne einen einzigen falschen Ton einzumischen oder durch eine heftige Bewegung den Körper zu verstellen« – womit er die »Bewunderung ganzer Nationen erregen kann«.
Wie wahr, Monsieur Scheibe!
Sie freilich haben einst mit Ihrem Orgelspiel weder die Bewunderung meines Vaters noch die des übrigen Prüfungsgremiums erregt. Da verstehen wir natürlich, daß Sie sich jetzt zum Pasquillanten haben mausern müssen. Ja, und in Hamburg, da haben die Herren Musikverständigen Ihnen wohl gleich nahegelegt, es besser nicht mit Noten, sondern lieber mit Buchstaben zu probieren.
Doch was hilft es Vater? Oder mir, die ich jetzt damit leben muß, einmal einem solchen Mann die Lippen geboten zu haben, dessen eigene jetzt Schmähungen gegen Vater ausstoßen?
Ich sehe Adolph genau vor mir, wie er mit anmaßender Miene seinen niedergeschriebenen Beschuldigungen lauscht, wenn er sie sich vorliest. Ganz so, wie es sein so sehr verehrter Professor Gottsched seinen Studenten eingetrichtert hat: Geschriebenes habe annähernd so natürlich zu klingen wie Gesprochenes.
Magdalena meinte, in der Bibel werde nicht umsonst gesagt, man solle sich vor den von Gott Gezeichneten hüten.
»Wenn schon die meisten Menschen auf einem Auge blind sind, laufen die, die nur eines haben, in ewiger Nacht durch die Welt.«

»Aber er hat doch nur Gutes von Vater erfahren!« begehrte ich auf.
Magdalena brach in Gelächter aus – zu Recht.
Wie konnte ich auch bloß etwas so Einfältiges sagen! Aber wenn man tagaus, tagein mit Kindern und Haushalt beschäftigt ist, wird man töricht. Ich wollte ja auch nur zum Ausdruck bringen, wie sehr sich mir mein Herz zusammenkrampft, wenn ich Vater sehe. Denn er ist wirklich verletzt.
»Bislang hat man versucht, mir meine Existenz zu erschweren, jetzt werde ich als Mensch und Künstler angegriffen«, sagte er mir. »Dein Bruder«, fuhr er fort, »war gleich so frech, mir an einem bestimmten Morgen mit viehischem Atem entgegenzuhauchen: Er höre immer häufiger, daß es mein Anliegen sei, sämtlichen Organisten und Komponisten zu gebieten, auf welche Weise sie zu komponieren hätten!«
Ich habe Vater spontan umarmt. Er stand still wie ein trauriger Ritter, versuchte zu lächeln, was ihm aber nicht gelang. Die Falten zwischen Nase und Mund warfen bedrohliche Schatten, die Augen blickten unendlich angestrengt und waren ohne jeglichen Glanz. Und dann sein Seufzen: so mühsam und kraftlos. Hätte er seine feste Kantorenperücke nicht aufgehabt: Vaters Gesicht hätte keinen Halt mehr gehabt und wäre vor Gram zerfallen.

* * *

Kein Leben ohne auch vergnügliche Stunden. Bach ging mit seiner Familie zum wohl beliebtesten Volksfest des Jahres, dem Leipziger Fischerstechen – und dies an ebendemselben Nachmittag, an dem sein ehemaliger Schüler und Neukirchen-Organist Gotthelf Gerlach im Zimmermannschen Garten anläßlich des Namenstags des Kurfürsten eine Festkantate zu Gehör brachte.
Das Bachsche Collegium Musicum war hinfort das Gerlachsche Collegium Musicum: die Belohnung für Gerlachs treue Stellvertreterdienste an St. Thomas und St. Nikolai, wenn Bach auf Reisen war, Konzerte gab oder zu Orgelprüfungen gerufen wurde. Nichtsdestotrotz, die Kräfte des Leipziger Musikdirektors waren angegriffen. Erst die Kompetenzstreitigkeiten um die Präfekteneinset-

zung, die Ängste um Heinrich, der Ärger mit Bernhard, jetzt der Angriff auf seine Person und Musikauffassung.
Bach hatte sich fest vorgenommen, den Nachmittag im Kreis seiner Lieben zu genießen und sich von nichts verdrießen zu lassen. Die vergangenen acht Jahre hatte er stets an diesem dritten August im Zimmermannschen Garten Musik gemacht: Jetzt war er diese süße Last los. Heute hatte er alle Ruhe der Welt. Und es ging auch nur langsam voran, denn der zweijährige Christian hatte zu allem anderen Lust, als zu laufen.
»Schulter!« rief er und rannte vor seinen Vater, damit der ihn sich aufsetzte. Bach schüttelte den Kopf. Aber Christian brauchte trotzdem nicht weiterzulaufen.
»Heinrich!« rief er seinem Sohn nach. »Zeig Christel einmal, wie stark du schon bist!«
Heinrich fühlte sich an seiner Ehre gepackt und stemmte sich seinen Bruder auf die Schulter. Am Mühlgraben, wo der Umzug begann und die meisten Mitglieder der Fischerinnung wohnten, drängten sich bereits die Besucher und scherzten mit den sogenannten »Alten Fisch-Herren«, die sich zum Kopf des Festzugs formierten. Nach ihnen kamen die Meister, dann der Musiktroß mit Trompeten und Trommeln, schließlich die Fahnenträger. Ihnen schlossen sich die Gesellen an, in deren Mitte zwei geschminkte und verkleidete Mohren waren, die sich in ihrer Buntheit von den weißgekleideten Fischern abhoben.
Christian staunte über die Schärpen und blumenverzierten Hüte der Fischer, war aber vor allem von den Rudern und langen Stangen fasziniert, die die Gesellen trugen. Mehrmals versuchte er nach ihnen zu haschen, was Heinrichs Balancekünste herausforderte und ihn viel Kraft kostete.
»Keine Lust mehr«, sagte er daraufhin, und Christian stand wieder auf seinen Beinchen.
»Vater Schulter!« rief er verzweifelt und jubelte, als Bach ihn hochhob. Jetzt konnte er noch viel besser sehen – und nebenbei Magdalena und Catharina am Haar zupfen.
Bach genoß das Treiben und stellte seine Ohren auf Durchzug. Scheppern, Jauchzen, Quäken, Tröten – es ging auch einmal ohne Kunst. »Wißt ihr eigentlich, daß wir dieses Fest dem letzten Kur-

fürsten verdanken?« fragte Bach, während alles zum Großen Teich des Apelschen Gartens strömte.

»Erzähl«, bat Liese.

»Kaufmann Apel und der junge Prinz Friedrich August waren beide auf Kavalierstour in Venedig, gerade zu der Zeit, als auf dem großen Canal die Venezianer ihr Fischerstechen begingen. Der Prinz war begeistert, und als er dann als König einmal nach Leipzig kam und wie üblich bei Apel logierte, überraschte der ihn mit ebendiesem Fest. König August war so entzückt, daß er den Fischern hier ein Privileg für das Fest ausstellte und dabei verfügte, daß die Zunft drei Fässer Bier auf Kosten der Staatskasse zu erhalten habe.«

»Und woher weißt du das?« fragte Catharina.

»Ich habe vorhin zwei alte Herren belauscht« sagte Bach humorig und winkte Konrektor Dresig zu, der sich zur Bachschen Familie durchdrängelte.

»Das kann nicht sein!« rief Dresig.

Er war rot im Gesicht, und als er Magdalena und Catharina galant die Hand küßte, sahen sich die beiden Frauen vielsagend an. Er liebe den Wein nicht minder als die Frauen, hatte er Magdalena einmal gestanden, aber bislang hatte ihn noch niemand aus der Familie jemals mit einer gesehen.

»Tempora mutantur«, sagte Bach.

»Das ist auch gut so!« rief Dresig voreilig. »Heute tändelt der Geschmack! Und, um es im Fischerlatein zu sagen: Lieber glitschig und frisch als gepökelt!«

Bach verzog den Mund. Schon wieder. Dresig sagte nichts anderes als Scheibe: Natur statt Kunst. Ein Königreich den schlichten Melodien, in den Keller dagegen mit allen harmonischen und satztechnischen Künsten! War er mit Martin Luther der Auffassung, die natürliche Musik zu polieren, hieß es offensichtlich heute: Zuviel Kunst nimmt die Wirkung, ist langweilig, unschön, wider den guten Geschmack.

Dresig hatte schon vergessen, was er gesagt hatte. Und auch Bach ermahnte sich: Nicht verdrießen lassen!

»Die Vaganten sind wieder in der Stadt«, sagte Dresig zu Catharina. »Ich hätte nicht übel Lust, einmal zu hören, ob das Weib, dem wir vor einem Jahr gelauscht haben, Fortschritte gemacht hat, Mademoiselle Bach.«

»Darf ich etwa hoffen, Monsieur Dresig ...«, begann Bach leutselig, doch Dresig warf Catharina einen verschmitzten Blick zu und erging sich in unruhigem Abwinken.

»Ihre Tochter hat mich schon vor einem Jahr durchschaut und mir aufgrund meiner Begeisterung für ein ziemlich ludriges Weib die Ehetauglichkeit auf den Kopf hin abgesprochen.«

»Das ist dutzendfach übertrieben«, protestierte Catharina, aber gegen Dresig kam sie heute nicht an, denn der Konrektor lachte fröhlich drauflos. Er hatte es offensichtlich darauf angelegt, den Schelm zu spielen – und so bot er Catharina den Arm.

Das Fischerstechen war eine Art Kampfspiel. Jeweils zwei Burschen bildeten eine Mannschaft. Einer steuerte das Boot, der andere stand mit seiner hölzernen Lanze auf der äußersten Spitze und versuchte, den Gegner vom Kahn zu stechen.

Es war das denkbar beste Wetter, mit leichtem Wind, der die sommerliche Wärme erträglich machte. Ungduldig wartete man auf den Startschuß des Bajazzos, der auf einer Tonne im Wasser ritt, nach allen Seiten hin seinen Hut zog und schließlich das Spiel eröffnete, indem er mit einem großen Prügel auf die Tonne schlug.

Jeder hatte seine Lieblinge. Anfeuerungsrufe ertönten, Applaus und enttäuschtes Stöhnen. Die »Alten Herren«, die in der Mitte des Teiches auf einer Gondel saßen, führten Buch: Wer von den Burschen sich am längsten hielt und die meisten Gegner ins Wasser befördert hatte, wurde zum Fischerkönig gekrönt. Dies aber auch erst dann, wenn er mindestens dreimal mit dem nassen Element Bekanntschaft geschlossen hatte.

Die Bachs und Dresig hatten keine Favoriten, applaudierten aber kräftig, wenn wieder ein Kämpfer ins Wasser fiel. Nach dem Spektakel verabschiedete sich Konrektor Dresig zum Fischerball, während es Bach gegen seinen Vorsatz in den Zimmermannschen Garten zog.

»Du wirst Gerlach nur irritieren«, meinte Magdalena. Aber Bach hatte eine merkwürdige Unruhe gepackt. Er wollte unbedingt mit ansehen, wie das Publikum auf das Programm seines Schülers reagierte.

»Ich komme mit!« rief Catharina und hakte sich schnell bei ihrem Vater ein. Magdalena schüttelte den Kopf.
»Heinrich«, sagte Bach streng. »Du bringst dich, Liese, Christel und Friedrich ohne Umweg nach Haus. Verstanden?«
Heinrich nickte.
»Komm her«, herrschte er Christian an und setzte ihn sich wieder auf die Schulter. »Aber halt dich gerade.«

Montag, 30. September 1737

Hennicke war mehr als zufrieden, erzählte Vater. Und strahlte dabei, wie er es eigentlich jeden Tag tun sollte – eingedenk dessen, was er so alles komponiert.

Vorgestern führte er in Wiederau eine Festkantate auf, die bei Hennicke solche Furore machte, daß er Vater einen Silberring schenkte, nebst dem Lohn für die Musik, versteht sich.

»Ja, so geschieht es denen, die so ölig sind, sich bei den Mächtigen irgendwohinein zu begeben.«

Vater lachte, als er es erzählte. Denn der Hennicke ist jetzt ein Nobile, Lehnsherr zu Wiederau. Als schlichter Lakai hat er beim Grafen Brühl angefangen. Diesem soll er bald unentbehrlich geworden sein, weil er es verstanden habe, dem Herrn Grafen solche Ideen einzuflüstern, die sich in den meisten Fällen als gewinnbringend erwiesen hätten.

»Weshalb er ja auch Hennicke heißt«, meinte Picander. »Er brütete für Brühl goldene Eier aus.«

Eine echt Picandersche Feststellung!

Er schrieb auch die Huldigung und hatte Vater zur Musik überreden müssen:

»Er ist ein homo novus, Sebastian, ein Emporkömmling. Wenn er mal eins von seinen goldenen Eiern für uns versilbert: Unsere Taschen haben größere Löcher als seine.«

Vater lachte ganz fürchterlich! Und Picander griente, daß ihm das Wasser aus den Augen lief.

Gut, er ist Poet und spricht immer etwas bunt: Aber was war daran jetzt so lustig? Ich versteh's nicht! Wird aber wohl was Unanständiges gewesen sein.

Von mir aus – unser Besuch nach dem Fischerstechen bei Gerlach tat Vater jedenfalls wohl. Was auch Magdalena auffiel. Gestern erzählte ihr Vater, warum.

»Der Erfolg beim Hennicke löste ihm die Zunge, Catharina. Weißt

du noch, wie Sebastian, während sie aus dem Sperontes sangen, immer wieder nickte? Uns aber mit keinem Wort erklären wollte, warum?«
Als ob ich mich daran nicht erinnern könnte! Eigentlich hätte Vater den Kopf schütteln müssen. Denn wenn er in seinem Collegium derartige Oden und Lieder begleitet, dann so, daß jeder hören kann: Die Melodie ist zwar nett, aber ohne mein Accompagnement letztlich nichts wert.
Was er nun sagte?
Seine Antwort klang ganz schlicht – wie es mit der Wahrheit nun mal ist.
Wie alt er ja doch schon wäre, wenn er sich so in der Menge sähe. Beim Fischerstechen sei es ihm unter all den Menschen auf einmal wie Schuppen von den Augen gefallen.
»Ich habe mein Leben gehabt. Sollen sie ihres haben!«
Was, nach Magdalena, soviel besagen soll wie: Ein Johann Sebastian Bach will sich von nun an nicht mehr darum kümmern, was andere von seiner Kunst halten.
»Magdalena, soll ich etwa immer noch mit langem Gesicht herumlaufen, weil so ein Naseweis schrieb: Bach komponiert schwierige Musik? Nein!«
Mir kam sogleich das Lied vom fünfzigsten Geburtstag in Erinnerung: *Ich bin nun, wie ich bin, und bleib' bei meiner Mode. Und nennt ihr es auch Eigensinn: Ich bleib' so, wie ich bin.*
Du hast ja so recht, Vater!
Was willst du dich in deinem Alter auch noch um die Kleinlichkeiten der Welt scheren? Magdalena berichtete, daß du deinen beiden Teilen der Klavierübung jetzt endlich einen dritten Teil zur Seite stellen willst. Für dein Instrument, die Orgel.
Alles wird jetzt wieder gut.
Hoffe ich.

Mittwoch, 8. Januar 1738

»Ja, ja, du und deine Herren von der Universität«, flüsterte mir Magdalena zu, während »mein« Magister Abraham Birnbaum in Vaters Komponierstube verschwand.

Ich mußte laut auflachen. »Meine Herren!« Aber es ist was dran. Bei beiden schlug einst mein Herz schneller, wenn ich sie sah. Daß nicht mehr daraus wurde, ist, glaube ich, nicht meine Schuld. Merkwürdig allerdings ist, daß der eine wie der andere kräftig in Vaters Leben eingegriffen haben. Adolph Scheibe, indem er Vater öffentlich bloßstellt, und Abraham Birnbaum, indem er ihn jetzt mit einer gedruckten Schrift verteidigt.

Heute war es dann soweit. So quirlig hatten wir Magister Birnbaum noch nie zuvor gesehen. Als ich die Tür öffnete, wehte mir nicht nur ein Schwall Kälte entgegen, sondern auch der Geruch frischen Papiers. Birnbaum wedelte mit den Exemplaren seiner Verteidigungsrede in der Luft und rief, der Postillon de vengeance melde Vollzug!

»Ah, der Rächer des Herrn Hofkompositeurs«, begrüßte ich ihn. »Treten Sie ein.«

Birnbaum war sich nicht zu blöd, Magdalena zur Begrüßung ein Exemplar in die Hand zu drücken, dann auf sich zu zeigen, die Stirn hochzuziehen, so zu tun, als gäbe es etwas zu lauschen, und dann, weil er nichts hörte, schnurstracks zu Vater zu marschieren.

Ich bin froh, daß Vater mit der Rede zufrieden ist. Denn es war eigentlich auf meinem Mist gewachsen, den Herrn Magister mit der Verteidigung gegen den Herrn Akademikus Einauge zu beauftragen. Ursprünglich nämlich wollte sich Elias der Sache annehmen, aber das war Vater nicht recht.

»Ich habe dich nicht als Sekretär aufgenommen, damit du Pasquillen schreibst, Herr Vetter.«

»Für mich wäre es aber eine Ehre«, meinte Elias, der endlich, wie längst versprochen, seit letzten Oktober bei uns ist. Rechtzeitig zu

Carolinas Geburt war er da und brachte den Wein für das Tauffest mit. Frankenwein.
Und der war gut!
Du kleine Carolina, Schwesterchen, ob du mit mir etwas anfangen kannst? Wo ich doch neunundzwanzig Jahre älter bin?
Nicht den Faden verlieren – Vater gab Elias nicht nach. Wer Bach heiße, habe sich seine Meriten mit Noten und nicht mit Worten zu verdienen. Punktum.
Mit Elias ist die Riege der männlichen Bache jetzt wieder etwas aufgefüllt. Johann Ernst besucht noch immer die Schule, Elias dagegen will sich perfektionieren. Er versteht sich sehr mit Magdalena. Ich glaube gar, er ist ein bißchen in sie verliebt. In sie – nicht in mich!
Elias war schon beinahe gekränkt, daß er nicht schreiben durfte – da fiel mir mein Magister Birnbaum ein.
»Er hat doch vor zwei oder drei Jahren ein Buch mit Reden über alles mögliche ans Licht gebracht. Dich zu verteidigen, Vater, würde ihm gehörig Reputation gegen seinen Lieblingsfeind Gottsched verschaffen!«
Waren die beiden beeindruckt. Magdalena zog Heinrich am Ohr und sagte, er solle sich an meiner Klugheit ein Beispiel nehmen. Der Ärmste! Das hat er wirklich nicht verdient. Er strengt sich jetzt so an. Will es Friede und Carl zeigen, seitdem er Bernhard für verloren gibt – was er aber nur mir so gesagt hat.
Abraham jedenfalls hat Adolph für meinen Geschmack ordentlich Bescheid getan – was, glaube ich, bestimmt schwieriger gewesen ist, als frisch und frech vom Leder zu ziehen. Er selbst sagte uns vor Jahren einmal, Verteidigungsreden seien um vieles schwerer als Angriffsreden. Da sei es wie beim Fechtkampf. Habe der Gegner einen guten Stich geführt, gewinne man nur dann wieder Ehre, wenn die nächsten Paraden sich doppelt und dreifach geschickt ausnähmen.
Ob ihm das auch die Gelehrtenwelt bescheinigen wird? Ich würde es ihm wünschen. Aber schon mir bereitet es Genugtuung zu lesen, daß Vater nach den Urteilen maßgeblicher Kenner allein der König seines Instrumentes ist und nicht, wie Scheibe umständlich geraunt hat, der Monsieur Händel in England. Wobei es Vater in diesem

Punkt gar nicht angenehm ist, denn er schätzt Händel über die Maßen und fürchtet jetzt, daß der ihm Kleingeistigkeit unterstellen wird.

»Oder, genauso schlimm: gekränkte Eitelkeit. Weil er denken könnte, ich würde es ihm nachtragen, daß er meiner Einladung durch Friede einen Korb gegeben hat.«

Vater kommentierte nach dem Abendtisch einige Abschnitte und freute sich besonders, daß Abraham das süßliche Lob der »behenden Füße und Finger« dahingehend erweiterte, daß die »Menge an seltenen und wohlausgeführten Einfällen viel mehr wiege. Noch dazu, weil er sie innerhalb eines Stücks mit größter Akkuratesse durchführe«.

»Und weiter: Ist das nicht favorabel gefaßt? Diese meine Art zu komponieren?« fuhr Vater begeistert fort.

Abrahams Schrift liegt neben mir, ich lese die bewußte Stelle noch einmal sorgfältig, mit Andacht:

»Übrigens ist gewiß, daß die Stimmen in den Stücken dieses großen Meisters in der Musik wundersam durcheinander arbeiten. Allein, dies alles ohne die geringste Verwirrung. Sie gehen miteinander und gegeneinander, beides wie es nötig ist. Sie verlassen einander und finden sich doch alle zur rechten Zeit wieder zusammen. Jede Stimme macht sich vor der anderen durch eine besondere Veränderung kenntlich, auch wenn sie oft einander nachahmen. Sie fliehen und folgen einander, ohne daß man bei ihren Beschäftigungen, einander gleichsam zuvorzukommen, die geringste Unregelmäßigkeit bemerkt. Wird dieses alles so, wie es sein soll, zur Ausführung gebracht, so gibt es nichts Schöneres als diese Harmonie.«

Damit hast du dich bei mir wieder rehabilitiert, Abraham. Was mir überhaupt nichts mehr nützt. Denn längst schon, Catharina, bist du eine alte Jungfer geworden …

* * *

Scheibe legte nach. Drei Monate später erschien seine »Beantwortung der unparteiischen Anmerkungen«, worin er sich nicht scheute, kleinlich und gehässig zu werden.

Die Replik freilich kam heraus, nachdem der »Critische Musicus« sein Erscheinen eingestellt hatte. Und so mußte Scheibe damit leben, daß ihm in der gelehrten Musikerwelt mehr oder weniger augenzwinkernd bedeutet wurde, daß er sich mit seiner Kritik wohl etwas überhoben habe. Birnbaum behielt sich auf alle Fälle das Recht vor, auch diesen Angriff zu parieren: mit dem Ziel, es so umfangreich und gründlich zu tun, daß Scheibe seine Wenigkeit einsehe und ein für allemal in den Angelegenheiten des Herrn Hofkompositeur Bach den Mund halte.
»Sie können sich da wieder getrost auf mich verlassen«, sagte Birnbaum während eines Spaziergangs. »Mit derselben Gewißheit, wie hier der Frühling einzieht, wird Ihnen Genugtuung zuteil. Das verspreche ich. Denn schon strauchelt er, der Hund, aber Monsieur Scheibes Fall ist so sicher, wie daß auf den Frühling der ...«
»Gut, gut. Jaja«, meinte Bach leicht gereizt.
Birnbaums mit der Zeit penetrant gewordene Zuversichtlichkeit langweilte ihn. Der Magister der Rhetorik nahm die Sache zu wichtig. Für ihn gab es seit Wochen nur noch dieses eine Thema, während Bach ganz andere Dinge beschäftigten. So war vor wenigen Tagen wieder einmal die Universität mit der Bitte an ihn herangetreten, für den Besuch des sächsischen Herrscherpaares die Huldigungsmusik zu komponieren. Für Bach, der immer an das Nächstliegende dachte, war dies eine nicht minder wichtige Bestätigung und Genugtuung wie die in Aussicht gestellte vielseitige Verteidigungsschrift des Rhetorikdozenten – zumal die Verse der Huldigungskantate von keinem Geringeren als Gottsched verfaßt worden waren: Scheibes ehemaligem Mentor.
»Das wird Monsieur Scheibes Augapfel gehörig rollen lassen, wenn er dies erfährt«, sagte Birnbaum, während er mit seinem Taschentuch zwei Gartenstühle abwischte.
»Möglich!« sagte Bach mit lauer Zustimmung und lächelte angesichts des jungen Paars, das sich am Nachbartisch ein Glas Wein teilte. Die jungen Leute machten sich ein Spiel daraus, sich nach jedem Schluck das Glas zuzuschieben, wobei jeder, bevor er wieder einen Schluck nahm, zuerst die Stelle küßte, von der der andere getrunken hatte.
So war man also wieder einmal im Zimmermannschen Garten an-

gelangt, wo aufgrund des guten Wetters schon vorzeitig die Saison begonnen hatte. Bach machte eine abwehrende Handbewegung, als Birnbaum von der Möglichkeit sprach, Scheibe mit dem Hinweis auf dessen mißlungenes Probespiel um den Posten des Nikolaikirchenorganisten bloßzustellen – nein, er wollte für den Rest des Nachmittags nichts mehr von der Angelegenheit hören. Doch als Birnbaum sich ihm gegenübersetzte und er in dessen strahlend diensteifriges Gesicht blickte, mußte er doch lächeln und schalt sich ungerecht. Denn noch vor wenigen Tagen hatte er vor Wut geschäumt, weil Scheibe sich nicht zu schäbig war, ihn an seiner verwundbarsten Stelle zu packen: daran, daß er nicht studiert habe und demnach auch keinen Maßstab besitzen könne, was den guten Geschmack in der Musik beträfe.

»Wie kann derjenige ohne Tadel in seinen musikalischen Arbeiten sein, der sich durch die Weltweisheit nicht fähig gemacht hat, die Kräfte der Natur und Vernunft zu untersuchen? Wie will derjenige alle Vorteile erlangen, die zur Erreichung des guten Geschmacks gehören, der sich am wenigsten um kritische Anmerkungen, Untersuchungen und um die Regeln gekümmert hat, die außer der Rede- und Dichtkunst auch in der Musik so notwendig sind, daß man ohne dieselben unmöglich ausdrucksvoll komponieren kann?«

Bach stießen diese Sätze noch einmal übel auf, und er war seinem Gegenüber wieder dankbar, daß der sich so gewissenhaft für ihn einsetzte.

»Ihre Musik wird Ihnen im Konflikt mit Rat und Rektor den Rükken stärken, Monsieur Bach«, sagte Birnbaum beflissen und rührte langsam in seiner noch dampfenden Schokolade. Bach, der gerade selbst einen Schluck nehmen wollte, setzte die Tasse wieder ab und sagte zufrieden:

»Im Oktober letzten Jahres habe ich deswegen an den Kurfürsten geschrieben. Es scheint, daß er sich meiner erinnert. Ernesti jedenfalls grüßt freundlicher.«

»Ja, Glückwunsch!« rief Birnbaum aus und verzog das Gesicht. Die Schokolade war immer noch zu heiß.

Bach lachte. Doch nicht, weil Birnbaum sich die Zunge verbrannt hatte, sondern weil dessen Zustimmung über die Maßen enthusia-

stisch klang. Bin ich überheblich geworden, fragte er sich dann aber im gleichen Augenblick und nutzte Birnbaums Verwirrung, indem er die Rechnung für beide beglich.
»Wie ist das mit der Vernunft?« fragte er Birnbaum, einfach weil es ihm in den Sinn kam. »Sie gehören zur Generation derer, die sie verkünden und einfordern, wie Bettler die Pfennige. Sind wir Alten denn ohne Vernunft?«
»Nein. Aber – um mit Ihnen zu sprechen – wir Jungen gewichten sie anders.«
»Wie?«
»Wir lassen ihr Leine«, sagte Birnbaum und genoß endlich ohne Zwischenfall seine Schokolade. Bach runzelte die Stirn.
»Und wir Alten nehmen sie demnach quasi gefangen, weil wir den Glauben über sie stellen, ja?«
»Das ist der Unterschied«, sagte Birnbaum und überlegte angestrengt. »Die Jungen sind der Auffassung, die Vernunft müsse über alles richten, die Alten meinen, sämtliche irdischen Belange seien allein Gott anheimgestellt. Die einen hoffen, mit Vernunft mehr Glück zu schaffen, die anderen, durch den Glauben der Gerechtigkeit teilhaftig zu werden.«
»Nun denn, ich komponiere für Erde und Himmel gleichstark«, sagte Bach. Er hatte keine Lust mehr, sich auf eine tiefere Erörterung des Themas einzulassen. »Ob Kantate oder Konzert: Was da Gestalt annimmt, ist immer im Glauben komponiert.«
Birnbaum sah Bach aufmerksam an. Der verehrte Herr Hofkompositeur hatte noch keinen Schluck von seiner Schokolade getrunken. Ob ihm gerade ein Thema eingefallen war? Bach dachte in der Tat an seine Arbeit. Aber dies in Verbindung mit seinem Sohn Heinrich. Der war vierzehn geworden – Zeit, ihn an die Berufswelt zu gewöhnen. Vielleicht könnte er bald im Gerlachschen Collegium Musicum auftreten, mit einem seiner Konzerte?
Bach nickte Birnbaum zu und erhob sich.
»Ich bin nun, wie ich bin«, sagte er. »Und das jetzt seit dreiundfünfzig Jahren. Gott allein soll mein Herz haben – nicht die Vernunft.«
In Bach wurde eine Melodie lebendig, eine Altstimme sang in seinem Ohr: *Gott soll allein mein Herze haben, ich find in Ihm das*

höchste Gut. Was hatte diese Arie, diese Kantate mit Vernunft zu tun? *Stirb in mir, Welt* hieß die nächste Arie. Er hatte die Singstimme in den langsamen Satz eines seiner Konzerte hineingeflochten – seine Konzerte. Wieder dachte Bach an Gottfried Heinrich. Und faßte einen Entschluß.

Dienstag, 27. Mai 1738

Ist doch immer wieder was! Auf daß ja keine Ruhe bei uns einkehrt! Gibt es außer Siechtum und Tod Schlimmeres?
Bernhard! Immer wieder du, du Lump! Sargnagel! Hurenbock! Und wenn es noch so lächerlich ist, dies hinzuschreiben: Deine Schwester würde dir mit dem Ochsenziemer Geilheit und Saufsucht rausprügeln, wie es sonst nur die Henker können!
Wie haben wir uns alle gerade erst für Vater gefreut! Gehofft, daß er den Kelch des Ärgers jetzt nie mehr an seine Lippen bekommt. Seine Huldigungsmusik – wegen der Hochzeit Prinzessin Amalias mit dem König von Sizilien – wurde von beiden Majestäten nämlich überaus gnädig aufgenommen. Der Hofmarschall bekam Anweisung, nachdem die adligen Studenten das Drama überreicht und die Professoren ihr Huldigungsdefilee beendet hatten, auch Vater zum Kratzfuß zuzulassen.
»Prinzessin Amalia und Prinzessin Maria Anna Sophia haben zwar gegähnt, aber der König hat genickt und die Königin sogar einmal in die Hände geklatscht! Zierlich, aber doch deutlich! Und wie sie lächelte!«
»Lieblicher als ich?« fragte Magdalena bewußt gekünstelt.
»Komm, gib dein Guschel!«
Vor uns gab ihr Vater einen Kuß – so glücklich und zufrieden war er!
Es ist ja doch so: Eine solche Auszeichnung ist für unseren bürgerlichen Stand tausendmal mehr wert, als wenn die noblen Herren Studenten zum Handkuß zugelassen werden. Höher kann unsereiner doch gar nicht steigen! Unser Elias schrieb deswegen gleich nach Schweinfurt und forderte von zu Hause eine Flasche Hefeschnaps ein, um altfränkisch nachzufeiern. Er war dabei so aufmerksam, für Magdalena gleich um Nelkenstecklinge zu bitten.
Aber nun kommst du, Bernhard! Schaffst es, alle Freude in Entsetzen zu verwandeln. Vater hatte sich für seinen Erfolg mit einer Rei-

se nach Dresden belohnt, wo er neben anderen Vergnüglichkeiten die Ehre hatte, mit Friede vor Baron Keyserlingk sein *C-Dur-Doppelkonzert* zu spielen, kommt zurück, und was findet er auf seinem Schreibtisch?
Einen Brief vom Sangerhauser Ratsherrn Klemm! Daß du nicht nur immer unpünktlicher im Gottesdienst erschienen, sondern jetzt gleich ganz verschwunden bist. Einfach fort! Ohne Urlaub! Irgendwohin. Seit Wochen! Und Schulden hinterläßt, so viel, wie räudige Hunde Flöhe haben, Miete schuldig bist und so weiter.
Sie wollen jetzt einen neuen Organisten!
Und du? Irrst jetzt von Stadt zu Stadt, von Dorf zu Dorf! Natürlich betrunken! Ziehst damit ja nur den Namen Bach in den Dreck! Und besudelst Vaters Ansehen. Ich kann es mir bei dir gut vorstellen: Ohne Groschen fiedelst und bläst du in minderwertigen Schenken für einen Krug Wein und ein paar Bratenreste zum Bauerntanz! Ja – du bist das schlechte Abbild unseres Urahns Veit Bach.
Aber was ärgere ich mich! Bist du doch gar nicht wert, Bernhard.
Vater ist so rechtschaffen. Als ob er rein zu seinem Vergnügen nach Dresden gereist ist! Weißt du, was er kreuzbrav nach seiner königlichen Nachtmusik gesagt hat?
»Wenn der König und die Königin mir die Ehre gegeben haben, meiner Hochzeits-Musik aufmerksam zu lauschen, ist es die Pflicht eines sächsischen Hofkompositeurs, auch ihrer offiziellen Festoper beizuwohnen.«
Also hat er sich Hasses »Alfonso« angehört. Und das Glück gehabt, daß er nicht eingeschlafen ist, sondern bei langweiligen Szenen die neue Ausschmückung der Oper bestaunen konnte.
Mehr hat Vater noch gar nicht erzählt. So verantwortungsvoll und klug handelt er!
Und du? Gibst leichtfertig alles hin!
Die kleinen Aufmerksamkeiten Keyserlingks könne er jetzt gleich wieder versilbern, sagte Vater höhnisch. Nein, verzweifelt.
Schuldenmacher! Hurenbock!
Bernhard, du warst schon immer mißraten. Das verzeihe dir Gott allein.

* * *

Die Briefe an Ratsherrn Klemm und seine Frau waren die demütigendsten, die Bach in seinem Leben schreiben mußte – wobei er sich in der Tiefe seines Herzens eingestand, daß er nicht unschuldig an dieser Katastrophe war.
Bach nahm allen Stolz zusammen und bat so schmeichlerisch wie selbstbewußt um gut Wetter für seinen »mißratenen Sohn«. Zwar machte er keine Abstriche an den Beanstandungen, aber er verwahrte sich gegen den möglichen Vorwurf, er hätte seine Vaterpflichten nicht wahrgenommen – weshalb er die Schuldforderungen auch erst begleichen könne, wenn sein Sohn ihre Richtigkeit mündlich oder schriftlich bestätigt habe.
Nichtsdestotrotz, schrieb er, werde er sein »Kreuz in Geduld« tragen und Bernhard hinfort der »göttlichen Barmherzigkeit überlassen«. Trotzdem ersuchte er den »hochedlen Rat«, den Aufenthalt des Sohnes zu erforschen und ihm mitzuteilen. Er wolle dann noch einmal letzte väterliche Hand anlegen, um festzustellen, ob das verstockte Herz gewonnen und zur Einsicht gebracht werden könne – weshalb er bis dahin bitte, die drohende Neubesetzung der Organistenstelle aufzuschieben.
Dieses Letzte mußtest du noch für ihn tun, sagte sich Bach, während er den Brief an Ratsherr Klemm versiegelte – nicht ohne schlechtes Gewissen. War es doch falsch gewesen, sich über Bernhards Studienwunsch, wie sein Freund Jacob von Stählin gewarnt hatte, hinwegzusetzen? Catharina hatte es angedeutet, Magdalena ausgesprochen: Verwehre ihm nicht, was seine Brüder durften. Gönne ihm wenigstens ein, zwei Jahre an der Universität.
Bach schloß die Augen, ballte die Fäuste. Er blieb fest. Die Schuld lag nicht an ihm allein. Bernhard war schon immer ein Rauhkopf gewesen, sein Temperament von Anfang an oft zu unbotmäßig. Wer hätte denn mit Gewißheit zu sagen vermocht, ob er an einer Universität nicht ebenfalls auf die schiefe Bahn geraten wäre?
Nein, Bernhard besaß weder den Gehorsam Friedes noch den Ehrgeiz Emanuels. Und deren Begabung hatte er auch nicht. Mußte er als Vater da nicht die Gelegenheit beim Schopf packen? In der berechtigten Hoffnung, daß Bernhards jugendfrisches und schwieriges Temperament in einer festen Anstellung reifen würde? Bach

knirschte mit den Zähnen, griff nach seinem neuen Notenmanuskript.

Was war wichtiger: Musik oder sein Kind?

Er konnte keine Antwort finden, denn sobald er die Noten sah, begannen sie für ihn lebendig zu werden. Und dies mit einer Macht, die alles andere Denken zurückdrängte.

»Es wird ja«, murmelte er.

Ohne die Augen von den Noten zu wenden, griff er zur Feder. Der dritte Teil der Klavierübung sollte zur Ostermesse nächsten Jahres erscheinen. Eine Menge Zeit bis dahin, aber weil im Alter die Zeit immer schneller vergeht, glaubte Bach, er müsse noch intensiver arbeiten, um das Werk rechtzeitig für den Notenstich fertigzubekommen. Denn 1739 war ein besonderes Jahr – zum einen, weil Martin Luther vor zweihundert Jahren in der Thomaskirche gepredigt hatte, zum anderen, weil die Leipziger sich 1539 zur Augsburgischen Konfession bekannt hatten. Was lag da näher, als mit einem Zyklus von Choralbearbeitungen des Reformators zu gedenken?

Je eine große und kleine Bearbeitung der sechs lutherischen Katechismuschoräle hatte er sich vorgenommen zu komponieren: von den zehn Geboten – vom Glauben – vom Vaterunser – von der Taufe – von der Buße – vom Abendmahl. Vorangestellt waren das deutsche Kyrie und Gloria, die beiden Hauptstücke des sonntäglichen Gottesdienstes. Die insgesamt einundzwanzig Choralbearbeitungen wurden von einem Präludium und einer Schlußfuge umrahmt, die bereits fertigkomponiert waren.

Von der Buße: *Aus tiefer Not schrei ich zu Dir, Herr Gott erhör mein Rufen!* Luthers mächtigster und bewegendster Choral sprach Bach unmittelbar aus dem Herzen, faßte seine Ängste und Hoffnungen und gab ihnen eine faßbare Gestalt. Doch weil alles wahre Schaffen auch immer Ehrgeiz ist und die Geschicke der letzten Tage, Wochen, Monate und Jahre in seiner Seele nicht zu verwischende Spuren hinterlassen hatten, ballten sich die Töne dieser großen Bearbeitung zu einem selbst für Bach unüberbietbaren Monument. Großartig, erhebend, zerknirschend, aber auch wieder stärkend – Familie wie Schüler fanden für die Katharsis dieses sechsstimmigen Riesengebirges keine Worte. Die Größe und Strenge seiner Schöpfung riß selbst Bach an der Orgel der Nikolaikirche hin. Für eine ganze Weile konnte er nicht weiterspielen, so daß die Kalkanten schließlich dachten, der Herr Musikdirektor brauche sie nicht mehr. Erfreut über das vermeintlich kurze Orgelspiel verließen sie die Bälge. Als Bach wieder eine Taste anschlagen wollte, blieben die Orgelpfeifen stumm.

Irritiert drehte er sich um und schaute ins Kirchenschiff. Magdalena, Catharina, Liese, Heinrich und Friedrich, die Vettern Elias und Ernst standen im Gang und schauten zur Orgel. Andere Kirchenbesucher hatten sich in den Bänken umgedreht. Bach verspürte das Bedürfnis, sich zu verbeugen. Dann klingelte er energisch nach den Bälgetretern. Bevor die Musik weiterging, schneuzte er sich. Wie die Hörer unten im Schiff.

Mittwoch, 15. Oktober 1738

Ist Bernhard – tot? Warum nicht – seine Schulden sind bezahlt. Nein, er ist es nicht. Aber wo ist er dann?!
Vater flüchtet sich in die Arbeit. Er stellt von allen Solo-Konzerten eine letzte gültige Fassung für das Cembalo her – wahrscheinlich für Heinrich. Doch der wird jedesmal ganz grau, wenn Vater einmal zufällig davon spricht. Seit er weiß, daß der preußische Kronprinz Carl als Begleiter verpflichten möchte, wird er wieder wunderlich. Macht Faxen und kommt mit bizarren Fragen und Vorschlägen daher, die Magdalena jedesmal das Blut gefrieren lassen. So strich er einmal minutenlang auf der Violine herum, laut, leise, mit Vibrato, ohne Vibrato: immer auf einem Ton. Wir ließen ihn – aber schließlich wurde es Vater zuviel.
»Die Violine hat noch drei andere Saiten, Heinrich!« brüllte er ihn an. »Also?«
»Schon, Vater. Aber wenn ich die Finger auf dem Griffbrett herumtanzen lasse, dann schmiert es, und es sieht für einen Dummen so aus, als würde ich nach dem richtigen Ton suchen. Den einen hier hab' ich jetzt sicher gefunden. Deshalb klingt er auch so schön rein.«
»Aber das ist keine Musik!«
Heinrich schaute uns daraufhin mit einem Gesicht an, als ob wir genauso närrisch seien wie die Affen der Gaukler.
»Ich beginne eben auf der Violine von vorne. Ton für Ton. Wenn ich jeden gefunden habe, dann entsteht die reinste Musik von der Welt. Das wird Gott bestimmt gefallen.«
Magdalena schlug die Hände vors Gesicht und rannte weinend aus dem Zimmer. Vater riß Heinrich die Violine aus der Hand und jagte ihn ans Cembalo.
Wir atmeten alle auf. Trotzdem kam ich nicht umhin, Heinrich zu sagen, diese Art Späße solle er nicht mehr machen.
»Welche Späße?« fragte er und keckerte wie eine Elster.

Mittwoch, 31. Dezember 1738

»Das Jahr ist fortgelaufen, hat seiner Tage Haufen das letzte Ziel gemacht. Was haben wir indessen für Missetat vergessen, für gutes Werk vollbracht?«
Mir sind diese Verse von Martin Opitz so lieb wie seit eh und je. Und wenn wir sie im guten alten Satz von Georg Ahle musizieren, so es ist jedesmal ein herrlicher Beschluß des alten Jahres.
Und du bist dreißig, Catharina, seit zwei Tagen. Dreißig!
Fühlen Sie sich anders, Jungfer Bach? fragte mich Konrektor Dresig, der mir die Ehre gab, an meinem Geburtstag früh morgens vor der Tür zu stehen, um mir ein Geschenk zu machen. Ein launiger Kauz ist er. Aber mit einem Gedächtnis, wie, wie … ach, was weiß ich.
Er sagte, er habe sich gemerkt, daß ich einst geäußert hätte, mir würde Schreiben ebenso leicht fallen wie Singen. Ich schaute ihn ungläubig an, packte sein Geschenk aus: ein Schreibzeug aus dunkel gebeizter Kiefer, darin Tintenfaß und Streusandbüchse mit zwei Federhaltern samt einem halben Dutzend Federn.
Wie ich mich freute! Am liebsten wäre ich Dresig um den Hals gefallen. Aber so etwas tut man mit Dreißig natürlich nicht mehr! Vater und Magdalena hätten höchstwahrscheinlich nur in die eine Richtung gedacht und Dresig dann wieder abwehrend mit den Händen wedeln müssen.
Welcher Frau gehört denn nun bloß sein Herz?
Bernhard fragte einst drastisch: »Wo läßt er's? Kann er es etwa ausschwitzen?«
Oh … Catharina Dorothea!
Welche es ist? Nach der Einladung in die Komödie, die er Magdalena und mir gegenüber aus heiterem Himmel aussprach, war ich klüger. Ob wir geneigt wären, ihn einmal ins kleine Theater auf dem Fleischhaus zu begleiten? Vater sagte nur: Ohne mich, dann war für ihn die Sache erledigt.

Dresig hatte sogar schon die Billetts in den Händen.
Es war das erste Mal, daß wir die Müllersche Truppe sahen. Mit Friede und Carl waren wir wenigstens dann und wann bei der Neuberin – lang ist's her. Vater pflegt ja immer zu sagen:
»Wenn mir selbst in Dresden die Oper, wo die Musik ja bekanntlich keine geringe Rolle spielt, zu lang ist, um wieviel zu lang muß mir dann erst das Schauspiel in Leipzig sein?«
Nun aber: warum wir – das bin ich – in die Komödie sollten. Weil Dresig mir diskret zeigen wollte, wer seine Dame des Herzens ist! Deshalb! Damit ich mir keine weiteren Hoffnungen mache! Und dies meinem wertesten Herrn Vater samt geschätzter Gattin hinfort ebenfalls deutlich mache.
Wer die Dame ist?
Barbara! Die Vagantin!
Catharina, du mußt ausgeschaut haben wie die dumme Gretel in der Komödie – als sie in den Kleidern ihrer feinen Madame, mit viel zu vielen Schminkpflästerchen im Gesicht, von deren Kavalier zu hören bekam: Gleich zu gleich gesellt sich gern.
Barbara! Dresig lächelte und lächelte und lächelte.
Sie spielte die dumme Gretel, was sie gut machte, und wußte im übrigen genau, wo ihr Bewunderer saß. Beide warfen sich Blicke zu ..., küßten sich mit den Augen.
Eigentlich müßte ich ja jetzt tief beleidigt sein. Aber in der Pause lief Dresig mit solch sorgenvollem Gesicht umher und blickte mich so Verzeihung heischend und unglücklich an, daß es nicht zu leugnen war – er war nichts anderes als ein von quälender Liebe heimgesuchter Mann.
»Verzeihen Sie mir«, flüsterte er heiser.
»Ihr Vertrauen ist mir eine Ehre«, erwiderte ich. Und drückte ihm die Hand.
»Barbara und ich können uns nur heimlich treffen«, stieß er hervor. »Wenn Ernesti oder der Rat ...«
Ich beruhigte ihn. Kein Sterbenswörtchen würde über meine Lippen kommen ... Warum er sich mir aber trotzdem offenbart hätte? Barbara hatte es so gewollt ...
»Wegen der Ehre«, fügte er hinzu. »Was ich nicht verstehe. Sie, Mademoiselle Bach?«

»Ja«, sagte ich und lächelte. »Aber ich werde es Ihnen nicht verraten.«
Da guckte er, der Dresig – wie jener Kavalier, der beim Durchs-Schlüsselloch-Spähen sieht, wie die falsche feine Madame sich mit dem Messer die Fingernägel säubert …

* * *

Die Nachricht gelangte über einen Verwandten in die Wohnung des Leipziger Musikdirektors. Johann Nikolaus Bach, ein Enkel von Bachs Großonkel Heinrich und Organist in Jena, machte der Ungewißheit ein Ende. Bernhard sei wohlauf und habe sich Ende Januar an der hiesigen Universität als Student der Rechte eingeschrieben.
Bach las den kurzen Brief immer wieder durch, bis er ihn schließlich Magdalena gab. Als Catharina nach ihm griff, ging Bach mit auf dem Rücken verschränkten Händen im Wohnzimmer auf und ab. Sein Gesicht war undurchdringlich, kein Laut entrang sich seiner Brust. Magdalena schaute Heinrich, Friedrich und den rosigen Christian aufmerksam an – auf daß sie jetzt um alles in der Welt den Mund hielten und den Turm aus Bauklötzen nicht mutwillig einrissen.
Catharina legte den Brief so behutsam wie möglich auf den Tisch und setzte sich leise auf einen Stuhl, zog Liese zu sich. Auch die wagte kaum zu atmen. Wie Magdalena forschte sie unter Hochspannung im Gesicht ihres Vaters, aber an dessen Miene war nichts abzulesen.
Die Minuten vergingen – plötzlich sprang Friedrich auf, lief seinem Vater vor die Füße und fragte: »Hat Bernhard jetzt Angst?«
»Braucht er nicht mehr«, sagte Bach und schüttelte den Kopf. »Nicht mehr.«
Die Worte brachen den Bann. Bach schob Friedrich zur Seite und sackte auf einen Stuhl, während ihm Tränen übers Gesicht rannen. Im Flur knarrte die Tür. Die Vettern Elias und Ernst hatten eingekauft: Tabak, Papier, Federn, ein neues Rastral, Siegellack. Catharina rannte in den Flur, die Botschaft wurde mit ungläubigem Staunen aufgenommen.

»Warum weint Vater?« hörten die Vettern Christians helle Kleinkinderstimme.

»Weil er sich so freut«, war die ungeduldige Antwort Lieses, während Bach sich schneuzte. Sie schob Christian vor sich her und quetschte sich mit ihm zwischen den Vettern hindurch, die im Türrahmen standen. Magdalena stand lächelnd neben ihrem Mann, hatte seinen Kopf an sich gezogen. Als Bach die Vettern sah, löste er sich aus ihrer Umarmung und sagte:

»Wie dürfte ich ihm nicht verzeihen? Wo doch andere viel tiefer gefallen sind, Treber aus dem Schweinetrog zu sich nehmen mußten und in Lumpen nach Hause kamen?«

Noch einmal zog er sein Taschentuch, dann ging er mit bedächtigen Schritten aus der Stube. Alsbald erklang nebenan im Musikzimmer seine Stainersche Violine.

»Kaffee gibt es in einer Stunde«, sagte Magdalena.

»Und nun?« fragte Elias.

»Wird es wohl bald neue Rechnungen geben«, sagte Magdalena fröhlich.

* * *

Bernhard indes meldete sich nicht. Ob aus Scham oder Trotz, konnte Johann Nikolaus nicht sagen. Aber er deutete an, daß der Herr Sohn sein Studium ernst nehme und nüchternen Umgang pflege, durchaus im doppelten Sinn des Wortes. Die Spezifikation der Musik betreffend, heiße dies: Bernhard entsage der Musik im allgemeinen und dem Spieltisch der Orgel im besonderen.

Bach war's zufrieden. Er hoffte auf einen Besuch Bernhards in dessen Semesterferien und schrieb zurück: Man möge seinem Sohn nur ausrichten, daß ihm zu Hause alle Türen offenstünden.

Waren die Monate und Jahre der Prüfungen zu Ende?

Das Leben in der Wohnung des Thomaskantors schien sich wieder in den althergebrachten geordneten Bahnen zu bewegen, nämlich Arbeit hier und Arbeit dort, manchmal gespickt mit kleinen Ärgernissen.

So war Magister Birnbaums zweite und umfangreiche Verteidigungsschrift gerade erschienen, da brachte sich der Leipziger Rat wieder in Erinnerung. Und zwar mit einem überaus kleinlichen, pedantischen Verbot. Weil Bach verabsäumt hatte, die Erlaubnis für die diesjährige Passionsaufführung einzuholen, wurde ihm, während er bereits seine *Johannes-Passion* probte, beschieden, so lange zu warten, bis ihm ordentliche Erlaubnis dazu erteilt sei. Die Anordnung überbrachte der Leichenschreiber Gottlieb Bienengräber – zur Stunde des Mittagessens.

Bach hörte sich an der Tür den umständlich vorgetragenen Revers an und fertigte den Leichenschreiber mit ein paar Sätzen ab.

»Wem auch immer Sie Bescheid geben sollen, sagen Sie ihm, ich habe es bislang immer so gehalten, und wenn die Passion ausfallen soll, herzlich gerne! Ich habe nämlich nur Last davon.«

»Das soll ich sagen?«

»Zum ersten. Zum zweiten, daß ich Superintendent Deyling informiere. Hat irgendein neuer Besen Bedenken gegen den Text? Dann sagen Sie dem, daß derselbige schon ein paarmal aufgeführt worden ist.«

»Sagen Sie mir noch einmal, welchen Text?«

»Himmel! Den zur Johannes-Passion. Aus der Heiligen Schrift, vom Hamburger Ratsherrn Brockes und mir.«

»Sie könnten mir ein altes Exemplar ...«

»Nein, denn ich sitze zu Tisch. Gott zum Gruß, Monsieur Bienengräber.«

Einer solchen Machtdemonstration des Rates sollte sich eine des Rektors Ernesti anschließen – die sich allerdings vom Niveau her bestens dazu eignete, jene bekannte Weisheit zu illustrieren, die besagt: Wenn man die Großen nicht fangen kann, muß man sich eben an die Kleinen halten. Wobei jener Kleine der Vetter Johann Ernst war, der nach Eisenach beurlaubt war, weil sein Vater erkrankt war. Weil er, als sein Urlaub abgelaufen war, nicht um Verlängerung nachsuchte, standen seine Habseligkeiten am Tag seiner Rückkehr in die Thomasschule bereits zusammengepackt in einer Ecke. Und Ernesti blieb hart: Johann Ernst wurde von der Schule verwiesen. Gegen diesen Bach konnte er sich durchsetzen, bei ihm war nicht zu befürchten, daß er sich an den König wandte.

Bach mußte sich zusammenreißen, um nicht zu lachen. Und so tröstete er seinen jungen Vetter, indem er ihm vor Augen führte, wie

sehr sich Ernesti jetzt jedesmal ärgern würde, wenn der Herr Vetter ihm über den Weg liefe. Allein schon deshalb wünschte er sich, daß Johann Ernst bei ihm bliebe.
Und der blieb. Machte sich als Kopist nützlich, half bei der Hausarbeit und setzte sich vor allem mit Heinrich auseinander, der mal mit unbändiger Freude, dann mit größtem Widerwillen die *Cembalokonzerte* seines Vaters übte.
Und der Erfolg von Magister Birnbaums zweiter Verteidigungsschrift?
Bach konnte sich wirklich geschmeichelt fühlen. Denn Birnbaum gelang es, Scheibes wesentliche Angriffe zu widerlegen. Und dies in einem zuweilen wirkungsvoll höhnischen Ton. So begegnete Birnbaum Scheibes Vorwurf, daß Bach in Sachen Gelehrsamkeit kein Licht sein könne, weil er anderen seine Verteidigung überlasse, mit dem Satz: Warum auch solle der Herr Hofkompositeur den als musikalischen Richter ernst nehmen, der einst bei seiner Leipziger Organistenprobe nicht in der Lage gewesen sei, zum aufgegebenen Fugenthema einen einigermaßen brauchbaren Comes zu finden? Zum zweiten: Wie Scheibe von Händels Orgelspiel urteilen könne, wo er ihn selbst noch nie, den Herrn Hofkompositeur hingegen niemals ohne Vorurteil habe spielen hören? Und zum dritten: Er als Dozent der Rhetorik könne durchaus versichern, daß der Gescholtene in sämtlichen Belangen der Rhetorik und Dichtkunst gründlichst bewandert sei – was auf der praktischen Seite der große Beifall seiner letzten Huldigungsmusik im Angesicht der hohen Landesherrschaften vollständig beweise.
Mit anderen Worten: Bach konnte einem ungetrübten Frühling entgegensehen.

Freitag, 29. Mai 1739

Vater hatte den Quintilian in der Hand, den ihm unser ehemaliger Rektor Gesner im letzten Herbst geschickt hatte. Weil er Vater darin in einer Fußnote als noch weitaus musikfertiger rühmt als selbst Arion und Orpheus!
Alles in Latein. Vater übersetzte den Passus ins Deutsche. Wo mag der Zettel jetzt sein?
O Tod, wie bitter bist du, wenn an dich gedenkt ein Mensch.
Da stand er vor mir, dieser gräßlich stinkende Kurier, der auf dieselbe Hand, mit der er mir den Brief hinhält, seinen Lohn bekommt. Der rechte Todesbote.
»Aus Jena?«
»Ja.«
Aufgeregt eile ich zu Vater in die Bibliothek, rufe noch: »Bernhard hat geschrieben!«
Woher Vater seine Kraft nahm, weiß ich nicht. Daß er nicht auf der Stelle zusammenbrach!
»Dein Bruder ist einem Fieber erlegen. Vor zwei Tagen.«
Quintilian und Brief rutschen ihm aus der Hand, und – geht das auch anderen so? – ich begreife nur, daß ich das Buch aufheben muß. Aber wie ich mich erhebe, beginnen mir die Beine zu zittern, und der Kloß im Hals erstickt meine Worte.
Dabei wäre es doch meine Pflicht gewesen, Vater zu trösten! Stattdessen tröstete er mich. Streichelte mir über den Kopf und ließ mich an seiner Brust wieder Kraft schöpfen. Sein Herz schlug kräftig und gleichmäßig, er atmete friedlich, als wenn er tief schliefe. Vielleicht gab es ihm doch Kraft, mich zu halten. So stützten wir uns gegenseitig wie zwei Spielkarten auf dem Spieltisch.
War dies ein Beweis für Gottes Barmherzigkeit? Denn ob König oder Dame: Die Karten werden ja meist so ausgespielt, indem sie donnernd auf die Tischplatte geschmettert werden, wo sie dann mit verbogenen Ecken wie Käfer auf dem Rücken liegen. Wir aber

wurden behutsam aneinandergelehnt, auf daß jeder den anderen halte.
Weil es so still war, trotz der offenen Tür, kam Magdalena, um nach dem Rechten zu sehen. Ihre harten, schnellen Schritte auf den Dielen zerschlugen unsere zeitlose Verbundenheit: Wir Spielkarten Gottes fielen um. Während ich an Magdalena vorbei auf mein Zimmer rannte, hörte ich Vaters verzweifelten Ruf, daß Bernhard tot sei.
Seitdem sehen wir ihn nur bei den Mahlzeiten. Gestern suchte er Trost beim Abendmahl. Mehr erzählte Magdalena nicht.
Ich bewundere sie. Sie wirkt wie ein Magnet, der den Kummer anund von uns wegzieht. Ihr weiches, rundes Gesicht mit den braunen Augen schaut mit einem kaum wahrnehmbaren Lächeln auf Vater und mich und verströmt Kraft und Trost. Auf dieselbe Weise hat sie mich damals wieder aufgerichtet, nachdem Mutter gestorben war.
Jetzt hat sie den ersten von uns zurück – den Wildesten.

* * *

Lange bevor der dritte Teil der Klavierübung erschien, in der Bach mit *Präludium und Fuge Es-Dur* die Glorie der dreieinigen göttlichen Majestät feierte, hatte er mit *Präludium und Fuge h-Moll* ein anderes Gipfelwerk der Orgelmusik vollendet.
Eine Komposition, der er selbst allerhöchsten Rang beimaß.
Kein Werk schrieb er so sorgfältig und sauber, und keines seiner Orgelpräludien und -fugen ist so vom Ton der Passion durchdrungen. Jetzt spielte er es, um Festigkeit zu finden. Denn so schmerzbewegt es sich auch ausnahm: Schon damals hatte er sich bei der Komposition keine Effekte gestattet. Denn wogegen sich auflehnen? Gegen den Tod? Bach akzeptierte ihn in Demut und setzte ihm Geduld entgegen – Geduld, die besonders dieses Orgelwerk vom Spieler und Hörer verlangt, dann aber auch nachdrücklich dazu beiträgt, neue Kraft und Lebensmut zu gewinnen.
Wobei Bach Familie und Freunde unterstützten. Im August weilten Friede und die beiden Dresdner Lautenisten Silvius Leopold Weiß und Johann Kropffgans bei ihm. Es wurde von morgens bis abends

musiziert, und dies mit einer Unbeschwertheit, nach der Bach sich tief gesehnt, aber nicht mehr geglaubt hatte, sie erleben zu dürfen.

»Jung wird man wieder – bei dieser Kunst!« rief Bach, nachdem Silvius Leopold Weiß eine seiner tiefgründigen Lautensuiten beendet hatte.

»Das ist das rechte Wort«, sagte Weiß, der nur ein Jahr jünger als Bach war, bedächtig. »Und ich gestehe, daß mir bei Ihnen meine Kunst auch wieder richtig schmeckt. Denn in Dresden ist ja doch die Oper alles. Man hat dort immer weniger Muße für Musik, die ohne Kastraten und Firlefanz auskommt.«

Kropffgans nickte zustimmend. Er stand im Dienst des neuen Ersten Ministers Graf Brühl und war ein neidloser Bewunderer von Weiß. Wie dieser schätzte er exzessive Konzerte und klopfte sich wiederholt vergnügt auf die Schenkel, als Weiß erzählte, wie er einst mit dem Geiger Franz Benda in Berlin von Nachmittag bis Mitternacht abwechselnd vierundzwanzig Violinsoli und zehn Lautensuiten musiziert hatte.

Bach erhob sich eben, um seinen Gästen nachzuschenken, da faßte sich einer der beiden neuen Schüler Bachs, der neunzehnjährige Friedrich Agricola, ein Herz und fragte:

»Monsieur Weiß, Sie werden dafür gerühmt, ganze Violinkonzerte vom Blatt wegspielen und die Harmonie dazu greifen zu können. Nun hat unser Herr Hofkompositeur ...«

Weiß lachte laut auf und zeigte auf Kropffgans.

»Das Gerücht hat er in die Welt gesetzt. Und bei meiner Ehre, Johann, mitgefangen heißt mitgehangen.«

Vetter Ernst, Agricola und Friedrich Doles, der sich neu an der Universität eingeschrieben hatte, witterten ein musikalisches Ereignis und schauten Bach bittend an. Der flüsterte Friede etwas ins Ohr, worauf dessen Gesicht zu strahlen begann.

»Wird's jetzt ernst?« fragte Vetter Elias gespielt.

»Gemischt«, sagte Bach. »Auf jeden Fall: Was die Kantabilität einbüßt, gewinnen wir an Harmonie.«

Weiß und Kropffgans bekreuzigten sich, als sie Friede mit den Noten zurückkommen sahen.

»Voilà. Des Herrn Hofkompositeurs d-Moll-Konzert!«

Die Familie applaudierte, Bach hob noch einmal sein Glas und trank seinen Gästen zu. Darauf wurden Stühle gerückt, Notenständer herbeigeschafft, die Orchesterinstrumente geholt. Weiß und Kropffgans studierten derweil ihre Soli, übten einzelne Passagen, murmelten und seufzten, strahlten aber auch über den Wohlklang ihres Zusammenspiels.

»Die Herren Vettern übernehmen die erste Violine, Heinrich und Monsieur Agricola die zweite, Friede und Friedrich die Bratsche, Monsieur Doles den Baß.«

Bach setzte sich ans Cembalo – sein Sohn und er warfen sich verschmitzte Blicke zu. Agricola und Doles waren angespannt, aber als sie in die Noten sahen, wurden sie ruhig.

»Silentium!« rief Friede und schaute in die Runde. Bach gab den Ton vor: Binnen weniger Augenblicke waren die Instrumente gestimmt. Weiß und Kropffgans blickten jetzt hoch konzentriert, von der Familie wagte niemand zu atmen. Liese hatte Christian auf dem Schoß und ihm den Finger auf den Mund gelegt, Magdalenas und Catharinas Hände lagen gefaltet im Schoß.

Schon nach den ersten Takten hörte Bach, daß er dieses Konzert zu den Sternstunden seines häuslichen Musizierens würde zählen können. Ernst und Schwung des eröffnenden Fugenthemas schlugen alle sofort in ihren Bann, und als dann Weiß und Kropffgans im Oktavkanon einsetzten und die weiten Intervallsprünge mit wuchtigen Akkorden ausfüllten, schloß Bach vor Glück die Augen. Voller Hingabe lauschte er seinem Konzert und befahl seinen Händen den Continuo-Part einfach so zu spielen, wie sie wollten. Während des *Largo ma non tanto* mit seinen verschlungenen Figurationen, Nachahmungen und Stimmvertauschungen versank die Zeit ins Unmaßgebliche. Catharina und Magdalena standen Tränen in den Augen, Weiß und Kropffgans glühten vor Begeisterung. Ihre Körper schwangen im Takt der Musik und paßten sich dem Ausdruck des Satzes so sehr an, daß Bach glaubte, ein Konzert für zwei Lauten und nicht zwei Violinen komponiert zu haben. Schließlich die beiden dynamischen Höhepunkte des Finales: Während das Orchester das Kopfmotiv des Hauptgedankens intonierte und Kropffgans die Doppelgriffe der Violinen baßmächtig auffüllte, erging sich Weiß in freiem Laufwerk – alle waren sich ei-

nig: Ein solches Konzertieren hatte die Welt bis dahin noch nicht gehört!
»Und? Zufrieden?« fragte Weiß Agricola.
»Wir hätten auch Vaters Bearbeitung für zwei Cembali nehmen können«, antwortete statt dessen Friede mit Unschuldsmiene. »Eine gewisse Erleichterung wäre den Herren Solisten dann schon ..., aber ich dachte, neue, improvisierte Harmonien haben mehr Würze, als ...«
»Ist nicht wahr!« prustete Kropffgans und schaute erst Bach, dann Weiß an.
Bach zuckte mit den Schultern.
»Wie Friede es sagt, ist es nicht falsch«, sagte er gedehnt und setzte dann schnell hinzu: »Dafür gehe ich aber jetzt auch in den Keller und hole noch einen guten Tropfen.«
Als Bach aus dem Zimmer war, sagte Weiß zu Magdalena:
»Er braucht die Abwechslung. Neue Aufgaben. Ganz einfach Musik. Er sollte wieder ein Collegium Musicum übernehmen, finden Sie nicht?«
Magdalena nickte nachdenklich und sah zu Heinrich, dessen Augen ängstlich aufgerissen waren.
»Heinrich, was meinst du?«
Heinrich errötete. Verzweifelt blickte er abwechselnd von Weiß zu seiner Mutter und stieß dann hervor:
»Ja, und wer ersetzt Friede? Ich! Wer Carl? Ich! Und Bernhard? Wieder ich! Immer ich!«
Heinrich sah seinen Vater mit der Flasche Wein, das nackte Entsetzen stand in seinen Augen.
»Ja – du bist schließlich auch mein Sohn«, brummte Bach gemütlich – mit der Betonung auf »auch«. »Kein Bach wie jeder andere!«
Weiß und Kropffgans schmunzelten, Heinrich dagegen erhob sich und stakste aus dem Zimmer. Magdalena hielt Catharina zurück. Statt dessen zog sie Christian an sich und fuhr Friedrich durchs Haar.

Mittwoch, 30. September 1739

Tatsächlich: das Collegium Musicum spielt in zwei Tagen wieder unter Vaters Leitung – so gut hat ihm das Musizieren im August getan. Weiß und Kropffgans hatten ihm aber auch kräftig zugesetzt.

Und Gerlach? Er soll nur mit den Schultern gezuckt haben, als Vater ihm seinen Entschluß darlegte. Dann nickte er wie nach einer Strafpredigt und zog den Mund so schief, als hinge an einer Seite Blei.

»Der Herr Hofkompositeur hat's gegeben, der Herr Hofkompositeur hat's wieder genommen.«

Amen, Gerlach.

Ich sehe dich noch immer mit diesem Flittchen. Aber seit Dresig weiß ich ja: Ausschwitzen geht nicht. Das hat Vater in umständlicher Weise auch zu Friede gesagt. Anders gesprochen: Er drängt ihn, doch endlich eine Frau zu nehmen.

»Sei froh, daß du dich nicht in Thüringen verdingen mußt. Da gibt es für unverheiratete Burschen nämlich eine Hagestolzsteuer.«

»So etwas Ähnliches zahl' ich zuweilen auch«, hörte ich ihn murmeln. Vater verzog keine Miene – er war ja auch mal unverheiratet. Und zwischen Mutter und Magdalena …

Ach, armer Heinrich! Das kommt auch noch alles auf dich zu! Neben dem Collegium Musicum. Aber fürs letztere hast du ja noch eine Galgenfrist. Bis zu deinem Geburtstag. Ein Vorschlag übrigens von mir.

Übe, übe, übe!

Oh – heute bin ich aber ein Teufelchen!

Warum?

Dresig hat geklopft und mir schnell ein Päckchen zugesteckt.

»Es geht um die Ehre«, flüsterte er. »Machen Sie doch einmal ein bißchen Zeit für sich frei, Mademoiselle Bach«, raunte er mir dann noch ins Ohr.

Das will ich tun. Denn Barbara hat Wort gehalten. Ich habe mein Tuch zurück. Nicht dasselbe, aber eins von gleicher Qualität. Und Barbara hatte dazu auf einen Zettel gekritzelt:
»Verehrte Mademoiselle Bach!
Unsereiner hat manchmal doch die Ehre im Leib, die Ihr immer für Euch in Anspruch nehmt. Besuchen Sie mich nun einmal? Oder verurteilen Sie unsere Liebe?
Barbara.«
Nein. Wie könnte ich!
Und ich freue mich über die Einladung.
Ah, Catharina! Du willst wirklich eigene Wege gehen?
Heimliche?
Ja!

Dienstag, 13. Oktober 1739

Nur, wann komme ich bloß einmal dazu, jene heimlichen Wege zu gehen? Christian ist vier, Carolina zwei. Und unser »Friederich« für sein Alter zwar ein guter Bratschist, aber eben doch auch erst sieben Jahre alt. Also? Eine Reise tut not. Elias brauche ich dann nur ein bißchen schönzutun. Er hat so ziemlich für alles Verständnis. Und offensichtlich gibt es für ihn nichts Schöneres, als an seine Mutter oder Schwester nach Schweinfurt zu schreiben, damit die wieder einmal ein Fäßchen Wein nach Leipzig schicken – von dem Elias allerdings auch bestimmt die Hälfte trinkt.

Nein, kein schlechtes Wort über Sie, Herr Vetter Theologicus. Heinrich und Liese sind froh, daß sie von Ihnen über die Gepflogenheiten beim Abendmahls-Gottesdienst unterrichtet werden. Vor zwei Jahren machte das nämlich einer von den Ludewig-Brüdern. »Ludewig der Fade« und »Ludewig der Schale« hatte sie Bernhard bezeichnenderweise getauft. Und – das sagt alles, oder?

Bernhard – vergibst du mir meine bösen Worte und Wünsche?

Wenn Vater von meinen Plänen wüßte!

Er selbst kümmert sich ja nicht einmal in seiner Kunst um das, was Usus ist. Gerade wieder jetzt, wo er in Altenburg war. Und im Tauf-Gottesdienst für seinen Freund und Kollegen Koch die Orgel in der Schloßkirche gespielt hat.

»Mein erstes Patengeschenk für den Kleinen«, erzählte Vater mit Behagen »war, daß ich beim Glauben den ersten Vers in d-Moll, den zweiten in es-Moll und den dritten in e-Moll gespielt habe. Damit das Kind schon in der Wiege hört, daß Mannigfaltigkeit in der Harmonie das Wesen der Musik selbst ist. Der Dank war ein sehr zufriedenes Bäuerchen.«

Vater und seine Kunst! In Altenburg erzählte ihm sein Kollege Koch, daß allmählich die seltsamsten Legenden um »den alten Bach aus Leipzig« entstünden. So zum Beispiel die, daß Vater dermaßen in die harmonischen Kunststücke vernarrt sei, daß er neben dem ständigen Gebrauch des Pedals Tasten mit einem Stöckchen im Mund niedergedrückt haben soll, die weder Hände noch Füße erreichen konnten.

An allen Ecken und Enden wuchern derartige Adolph Scheibesche Geschichten. Stolz ist Vater aber schon, wenn sein Name von den ehrenwerten Kunstsachverständigen mit Achtung genannt wird. Wie es jüngst der Herr Mattheson aus Hamburg, der ja Deutschlands wortgewaltigster Kritiker ist, in seinem »Vollkommenen Capellmeister« tat.

Darin zeigte uns Elias heute beim Nachmittagskaffee zwei Stellen, in denen Vater höchstes Lob zuteil wird. Zum einen: »Ich habe neulich einen Meisterschluß gelesen, der so lautet: Wozu ich es selbst durch Fleiß und Übung habe bringen können, dazu muß es ein anderer, der nur halbwegs Naturell und Geschick hat, auch bringen. Dabei dachte ich: Wenn das wahr wäre, wie könnte denn ein solcher Meister der einzige in der Welt sein und ihm keiner gleichkommen?«

»Und die andere Stelle, darüber hat er lange nachgedacht, weil der Herr Mattheson darin einen Wunsch äußert, der völlig nach eures Vaters Geschmack ist.«

Elias klappte das Buch zu, lehnte sich zurück und verschränkte die Arme hinter dem Kopf. Liese und Heinrich teilten sich sein Butterkuchenstück und den Rest Kaffee, Magdalena räumte derweil schon den Tisch ab.

»Fugen zu schreiben?« fragte Heinrich.

»Erraten. Und zwar als Demonstration dessen, was gelehrte Musik vermag: Doppelfugen, Tripelfugen, Quadrupelfugen. Was Mattheson sich von mir wünscht, sagte er, ist rechtens. Denn wenn er mich schon als einzigartig rühmt?«

»Und was hat die Welt davon?« fragte Heinrich.

»Muster für die Ewigkeit«, sagte Elias.

O Ewigkeit, du Donnerwort. O Schwert, das durch die Seele bohrt, o Anfang sonder Ende. Mein ganz erschrocknes Herz erbebt, daß mir die Zung am Gaumen klebt. In Magdalenas *Notenbüchlein* stehen auf der Rückseite dieses Chorals zwei Strophen aus ihrem Hochzeitsgedicht: *Cupido, der vertraute Schalk, läßt*

keinen ungeschoren, zum Bauen braucht man Stein und Kalk, die Löcher muß man bohren …
Cupido, der geflügelte Knabe mit Pfeil und Bogen – hoffentlich ist es keine Ewigkeit, bis ich einmal zu Dresig und Barbara entwischen kann!

* * *

ALS BACH AM Ende der ersten Novemberwoche mit Magdalena zu deren Verwandten nach Weißenfels reiste, hatte er wieder einmal ein Gespräch mit Stiftsrat Dr. Born hinter sich. Grund war eine Beschwerde des Schulvorstehers Dr. Stieglitz, der ausgeführt hatte, der Herr Kantor nehme seine Pflichten immer weniger ernst.

Dr. Born nickte mißmutig. Aber nicht, weil er sich in gleichem Maße wie sein Kollege darüber ärgerte, sondern weil er jetzt gezwungen war, mit dem ebenso schwierigen wie mittlerweile berühmten Musikdirektor und Hofkompositeur zu reden.

»Nun denn, auch er lebt nicht ewig«, tröstete er Stieglitz und klingelte nach dem Schreiber, der den Auftrag erhielt, eine Vorladung auszufertigen.

Bach erschien mit Degen und neuer Perücke, verbeugte sich nach Gebühr, zeigte aber, indem er den ihm angebotenen Platz ausschlug, welche Wichtigkeit er dieser Unterredung beimaß.

Dr. Born begann gemütlich, zeigte Anteilnahme am Schicksal des Sohnes und beglückwünschte Bach zum Wiederbeginn des Collegium Musicums.

»Trotzdem, ich habe die Pflicht, Sie darauf hinzuweisen, daß Sie als Kantor der Thomasschule sich wieder mehr um die niederen Pflichten zu kümmern haben. Die Autorität an gewisse Stellvertreter zu delegieren geht nicht an.«

Bach erklärte lächelnd, daß man ihm, wenn noch nicht einmal der Rat die sechzehn Jahre alte Schulordnung ratifizert habe, zuallerletzt vorschreiben könne, wie er seiner Aufsichtspflicht nachzukommen habe.

Born schluckte seinen Ärger hinunter. Tatsächlich war die neue Schulordnung nie offiziell in Kraft getreten. Und an das, was keine

Unterschrift trägt, muß sich keiner halten – argumentierte jedenfalls Bach.
»Ja, ja«, sagte Born ausweichend und verfluchte in Gedanken Stieglitz. »Aber die Schüler ...«
»Mit Verlaub, wenn ein Schüler was taugt, dann schaut er so zu seinem Lehrer auf, daß Disziplinierung unnötig ist. Ich bin der gutmütigste Mensch. Und helfe dann, wenn es nötig ist. So zum Beispiel meinem Schüler Kirnberger, der vor Arbeitseifer das Fieber bekam und bis vor kurzem das Bett hüten mußte. Trotzdem hat er gelernt. Was ich honoriert habe, indem ich ihn auf seiner Stube besuchte. Damit ihm das Ausgehen die Gesundheit nicht weiter untergräbt oder das Hin- und Herschicken der Papiere ihm Kraft zur Genesung nimmt.«
»Kirnberger ist Thomasschüler?« fragte Born mißtrauisch.
»Befragen Sie diejenigen, denen ich Zeugnisse ausgestellt habe«, antwortete Bach ungerührt. »Sie würden ähnliche Geschichten hören.«
»Lassen wir es gut sein. Versprechen Sie mir nur, daß Sie über den Hofkompositeur den Kantor nicht vergessen.«
Bach machte einen tiefen Kratzfuß, legte aber anschließend die Hand auf den Knauf seines Degens.
Als die Tür ins Schloß gefallen war, atmete Dr. Born erleichtert auf.
»Er lebt nicht ewig«, sagte er wieder.
Dann klingelte er noch einmal nach dem Schreiber.
»Er hat schlechte Lust zur Arbeit bezeigt«, sagte er, stand auf und ging an den Kirschbaumschrank, hinter dessen einer Tür sich ein Fach auftat, in dem Gläser und eine halbvolle Flasche Branntwein standen.

Samstag, 30. Januar 1740

Magdalena und Vater haben die beiden Wochen Zweisamkeit in Weißenfels sichtlich genauso gutgetan wie mir. Denn sie kamen zurück wie ein frisch verheiratetes Ehegespons. Magdalena blühte wie ein von ihr gehegtes Nelkenbeet und Vater, wie er ihr aus der Kutsche half – es war ein so herzliches Bild. Zunächst sprang er aus dem Schlag wie Bruder Leichtfuß, dann stellte er sich mit der einen Hand auf dem Rücken ans Trittbrett, die andere der wertesten Frau Gemahlin mit geneigtem Kopf entgegengestreckt, um dero Beschwernis beim Aussteigen so viel als möglich zu lindern. Er mit Degen, braunen Pelzstiefeln und schwerem Roßhaarmantel, den Hut unter der Achsel und reichlich zerdrückter Allonge-Perücke, sie in dunkelgrünem Samtkleid mit weißer Haube. Und Magdalena ließ sich gerne helfen, genoß, nein, zelebrierte den Ausstieg vor uns und den anderen Gaffern.
Christian und Friedrich zerrten an meinen Händen – ich hatte Hemmung, sie loszulassen. Aber Mutter bleibt Mutter, dito ist es mit einem Papa. Noch etwas? Das Pflaster war naß und nicht wie am Morgen überfroren. Die Sonne lugte plötzlich hervor, und der Wind scheuchte ein paar Blätter an meinen Füßen vorüber. Magdalena breitete die Arme aus, und Christian und Friedrich rissen sich los. Carolina rief: »Mama!« Dann gab's Beinchenwirbel mit Wollsocken in Bastschühchen.
Wir drei Großen knicksten oder machten hübsch Diener, wie es sich gehört, dann aber, als Papa laut rief, was für einen gewaltigen Hunger er habe, war alle Scheu verflogen.
Ich habe die ganze Zeit in mich hineingeschmunzelt. Wenn die beiden gewußt hätten – denn sind der Kater und die Katze aus dem Haus, huschen die Mäuse frei umeinander.
Denn tatsächlich habe ich Barbara und Dresig in ihrem »Liebesnest«, wie beide es freimütig nennen, besucht! Und das gleich ziemlich ausführlich! Mit dem Versprechen, es wiederzutun. Und

darf, nein muß ich sagen, daß ich glaube, Freunde kennengelernt zu haben?
Ja!
Zwei Zimmer im Durchgang von der Nikolai- zur Ritterstraße nach hinten hinaus nennt Barbara jetzt ihr eigen. Das eine wird beherrscht von einem großen Himmelbett, das andere von einem Tisch mit zwei Stühlen, einer Truhe und einem Büfett mit Geschirr-Regal darüber.
»Keine Herdstelle?« fragte ich verwundert.
»Wir leben zum einen von Luft und Liebe, zum anderen bescheiden«, sagte Dresig und zog Barbara an sich.
Die kicherte erst, machte sich dann aber von ihm los und flüsterte mir ins Ohr, daß ihr Liebster völlig übertreibe. Weil ich ihnen aber die Ehre meines Besuchs erweise, habe er ein paar Leckereien eingekauft, die er gleich vorbereiten werde.
Dresig hatte natürlich alles gehört. Er schob uns beide aus der Stube ins Schlafzimmer, wo der Regen gegen die Scheiben trommelte. Barbara ließ sich mit einem Juchzen aufs Bett fallen und erzählte, daß sie das erste Mal in ihrem Leben richtig glücklich sei.
Was sollte ich darauf antworten?
Nichts. So lauschte ich auf den Regen, die Schritte in der Stube, und schielte auf das unanständig große Bett. Schließlich streckte Barbara den Arm aus und zog mich auf die Bettkante. Daß es unschicklich sei, ihr Zusammenleben, sagte sie, belaste sie weniger als Dresig. Der nämlich in ständiger Angst lebe, daß der Rat ihre Verbindung entdecken könnte.
»Meine einzige Sorge dagegen ist, daß ich schwanger werden könnte!«
Sie sah mich aufmerksam an, während ich, die Jungfer Catharina Dorothea Bach, mit rotem Kopf auf der Bettkante saß und fieberhaft überlegte, was ich dazu sagen sollte.
»Haben Sie nie Lust nach einem Mann?« fragte sie mich völlig unverblümt und faßte dabei nach meiner Hand, so, als habe sie Angst, ich könnte entsetzt davonstürzen.
Bei jeder anderen wäre ich vor Scham bestimmt in den Boden gesunken – aber bei Barbara? Ich seufzte bloß auf.
In Barbaras dunklen Augen und dem kräftigen, beinah widerbor-

stigen blonden Haar, das zu dem bleichen Gesicht und den vollen blassen Lippen gut paßte, war nicht die Spur von Spott.

»Lust nach einem Mann ist für unsereinen gleich mit Hochzeit, Kindern und Tod«, sagte ich. »Genügt Ihnen diese Antwort?«

Barbara hatte die Augen geschlossen und streichelte über meine Hand. Ich hörte ihren Bauch knurren, roch ihr Parfum und – wurde müde! Barbara muß dies gespürt haben.

»Schlaf«, sagte sie. »Ich wollte, ich könnte jetzt hier mit Ihnen einschlafen und wir erzählten uns im Traum unsere Geschichten. Wenn wir dann aufwachen, sind wir wie zwei Schwestern.«

»Das würdest du dir wünschen?« fragte Dresig. Er stand in der Tür – mit einer Schürze! Barbara schlug die Augen auf, suchte Anwort bei mir und antwortete dann mit einem so warmen »Ja«, daß es mir vorkam, als fließe Licht und Wärme in mein Herz.

War dies etwa alles ein Traum?

Nein. Denn Dresig faßte nach meiner Hand – die ich ihm hinstreckte?! –, zog mich von der Bettkante und fiel dann auf die Knie, um seinen Kopf auf Barbaras Busen zu legen und darauf zu warten, daß sie ihm das Haar zerwuselt.

Also doch ein Traum.

Nein. Denn kurze Zeit später saßen wir zwei Fraunspersonen in der Stube am Tisch, während Dresig breitbeinig auf der Kleidertruhe ritt und uns einen Burgunder einschenkte – und zwar einen von der Güte, wie wir ihn nicht im Keller haben!

Ein fünfarmiger Kerzenleuchter brannte, es gab Käse aus Frankreich, Oliven aus Italien, feinstes Weißbrot und hauchdünn geschnittenen Speck. Dazu Radieschen, Gurken und schwarzen, seltsam süßen Essig. Nachspeise waren Äpfel und Birnen in Zitronensaft mit braunem Zucker.

Der Ofen bullerte, und draußen war es dunkel. Wieder rauschte der Regen.

Worüber wir gesprochen haben?

Dresig philosophierte von dem Recht des Menschen auf freie, bedingungslose Liebe. Barbara hielt dagegen, daß es die für die Frauen nie geben werde, weil sie nämlich wegen der Kinder immer vom Mann abhängig seien. Ich stimmte ihr zu, Dresig begann deswegen auf einmal zu lamentieren. Kinder hätten doch mit Liebe nichts zu

tun! rief er aus. Die dummen, schmutzigen Kinder! Ich gab ihm ein Contra und sagte, daß die freie Liebe schmutzig und verantwortungslos sei. Barbara hielt zu mir.
»Ihr beide versteht mich nicht!« klagte er pathetisch. »Die reine Liebe um ihrer selbst willen, das Losgelöstsein vom Fleisch, das Ätherische ...«
»Vom Fleische losgelöst?« fragte Barbara mit dem dazugehörigen Unterton. »Du? Wir?«
Ich mußte lachen. Das sind ja Kinder, durchfuhr es mich. Die an ihrem Liebsten ein Spielzeug gefunden haben, das den Frauen allerdings meist nicht gut bekommt.
»Aber unsere Liebe bleibt auch dann keinen Deut geringer, wenn unsere Körper sich gehabt haben«, sagte Dresig.
»Das will ich für euch beide hoffen«, sagte ich schwesterlich.
Zwei Flaschen Wein mußten dran glauben. Ich war wie im Nebel, vor allem, weil Barbara und Dresig mich nötigten, an dem kleinen »Verdauungspfeifchen« mitzurauchen. Was ich leichtfertigerweise tat, auf dem Nachhauseweg dann aber glaubte, über dem Boden zu schweben.
Zu Hause dann Vetter Elias, der Vaters *Wohltemperiertes Klavier* spielte – nie in meinem Leben habe ich innerhalb weniger Stunden derart unterschiedliche Welten erlebt.
»Catharina, ich muß ... hmhm.« Der kleine Christian zupfte an meinem rauchgeschwängerten Mantel.
»Dann hol dir doch dein Töpfchen.«
»Ich kann's nicht finden!«
Freie Liebe – daß ich nicht lache.
Lieber Herr Konrektor! Was wäre das für eine Ehe mit Ihnen!

* * *

Es passierte an Heinrichs Geburtstag und hatte nichts mit dem zwei Tage zuvor geschriebenen Zeugnis für Christian Friedrich Schemelli zu tun, dem Sohn des Zeitzer Schloßkantors. Trotzdem versuchte Bach im nachhinein einen Zusammenhang herzustellen und machte sich deswegen schwere Vorwürfe.
Dabei hatte er nichts anderes getan, als im Beisein Heinrichs wie-

der eines seiner ebenso wohlgesetzten wie umständlichen Zeugnisse zu überreichen, mit denen er hoffte, seinen Schülern zu einem Musikeramt zu verhelfen. Dasjenige, was er Schemelli geschrieben hatte, las sich nicht besser oder schlechter als das Gros anderer derartiger Empfehlungen, aber Heinrich hörte, nachdem Schemelli seine Dankfloskeln losgeworden war und sich mit dem Rücken zur Tür verabschiedete, aus dem Scherzwort des Vaters eine Drohung heraus.

»Heinrich«, sagte Bach, »um ein halb so gutes Zeugnis wie der Monsieur Schemelli zu bekommen, mußt du übermorgen doppelt so virtuos spielen wie er.«

»Und wenn ich nur so spiele wie immer?« fragte Heinrich schnippisch, obwohl er in Wahrheit voller Hoffnung auf ein Lob seiner klavieristischen Fingerfertigkeiten war.

»Dann«, überlegte Bach angestrengt, »dann werde ich Magdalena sagen: Lassen wir ihn doch lieber Philosophie studieren. Oder Theologie. Oder die Juristerei.«

Heinrich starrte seinen Vater dermaßen erschrocken an, daß Bach stutzig wurde. Mit versöhnlicher Stimme rief er Heinrichs Namen und glaubte seinen Sohn zu beruhigen, indem er ihm einen Nasenstüber versetzte. Heinrich traten die Tränen in die Augen. Da begriff Bach, daß es ernst war. Die Nervenschwäche seines Sohnes hatte mit jedem Tag zugenommen. Heinrich schwitzte nachts das Bett durch, und ihm wurde übel, wenn von seinem Geburtstag die Rede war. Denn der fiel auf einen Freitag, was Bach als willkommenen Anlaß betrachtete, Heinrich im Collegium Musicum debütieren zu lassen. Für ihn war das sein Hauptgeschenk, für Heinrich hingegen türmten sich diese beiden Stunden zur schrecklichsten Prüfung seines Lebens auf. Weil sie unausweichlich war, übte er die Konzerte seines Vaters bis zur Erschöpfung – längst konnte er sie allesamt auswendig, aber je virtuoser er sie meisterte, um so mehr mißtraute er seinem Können.

Heinrich hatte sich den Tag zuvor jegliche Umstände für seinen Geburtstag verbeten, und so wurde zum Frühstück außer dem gemeinsam angestimmten Morgen-Choral auch nicht musiziert. Selbst seine Geschenke wollte er erst nach dem Konzert in Empfang nehmen. Im Unterricht stürzte er sich mit Feuereifer auf die lateinische Lektüre und Grammatik. Vetter Elias, der den Grund dieser ungewöhnlichen Selbstkasteiung wußte, spielte den Erfreuten und ließ ihn zur weiteren Ablenkung immer wieder Verben konjugieren. Heinrich tat ihm leid, sosehr er auch dessen Vater respektierte und verehrte.

Am Nachmittag dann nahm sich Magdalena ihres Sohnes an. Gemeinsam unternahmen sie einen ausgiebigen Spaziergang ins lauschige Rosental, wo es Magdalena, der großen Garten- und Naturliebhaberin, auch recht gut gelang, Heinrich abzulenken. Gemeinsam zertraten sie Eisdecken, knickten Schilfrohr und warfen sogar ein paar Schneebälle. Heinrich solle nur immer wieder tief atmen, ermahnte sie ihn und verwickelte ihren Sohn in Gespräche darüber, wie er sich seine Ehefrau einmal vorstelle. Als es dämmerte, waren sie noch immer unterwegs, als die ersten Sterne eine neue Frostnacht ankündigten, erreichten sie wieder das Stadttor.

Heinrich glühten die Wangen, seine Finger waren steif.

»Jetzt kann ich nicht mehr spielen!« frohlockte er, hauchte aber nichtsdestotrotz in seine Hände. Magdalena nahm sie und führte sie an ihre Wangen.

»Was fühlst du?« fragte sie.

»Weich«, sagte Heinrich und lächelte. »Schön. Und wird schon wärmer.«

»Siehst du. Sind wir erst im Warmen, werden sie zu glühen anfangen.«

Eine geraume Zeit standen sich Mutter und Sohn gegenüber und schauten sich an. Heinrich senkte immer wieder den Blick, sein anfängliches Lächeln wurde immer unsicherer.

»Und wenn ich …«

»Sag mir einen Grund, warum es in der Katharinen-Straße anders sein soll als zu Hause.« Magdalena sagte es bestimmt, ihr Ton duldete keine Antwort. »Du bist genauso der Sohn deines Vaters wie Friede und Carl. Du trittst nur dann aus ihrem Schatten, wenn du es dir selbst beweist. Deshalb mußt du spielen. Für dich. Was erwartet das Publikum denn? Daß du, wie du es uns seit Monaten immer wieder vormachst, die richtige Taste zur richtigen Zeit niederdrückst.«

»Ich bin aber kein Friede und kein Carl. Noch nicht einmal ein Bernhard«, sagte Heinrich trotzig.
»Ja Gott sei Dank!« rief Magdalena. »Dafür bist du mein Sohn! Mein Ältester! Der jetzt so erwachsen sein sollte, seine Ängste auf die gleiche Stufe zu stellen wie dein Vater die Musik zu irgendwelchen Komödien!«
Heinrich schluckte, sagte keinen Ton mehr. Magdalena küßte ihn liebevoll auf die Stirn und kniff ihn dann in die Wange.
»Du machst dir und mir keine Schande. Das weiß ich«, flüsterte sie mit blitzenden Augen.

* * *

Und doch versagten Heinrich die Nerven. Was nicht hieß, daß er nicht spielte. Beim *E-Dur-Konzert*, das zum Auftakt gegeben wurde, kam ihm in den ersten beiden Sätzen kein falscher Ton in die Quere. Aber sosehr ein Clavicenist auch mit den Fingern lernt und diese über die Bewegung und Spannung quasi ein eigenes Gedächtnis entwickeln: Heinrich wurde sich dessen von Takt zu Takt in einem Maße bewußt, daß er seine Hände schließlich losgelöst von sich selbst, empfindungslos, irgendwelche Tasten niederdrücken sah. Ein Grauen machte sich in ihm breit, und die Angst kehrte zurück. Vergeblich versuchte er sich zur Räson zu rufen: Sein Geist blieb ihm verschlossen. Kalter Schweiß brach ihm aus, während die Sechzehntel-Triolen des Finalsatzes aus seinen Fingern purzelten wie Nüsse über eine Treppe. Wie lange konnte er das noch durchhalten? Heinrichs Blicke wanderten durch das Orchester, aber er begriff schon nicht mehr genau, was er sah: Die Gesichter waren bekannt, aber die Namen wollten sich nicht mehr einstellen, ihre Verrichtungen wirkten lächerlich. Und dann die Dumpfheit um ihn herum – als ob Nebel und Grießbrei ihm die Ohren verstopften.
Hören konnte niemand, was in Heinrich vorging. Seine Finger drückten zur richtigen Zeit die richtige Taste, ganz so, wie es Magdalena und vor allem sein Vater im Scherz so gerne erzählten.
Heinrich warf den Kopf nach hinten, lächelte.

Magdalena, Catharina und die Vettern – die Vettern, Vettern, Vettern …

Carl!

War das nicht Carl? Heinrich erschrak, obwohl er die Schwelle in eine andere Welt bereits überschritten hatte. Dann packte ihn ein verzweifelter Mut. Ihm würde er es zeigen! Jetzt! Die Musik war doch fast zu Ende? Im Ritornell mit den Sechzehntel-Triolen …

»Ich mache Zweiunddreißigstel daraus«, durchzuckte es ihn. »Dann bin ich schneller fertig.«

Heinrich strengte sich an. Jetzt taten die Finger wieder, was sie sollten! Deshalb gucken wohl auch alle?

Und Mama weint vor Glück!

Heinrich verbeugte sich, hörte den Applaus rauschen und sah in das Gesicht seines Vaters. Lächelte es darin?

Nein, du warst doch … Heinrich fühlte, wie zwei ihm sehr bekannte Gesichter ihn an beiden Seiten unterhakten und davon sprachen, daß er erst einmal frische Luft bräuchte.

»Man sollte beim Musikmachen die Pfeifen verbieten«, sagte eins von ihnen. Richtig, das war der Vetter Carl.

»Es schneit!« rief Heinrich glücklich. »Schneeball machen!«

Ostern, Sonntag, 4. April 1740

Ist es ein Zeichen meiner Traurigkeit, oder liegt es an Vaters Musik? Dabei heißt es heute doch: Jubilieren sollt ihr! Der Himmel lacht! Christus ist auferstanden!

Aber du, Catharina, du lebst noch ganz in der Welt von Vaters Passion nach unserem Evangelisten Matthäus. Hörst Choräle, dann wieder Themen einzelner Arien und verziehst ab und zu gar das Gesicht, weil du im Geist einzelne Teile des Evangelistenparts nachsingst.

»Hast du Kopfschmerzen?« ertappte Vater mich, da ich ihn beim Abendtisch längere Zeit ganz seltsam angeschaut haben muß. Ich befürchtete schon, beim Verneinen zu singen: *Und alsbald krähete der Hahn. Da dachte Petrus an die Worte Jesu, da er zu ihm sagte: Ehe der Hahn krähen wird, wirst du mich dreimal verleugnen. Und ging heraus und weinete bitterlich.*

Ich lächelte, trotzdem standen mir die Tränen in den Augen. Denn was Vater danach komponierte – Petrus' Weinen, diese Alt-Arie, diese Violine, dieses hemmungslose Schluchzen des *Erbarme dich*: Wem dies am Freitag in St. Thomas nicht ans Herz gegangen ist, dem muß der Teufel eigenhändig die Ohren zugehalten haben.

Ich wage nicht, Vater von meiner Begeisterung zu erzählen – weil ich mich dann dumm und klein und so herzlich unwichtig fühle. Magdalena scheint zwar nicht weniger ergriffen, aber dies hat ja doch sehr mit Heinrich zu tun, der einfach nicht in unsere Welt zurückfinden will. Er sitzt da und lauscht irgendwohin, wenn er nicht gerade schläft. Vor dem Cembalo sitzt er wie ein Greis, zusammengesunken und mit zitterndem Mund. Dann greift er plötzlich voll in die Tasten, spielt ein paar unzusammenhängende Passagen und ruft dann stets, es sei alles zu schnell.

Der Doktor hat ihm jetzt alle Musik verboten.

Warum empfandst du nun vor neun Jahren bei Vaters Passion nicht dasselbe wie heute, Catharina?

»Weil Vater die Partitur damals weder in Schönschrift noch die Taktstriche mit dem Lineal gezogen, noch den Evangelientext mit roter Tinte geschrieben hat« – hätte wahrscheinlich Omni-Musicus-Pictor-Poeticus Heinrich geantwortet.
Ich dagegen sage: Catharina, so, wie du damals die Größe Vaters nicht hinlänglich begriffen hast, so auch seine Musik nicht.
Ist er uns allen nicht längst entrückt? Vater lebt nach innen, selbst wenn er darüber spricht, welche Kleider uns Frauen am besten stünden. Sein Amt übt er tatsächlich immer weniger aus. Die irdischen Lasten überläßt er weitgehend seinen Präfekten – steckt ihnen Geld zu, damit sie die Singstunden abhalten. Der Rat hält still – sie hoffen wohl, daß ...
»Gott stand stets hinter mir«, sagte er nach Heinrichs Zusammenbruch, »jetzt hat er mich an die Hand genommen und zieht mich dorthin, wo ich hin soll.«
»Und das ist?« fragte Liese.
Vater dachte einen Augenblick nach und sagte schließlich:
»Zu einer Musik, die nicht Mode noch Bild ist, sondern so klar und fest klingt, als ob es sie schon immer gegeben hat.«
Ist seine Passion so eine Musik?
Ich glaube, nein. Bis ins Letzte war ich doch darin unserem Herrn Jesus Christus nah. Ich sah, wie er im Eingangschor durch die Stadt zum Kreuz geführt wird, sah die Volkshaufen von Juden und Römern, wie sie sich mit grausamer und unerbittlicher Lust am Töten durch die Gassen drängeln. Oder am Schluß! Wie Vater in dem herrlichsten Chor mit der ruhigen Grablegefigur uns vor Augen führt, wie Christi Leichnam in die Gruft gelegt wird. Das ist doch Augen-Musik zu gleichen Teilen wie Herzens-Musik!
Und die Arien? Wie nach dem Duett, wo über Jesu Gefangennahme geklagt wird und der Chor das *Laßt ihn* dazwischenwirft, bis er in tobender Wut Blitze und Donner beschwört, um den falschen Verräter niederzustrecken: Ist das Musik, die so klingt, als ob es sie schon immer gegeben hat? Nein!
Aber sie wird auch nicht untergehen! Das weiß ich.
Keins von Vaters Werken wird untergehen! Friede hat dies schon früher gesagt. Jetzt glaube ich es auch: Jedes seiner Werke wird uns alle überleben und noch in ferner Zukunft gespielt werden!

Wieder holt mich das Geschehen unter dem Kreuz ein. Da schrie der Evangelist wahrlich bis zum hohen gis, worauf in vier verhaltenen, sehr sanft abwärts klingenden Tönen verkündet wird: *und verschied.*

Wenn ich einmal soll scheiden, so scheide nicht von mir. Wenn ich den Tod soll leiden, so tritt Du dann herfür. Die Schönheit und Sanftheit dieses Choralsatzes steht jenseits der Grenze, wo Worte hinreichen. Ich war nicht die einzige in der Kirche, die weinte.

Catharina, in deinem Alter noch eine Heulsuse? Denke doch einmal zur Erheiterung an des Magister Mizler neue Odensammlung! Einen solchen Verehrer muß Vater sich gefallen lassen! Die Oden sind wahrscheinlich das erbärmlichste Machwerk, das je gedruckt wurde! Diese Melodien! Betonungen, wie sie sich Affen im Urwald erlauben! Und ein Satz, angesichts dessen Stümperhaftigkeiten Vater bei seinen Schülern gewiß die Hand ausrutschen würde. Aber dieser Magister hat eine »Societät der musikalischen Wissenschaften gegründet«, in die sogar Telemann eingetreten ist!

Und Vater sagt noch nicht einmal nein!

Wie kann das angehen?

* * *

BACH GÖNNTE SICH einen geruhsamen Sommer – was sich unter anderem darin ausdrückte, daß er die Festkantate zum Namenstag des Königs nur noch zu proben brauchte, denn komponiert war sie bereits. Er machte sich sogar nicht einmal mehr die Arbeit, die Musik aus früheren Kantaten zu entlehnen oder sie neu zu textieren. Kurzerhand griff er auf seine vierundzwanzig Jahre alte *Jagdkantate* zurück, die er mit zwei nur minimalen Textänderungen, so wie sie war, aufführte. Was einst für den Geburtstag des sachsen-weißenfelsischen Herzogs Christian taugte, mußte auch für Kurfürst August genügen: Bach war es leid. Er hatte die Lust am Textvertonen verloren.

Mit zwiespältigen Gefühlen dachte er an seine *Missa brevis* von 1733. Kyrie und Gloria lagen komponiert vor, verschiedene Sanctus gab es ebenfalls – was fehlten, waren Credo, Benedictus

und Agnus Dei. Du wirst in den Kantaten schon noch das eine und andere finden, beruhigte er sich. Aber jetzt?
Nein.
Bach jedoch war zufriedener, als er es sich eingestehen wollte. Schon allein deshalb, weil auch Carl jetzt richtig Karriere machte. Hochzufrieden las er den Brief seines Zweitältesten und brummte vor Vergnügen, als er an die Stelle kam, in der Carl erzählte, wie er in Schloß Charlottenburg das erste Flötensolo, das Friedrich Wilhelm als preußischer König spielte, ganz allein auf dem Flügel begleitet hatte.
Ob er den König einmal kennenlernen würde? Bach straffte sich, doch schalt sich im selben Augenblick einen eitlen Narr. Der neue König bevorzugte ohne Wenn und Aber entweder Opern vom Dresdener Stern Adolph Hasse oder die galante kurzatmige Musik der Modernen, wie die Sonaten und Konzerte von seinem Flötenlehrer Johann Adolph Quantz bewiesen.
»Quantz ist seine Richtschnur«, hatte Carl geschrieben. »Auf vier Konzerte von ihm bringt es der König in seinen täglichen Abendkonzerten, die er freilich ohne größeres Publikum allein zu seinem Vergnügen abhält. Quantz gibt den Takt vor, und er ist es, der als einziger Bravo rufen darf. Und so stark der König in den Adagios ist, so schwach ist er in den Allegros. Königlich hart tritt er bei schleppenden Stellen und Verrückungen im Zeitmaß dann den Takt. Als wären es die Begleiter, die da wankten oder eilten. Ihm dann mit Diskretion zu folgen: das ist höchste Kunst.«
Bach legte den Brief zur Seite und schaute aus dem Fenster. Es war ein schöner Sommertag, eigentlich sollte man einen Spaziergang machen. Oder einen Besuch?
Einen Besuch.
Allein?
Bach fragte Magdalena – die zog einen schiefen Mund wegen Unpäßlichkeit. Catharina?
»Ist mit den Kleinen an den Teichen. Heinrich dagegen …«
»Ich kann doch nicht …«
»Warum, Sebastian?«
Magdalena sagte es mild, ohne irgendeinen aggressiven Unterton. Heinrich, dem sie aus der Bibel vorlas, saß mit angezogenen Bei-

nen auf dem Boden und sah seinen Vater hoffnungsvoll, geradezu flehentlich an. Und dieser Blick beschämte Bach tief.
»Natürlich«, sagte er und faßte seinen Sohn an der Hand, um ihn hochzuziehen. »Hast du aber auch Lust, mich zum Hildebrand zu begleiten«?
Heinrichs Augen leuchteten auf. Seltsam unbeholfen stand er vor seinem Vater, wobei ihm plötzlich der Mund zu zucken begann, so als wolle er unbedingt etwas sagen. Magdalenas Augen trübten sich, doch Bach war nicht danach, seine Frau zu trösten. Doch um irgend etwas zu sagen, rief er: »Nächstes Jahr wirst du doch tatsächlich vierzig!«

* * *

Zacharias Hildebrand war Instrumentenbauer. Drei Jahre jünger als Bach, war der Silbermann-Schüler 1734 nach Leipzig gekommen und konnte Bach sofort von seinen Clavichorden und Cembali überzeugen. Vor allem dessen baß- und volumenstarke Sechzehnfüßer beeindruckten den städtischen Musikdirektor, weshalb er schon zwei dieser Pedalcembali sein eigen nannte und nichts lieber täte, als diesen beiden noch ein drittes hinzuzugesellen.
Zur Zeit arbeitete Hildebrand auf Anregung Bachs an einem Lautenklavier. Der Einfall war Bach auf der Geburtstagsfeier Gottscheds gekommen, zu dessen vierzigstem Geburtstag er im Februar mit seiner Frau eingeladen gewesen war: ein gesellschaftliches Ereignis ersten Ranges, das die Studenten des hochverehrten Professors mit einer Abendmusik vor dessen Haus krönten. Bach hatte auf diesem Fest nicht nur Silvius Leopold Weiß wiedergesehen, sondern auch seinen Lieblingsschüler Ludwig Krebs, der nun schon seit drei Jahren in Zwickau das Amt des Marienorganisten ausübte.
Lautenmusik bestimmte damals den Geburtstags-Nachmittag. Denn auch wenn Gottsched gegen die für ihn höchst unnatürlichen Opern wetterte. Er schätzte die Musik insgesamt nicht minder als seine dichtende und lautenbegeisterte Frau, Luise Adelgunde. Ihr zuliebe war Weiß gekommen, ihr wieder nahe zu sein, Lud-

wig Krebs, Luise Adelgundes einstiger Kompositionslehrer. Und ihr zu Ehren war Bach auf die Idee gekommen, die Vorzüge eines Tasteninstrumentes auf die Laute zu übertragen. Denn waren die Weißschen Suiten, die Luise Adelgunde über die Maßen schätzte, schon schwer: Bachs Lautensuiten nahmen sich, da er kein eingeschworener Lautenist war, streckenweise unspielbar aus.

»Mein Gott, die Gottschedin wird lachen, wenn sie diesen, diese« – Bach suchte nach Worten – »Tastenwanze sieht«, sagte er, nachdem Meister Hildebrand die schützende Pferdedecke mit einem Ruck weggezogen hatte.

»Tastenwanze? Monsieur Bach! Machen Sie Ihre Erfindung nicht schlecht!«

»Aber wenn es doch so kurios aussieht! Heinrich, hm? Was meinst du?«

Heinrich schüttelte heftig den Kopf. Er ging um das noch unlakkierte Instrument herum, klopfte auf das helle Ahorn-Holz und fuhr mit der Hand über den überdimensionalen Lautenkorpus, der zwischen den vier Standfüßen hing wie ein halbierter Sack.

»Wenn der Lack drauf ist, wird der Klang noch an Festigkeit gewinnen«, sagte Hildebrand und setzte sich an den Spieltisch, der nicht anders aussah als der eines Cembalos. Bach verfolgte die Ausrichtung der Saiten, die an einen auf dem Resonanzboden aufgeleimten sensenförmigen Steg geknüpft waren, und reichte Hildebrand Stimmgabel und Stimmschlüssel. Der schlug einzelne Tasten und Akkorde an und erzählte dabei, daß sich die Wölbung des Korpus aus einundzwanzig entsprechend gesägten Dauben ergeben habe. Heinrich wiederholte die Zahl und begann nachzuzählen, dann kam er auf den Einfall, auch die Saiten zu zählen.

»Willst du ein zweiter Mizler werden?« neckte ihn sein Vater, woraufhin Heinrich zustimmend nickte.

»Ein Mathematicus«, sagte er bedeutsam.

»Handwerk ist aber schöner«, sagte Hildebrand. »Schau mal: das Holz, der Duft von Leim und Harz, die vielen Werkzeuge. Und in jedem Holzspan steckt der liebe Gott.«

Hildebrand hielt einen Hobelspan gegen das Licht und winkte Heinrich heran. Der Span war so dünn, daß die Sonne das Holz durchleuchtete. Bach begann derweil zu spielen. Was ihm gerade einfiel. Hildebrand nickte bei jedem Kompliment: Er wußte, er hatte hervorragende Arbeit geleistet. Bei gezogenem Lautenzug klang das Instrument einer echten Laute zum Verwechseln ähnlich. Bevor er sich einen Stuhl holte, um Bach zuzuhören, klemmte er ein Stück Holz in den Schraubstock und drückte Heinrich einen Fausthobel in die Hand.

»Du darfst dir jetzt einen Berg voll Späne machen. Die sammelst du auf und steckst sie dann hier in das kleine Leinensäckchen.«

»Und was soll das?« ließ sich Bach vernehmen.

»Zu-sich-selbst-finden«, war Hildebrands Antwort. »Das ist es, was er jetzt braucht.«

Bach schüttelte verständnislos den Kopf, Hildebrand brummte etwas. Eine Biene summte, draußen tschilpten die Spatzen. Bach spielte und spielte, Heinrich hobelte, und Hildebrand begann darüber nachzugrübeln, warum Gott einigen so viel gab und anderen alles nahm.

Mittwoch, 15. März 1741

Vater witzelte darüber, daß wir Carl jetzt als Verbündeten bezeichnen müßten – wo sich doch in diesen Tagen die Preußen, Sachsen, Bayern und Franzosen in Schlesien mit den Österreichern schlagen.

»Er spielt mit dem König, für ihn und wird von ihm bezahlt. Somit ist er ein treuer Diener seiner Majestät und des preußischen Staatswesens.«

»Man muß dankbar sein, daß es nicht andersherum ist«, warf Vetter Elias ein, worauf Vater leichtfertig meinte, das würde seine schmale Besoldung dann wenigstens erklärbar machen. Er ist nämlich dem König gram, daß er Carl für seinen verantwortungsvollen Dienst nur dreihundert Taler zahlt, hingegen gemunkelt wird, er wolle seinem Liebling Quantz mehr als das Fünffache zahlen und ihm zusätzlich jede Flöte und jedes Konzert honorieren!

Muß das ein seltsamer Monarch sein! Gerade auf dem Thron und ein Vierteljahr später zu Pferd in feindlichen Landen. Und das mit Glück! Vielleicht ist er mit seiner Flöte ja ein zweiter Rattenfänger? Vor einer Woche jedenfalls hat er die den ganzen Winter über belagerte Oderveste Glogau mit List überrumpelt und alle Besatzung zu Gefangenen gemacht. Und bald, so schreit es hier in allen Gassen, soll es irgendwo stromaufwärts von Breslau zu einer letzten Entscheidungsschlacht kommen. Schlesien sei bereits so gut wie preußisch, heißt es – was Dresig mit dem Ausruf quittierte: Das Blut, das dafür vergossen worden sei, würde dem König irgendwann die Flötenlöcher verstopfen.

Sigmundus Fridericus Dresigius, Sie sind noch wunderlicher als der Preuße.

Kürzlich, bei Barbara, meinten Sie, der Sie doch tatsächlich schon über ein halbes Dutzend lateinischer Bücher geschrieben haben, Sie hätten nichts dagegen, ein halbes Dutzend Kinder ihr eigen zu nennen, wenn deren Aufzucht nur nicht so langwierig und dumm-

machend wäre. Dann küßten Sie Barbara wie, wie ... als ob es das letzte Mal wäre.
Monsieur Dresigius, haben Sie gemerkt, daß Barbara die Augen offenhielt und mich dabei unverwandt ansah, als wollte sie sagen: Es wird dies hier alles einmal ein wunderliches Ende nehmen.
Wirklich – daß dieser Dresig Vaters Vorgesetzter ist und in der Schule würdevoll und steif Humaniora lehrt, während sein Kopf selbst nur an – doch! – den Koitus denkt. Mir wird allmählich wunderlich, wenn ich darüber nachdenke. Aber ich muß es mir jetzt endlich von der Seele schreiben: Dieser Besuch weitete sich zu einem Abenteuer aus, das ich wohl nicht so schnell vergessen werde.
Mit Ihnen zusammen besuchte ich nämlich die Vaganten, die gerade aus Italien zurückgekommen waren.
Damit bin ich jetzt genauso erpreßbar wie Dresig. War das meine geheime Absicht? Erkannt zu werden? Von beiden Seiten?
Was habe ich schon zu verlieren, außer dem Bachschen Familiennimbus, der doch nicht mir gilt ... Du vereinsamst. Soll ich etwa noch groß jubeln, wenn irgendwelche Kantoren Vater Kanons schicken, die dieser dann mit der Anmerkung zurücksendet: Kompliment – keine Sauereien wie irgendwelche Parallelen oder harmonische Mistigkeiten darin zu finden? So passiert im Januar. Ich weiß es doch längst: Johann Sebastian Bach, mein Vater, ist in Deutschland der Schiedsrichter für all das in der Musik, was heute nicht mehr à la mode ist.
Nun denn – auf zu den Vaganten! Dresig und Barbara hatten bereits alles vorbereitet. Damit mich auch ja niemand erkennen konnte, hatte Barbara ein Witwenkleid mit Schleier aus den Requisiten besorgt. Beide nahmen sie mich in die Mitte, rechts und links untergehakt – es sah so aus, als stünden sie einer Witwe in ihrem Gram bei. Niemand, nicht einmal Vater hätte mich erkannt, selbst wenn wir einander begegnet wären. Hinter der Rannstädter Bastei, auf halbem Weg zum Rosental, bogen wir einen Weg ab in Richtung Pleiße, und da, auf einer Wiese, hatten sie sich niedergelassen.
Ein Kastenwagen, ein Zelt, zwei Pferde, eine Feuerstelle. Der Wagen war aus rohem, grauverwittertem Holz. Eine Wäscheleine zog

sich zu einem in die Erde gerammten Obstbaumstecken. Alles bot ein durch und durch friedliches Bild. Musik getrieben wurde freilich nicht, sondern Teig an Stecken gegrillt:
»Stockbrot sagen sie dazu«, klärte mich Dresig auf. »Weil in Hungerzeiten das Mehl für ein ganzes Brot nie reichte, haben sie das bißchen Teig, eine viertel Handvoll, eben ans Holz geknetet.«
»Mach dich nur lustig«, sagte Barbara und winkte dann mit seltsamen Bewegungen, was auf gleiche Art beantwortet wurde. Die Zeichensprache der Rotwelschen – mir wurde mulmig. Dresig ist Konrektor, Konrektor, Konrektor! beruhigte ich mich.
Zwei Männer, einer mit Soldatenstiefeln in Barbaras Alter, und ein feister Graukopf mit stahlgrauen Augen tauchten auf. Barbara wurde flüchtig auf beide Wangen geküßt – wie's die Italiener so tun –, vor Dresig verbeugten sie sich. Ein Halbwüchsiger, barfuß, und ein blasses Mädchen kamen zögerlich heran, in der hohlen Hand des Mädchens lagen ein paar salzbestreute Brotkrümel. Sie hatte eine Decke um die Schultern liegen – unwillkürlich dachte ich an mein Halstuch.
Dresig pickte sich einen Krümel heraus, Barbara auch, gab ihn aber mir und sagte dann laut:
»Du bist willkommen, Catharina.«
Ich dankte. Sie zeigten mir alles, stellten aber keine Fragen. Im Kastenwagen, an dessen Wänden ich endlich die Instrumente sah, schlief im Schoß einer Frau ein kleiner Junge, während eine alte Frau allein am Tisch saß und sich Karten legte. Nichts war schmutzig, in einem Winkel hing ein Kreuz, um das ein Rosenkranz geschlungen war.
»So nun geht's bei den Vogelfreien zu«, sagte Dresig unbekümmert.
»Ich komm dir gleich ...«, sagte die Alte. »Aber uns den Stern abspenstig machen, wie?«
Dresig faßte, wie es seine Art ist, Barbara um die Hüften und schnoberte an ihrem Hals. Die kreischte auf, wovon der Junge erwachte. Er musterte mich mit verschlafenem Blick und kuschelte sich dann wieder an seine Mutter. Sein Atem rasselte. Das Haar klebte ihm an der fiebrigen Stirn.
Draußen klärte Barbara mich auf: Mit dem Stern sei sie, wegen ih-

rer Singerei, gemeint. Dresig löse sie gewissermaßen durch eine monatliche Zuwendung an die Gemeinschaft aus.
»Du hilfst jetzt Onkel, ja?« sagte sie zu Dresig, worauf er auch gehorsam zum Graukopf ging, der im Schneidersitz am Feuer saß und dort Pfeile schnitzte.
»Ab und zu wildern wir«, sagte Barbara.
Was blieb mir anderes übrig, als die Welt so zu nehmen, wie sie ist. Aber es bereitete mir doch Kopfzerbrechen, wie Dresig seine Besuche bei den Vaganten verheimlichte. Barbaras Antwort auf meine Frage war so offen wie auch verrückt. Denn Rektor Ernesti war darüber informiert! Über sie, die Vaganten, setzte Barbara hinzu.
»Nicht über unser Verhältnis. Und zwar geht das so: Siegmund nutzt eures Rektors Interesse für die Wissenschaft der Sprachen. So offenbarte er ihm, er erarbeite ein Lexikon des Rotwelschen. Ernesti verteidigte dies gegenüber dem Rat damit, daß, liege erst einmal ein derartiges Buch vor, das Vagantengesindel sich bei Verhören nicht mehr würde ausreden können.«
Vom Wald aus war das Lager nicht mehr zu sehen. Eingesponnen in vielerlei Vogelkonzerte, schritten Barbara und ich schweigend auf dem Pfad. Um uns herum hunderterlei Frühlingsgrün, das Magdalena bestimmt zu Begeisterungsstürmen hingerissen hätte.
»Liebst du ihn?« brach ich unser Schweigen.
»Siegmund brachte mich zur Komödie, ist mein erster Mann und mir hörig. Er zahlt für mich und beschenkt mich. Dafür liebe ich ihn.«
»So viel es ist – ist es wirklich alles?«
Barbara machte ein unglückliches Gesicht.
»Ich würde lügen«, sagte sie leise. »Aber Gott weiß, daß ich täglich bete, Siegmunds Begehren möge mein Herz nicht nur glimmen, sondern lodern lassen.«
Ich verstand. Fragte nicht weiter. Als wir zurück waren, drängelte Dresig zum Aufbruch. Der Graukopf reichte mir die Hand zum Abschied, sagte, ich sei ab jetzt immer willkommen. Barbara und ich umarmten uns.
Gottes Wege sind wirklich unergründlich.

* * *

Um die gleiche Zeit begrüßte Bach bei sich einen hohen Gast: Heinrich Christian von Keyserlingk, den Sohn seines Dresdener Förderers. Christian sollte in Leipzig studieren, wobei der Baron Wert darauf legte, daß sein Sohn von Anfang an mit Leipzigs musischen Kreisen in Berührung kam, wofür er Bach um Mithilfe ersuchte. Für Bach war die Bitte des Barons eine große Ehre, und so bot er an, auch bei der Wohnungssuche behilflich zu sein. Für Christian wurde im Boseschen Haus, also nur ein Paar Schritte über den Thomaskirchhof, eine Wohnung gefunden, und natürlich stand ihm auch die Bachsche Wohnung jederzeit offen, genauso wie Bach sich wünschte, den werten Herrn Sohn oft zum Mittag- oder Abendessen oder ganz einfach auf ein Glas Wein bei sich willkommen heißen zu dürfen.
Christian nahm Bachs Angebot dankbar an, aber nach einem Höflichkeitsbesuch war für ihn diese Pflicht erledigt. Es schien ihm wenig reizvoll, sich mit diesem gewiß herzlichen, aber doch auch einschüchternden Musikdirektor zu unterhalten. Geschweige denn mit seinem Anhang. Kinder noch die einen, ein Jüngling geistig verwirrt und eine Tochter in einem Alter, in dem sie, statt auf einen Mann zu hoffen, über die Preußen redet und sich dazu versteigt, auch den unteren Ständen einen Ehrbegriff zuzuerkennen.
»War dir unwohl, oder ist er dir zuwider?« fragte Bach seine Tochter ein paar Tage später.
Er fühlte sich nach ihren ungewöhnlichen Äußerungen genötigt, seiner Tochter etwas Gutes zu tun; also machte er einen kleinen Einkaufsspaziergang mit ihr und ließ Catharina sich ein paar Spitzen für ein Kleid, einen perlenbestickten Kamm, Puder und Schminke und sogar ein Parfum aussuchen.
»I wo, Vater, nichts von beiden«, sagte Catharina und wedelte sich ihr neu parfümiertes Tuch um die Nase. »Ich kam mir ihm gegenüber nur so alt vor, daß ich wohl geglaubt habe, vor ihm ein bißchen die große Schwester spielen zu müssen.«
Bach gab sich mit der Antwort zufrieden, doch dann war es Catharina, die, nachdem Bach einer Gruppe von Bettlern ein Almosen in den Hut geschmissen hatte, unvermittelt fragte:
»War es denn falsch, das mit der Ehre?«
»Ich bin kein Sittenrichter«, wich Bach aus. »Aber für unsereinen

gilt, daß wir uns so viel als möglich den Beifall der Nobilitäten sichern sollten. Das sind die requisita politica boni compositoris.«
»Die Moral ist also gut, die sich nach den Regeln von Klugheit und Schicklichkeit richtet?«
»Sollte es in Leipzig eine Frauenzimmer-Universität geben, wären die Gottschedin und die Zieglerische Professoren und du deren Bachalaureus. Soll ich, weil Gott selbst Hans-Dampf-in-der-Gasse ein Paar Ohren aufgesteckt hat und sich ehrenhaft dünkt, wenn er schon sein Bier bezahlen kann, jetzt für ihn komponieren?«
»Ich will doch nicht mit dir streiten, Vater!«
Bach musterte seine Tochter. Catharina hielt seinem Blick stand, ohne rot zu werden. Sie lächelte nicht, neigte aber ein wenig den Kopf, so, als studiere sie den alternden und – böse gesprochen – feist gewordenen Mann, mit Doppelkinn und speckig glänzenden Altherren-Wangen. Die hartgeknöpfte weiße Kantorenperücke, die dichten Augenbrauen mit den müden Augen und bläulichen Tränensäcken – Catharina hörte auf einmal nur noch die Musik, die zu diesem Gesicht paßte, und Bach suchte nach dem Bild des elfjährigen Mädchens, das sich ihm mit Friede an der Hand in Köthen in die Arme geworfen hatte.
Das Grab seiner ersten Frau Maria Barbara schob sich dazwischen, und da erinnerte er sich an Catharinas anklagenden Blick, der da hieß: Wo warst du, als Mutter starb? Bach spürte, daß er Catharina deshalb nicht in eine Ehe gezwungen hatte. Kein zweites Mal sollte sie das Gefühl bekommen, in der Not womöglich ohne Vater, ohne Gatten zu sein. Und für ihn: War Catharina, indem sie täglich um ihn war, nicht auch ein Schild gegen den Schmerz des Erinnerns? Indem sie mit ihrer noch mädchenhaften Lebendigkeit die gestorbene Frau ersetzte und seine Vergangenheit damit schönte?
»Du sagst ja gar nichts«, holte ihn Catharina in die Zeit zurück.
Bach blinzelte und seufzte.
»Ich hab' dich lieb«, sagte er mild. »Das ist alles.«
Catharina strahlte, und es dünkte Bach in diesem Augenblick, seine Tochter noch nie so von innen her leuchten gesehen zu haben.
»Un café?«
»Mais oui, Monsieur Bach, avec plaisir!«

Es war die Stimme von Heinrich Christian von Keyserlingk. Bach war erfreut, Catharina dagegen blieb nichts anderes übrig, als gute Miene zu machen. Wenigstens bot Keyserlingk ihr den Arm.

»Wie geht es Ihrem Herrn Vater?« fragte sie.

»Er kränkelt«, sagte Keyserlingk. »Hat schlaflose Nächte. Und damit natürlich Langeweile.«

»Aber nichts Ernstes?« warf Bach beflissen ein. »Ich darf Seiner Exzellenz schreiben?«

Keyserlingk lachte amüsiert auf. Catharina schämte sich. Merkte ihr Vater denn nicht, daß dieser polierte …

»Natürlich, Monsieur Bach. Obwohl ihm ein Besuch bestimmt angenehmer wäre. Wissen Sie, sein Kammercembalist, der Goldberg, spielt im Nebenzimmer die halbe Nacht. Schweres mag er um diese Zeit natürlich nicht hören. Und Leichtes? Den Couperin kennt er bald auswendig. Komponieren Sie ihm etwas? Mein Vater redet immer wieder davon, daß es Klavierstücke, die vom Charakter her sanft und munter zugleich sind, nicht gibt. Ich schätze, er wird sie bald einmal darauf ansprechen.«

»Zu Diensten.«

»Monsieur Bach, Sie sind doch kein Lakai!«

Catharina machte sich los. Ihr Vater schaute sie entsetzt an – doch Keyserlingk faßte es so auf, als wolle sie ihm nur den Vortritt für das Kaffeehaus lassen.

Bach stieg die Stufen als letzter hoch. Würdevoll – doch er kam sich auf einmal selbst altmodisch und ein wenig lächerlich vor. Oder bildete er sich etwas ein?

Du wirst es bald überprüfen können, sagte er halblaut. Und rief dann mit Donnerstimme nach der Bedienung.

* * *

In Berlin konnte er Carl in die Arme schließen und die Huldigungen von dessen Kollegen entgegennehmen. Viele von ihnen waren anerkannte Komponisten und Instrumentalisten – und es sollte kein Tag vergehen, an dem nicht einer von ihnen in der Wohnung des königlichen Leibarztes Dr. Georg Ernst Stahl vorsprach, wo Bach logierte. Die ersten waren der Konzertmeister Johann Gottlieb Graun und der Geiger Franz Benda, »alte Bekannte«, die sich ein besonderes Willkommensgeschenk ausgedacht hatten: Berliner Saure Gurken.

»Denn die sind auf ihre Weise so einzigartig wie Sie, Monsieur Bach. Bitten daher ergebenst um Konsumption.«

Graun, der in seiner Merseburger Zeit Friede im Geigenspiel unterrichtet hatte, berlinerte, was seine Stimme hergab, und servierte eine der Gurken mit untertänigstem Kratzfuß. Franz Benda machte dazu ein »charlottenburgisches Lakaiengesicht«, doch als Bach aufstöhnte, als er von der Gurke abgebissen hatte, liefen ihm Lachtränen aus den Augen.

»Saure Gurken?« rief Bach und stürzte zur Karaffe, um sich einen ordentlichen Schluck zum Nachspülen einzuschenken – »Saure Gurken? Salzgurken!«

»Heißen in einer Stadt, in der ein König abwechselnd Konzerte und Märsche bläst, aber Saure Gurken.«

Bach schüttelte sich und sagte, daß er hoffe, sein Sohn habe eine Haushälterin, die es verstünde, Thüringer Klöße zu machen.

»Habe ich nicht«, sagte Carl, der ins Zimmer getreten war. »Aber ich kenne einen Gastwirt, der sich darauf versteht – nach dem Stadtrundgang? Im übrigen können wir gar nicht anders als ja sagen, denn Fredersdorf will dort zu uns stoßen.«

Graun und Benda verdrehten die Augen. Denn auch wenn der königliche Kabinettssekretär Michael Gabriel Fredersdorf als Flötist geduldet war:Sseine enge Beziehung zum König machte ihn zu einer Person, mit der man lieber dienstlich verkehrte als privat.

Das Lokal gefiel Bach. Die Wände waren brusthoch mit dunklem Holz verkleidet, darüber Landschaftsszenen, die dem Besucher die Illusion vermitteln sollten, in einem Garten zu sitzen. Und die Klöße? Vom Besten, meinte Benda, der sich vorher mit Graun darauf verständigt hatte, die Zeche für die Getränke zu übernehmen:

»Berlin ist beinahe so teuer wie Leipzig«, sagte er. »Und da wir alle nur einfache Kapellbediente sind, müssen wir zusammenhalten. Trotzdem geben wir die Hoffnung nicht auf, daß unsere Majestät dermaleinst erlauscht, daß wir wenigstens ein Viertel so wichtig sind wie gewisse Flötisten.«

Verschwörerisch lachten die Männer über die Spitze gegen König

Friedrichs Flötenlehrer und hochbegünstigten Komponisten Johann Joachim Quantz. Im Dezember würde er seinen Dienst beim König antreten, gleichwohl war er allen bestens bekannt, weil der König ihn bereits häufig auf Schloß Rheinsberg empfangen hatte.

»Was glaubt ihr, wer übernimmt dann die Macht in Preußen? Wie?! Kennt ihr den Witz?« Die Männer steckten die Köpfe zusammen. Carl flüsterte. »Also, die Macht in Preußen bekommt das Schoßhündchen von Madame Quantz. Weil, der König läßt sich dann von Quantz, dieser von seiner Frau und diese von ihrem Schoßhündchen regieren!«

Erneut brandete eine Lachsalve auf, Carl erzählte seinem Vater, daß diese Art von Witzen gerade berühmt seien.

»Aber nicht zu Unrecht!« rief Graun, schaute sich aber vorsichtshalber um. Doch weder stand ein Offizier lauschend in der Nähe, noch bog Fredersdorf, König Friedrichs flötespielender Kabinettssekretär, um die Ecke. »Und ich sag euch was: Glaubt ihr, der König liebt die Musik? Nein. Bloß die Flöte. Und selbst wenn er glaubt, die Flöte zu lieben, täuscht er sich. Denn er liebt nur seine Flöte.«

Bach winkte nach der Bedienung und bestellte eine Flasche Branntwein. Er fühlte sich ausgesprochen wohl. Zum einen, weil hier kein Blatt vor den Mund genommen wurde, zum anderen, weil er sich freute, daß sein Sohn offensichtlich mit lauteren und geselligen Kollegen Umgang pflegen konnte: etwas, das er nicht minder gerne tat, aber seine Kollegen in Weimar, Köthen und Leipzig hatten einfach nicht das Format dieser Musiker. Denn die Brüder Graun, von denen der eine noch in Italien war, um Solisten für des Königs neue Oper zu engagieren, waren wie Benda und Quantz beachtliche Komponisten.

Als Fredersdorf kam, erhob sich Bach, während die anderen sitzen blieben. Er vergab sich dabei nichts, aber Fredersdorf fühlte sich sehr geschmeichelt.

»Auf Ihr Wohl, Monsieur Bach!« sagte er deswegen emphatisch, als Bach ihm einschenkte. »Es so weit zu bringen wie Sie – unsere verehrte Majestät hat erst vor ein paar Wochen einmal gesagt: Den jungen Bach habe ich mir verpflichten können. Was glauben Sie, lieber Fredersdorf, was ich tun muß, damit der alte Bach mir einmal aufspielt?«

Benda hustete, die Brüder Graun kippten ihr Glas, und Carl warf seinem Vater einen entschuldigenden Blick zu. Bach aber lächelte nur – er fühlte sich wohl in der Rolle des alten, berühmten Herrn, dem sogar die Höflinge ihren Tribut zollten.

Selbstzufrieden bedeutete er der Bedienung, eine zweite Flasche Branntwein heranzuschaffen – es war doch richtig gewesen, daß du dich in städtische Dienste begeben hast, durchfuhr es ihn wieder. Auf die Dauer hättest du dich an keinem Hof der Welt arrangiert, weder menschlich noch musikalisch.

»Monsieur Fredersdorf«, sagte er und schaute diesen groß an, »König Friedrich wird Ihnen, wenn er mir die Ehre erweist, eine meiner Sonaten eines Blickes zu würdigen, schnell sagen: Lieber Fredersdorf, den alten Bach lassen wir lieber, wo er ist!«

»Wo denken Sie hin, Monsieur Bach!« rief Fredersdorf aus. »Unsere Majestät spricht auch gegenüber Ihrem Herrn Sohn immer sehr wohlwollend von Ihnen! Hab' ich nicht recht?«

Erwartungsvoll schaute er Carl an. Aber der winkte erst einmal ab, bevor er mit süßsaurem Lächeln nickte. Bach wußte warum. Und so schaute er Fredersdorf ob dieser Übertreibung strafend an. Denn die Wahrheit war, daß König Friedrich, als Gottlieb Graun Carl vor einem Konzert nach dem Wohlergehen seines Vaters gefragt hatte, mehr mißbilligend als launig sagte: Strickt er immer noch an Legenden? Carl war damals sehr irritiert gewesen und mußte sich von Fredersdorf darüber belehren lassen, daß selbst in Italien in Musikerkreisen das Gerücht gehe, der Leipziger Bach streiche inkognito bei Wind und Wetter durch die Lande und liebe es, irgendwann bei einem Dorforganisten einzukehren, sich dort von dessen Frau verköstigen zu lassen und dann zu fragen, ob er ein klein wenig an der Orgel spielen dürfe.

»Solche Begebenheiten stehen doch nicht für meinen Vater!« rief Carl entsetzt aus.

»Aber sehr wohl«, sagte König Friedrich, während er seine Flöte zusammensteckte. »Und die Pointe hat unser bester Fredersdorf noch gar nicht erzählt. Denn der unschuldige Dorforganist wollte den finsteren Mann, der seiner braven Frau ein sattes Trinkgeld gegeben hatte, natürlich nicht enttäuschen. Also schließt er seine Kirche auf, läßt seinen Sohn den Kalkanten machen und den Fremden spielen. Und wie er so spielt, beginnt es bald zu blitzen und im Himmel zu krachen, weil ein Bach solche Scherze natürlich nur dann macht, wenn ein Unwetter in Anmarsch ist. Der arme Organist vergeht schier vor Angst, wähnt die apokalyptischen Reiter über sich und ringt die Hände. Jener Fremde aber zieht Register um Register und drischt Doppelfugen mit chromatischen Kontrapunkten, daß dem Dorforganisten gleich alles zum Dies Irae wird. Er glaubt, sein letztes Stündlein sei angebrochen, schlägt bereits verwirrt das Kreuz der Katholischen in die Luft und schreit seinem Sohn zu: Der an der Orgel wäre entweder der Teufel oder der Musikdirektor Bach aus Leipzig!«

»Worauf plötzlich ein Choral erklingt, indem der Fremde sein Monogram im Pedal anbringt: B-A-C-H.«

Fredersdorf hatte damals die Anekdote zu Ende erzählt, jetzt sah man allen Männern nur zu genau an, wie lebhaft sie sich daran erinnerten.

»Also, Monsieur Fredersdorf, ich würde sogar an meine Legenden über mich glauben, wenn der König und Carl jene Sonate musizierten, die ich für Sie komponiert habe.«

»Ist es möglich?« fragte Fredersdorf und konnte den Anflug von Röte nicht unterdrücken.

»Ich wollte mich eigentlich nur ein bißchen im galanten berlinischen Stil versuchen«, sagte Bach trocken, während er Fredersdorf nachschenkte. »Aber nach dem ersten halben Dutzend Vorhalten sagte mir eine innere Stimme: Du wirst dir untreu. Vollende und klopf damit in Berlin an!«

Aufgebrachtes Geraune klang auf und Fredersdorf wurde jetzt wirklich rot, aber vor Ärger.

»Starke Worte, Vater«, sagte Carl tadelnd.

»Fürwahr«, sagte Fredersdorf mit belegter Stimme.

Bach lachte hellauf heraus.

»Nun wollte ich einmal so reden, wie es der alten Perücke aus Leipzig geziemt – und dann ist es auch falsch. Darf ich mich denn nicht ein wenig revanchieren, wenn man mein bißchen Kontrapunkt gleich mit Teufelskünsten in Verbindung bringt?«

Bach griff in sein Wams, zog ein paar sauber gefaltete Notenblätter hervor und reichte sie Fredersdorf.

»Zeigen Sie sie Ihrer Majestät, lieber Monsieur Fredersdorf. König Friedrich wird hier nach Polyphonie suchen müssen. Statt dessen ergehe ich mich in zwei rührenden, langsamen Sätzen, einem Adagio und einem Siciliano. Und die beiden Allegros: Sie verschießen wie's berühmte Berliner Blau!«

Fredersdorf wirkte versöhnt. Denn auf dem Deckblatt prangten sein Name und Titel in wohlgeschwungener Schrift. Stolz reichte er die Partitur herum und versprach, den »Herrn Hofkompositeur« dem König zu empfehlen.

Carl warf seinem Vater einen bewundernden Blick zu. Wieder einmal hatte er erleben können, wie souverän sein Vater in Gesellschaft war. Immer war er sich treu, hielt die Balance zwischen Etikette und Würde.

Bach lehnte sich entspannt zurück und stopfte seine Pfeife. Was er über seine Flötensonate gesagt hatte, stimmte. Und er nahm dies Werk so ernst wie jede seiner Kompositionen. Aber dieser aufgelockerte Stil war einfach nicht seine Sache. Bach dachte an seine zu Hause liegenden Klavierarbeiten. Immer mehr verdichtete sich in ihm die Überzeugung, seiner ersten Sammlung von vierundzwanzig Präludien und Fugen eine zweite zur Seite zu stellen – ein Puffer zwischen der anstrengenden Arbeit, die die Messe noch bringen würde. Und die Revision der Orgelchoräle.

»Es mag ja noch etwas dazwischenkommen«, sagte er. »Nicht wahr, Monsieur Fredersdorf?«

»Nein«, sagte Fredersdorf selbstbewußt. »Preußen ist jetzt Großmacht.«

»Aha«, gab Bach zur Antwort und runzelte die Stirn. War er für Sekunden eingeschlafen? Nein, er hatte nur nicht richtig zugehört. Der Krieg in Schlesien war das Thema. Die Pfeifen dampften. Fredersdorf erzählte von ruhmreichen Schlachten.

* * *

Was dazwischenkam, war ein besorgniserregender Brief aus Leipzig. Vetter Elias hatte geschrieben, daß Magdalena schwer erkrankt sei. Bach schrieb sofort zurück und setzte das Datum seiner Abreise fest. Vier Tage darauf kam dann der zweite Brief von Elias, der nichts beschönigte. Magdalena sei so schwach, daß er bei einer der letzten Nachtwachen zu seinem größten Leidwesen habe glauben müssen, sie in Kürze zu verlieren.

Die Abreise beschleunigen und die liebwerte Ehefrau mit persönlicher Gegenwart zu stärken: dies sei jetzt das Wichtigste. Wenn Elias so schrieb, mußte es wirklich schlimm stehen.

Bach packte. Nicht noch einmal! betete er zu Gott. Nicht noch einmal! Trotzdem versuchte er, sich auf das Schrecklichste einzustellen: daß er nach Hause kam und Magdalena bereits begraben war. Wie einst 1720 Maria Barbara, die erste Frau.

Catharina war fast daran zerbrochen. Und jetzt?

Friedrich, Christian, Carolina. Heinrich. Liese! Die Angst legte sich wie eine eisige Hand auf Bachs Herz. Er reiste mit Extrapost. Nahm die Stufen zur Wohnung im Eilschritt und rief immerfort den Namen seiner Frau.

Die Tür zum Schlafzimmer ging auf. Magdalena stand leichenblaß vor ihm. Sie war auf die Hälfte abgemagert, ihr Haar unter einem Tuch versteckt.

Aber sie war es, ihre Beine hielten den schwachen Körper. Mühsam streckte sie die Arme nach ihrem Mann aus. Und lächelte.

»Endlich«, sagte sie.

Bach schloß seine noch fiebernde Frau in die Arme.

»Was ist es bloß?« fragte er verzweifelt.

»Eine Prüfung«, hörte er sie sagen. »Und ein Kind.«

* * *

»Sanft und munter im Charakter« – während er an den Variationen arbeitete, sprach Bach diese Worte immer einmal wieder vor sich hin, und je länger er komponierte, um so gewisser wurde er sich, daß er dem Wunsch des Herrn Baron genügen würde.

Durch ihm gemäße Strenge, aber auch spielerisch-luftige Freiheit gedachte er seinen Zweck zu erreichen, was ein entsprechendes Thema erforderte. Aber welches? Bach hatte seine Gedanken schweifen lassen, auch neue Themen komponiert, aber was ihm einst der Zufall geschenkt hatte: Besseres würde sich nicht mehr finden lassen.

Also die liebliche *G-Dur-Aria*! Sie lag lose zwischen zwei schon in Weimar komponierten Variationswerken, einer *Aria variata alla maniera italiana* und einer *Sarabande con Partite*: zweiunddreißig Takte Musik, inspiriert durch Klavierstücke des ehemaligen französischen Hofclavecinisten d'Anglebert, dessen Verzierungsvorschriften er eigenhändig in Friedes *Klavierbüchlein* eingetragen hatte.

Aus einer Polonaise d'Angleberts hatte er damals eine empfindungsreiche *Aria* gemacht: Eine Variation stand also am Anfang jetzt neuer Variationen, wobei die zweiunddreißigtaktige Baßlinie der *Aria* bereits wieder eine dreimalige Variation der ersten acht Takte darstellt.

Dies war Strenge – in nuce. Und die Freiheit? Bestand in den Verzierungen und der Melodie, die in jeder Variation versteckt und in Anspielungen zu hören ist, sich gleichwohl aber einer schier grenzenlosen Freude an der Bewegung überläßt.

Bach schuf mit einer Begeisterung, wie er sie seit Jahren nicht mehr gefühlt hatte. Und er setzte alle Kraft daran, seine Kunst und seinen Anspruch mit Gefälligkeit zu verschwistern.

»So verstecke ich sie eben, meine Kunst«, sagte sich Bach, während er einmal mehr über den gegenwärtigen Musikgeschmack und in diesem Zusammenhang auch an die Kritik Adolph Scheibes dachte. Der war mittlerweile Kapellmeister beim Markgrafen von Brandenburg-Kulmbach geworden. Im Dezember 1739 hatte er sich in seinem »Critischen Musicus« mit einer sehr wohlmeinenden Erwähnung des *Italienischen Konzerts* entschuldigt – ein Lob, das Bach mehr Genugtuung bereitet hatte als die Verteidigungsreden Birnbaums.

Scheibe schrieb, dieses Konzert sei nicht nur »auf die beste Art eingerichtet«, sondern auch ein »vollkommenes Muster«. Für Bach war dies der Ansporn, auch mit seinen Variationen »vollkommen« zu sein, und weil sie für das Cembalo und für einen Baron geschrieben wurden, sollten sie selbst seine *Orgel-Passacaglia* und seine *Chaconne* für die Violine allein übertreffen.

Alle figurativen, kontrapunktischen, harmonischen und rhythmischen Möglichkeiten sollten ausgeschöpft werden: Denn nur was vollkommen ist, bringt dem Gemüt Zerstreuung und tröstet auf heitere Art.

So entstanden für den schlaflosen Baron dreißig Variationen über eine *Aria* und ein musikalischer Kosmos dazu. Als der Tag kam, an dem Bach sein Werk Vetter, Familie und Schülern vorstellte, schien es allen, als atmeten sie freiere Luft. Bach selbst staunte angesichts der Leichtigkeit, die aus seinen Noten sprach. Ob jemand aber auch die Kunst dahinter entdeckte?

»Diese sechzehnte Variation teilt das Ganze«, sagte er.

»Eine Ouvertüre, ja!« rief Christian aus.

»Und was ging voran?«

Bach drehte sich um und forschte in den Gesichtern von Elias, Ernst und seinen Schülern Johann Friedrich Doles und Gottfried August Homilius. Die senkten die Köpfe, grunzten, stammelten und wurden rot. Elias schließlich raffte sich zu der Antwort Kanon auf, was Bach mit zufriedenem Kopfnicken quittierte.

»Also, meine Lieben: Nach jeweils zwei Variationen, wovon die eine jeweils eine musikalische Gattung charakterisiert und die andere spielerisch-figurativ ist, folgt ein Kanon. Und wenn ich in Variation drei mit einem Kanon im Einklang begonnen habe, was für ein Prinzip verfolge ich dann wohl in der achtzehnten Variation, Monsieur Doles?«

»Einen Kanon in der Sext.«

Bach lächelte und spielte. Die technischen Schwierigkeiten wurden immer größer, in der achtundzwanzigsten Variation verlangte er einfache und doppelte Triller mit gleichzeitig dazutretenden thematischen Stimmen, in der Variation darauf Akkordtriller und rasante Läufe.

»Und nun hört genau zu.«

Die dreißigste Variation erklang – und nicht lange, da summten Catharina und Magdalena mit: *Ich bin so lang nicht bei dir g'west, ruck her, ruck her, didel dadel dudeldum.*

»Noch mal?«

Jetzt sangen die einen, und die anderen grölten: *Kraut und Rüben haben mich vertrieben. Hätt mein Meistrin Fleisch gekocht, wär ich länger blieben.*

»Noch mal!« riefen die Jüngsten, und Bach sang mit ihnen, während er spielte, so laut er konnte.
Mit der *Aria* beschloß er sein Familienkonzert. Dann war es eine lange Zeit still im Musikzimmer. Bach schloß die Augen und sann der Melodie nach. Hatte er alles gesagt?
Ja. Und war nicht, wie er es gewollt hatte, alle Kunst zu einer Art zweiten Natur geworden? Auch dies konnte er bejahen. Als er wieder die Augen aufschlug, schien es ihm für Sekunden so, als sähe er nichts. Aber dies konnte nur eine Täuschung sein, oder? Die Schemen seiner Lieben füllten sich schnell wieder mit Farben.
»Vater«, fragte die dreieinhalbjährige Carolina zaghaft, »wer ist denn nicht bei dir gewesen? Und warum haben dich Rüben verscheucht?«
Alles lachte, aber die Frage, warum die letzte Variation ein Quodlibet war, beschäftigte alle. Bach sah es an den Gesichtern. Er schaute Christian an, dann Friedrich, Liese, seine Schüler.
»Der Schlaf ist es, der so lange nicht beim Baron gewesen ist«, sagte Friedrich.
»Ja, und wer abends Kraut und Rüben ißt statt Fleisch, dem kullert's doch im Bauch, und er muß ständig ...«, setzte Christian eifrig hinzu.
Bach begann das Quodlibet von neuem, erweiterte es, improvisierte, gab Einsätze und sang einen dritten Knittelvers. Jetzt wurde es ein richtiges Quodlibet. Jeder sang, wie es ihm gefiel, Elias und Ernst griffen zur Geige, Doles zur Bratsche, Homilius holte einen Baß. Stühlerücken, Poltern, Fußgetrampel. Carolina klatschte, Magdalena stieß die Fenster auf. Alle sollten es hören: Bei den Bachs lebte die Freude. Und das Lachen.

Freitag, 18. August 1741

Zum Ratswechsel in einer Woche, versprach Magdalena Christian und Friedrich, werde sie wieder richtig »Mama« sein. Jetzt, wo Vater wieder zurück ist, wird sie auch Wort halten können.

»Weil ich wieder schlafen kann.«

Heute bat sie mich, ihr *Notenbüchlein* zu holen. Samt Feder und Tinte.

»Ich brauche es nur für zwei Wörtchen«, sagte sie und lächelte mich glückstrahlend an.

Langsam blätterte sie die Seiten durch, verweilte bei einigen Liedern. Ab und zu schloß sie die Augen und summte einzelne Töne. Doch schließlich fand sie, was sie suchte: den Choral *Wie wohl ist mir, o Freund der Seelen, wenn ich in deiner Liebe ruh. Ich steige aus der Schwermuts Höhlen und eile deinen Armen zu.*

»Jetzt schau, Catharina.«

Da muß die Nacht des Trauerns scheiden, wenn mit so angenehmen Freuden die Liebe strahlt aus deiner Brust. Hier ist mein Himmel schon auf Erden: Wer wollte nicht vergnüget werden, der in dir suchet Ruh und Lust.

Magdalena läßt sich die Feder geben, streicht zwei Wörtchen durch und setzt zwei neue an ihre Stelle. ... *die Liebe strahlt aus* meiner *Brust* ... und ... *der in dir* findet *Ruh und Lust.*

»Jetzt ist es ganz mein Lied.«

Ich mußte das Clavichord hereintragen und sie begleiten. Es war mehr gehaucht und geflüstert als gesungen – aber trotzdem hat mich lange nichts mehr so berührt.

Liebe.

Vater und Magdalena haben sie gefunden. Gibt es einen schöneren Beweis?

Als ich Magdalena allmählich in den Schlaf spielte, da wurde es mir wieder deutlich: So eine Liebe hättest du dir einst auch gefallen lassen. Aber mit welchem Mann? Vater gibt es ja schließlich nur einmal auf der Welt!

»Noch einmal.«

Die *G-Dur-Aria* war verklungen. Magdalena hatte sie vor ihrer Krankheit in ihr *Notenbüchlein* eingetragen: eine Abschrift aus Vaters Variationenzyklus für den Baron Keyserlingk. Die vielen Verzierungen darin machten mir Mühe. Aber heute stand mir das Glück zur Seite. Ich spielte selbstvergessen, und bei den herrlichen Sequenzen im zweiten Teil wurden mir die Augen feucht.

»Noch einmal?«

Eingeschlafen.

Dienstag, 12. September 1741

Magdalenas Freude war riesig. Die Einladung aus Weißenfels von ihrem Schwager wird sie jetzt vollends gesund machen. Elias mußte sich gleich hinsetzen und bekam den bestimmt überschwenglichsten Dank diktiert, der je in diesem Haus geschrieben wurde. Der liest sich, wenn mich mein Gedächtnis nicht im Stich läßt, ungefähr so:

»... ich nicht umhin kann zu bemerken, daß die Freude über die Einladung eine so starke Veränderung in meinem Geblüt bewirkt hat, daß ich beinahe die empfindlichsten Schmerzen des Leibes darüber vergessen habe, indem Ihr mir und meinem Hause in allen Zeilen die stärkste Versicherung Euer aller unschätzbaren Gewogenheit zuerteilt und diese angelegentlich jetzt noch im Überfluß bekräftigt.«

Guter Elias! Hoffentlich ist es nicht wegen solcher Briefe, daß du uns jetzt verlassen willst. Wir werden dich auf jeden Fall mit aller Kunst einer großen Familie nötigen, bei uns zu bleiben! Und dem setze du erst einmal etwas dagegen!

Denn wer besorgt dann die Korrespondenz? Wer erinnert an die anstehende Ratswahlmusik? Wer informiert ohne Umschweife über den Krankenstand, wenn Vater auf Reisen ist? Denke nur an Magdalena!

Du doch, lieber Vetter!

Denke wenigstens an sie! Glaubst du, Magdalena möchte auf deine Blumensträuße verzichten? Oder die anderen Überraschungen? Wie den Piepser, diesen Hänfling, der uns allen ans Herz gewachsen ist, weil er so herrlich übermütig zwitschert? Und dann deine freigiebige Auffüllung unserer Kellervorräte mit Wein und Branntwein aus den heimischen Schweinfurter Keltern – Vater mag ohne beides gar nicht mehr auskommen.

Bleib!

* * *

Vetter Elias blieb – obwohl er im Oktober dem verehrten Herrn Vetter zweimal schriftlich ankündigte, ihm nun doch seine Dienste entziehen zu müssen. Bach sagte wenig, Magdalena guckte bekümmert und Liese, Friedrich und Christian schüttelten den Kopf.
»Versteh doch!« bettelte der Vetter. »Ich bin ein Mann von sechsunddreißig Jahren! Ist es da nicht an der Zeit, daß ich mir einen eigenen Hausstand gründe?«
»Nach Dresden«, sagte Bach. »Und bestimmt nicht mehr in diesem Jahr.«
Bach und Elias machten einen Spaziergang auf der Promenade vor der Stadt. Die Luft war klar, ein kalter Ostwind raubte den Linden ihre buntes Laub.
Bach genoß den Wind. Eingehüllt in einen schweren Mantel und dicken Wollschal, ließ er sich den Wind um die Nase wehen und das Gesicht durchgerben. Sein Stock mit dem Silberknauf war nichts als ein würdevolles Requisit, trotzdem tat Bach manchmal so, als ob er sich auf ihn stützte.
»Ich verstehe nicht«, sagte Elias.
»Doch, sogar sehr gut. Wir fahren gemeinsam zum Baron Keyserlingk. Haben nämlich eine Einladung.«
»Du!«
»Wir beide.«
Man blieb stehen und wechselte ein paar Worte das Wetter betreffend mit dem Juristen Heinrich Graff, dessen Vater einst die Patenschaft für Heinrich übernommen hatte. Die Beziehung war etwas eingeschlafen, aber – die Spatzen pfiffen es seit langem von den Dächern des Thomasviertels – da Heinrich Graff bald eine der Bose-Töchter vor den Altar zu führen gedachte, würde man sich bestimmt wieder näherkommen.
»Man muß sich Juristen immer warmhalten«, sagte Elias.
»Und nicht zu vergessen, bestimmte Herren Vettern und Barone!«

* * *

Am dreissigsten Oktober ernannte der sächsische König Baron Keyserlingk aus Dank für dessen diplomatische Dienste zum Reichsgrafen. Für Bach war dies die willkommene Gelegenheit,

seinem Förderer die ihm zugedachten Variationen für dessen Kammercembalisten Goldberg zu überreichen. Sie waren gerade als vierter Teil seiner Klavierübung erschienen und würden, so hoffte Bach, des Reichsgrafen schlaflose Stunden erträglicher machen.
Reichsgraf Keyserlingk war gerührt. Um Bach zu danken, gab er ihm zu Ehren eine kleine Gesellschaft, in der vom Kapellmeister der Kirchenmusik Jan Dismas Zelenka über den Hofkapellmeister Hasse mit seiner Gattin Faustina bis zum Sophienkirchenorganisten Friedemann Bach jeder eingeladen war, der den Fürsten der Tasteninstrumente kannte und schätzte.
Bach bewegte sich unter Menschen, die ihn bestaunten wie ein Relikt aus fernen Zeiten. Er wußte es, aber es berührte ihn wenig. Höchstens, daß er sich im stillen darüber amüsierte, wie ihn immer wieder entschuldigende Blicke streiften, wenn über die Oper und die neuesten Odenkompositionen gesprochen wurde. Tatsächlich hatte Bach längst für sich entschieden, den Weg der Selbstbewahrung und Vertiefung des Geschaffenen zu gehen, anstatt sich der Aufgabe zu unterwerfen, die modischen musikalischen Galanterien mit gelehrten Satzkünsten dauerhafter zu gestalten.
»Mein Ehrengast thront still und beschaulich?« neckte ihn Keyserlingk, weil Bach schon eine ganze Weile in einem gepolsterten Sessel saß und sich ganz offensichtlich lieber mit seinem Glas Rotwein unterhielt als mit Kollegen.
»Das haben Euer Exzellenz sehr richtig beschrieben«, antwortete Bach, »aber bis jetzt hatte ich noch nicht die Zeit, die Ehre, die Sie mir erweisen, still anschauend zu genießen.«
Keyserlingk winkte seinem Diener, damit er Bach nachschenkte, da aber Hofkapellmeister Hasse just neben diesem stand, fühlte er sich nicht minder angesprochen. Keyserlingk breitete die Arme aus, eine Geste, die zu seinem vollen, offenen Gesicht mit der hohen Stirn gut paßte. Wären die müden Augen und die bleiche Haut nicht gewesen, hätte man den Fünfundvierzigjährigen einen jungen Mann nennen können.
»Das geht ja nun nicht an, daß ich sitze und Sie stehen«, sagte Bach und wollte sich erheben, aber beide nötigten ihn, sitzen zu bleiben.
»Nun denn, so füge ich mich in meine Rolle«, fuhr Bach fort.
»Ja, welche?« fragte Hasse neugierig.

»Die des alternden Kontrapunktikers, der früher sein Talent als Orgelspieler der staunenden Welt zeigte, nun aber bemüht ist, die Verlockungen des Ruhms gelassen zu meistern.«
»Ich glaube, er spricht die Wahrheit«, sagte Keyserlingk so ernst wie schelmisch und setzte sich mit Hasse in die für sie herbeigeschafften Armstühle. Zu dritt saßen sie jetzt vor dem Marmorkamin, in dem ein paar Buchenscheite glommen. Keyserlingk ließ seinen Blick wohlgefällig durch den Salon gleiten, streifte die Porträts von sich, seiner Frau und seinem Sohn und blieb einen Moment bei den beiden Meißener Bodenvasen hängen, die eine Anrichte mit einer prächtigen Uhr einrahmten.
»Ich sag' Ihnen was, Monsieur Bach«, begann Keyserlingk von neuem. »Ihnen gefällt es gut, schon zu Lebzeiten Legende zu sein.«
»Als Leipziger Musikdirektor?« fragte Bach amüsiert.
»Sie verstehen es trotzdem gut, Monsieur Bach«, sagte Hasse tadelnd. »Ich als deutscher Opernkomponist muß mich mit dem Händel messen, wir beide wieder an allen Italienern.«
Keyserlingk nickte zustimmend und sah Bach herausfordernd an. Der genoß einen kräftigen Schluck, bevor er antwortete.
»Monsieur Hasse, Sie haben damals, als Sie gerade nach Dresden gekommen waren, zu mir ungefähr gesagt: Lieber König als ein Fürst unter vielen. Nun, es wäre jetzt eitel, leugnete ich meinen Status. Aber, um es mit zwei Worten zu sagen: Meine Natur strebt danach, die Formen und Gattungen meiner Jugend zu vollenden. Jetzt ist eine Zeit angebrochen, die auf Verwandlung des Alten aus ist. Sich mit der Mode auseinanderzusetzen bedeutet, im ständigen Wettstreit zu stehen. Wie es die Fürsten untereinander tun, indem sie sich an Prachtentfaltung ihrer Residenzstädte gegenseitig zu übertrumpfen versuchen.«
»Und das tun die Könige nicht?« fragte Keyserlingk.
»Gute Könige bauen immer auf etwas auf«, sagte Bach. »Erfinden nicht alles neu.«
Die Männer schauten sich nachdenklich an und waren froh, als Faustina zu ihrem Kreis stieß. Sie komme als Abgesandte der restlichen Gäste, erklärte sie: Man wolle wissen, ob der Ehrengast des Abends noch mit einer Darbietung seiner Kunst zu beeindrucken

gedenke. Bach bejahte und bat Faustina, seinen Sohn ausfindig zu machen.
»Schon geschehen.«
Friede kam in Begleitung eines hochaufgeschossenen Jünglings mit Sommersprossen und blondem Haar: Johann Gottlieb Goldberg, dem vierzehnjährigen Kammercembalisten des Barons. Bach hatte ihn flüchtig kennengelernt, gleichwohl kannte er den Danziger aus Friedes Briefen. Denn Goldberg war Friedes Klavierschüler und, nach dessen Urteil, für sein Alter bestimmt der fähigste Klavierspieler, den die Welt bislang hervorgebracht hatte.
»Friede, was hältst du von unserem C-Dur-Konzert? Denn ich sah zwei Flügel im Musikzimmer?«
»Ohne Noten?« fragte eine Stimme.
»Die haben wie im Kopf«, sagte Friede.
Vereinzelter Applaus wurde hörbar, Bach erhob sich. Friede flüsterte Goldberg etwas ins Ohr, der machte ein besorgtes Gesicht.
»Nur Mut!« sagte sein Lehrer und drückte Goldberg vor eins der Cembali. Der wurde rot, wagte nicht, Bach anzusehen.
»Alt und jung! Entzückend!« rief Faustina. »Monsieur Bach, bitte sagen Sie nicht nein.«
Bach schaute seinen Sohn überrascht an, Friede zwinkerte ihm zu. Bach verstand. Alt und jung. Die Legende und das Wunderkind. Das war Dresden. Der Hof. Belustigung des Adels.
Vor vierundzwanzig Jahren, 1717, sollten sich er und der französische Hoforganist Louis Marchand gegenübersitzen – Dresden gegen Versailles, König August gegen König Ludwig XV. Der damalige Konzertmeister der Hofkapelle, Volumier, hatte sich Bachs bedient in der Hoffnung, der damalige Weimarer Konzertmeister würde den neuen Favoriten des Hofes das Fürchten lehren. Eine Hoffnung, die sich erfüllt hatte, denn am Tag des Wettstreits spielte er allein, weil Marchand morgens mit Extrapost abgereist war.
Jetzt war es an Bach zu staunen. Denn Goldbergs Spiel war in der Tat von überragender Fertigkeit. Er musizierte mit der Bravour des geborenen Virtuosen, schien schon jetzt keine Schwierigkeiten der Technik mehr zu kennen. Ja, Bach mußte es zugeben: Friede hätte nicht besser gespielt, und dieser Goldberg würde seinen Variationen gewachsen sein.

Der Applaus galt beiden. Denn allen war es vorgekommen, als ob das Konzert durch die Aura und Persönlichkeit Bachs im selben Augenblick entstand. Die Blicke eilten vom einen zum anderen, Augen und Ohren waren beschäftigt. Da die Bilder der beiden so unterschiedlichen Virtuosen, dort die hinreißende Musik.
Faustina verlangte nach einer Zugabe, aber Goldberg war bereits aufgesprungen. Keyserlingk klopfte seinem Cembalisten strahlend auf die Schulter und wollte gerade eine Lobrede beginnen, da spielte Bach bereits wieder. Es wird nicht mehr oft vorkommen, sagte er sich – also gib der Welt, was ihr gebührt. Gott ist zwar überall, dir und deinem Werk aber am nächsten zu Hause.
Nach Konzert und Abendessen lud Bach Goldberg zu sich nach Hause ein.
»Das tut er nur, weil er besorgt ist, daß du seine Variationen mit dem falschen Fingersatz spielst«, witzelte Friede, bevor er sich nach Hause verabschiedete. Erfolgreich hatte er sich diesen Abend gewehrt, an der Seite seines Vaters zu spielen, jetzt mußte er nur noch der Gefahr entgehen, wieder die Rolle des Sohnes zu übernehmen: Friede brauchte Luft, er wollte endlich heraus aus dem Schatten seines Vaters.
»Bevor ich es vergesse«, sagte Bach zum Abschied. »Von Carl alle guten Wünsche und Grüße. Er fragt an, ob du seine Sonaten mitvertreiben willst.«
»Welche Sonaten?«
»Die, die er dem König widmen will. Sie erscheinen Ostern. Weißt du nichts davon?«
»Nein.«
Bach sah in ein Gesicht, das in sich zusammenfiel.
»Nun guck nicht so wie das Schaf auf der Schlachtbank«, sagte Bach begütigend und umarmte seinen Sohn. »Du wirst Carls Sächelchen wohl Paroli bieten können, oder? Schreib halt einfach mal ein bißchen mehr auf. Du bist jetzt über dreißig. Selbst längst ein Meister.«
»Ja, Vater.«
Keyserlingk verabschiedete Friede mit einer Einladung zum Mittagessen.
»Bis dahin ist er sicher auch aufgestanden.«

»Euer Exzellenz enthalten mir doch nichts vor?« fragte Bach besorgt.
Keyserlingk schüttelte beruhigend den Kopf.
»Ihr Herr Sohn ist nicht der Charakter, der über das Maß zu gehen Miene macht.«

Sonntag, 7. Januar 1742

Ich wusste, dass Barbara nicht in die Kirche geht – zumindest nicht nach St. Thomas oder St. Nikolai. Heute aber war sie bei uns in St. Thomas. Dresig und sie warfen sich feurige Blicke zu – aber was diese Blicke bedeuteten, enthüllte sich mir erst nach dem Gottesdienst.

Barbara zeigte mir geschickt an, daß sie mich sprechen mußte. Sie wedelte, als ich in der Kirche in ihre Richtung schaute, ein paarmal heftig mit einem Seidentuch!

Und zwar meinem Tuch! Dem besagten, das Vater mir geschenkt hatte und ihre Spießgesellen dann …

Aber wie sollte ich mich freimachen? Ich überlegte hin und her und bekam deswegen kein einziges Wort von der Predigt mit.

Und als ob dies die gerechte Strafe war: Mir fiel und fiel nichts ein.

Auf Barbaras Wunsch lag jedoch der Segen des Herrn. Deshalb schickte er ihr Schnee. Die Flocken fielen bereits beim Präludium, und es war niedlich, wie die Kinder mit jeder Minute, in der es draußen heller wurde, in den Kirchenbänken die Köpfe verdrehten und zu den Fenstern schauten. Als ob sie durch das bunte Glas nicht doch die so lange ersehnten Schneeflocken würden sehen können. Und dann ihre glücklichen Gesichter, wenn ein Nachzügler mit Schnee an den Stiefeln hereinschlich. Christian und Friedrich machten da keine Ausnahme. Beim ersten Ton des Postludiums quetschten sie sich durch die Bank und drängelten durch die Gemeinde in Richtung Ausgang. Von manch guter Seele wurden sie noch angefeuert – freuten wir uns doch alle, daß es jetzt weiß in der Stadt wurde.

Draußen rief Elias die beiden zu sich und jagte sie auf ein Viertelstündchen mit Schneebällen durchs Thomaspförtchen. Liese schickte ich zu Magdalena – einen guten Monat hat sie jetzt noch bis zur Niederkunft. Vater hat ihr den Besuch des Gottesdienstes verboten.

»Eine gesunde Christin dient Gott besser als eine tote.«
Vater ruht in sich, wie ein Berg schwer ist. Seit er für Baron Keyserlingk Variationen geschrieben hat, ist er ein Wunder an Zufriedenheit und Heiterkeit.
»Es ist, als ob ich mich neu finde«, sagte er damals einmal. »Mit dem Klavier habe ich angefangen, jetzt kehre ich zu ihm zurück. Deshalb wird es das Größte, was ich fürs Klavier mache. Musik, wie sie noch nie zuvor komponiert wurde.«
Barbara kam langsam heran, Liese stand noch immer neben mir.
»Schnell, lauf ihnen hinterher! Ich warte hier auf Vater!« rief und log ich und gab ihr einen Klaps auf den Hintern.
Einen Klaps – Liese, du bist längst ein kleines Fräulein! Was die Burschen schon wissen. Einer von den Thomanern ist bestimmt in dich verliebt! Denn ... du bist hübscher, als ich in deinem Alter war – und jetzt: vorbei, vorbei ...
Nachdenklich sah ich Liese nach.
Barbara wartete noch einen Moment. Dann schlenderten wir langsam in Richtung Pförtchen. Ich sagte, sie solle schnell erzählen. Barbara raunte mir zu:
»Catharina, ich bin schwanger.«
»Nein!« entfuhr es mir. »Und – werdet ihr ... heiraten?« Ich hätte mich ohrfeigen können! Über dreißig und immer noch der Glaube an Liebe und Familie! Catharina, du kennst viel zuwenig vom Leben, dachte ich, als Barbara schluchzend meinen Arm ergriff.
»Ich soll zur Engelmacherin. Oder es dann totmachen. Unsere Liebe ist am Ende. Alles Haß. Er ekelt sich.«
»Das glaub' ich nicht! Das darf er doch nicht!« stieß ich so heftig aus, daß der Torwächter neugierig aufschaute. In der Ferne sprangen Elias und die anderen laut schreiend herum. Schneeballschlacht. Alle gegen ihn. Die Sonne kam heraus, die Luft roch nach Weihnachtsgebäck. Da sah mich Friedrich und rannte auf mich zu, Christian ihm nach. Beide wollten dasselbe.
»Jaa. Catharina einseifen!«
»Was soll ich tun, Catharina? Hilf mir!« keuchte Barbara.
»Drohe ihm, daß du zu Ernesti gehst und ihm die Wahrheit sagst«, zischelte ich und zog schon den Kopf in den Nacken.
»Ja, und du ...?«

Mein Vater habe ein großes Herz, konnte ich nur hervorbringen, da zerplatzte der erste Schneeball vor meinen Füßen. Elias rief Friedrich aber noch rechtzeitig zur Vernunft. Er kam heftig schnaufend heran, mit Schneeköttelchen in der Perücke.
»Wen haben wir das Vergnügen kennenzulernen, Catharina?«
»Nur Zufall«, sagte ich lachend. »Wir unterhielten uns über Florentiner Seide.«
Barbara knickste und ging weiter. Ich kreischte übertrieben auf, weil Christian eine Ladung Schnee vor mir zerstiebte.
Barbara, ich habe dich verleugnet.
Muß ich jetzt weinen wie Petrus?
Nein, denn du wirst auf mich zählen können. Aber trotzdem war mir für den Rest des Tages elend. Und die Musik, die ich plötzlich im Ohr hatte ... aber was nützt es dir.
Konrektor Dresig: Ich verabscheue Sie!

Montag, 12. Februar 1742

Der neue Konrektor heißt Conrad Benedikt Hülse. Und da Vater lieber an einer neuen Sammlung von Präludien und Fugen komponiert, war er bei dessen Vorstellung nicht zugegen.
So kann man auch beginnen. So tun, als ob nichts gewesen wäre. Aber Dresig hat sich umgebracht! Gestern vor einem Monat. Umgebracht, weil ...
Nein, du weißt, daß dies falsch ist. Das Drohen mit Rektor Ernesti war als letztes Mittel gemeint. Wie konntest du ahnen, daß er so halsstarrig sein würde und Barbara schlägt! Nur weil sie gefordert hatte, er solle sie und das Kind auszahlen.
Tagelang ging mir Barbaras Schilderung nicht aus dem Kopf. Wie sie Dresig in ihrem »Liebesnest« anflehte und die Stationen ihrer Liebe beschwor, er aber kalt, halb betrunken mit einer Flasche Rotwein in der Hand, mit Stiefeln auf dem Bett lag. Und dann ...
Tun Frauen das in solcher Not? Sich auf die hilfloseste Weise zu demütigen, indem sie hoffen, mit ihrem bloßen Körper alles wiedergutzumachen?
Dresig prügelte sie dafür. Und Barbara mußte sich anhören, daß sie auch nicht besser sei als die »große Hure, die da an vielen Wassern sitzt« – mithin ganz so, wie es in der Offenbarung geschrieben steht.
»Haben die Herren genug von unserer Schönheit, wird sie für sie auf einmal zur Maske, Catharina«, beklagte sich Barbara verzweifelt. »Und hinter dieser Maske sehen sie dann nur noch die häßliche Fratze der babylonischen Hure, die das Blut der Propheten und Heiligen getrunken hat.«
Nach den Schlägen rächte sie sich. Indem sie Ernestis Namen rief. Dresig stürzte darauf an Barbara vorbei. Sie hat ihn nicht mehr wiedergesehen.
Ihre Miete ist bis Ostern bezahlt. Gespart hat sie ebenfalls, und die Komödie zahlt für jeden ihrer Auftritte.

»Es wird alles gut«, sagte ich und nahm Barbara in den Arm. Was soll ich nur tun? Warum habe ich mich bloß auf das alles eingelassen? Ob ich Vater beichten kann?

* * *

Catharina wartete ab. Erst einmal wurde am zweiundzwanzigsten Februar Kindstaufe gefeiert und sechs Wochen darauf Hochzeit, das große Bach-Bosesche Doppelfest. Denn die Taufpaten Regina Susanna Bachs, Magdalenas dreizehntem Kind, waren neben Susanna Elisabeth Bose auch die Verlobten Anna Regina Bose und der Jurist Heinrich Friedrich Graff, dem Bach und Vetter Elias kurz vor ihrer Abreise nach Dresden begegnet waren.
Bach ließ sich zwar ungern in seiner Arbeit am zweiten Teil des *Wohltemperirten Klaviers* stören, aber er war ein viel zu geselliger Mensch, um sich nicht auch auf die Hochzeit zu freuen. Und weil er sich und seiner Familie den Juristen Graff auch weiterhin gewogen machen wollte, stöberte er noch einmal in den Partituren seiner weltlichen Kantaten.
Wie oft hatte er dies schon getan! Und wann das letzte Mal?
»Es ist noch kein Jahr her«, stellte Bach erstaunt fest. »Letztes Jahr Ende April die Huldigung für den Kurfürsten und seine Familie. Erinnert ihr euch?«
»Ja, Vater!« erscholl es im Chor.
Bach drehte sich zu seinen Kindern um, die, wie er es angeordnet hatte, in ihrer besten Kluft vor ihm standen: Heinrich, Liese, Friedrich, Christian, Carolina. Heinrich war fast achtzehn, Carolina vier. Für sie würde es das erste große Fest werden, ihr Kleidchen durfte noch einfach sein. Aber wie stand es mit den anderen?
Bach ließ jeden einzeln vor- und zurücktreten. Ein kleines Spiel begann.
»Arme heben, umdrehen.«
Bach wiegte den Kopf, grummelte. Und zitierte Catharina an seinen Schreibtisch.
»Mademoiselle Feldwebel Bachin, notieren Sie: Grenadier Heinrich ein Paar neue Schuh. Dito Schütze Friedrich.«
»Sehr wohl, Herr Hauptmann.«

Alle waren bemüht, nicht zu kichern. Carolina so sehr, daß sie sich die Hand fest auf den Mund preßte.
»Dem Kanonier Christian ein neues Hemd. Überhaupt aber den Mannschaften neue Strümpfe und neue Knöpfe. Nicht zu vergessen Madame Leutnant Carolina eine Haarschleife.«
Catharina las noch einmal vor. Bach griff zackig nach dem Papier, überflog es und zeichnete es ab.
»Wegtreten!«
Friedrich und Christian grüßten. Carolina platzte vor Lachen.
»Kusch!«
Catharina wedelte noch die Tinte trocken, da sagte Bach mit einem Lächeln in der Stimme, daß er befohlen habe, alle seine Kinder im Sonntagsstaat zu sehen.
»Ich glaube mich daran erinnern zu können, daß du dazugehörst.«
Catharina nickte schuldbewußt. In ihrem ungebleichten Haushaltskeid mit der ausgebeulten und fleckigen Schürze, dem Häubchen und den grauen Filzgaloschen sah sie aus wie das Dienstmädchen schlechthin.
»Du wirst dich meiner nicht zu schämen brauchen«, sagte sie. »Ich bin ja schon groß.«
Bach sagte irgend etwas und blätterte weiter in seinen Kantaten.
»Wer nicht hören will, muß singen.«
»Was?«
Bach kam mit der Partitur.
»Die tut's«, sagte er bestimmt. »Ich geb' sie, so wie sie ist, weg, lass' einen neuen Text drauf machen und schreib dann alles schön auf Bütten.«
»Ein bißchen zu proben wäre mir aber sehr recht!« rief Catharina besorgt.
Bach nickte und begann erneut zu suchen. Catharina bekam eine Sopranstimme mit zum Teil doppelter Textierung in die Hand gedrückt, sechs Blatt Papier, die sie mit glänzenden Augen überflog.
»Immer bei den Boses«, sagte sie leise.

Mittwoch, 4. April 1742

Gestern sang ich Lieder, heute bürst' ich Kleider, und übermorgen hau' ich Magdalena vielleicht noch mal auf den Kopf!
Es hat nichts mit dem Singen zu tun.
Dagegen mit den Boses. Anna Regina ist nun glücklich unter der Haube, und wer darüber am wenigsten froh ist, ist ihre Schwester und älteste Bose-Tochter Christiana Sybilla, Magdalenas »Herzensfreundin«, wie sie immer so schön sagt.
Magdalena war nun bemüßigt, Trost und Hoffnung auf einen Bräutigam zu spenden. Ich dagegen erlaubte mir – meine Güte, Wein macht doch lustig – die Bemerkung: Oft sei es für eine Frau angenehmer, wenn sie nicht unter der Haube, sondern ihr Mann unter dem Laken liege. Ich mußte wohl vorher an Dresig gedacht haben – aber was half's. Magdalena samt »Herzensfreundin« schnappten nach Luft, als hätte ich sie ihnen weggeatmet.
»Damit alles seine Ordnung hat, gibt es deswegen ja auch Frauen, die ihr Leben lang die Betten mit Laken beziehen«, bekam ich von ihr zur Antwort. Die gute »Herzensfreundin« lachte wie toll – ich kann mich also rühmen, ihr die Hochzeit ihrer Schwester ein wenig versüßt zu haben.
Aber über Magdalenas plumpen Beistand ärgere ich mich immer noch.
Wer mich übrigens umschwirrte, war Magister Mizler, »der freien Künste Lehrer auf der Akademie zu Leipzig«, wie er sich jetzt offiziell nennt. Er habe ja nun die berühmte Fuxsche Kompositionslehre aus dem Lateinischen übersetzt, eröffnete er mir – nachdem er wenig geistreich gescherzt hatte, ich sei die einzige Sängerin, die neben der Faustina würdig wäre, in seine »Sozietät« einberufen zu werden.
»Und Ihre Mademoiselle Langrock nicht?«
Wie er da zurückzuckte!
Denn die Langrock ist sein Liebchen. Tochter des Stadttambours.

Magister Mizler ist so eitel, daß er jedem Rock schöne Augen macht.
Die Kantate war schön, das Singen noch mehr, das Hochzeitsfest langweilig, es ist ja eh nur der blumenreiche Auftakt in ein mühevolles Leben ... Viel lieber hätte ich mich um Barbara gekümmert. Wie mag es ihr jetzt gehen?

Freitag, 31. August 1742

Des einen Freud ist des anderen Leid. Während ich auf meine alten Tage die züchtige Magd vom Lande gab, setzten bei Barbara die Wehen ein. Gestern Tanzschrittchen, heute Hebammen-Hände und um ein Versprechen reicher.

Was war? Was ist?

Gesungen hab' ich! Schon wieder! Mit Doles. Ich die Mieke, er den tumben Knecht. Für die Bauern, oder besser gesagt den Kammer- und Gutsherrn von Kleinzschocher, Carl Heinrich von Dieskau. Vaters erste und wirkliche komische Kantate. Eine Posse in Musik.

Eingebrockt hat uns dies mal wieder Picander. Seit zwei Jahren treibt er in Kleinzschocher die Getränkesteuern ein. Und weil der Herr von Dieskau gestern an seinem sechsunddreißigsten Geburtstag dort zum Besitzer wurde, meinte Picander, ihm und damit dem künftigen Kreishauptmann eine Huldigung schuldig zu sein.

»So mach' ich ihn mir am schnellsten gewogen, Catharina«, sagte Picander ganz unverblümt. »Den Text hab' ich schon, fehlt nur noch die Musik.«

»Bin ich Telemann?« fragte Vater, als er das Libretto überflog.

»Nein. Aber Bach. Dessen Musik bekanntlich in die Ohren fließt.«

Picander sagte nichts, stand nur da. Was ist er bloß für ein zwiespältiger Mensch, dieser Oberpostkommissar, Land- und Tranksteuereinnehmer? Bibelbelesen, dann wieder ein Scherzbold bis zur äußersten Schlüpfrigkeit. Mal grob, dann wieder fein, frech und fromm, Schluckspecht wie in einer Komödie, aber mit feinem Ohr für Musik. Und alles andere als eitel. Denn Vater geht mit seinen Texten um wie eine Büglerin mit der Wäsche.

Er habe den Text zur *Matthäuspassion* gemacht, pflegt er gewöhnlich über ihn zu sagen. Was ungefähr bedeutet: Picander sei ein Berufener.

»Sie meinen also, Monsieur Picander, gerade weil jeder den alten

Bach als alten Bach kennt, kratzt er jetzt mal ein paar Noten hin, die nach Scheuer und Dreschflegel klingen?«

»Es muß alles zu machen möglich sein, sagten Sie einmal einem Schüler – ich glaube, es war der Kirnberger.«

»Aber mit Verlaub, damit war etwas anderes gemeint.«

»Wunderbar, Sie sagen nicht nein.«

Damit war für Picander die Sache besprochen. Er griff in seine Rocktasche, klaubte ein paar Taler heraus und drückte sie Magdalena in die Hand. Weil nicht einmal der Tod umsonst sei, raunte er, dann verbeugte er sich, grüßte zum Abschied. Nicht ohne mir vielsagend zuzublinzeln.

Nun ja, eingebrockt – das ist übertrieben. Aber Picander und Doles haben Magdalena und Vater ziemlich zureden müssen, daß ich auch die Mieke geben durfte. Im Kostüm gesungen, beschworen sie, sei doch eh alles Theater und also auch nicht unschicklich. Wenn er als Hofkompositeur, Musikdirektor und Kantor so etwas komponiere, dann würden die Leute von Kleinzschocher auch nichts dabei finden, wenn seine reife Tochter mit einem von des Monsieur Bachs doch recht jungen Schülern singe. Erst recht, wenn dann noch die Familie anwesend sei ...

So sang ich im groben Leinenkittel, mit nackten Füßen in Holzpantinen, das Haar zum Knoten gebunden. Doles hatte Stroh in der Zopfperücke und geflickte Hosen. Am Hosenbund hing ihm ein Messer, und in der Hand krampfte er einen zerlöcherten Strohhut.

Musiziert wurde bei einbrechender Dämmerung auf der großen überdachten Balkonterrasse. In deren hohen Bögen hingen Sträuße von Stroh und Getreide, auf der Brüstung standen Blumenkübel. Viele Fackeln rauchten, und die Obstspaliere um das Gutshaus herum waren sämtlich mit bunten Bändern verziert. Alle Fenster standen offen, es roch nach Bächen von Bier. Das war nämlich frei, und so waren selbst die Kleinen berauscht, als die Ouvertüre begann.

Und die ist gleich eine richtige Flickschusterei! Ein Tanzabschnitt reiht sich an den anderen. Doles und ich stampften den Takt und traten uns vorsätzlich plump beim Tanzen auf die Füße.

Dorfmusikantenmusik! Vater kann selbst so etwas komponieren!

Aber was hat es ihm auch für Freude gemacht!
Volksweisen, daß es mir noch immer in den Ohren wurmt: Von der *La follia*, die Vater mitkomponierte, um dem Stand des *lieben trefflichen Kammerherrn* zu entsprechen, bis zu den oberpoltrigen *Fünfzig Taler bares Geld!* Dann noch die Arie über die *zehntausend Dukaten*, deren Melodie ein böhmisches Jagdlied ist – frisch auf zum fröhlichen Jagen! Doles Trumpflied war aber doch *Dein Wachstum sei feste*, das Vater aus der *Pan-Kantate* entlehnt hat – er bekam großen Applaus, und dann hieß es: da capo.
Da capo! Da capo! rief das Volk auch nach dem Schlußduett, wo's heißt, daß alle in die Schenke ziehen, weil dort der *Tudelsack* brummt: Dreimal tat Vater uns allen den Gefallen: Denn diese Melodie – sie fällt einem ins Ohr, daß man immer nur noch juchzen kann. Sie läßt einen nicht los. Und so pfiffen, summten und grölten die Kleinzschocher die ganze Nacht bis nach dem Feuerwerk vom *Tudel-Tudel-Tudel-Tudel-Tudel-Tudelsack*.
Und der Herr von Dieskau? Ihm hat's gefallen, daß wir auf Lebenszeit freie Tafel bei ihm haben, wenn einer von uns in Kleinzschocher ist. Hat darauf in ein Riesenschnupftuch trompetet – so gerührt war er von seiner Großzügigkeit.
Tja – das war.
Und was ist?
Heute mittag kam ein Bursche mit einem Zettel. Vater war gerade an der Tür.
»Catharina, komm, so schnell du kannst!«
Ich eilte aus der Küche, Vater schaute befremdet.
»Hast du Heimlichkeiten?«
Er zeigte mir den Zettel, auf dem dieser Ausruf stand.
Mir wurde heiß. Und dann platzten auf dem Flur alle meine Geheimnisse heraus. Die Sätze purzelten übereinander, ich bat in einem Atemzug um Verständnis und Verzeihung. Als ich fertig war, reichte Vater mir den Zettel.
»Erinnerst du dich an die elenden, gerade mal vierzehn Ellen breiten Wohnungen im Stadtpeifer-Gäßlein, damals, vor dem Neubau?« fragte er mild.
Ich bejahte.
»Diese vier Stadtpfeifer und drei Kunstgeiger, die dort wohnten:

Sie mußten damals wie heute mit einem Zehntel von meinem Salär auskommen. Aber nie habe ich ein bitteres Wort gegen mich und meine Musik von ihnen gehört. Gib also deiner Barbara etwas von dem zurück, was diese tapferen einfachen Musiker für mich getan haben und noch immer tun.«
Ich fiel Vater um den Hals. Stopfte Tücher und Branntwein in eine Tasche und eilte ins ehemalige »Liebesnest«.
Von ihren Gefährten waren nur die Alte und das blasse Mädchen mit den Brotkrumen bei ihr. Und eine Hebamme. Aber ohne Gebärstuhl.
»Bei so einem Bett brauchen wir den ja auch gar nicht«, sagte ich fröhlich.
Barbara war ungemein erleichtert. Ich flüsterte ihr noch zu, daß es jetzt kein Geheimnis mehr gebe, dann setzten kurz darauf die Preßwehen ein. Barbara kniete auf der Bettkante. Ich hielt sie von vorne, gemeinsam mit dem blassen Mädchen. Die Hebamme besorgte den Rest.
Keine schwere Geburt. Ein Junge. Kräftig. Er wird ihr bleiben.
»Ich möchte, daß du seine Patin bist«, sagte Barbara.
Ich umarmte sie und schwor feierlich, daß ich die Patenschaft nach bestem Gewissen erfüllen wolle.
»Ja, aber wie heißt er denn überhaupt?«
Was haben wir gelacht! Dann haben wir gefeiert. Ich kaufte Wein, feines Weißbrot und geräuchertes Huhn. Barbara griff herzhaft zu und zechte, als hätte sie gar nicht entbunden!
Auf dein Wohl, Philipp Anton!

* * *

In der Wohnung der Thomaskantors war es wieder ein Stück ruhiger geworden. Nicht nur Vetter Ernst, sondern auch Vetter Elias hatten Leipzig verlassen. Beide waren zurück in ihre Heimat gereist, der eine nach Eisenach, der andere nach Schweinfurt. Ernst hatte sein Jurastudium abbrechen müssen, weil er seit Januar 1742 seinen kranken Vater an der Orgel der Georgenkirche vertreten mußte, und Elias trat in die Fußstapfen des großen Vorbilds: Er übernahm das Kantorat in Schweinfurt.

Viermal hatte er schriftlich beim verehrten Herrn Vetter gekündigt – durchaus förmlich, weil sie es beide so in einem Vertrag, der eine vierteljährlicher Kündigungsfrist vorsah, vereinbart hatten. Aus Liebe zu den Kindern hatte Elias immer wieder auswärtige Bewerbungsmöglichkeiten abgelehnt, denn seine »nahen Anverwandten«, schrieb er einmal, »bedürften solider und treuer Unterweisung«, wobei Elias besonderes Augenmerk auf den nervenschwachen Heinrich genommen hatte. Fünf Jahre lang, seit Oktober 1737 hatte er, der Theologe, Heinrich, Liese, Friedrich, Christian und zuletzt auch die kleine Carolina in Lesen, Schreiben, Rechnen und Religion unterrichtet – fünf Jahre, in denen er vor allem Bach fast unentbehrlich geworden war.
»Er beginnt jetzt, ein Buch über Musik und Komposition zu schreiben«, informierte Bach seine Familie eines Tages. »So wird, wenn Gott will, sich vielleicht doch etwas von meiner Lehrart erhalten.«
»Das tun deine Werke doch genug?« wunderte sich Magdalena.
Bach gähnte und griff zum neuen dunkelbeblümten Bierkrug: der letzte Schluck zum Topfbraten mit Thüringer Klößen.
»Meine Werke«, sagte er gleichmütig. »Das, worauf sie abzielen: Es ist gar nicht mehr gefragt. Bestenfalls taugen sie als Fingerübungen. Werden als Schweißmusik betrachtet, deren Beherrschung die Polterbaßmusik um so geschwinder abrasseln läßt.«
Bach erhob sich schwerfällig, blinzelte mit den Augen und wollte einen Schritt gehen. Aber er trat so unglücklich auf, daß er strauchelte. Liese sprang auf, doch Bach fand im letzten Moment Halt an einer Stuhllehne.
»Es war einfach ein Loch in der Welt«, sagte er verwundert. »Mir kam es vor, ich trete ins Nichts. Ihr seht, es war richtig, daß ich letztes Jahr eurer Mutter die Vollmacht ausgestellt habe.«
»Du sündigst!« rief Magdalena empört aus. Sie schnellte vom Stuhl und wollte sich bei ihrem Mann unterhaken. Aber Bach schüttelte unwillig den Kopf. Mehrmals blinzelte er und rieb sich die Augen. Liese trat auf ihn zu und faßte an seine Stirn, worauf Bach sie ärgerlich anblaffte:
»Ja, hab' ich gesagt, ich sei krank? Höchstens müde!«

Magdalena stemmte die Hände in die Hüften und trat ihrem Mann in den Weg.
»Du ruhst heute, Monsieur Bach! Sonst schreib' ich an deinen Lieblings-Grafen! Auf daß er dir Arbeitszimmer-Verbot erteilt!«
»Weiberregiment!« sagte Bach verächtlich, mußte dann aber doch gegen seinen Willen lächeln. Mit zusammengekniffenen Augen öffnete er Halsbinde und Kragen und zog die Weste aus. Dann hob er die Hand und winkte. Vorsichtig machte er ein paar Schritte, als mißtraue er seinen Beinen, dann stapfte er in den Flur. Wenig später fiel die Haustür ins Schloß. Bach hatte sich seinen Mantel übergezogen, seinen Gehstock aber zu Hause gelassen.
»Davon wirst du auch nicht jünger«, sagte Magdalena verdrossen und begann das Geschirr zusammenzustellen.
»Wer hilft mir im Garten?«
»Ich muß es wohl«, sagte Catharina.

* * *

Bach nahm den Weg durchs Thomaspförtchen und verweilte ein paar Minuten auf der Brücke über den Pleißegraben. Die helle Märzsonne verwandelte das Wasser in einen gleißenden Spiegel, in dem sich schwarz die Umrisse von Thomasschule und -kirche abzeichneten.
Bach stützte sich auf das Geländer und stierte auf die leicht zitternden Schemen, die gelegentlich von wassernden Enten belebt wurden.
»Du, der Pädagoge.«
Bach dachte an seine Organisten-Zeit in Arnstadt, wo er sich schlicht geweigert hatte, den Lateinschul-Chor zu unterrichten, und erinnerte sich an die befremdeten Gesichter des Leipziger Rats, als er ankündigte, den Lateinunterricht lieber aus eigener Tasche zu bezahlen, als diese Bürde auf sich zu nehmen.
»Aber wieviel Schüler hast du trotz allem gehabt? Vier Dutzend? Oder fünf oder doch sechs?«
Bach zählte Namen auf, rief sich Gesichter und Stimmen ins Gedächtnis. Dabei kam ihm der Wortlaut seiner großen Lehrwerke in den Sinn, und plötzlich sah er sich wieder am Eßtisch, wo er auf

die Schnelle ein paar Generalbaßregeln für seine Kinder in Magdalenas *Notenbüchlein* eintrug.
Geduld und Fleiß: die Grundtugenden, die er nicht müde wurde, seinen Schülern einzutrichtern – und wenn einem dann doch die Geduld bei den wochenlangen Fingerübungen ausging? Für diese hatte er die sechs Anfängerpräludien komponiert. Dann ging es an die *zwei- und dreistimmigen Inventionen, die Suiten, das Wohltemperierte Klavier.*
Bach schloß die Augen, das gleißende Wasser schmerzte. Aber die Luft war herrlich, alles so ruhig. Und die Sonne wärmte den Rücken ... Und alles, was ihr tut mit Worten oder mit Werken, das tut alles im Namen des Herrn Jesus und danket Gott, dem Vater durch ihn. So der Apostel Paulus an die Kolosser. Für ihn war diese Aufforderung und Mahnung immer verbindlich – aber auch für seine Schüler?
»Für Friede«, murmelte Bach. Für ihn hatte er 1720 das erste Klavierbüchlein angelegt, ihm die Worte *In nomine Jesu* vorangestellt. Aber Klavierunterricht war immer auch Kompositionsunterricht. Ob 1717 das *Orgelbüchlein – Dem höchsten Gott allein zu Ehren, dem Nächsten draus sich zu belehren* –, ob 1722 das *Wohltemperierte Klavier – Zum Nutzen und Gebrauch der lehrbegierigen musikalischen Jugend* –, ob 1723 die zwei- und dreistimmigen *Inventionen – Worin auf eine deutliche Art gezeigt wird, wie rein spielen zu lernen ist:* Ihm ging es immer darum, auch einen »starken Vorgeschmack von der Komposition« zu vermitteln.
Das wütende Geratsche eines Erpels riß Bach aus seiner Versenkung.
»Geh noch ein Stück«, befahl er sich. Was sagten die Augen? Bach schaute in die Sonne, konzentrierte sich auf die Flecken hinter seiner Stirn. Abrupt riß er den Kopf zur Seite und schaute in die Weite. Nur allmählich wurden die Konturen schärfer – aber es ist ja auch alles zu weit weg, tröstete er sich. Auf seiner Hand erkannte er jedes Härchen. Die Handlinien waren tief und dunkel. Die Schuhschnallen? Glänzten silbrig.
Bach verspürte auf einmal großen Durst.
»Wen die Weiber lieben, dem geben sie Salz.«
»Gott zum Gruß, Monsieur Ernesti.«

»Gleichfalls, Monsieur Bach.«
»Man muß auch einmal nicht Musik machen können«, sagte Bach. »Wollen Sie mir übermorgen an meinem Geburtstag die Ehre eines Besuchs erweisen?«
»Warum nicht, Herr Hofkompositeur?«
»Ente auf der Pleiße müßte man sein«, sinnierte Bach.
»Oder Schwan«, sagte Ernesti enthusiastisch.
Die beiden Männer ergingen sich in großen Gesten über belanglose Dinge.
Als sie von ihrem Spaziergang zurückkamen, besuchten sie Magdalena und Catharina im Garten. Die Frauen knieten zwischen den Beeten, versenkten Samenkörner in Pflanzlöcher.
»So muß es sein«, sagte Ernesti.
Magdalena lächelte gequält. Catharina schüttelte den Kopf.

Sonntag, 26. Mai 1743

Auf dem Festplatz vor dem Rannstädter Tor war Hahnsteigen. Mit drei Stangen. Die Strohhähne auf den Spitzen waren gut behängt: Strümpfe, Mützen, Kniebänder, Schnupftücher. Wobei das erste Mal auch an uns Frauen gedacht wurde. Wer nämlich von den Burschen sein Mädchen liebhatte und es schaffte hinaufzurobben, der konnte für sie Kämme oder Haarschleifen auswählen.
Die Schneiderzunft hatte das Steigen für die Bauern ringsum ausgerichtet – es war ein willkommener Anlaß, daß Barbara und ich uns wieder einmal treffen konnten.
Vater ermunterte mich sogar, sie zu uns einzuladen. Denn zwischenzeitlich war ich dreimal bei ihr gewesen, um sie und ihren Philipp zu besuchen.
Den trug sie übrigens in einem großen Tuch auf dem Rücken – wie die Bäuerinnen und Marketenderinnen. Christian und Carolina kamen mit mir. Ihnen war Barbara herzlich gleichgültig. Uns war es nur recht. Und da Philipp schlief – Barbara gestand mir, daß sie ihn vorher am Branntwein-Tuch hatte saugen lassen –, so war eine schöne Ruh, wir konnten uns unterhalten.
Währenddessen stiegen und robbten die Burschen die Stangen hoch. Es wurde geklatscht und gejohlt, wir bekamen aber kaum etwas mit. Zwar schauten wir ab und zu hin, doch hatten unsere Ohren nur füreinander. Ich spendierte eine Runde Brause sowie eine Tüte mit Früh-Erdbeeren. Eine Kostbarkeit!
Nun – wir ratschten über die Vergangenheit, und Barbara erzählte, welche Angst sie vor den Preußen hätte. Denn ihr Bruder sei einst auf der Wanderschaft von Halle nach Berlin von den Werbern eingefangen worden und mußte fast ein ganzes Jahr lang dienen, bevor ihm die Flucht gelang.
»Die Werber sind klug und erfinderisch«, sagte Barbara. »Mein Bruder hat mir eine unglaubliche Geschichte erzählt, die er wiederum von einem Leidensgenossen erfahren hat.«

Als Barbara erzählte, hörten sogar Christian und Carolina zu. Also: Ein Werbeoffizier sah einst in Magdeburg einen Zimmermann von außerordentlicher Länge. Sofort beschloß er, diesen Zimmermann zu den Langen Kerls zu stecken. Aber was er ihm auch versprach, der Zimmermann weigerte sich und trank auch nicht, sosehr man ihm auch zusetzte. Der Werbeoffizier überlegte und überlegte und ersann sich eine List. Bei seinem Regiment war nämlich ein Freund gestorben, auch ein Langer Kerl, und so bestellte er bei dem Zimmermann einen Sarg für ihn, gab Länge und Breite genau an. Als er beim Zimmermann die aufgetragene Arbeit abholen wollte, weigerte sich der Werbeoffizier aber, den Sarg abzunehmen, indem er behauptete, derselbe sei zu klein, der Tote könne darin unmöglich gut liegen. Der Zimmermann beteuerte jedoch, er habe den Sarg sogar noch um zwei Zoll größer gemacht, als die Bestellung erforderte – und legte sich aus gekränktem Stolz zum Beweis selbst hinein. Dies war sein Unglück, denn der Werbeoffizier hatte genau dies gewollt. Kaum lag er im Sarg, als seine zwei als Diener verkleideten Soldaten hinzusprangen, den Deckel auflegten, ihn vernagelten und Sarg samt Zimmermann auf einen Wagen packten und zum Regiment rollten. Aber als sie dort den Sarg öffneten, konnte der Zimmermann seinen gezwungenen Dienst nicht mehr antreten. Er war inzwischen erstickt.
Ich wußte nicht, ob ich lachen oder weinen sollte. Aber Barbara sagte, wenn es Krieg mit den Preußen gebe, würde sie sofort bei der Komödie aufhören und mit ihrer Gemeinschaft nach Italien reisen. Ich versuchte, ihr zu erklären, daß Sachsen und Preußen ja doch gemeinsam gegen Österreich stünden. Sie aber meinte nur, ein König, der ein paar Wochen nach der Thronbesteigung einen Krieg beginne, sei verflucht.
»Die Preußen sind aus Kanonenkugeln ausgebrütet«, habe ihr Bruder immer gesagt.
Ich dachte an Carl. Daran, daß er den König täglich begleitet.
Was sich so eine kleine Vagantin zusammenspintisieren kann! Wo König Friedrich doch als Philosoph auf dem Thron gilt!

Samstag, 13. Oktober 1743

Konzert im Saal des Rannischen Schießgrabens. Mein erstes, nein, unser erstes. Denn Vater hatte sich durchgerungen, endlich einmal zu gucken und zu hören, wie das moderne Leipzig jetzt Musik macht. Er gab Magdalenas Bitten nach, weil ihre Herzensfreundin Christiana Sybilla versprach, sie wolle sich dort heute mit ihrem Verlobten blicken lassen. Denn das »Große Konzert«, wie es sich nennt, spielt schon seit einem halben Jahr. Jeweils sechzehn Hörer und Spieler fanden sich zusammen, die jetzt regelmäßig von fünf bis acht Musikabende veranstalten. Unter den Spielern sitzen nebst Studenten, Stadtpfeifern und Kunstgeigern auch Doles, Gerlach und Geizkragen Schneider. Ob er die fünf Taler, die jeder von den Gründern vierteljährlich berappen muß, um die Unkosten zu decken, ohne zu murren gezahlt hat?

Aber vielleicht tu ich ihm ja längst unrecht. Immerhin hat er vor sechs Jahren Perückenmacher Bechtholds hinterlassene Tochter vor den Altar geführt – und die Mitgift, die er da einstrich, war alles andere als hoch.

Es ist eine schreckliche Sache damit. Ich mag gar nicht daran denken, daß Carolina jetzt gerade einmal sechs ist – und Regina einhalb. Wenn sich beide mit einundzwanzig verheiraten wollen, dann muß Gott Vater über achtundsiebzig Jahre alt werden lassen, damit sie eine anständige Mitgift und damit einen würdigen Eheliebsten finden.

Fort, ihr trüben Gedanken!

Auf, ins »Große Konzert«! Vater, Magdalena und ich waren drei der ungefähr einhundert Zuhörer. Das Schöne ist, daß die Direktion für Damen keinen Eintritt erhebt. Fremde, die von den Mitgliedern eingeführt werden, sind ebenfalls frei. Die Kosten werden zum einen von den Mitgliedern und zum anderen von den Zuwendungen der Vornehmen und Kaufleute gedeckt. Sie wollten kein Geld mit ihrer Gründung verdienen, erzählte Gerlach, sondern der

Musik in der Stadt aufhelfen und Leipzig damit noch ein Stück berühmter machen.
»Vetat tristari: Adieu der Traurigkeit! Wie auf unseren Eintrittskarten zu lesen ist!«
Gerlach, stolz und steif wie ein Kaufmann, schob Magdalena und mir den Stuhl zurecht und versicherte, daß wir uns wundern würden, welch vornehme Hörerschaft sich noch einfände. Der Herr Direktor Gleditzsch sekundierte, indem er Vater wie einen greisen Narr mit hochgezogenen Augenbrauen und langsamstem Kopfnicken anschaute.
Unverschämtheit! Und das in einem so katastrophisch einfachen Saal! Nackte, graue Dielen, gekalkte Wände und Fenster ohne Vorhänge. Ein Dutzend Stuhlreihen, die vier hinteren auf Treppen. Einziger Schmuck war ein Bild des Kurfüsten im Rücken des Orchesters. Und die hohle Akustik – bar jeglicher Wärme. Die Degen klirrten und schepperten, die Stiefel krachten – Vater preßte die Lippen aufeinander und guckte sich wie Magdalena und ich ungläubig um.
Vetat tristari – eigentlich hätten wir laut lachen müssen.
Aber tatsächlich: als ob hier eine Verschwörung der Kaufmannschaft und mancher Noblen stattfinden sollte. Vater kannte viele: Des Grüßens war kein Ende. Insgesamt wurde mehr getuschelt als gesprochen, ganz anders als in den Collegia Musica. Und es gab natürlich auch weder was zu naschen noch zu trinken. Viele Besucher setzten sich einfach nur hin und warteten, sahen den Musikern zu, hörten darauf, wie sie ihre Instrumente stimmten, und konzentrierten sich auf das, was da kommen sollte.
Ziemlich unnatürlich. Bestimmt gibt es keinen eigentümlicheren Gegensatz zwischen der Eleganz der Damen und Herren und diesem wirklich traurig-häßlichen Saal. Die einen dröhnten, andere schmauchten Pfeifen, wieder andere stierten dumpf geradeaus, wobei zweie sich an einem mitgebrachten Bierhumpen festhielten. Und dann das hysterische Lachen einiger Damen, die sich nicht genug darüber amüsieren konnten, daß ihre Garderobe auf den schmalen Stühlen keinen Halt fand.
»Monsieur Bach, und Sie wollen das Große Konzert nicht mit Ihrer Erfahrung unterstützen?« fragte Monsieur Graff, der sich mit

seiner Frau, Kaufmann Richter und Noch-Bose-Tochter Christiana Sibylla zu uns setzte.
»Steht einem Stadtmusikdirektor und zumal einem solch alten, wie mir, nicht mehr an«, sagte Vater gleichmütig. »Ich versichere Ihnen: Haben würde man mich eh nicht wollen. Und der Verantwortung, daß ich als Kontrapunktist nachher für den Bankrott verantwortlich gemacht werde – der stelle ich mich nicht!«
Beide lachten und lauschten auf das Gespräch ihrer Damen. Ich muß jetzt einmal wirklich bekennen: Es klingt lächerlich, was wir Frauen so schwatzen – in so wenig vornehmer Atmosphäre ganz besonders:

MAGDALENA: Ja, wie recht du hast. Man bekommt nicht so schnell die Kleider gereinigt, wie die Moden gerade wechseln. Kaum versieht man sich's, schon hat ein neuer Faltenwurf den alten ausgetrieben.«

SIBYLLA: Ja, unsereins hat nur Verdruß davon. Und mit den Frisuren und Coiffeuren geht es weiter. Bewundert wird nur das Neue.

MAGDALENA: Du hast reden! Wenn ich auf deine hinblicke: Ich bin so ehrlich, daß ich sage: Mich packt der Neid, Sibylla!

SIBYLLA: (Gespielt entrüstet) Du willst mir nur ein Kompliment machen. Gib es zu.

MAGDALENA: (Lacht) Ein scharfes Auge sieht sofort, was neu und bestaunenswert ist.

SIBYLLA: (Geschmeichelt) Dabei ist alles Zufall! Mein zukünftiger Lieblings-Schwager hat ein paar Pariser Magazine geschickt bekommen. Darin sind die Muster, die gerade am französischen Hof éclat machen.

MAGDALENA: (Übertrieben erstaunt) Was ich also an dir beneide, ist zur Stunde in Paris ebenso neu wie bei uns?

SIBYLLA: Ja – und du mußt gestehen, daß der Geschmack dort nun wirklich nicht besser sein kann.

MAGDALENA: (Lacht) Nun sagst du bestimmt gleich, daß eine Leipziger Frisur in Paris nur noch als abgeschmackte Pracht einer Bäuerin gilt.

SIBYLLA: (Bescheiden) Ach, i wo. Ich lass' dir die Magazine vorbeibringen.

MAGDALENA: Oh – lieber nicht! Für mich wär's jetzt nicht mehr opportun und für Liese noch ein klein wenig zu früh ...

»... und zu teuer«, unterbrach Vater gemütlich und trocken dieses unsinnige Geplapper.

Catharina! Du tust älter und vernünftiger als eine Gouvernante! Aber wenn Magdalena und Sibylla zusammenhocken – ich kann dann nicht anders, als ihnen mit Spott zu begegnen.

Ach ja – Musik gab's ja auch noch!

Solisten waren ein Monsieur Knöcher aus Dresden (Flöte), Doles (Cembalo) und der kurioseste Sänger Deutschlands, Monsieur Voigt aus Eisenach, der es fertigbringt, einmal mit einem satten Baß aufzuwarten und im anderen Fall mit einem sauberen Alt. Schließlich noch Monsieur Abel mit der Gambe, dessen Solophantasie und eigenes Trio am meisten Eindruck machten, auch auf Vater und mich. Ich habe ihn liebgewonnen, seit er in der Passion nach Matthäus die Arie *Komm süßes Kreuz* als Solist begleitete: Er wird in der Welt der Musik bestimmt einmal etwas Großes werden.

Ja, und sonst? Mir fällt ein Vergleich ein: Vaters Kompositionen gleichen kräftigen Rindsbrühen mit Gemüse, das, was wir hörten, war wäßrige Hühnerbrühe mit ein paar Pfannkuchen-Schnitzen darin.

Doles legte als Ehrengabe für Vater ein Präludium-und-Fuge-Paar ein, der Rest war immerhin ansprechend gespielt – doch es wurde getuschelt, ärger noch als in den Collegia. Völlig kurios war, wie Direktor Gleditzsch völlig unbekümmert mit seinem Schlüsselbund gegen das Cembalo schlug, wenn einer gar zu laut schwatzte.

»Habt ihr das gehört?« lachte Vater. »Bei jedem Schlag verstimmt es sich ein Stück mehr. Er befiehlt Stillschweigen, und nach einer Minute ist's genauso laut wie vorher. Wie in einer Kinderstube!«

»Kaufmann schiebt Schwatz-Wache«, ergänzte Magdalena.

»Herrschaften, lassen Sie uns schnell zum Wein flüchten!« meinte Monsieur Graff.

Vater machte noch ein paar Komplimente. Aber Gerlach erkannte: Leipzigs Musikdirektor würde das »Große Konzert« nur sehr, sehr selten besuchen.
Vater ficht dies alles nicht mehr an. Beim Wein wurde er richtig humorig. Er prophezeite uns, daß Gleditzsch den »alten Bach« nach seinem Ableben folgendermaßen charakterisieren würde:
»Ich kannte einen alten künstlichen Doppelkontrapunktisten, der einst in Leipzig bei den vortrefflichsten Arien von Hasse gähnte – und dies mit derselben Artigkeit, wie die heute dem galanten Stil zugetanen Virtuosen einst bei seinen Doppelkontrapunkten gähnten.«
Nur Magdalena und ich haben nicht gelacht. Man sollte nicht mit dem Sensenmann scherzen.

* * *

Ob er nun bald einen Enkel bekommen würde? Die Frage wurde nach der Hochzeit Carls für Bach wieder interessant. Denn Friede, auf den er in dieser Hinsicht eigentlich seine Hoffnungen gesetzt hatte, redete sich einerseits mit der mageren Besoldung seines Dresdener Organistenamtes aus. Zudem, so schrieb er ziemlich unverblümt, genieße er lieber die Freiheiten des Junggesellendaseins: Im Palais und der Kapelle des Grafen und Ersten Ministers Brühl sei erstens immer irgendwo auszuhelfen und zweitens, dies oft auch zu unüblichen Zeiten. Mit anderen Worten: Er stünde seinen Mann in einem Maße, dem die Muße fehle, sich mit Ehegedanken zu tragen.
Bach schmunzelte schon lange nicht mehr, wenn aus Friedes Briefen wieder einmal der Lebenswandel des Elegant sprach, der im pelzverbrämten Mantel und spitzem Flauschhut auf dem Kopf durch Dresdens Straßen ging.
»Haarbeutel statt Perücke. Farbiger Rock, Spitzenjabot! Er ist einfacher Organist!«
»Je bunter die Schale, desto weicher der Kern«, sagte Magdalena und strich über die frisch gebügelten Hemden ihres Mannes.
Bach warf ihr einen fragenden Blick zu, trat dann aber entschlossen ins Musikzimmer, wo Friedrich und Christian bereits auf ihn

warteten. Ohne Umschweife setzte er sich an das große zweimanualige Cembalo, sein Lieblingsinstrument, schlug die Noten auf und begann zu spielen: Musik vom fleißigen Carl. Bach hatte sich lange dagegen gesträubt, aber mit dieser Veröffentlichung bewies Carl endgültig, daß er und nicht Friede der Sohn war, der den Willen besaß, das kompositorische Erbe seines Vaters anzutreten. Friede nämlich hatte noch immer nichts veröffentlicht, obwohl er seit Monaten davon sprach, ebenfalls sechs Sonaten in Druck zu geben.

Wie kamen Carls Sonaten nun bei den Brüdern an? Bach warf einen prüfenden Blick auf seine beiden jungen Söhne.

Die guckten.

Wie Kühe, dachte Bach.

Er spielte weiter, vergaß für eine Weile seine Söhne.

Weil sich nun sein Zweitältester mit einer Weinhändlerstochter verheiratet hatte, verfiel er auf die Bemerkung: Er wisse jetzt, warum Carl in seinen Sonaten die musikalischen Gedanken so gerne abrupt enden lasse.

»Er hat bestimmt zum Weinglas gegriffen, sich einen ordentlichen Schluck gegönnt und darüber vergessen, wie er sein Thema fortführen wollte. Also fängt er neu an.«

»Ja?«

Bach schüttelte Friedrichs dümmliche Frage ab und spielte – spielte in den neu erschienenen *Württembergischen Sonaten*, der zweiten großen Veröffentlichung nach den *Preußischen Sonaten*. Carl hatte sie seinem Klavierschüler, dem jungen Herzog Carl Eugen von Württemberg gewidmet, der seit 1741 am preußischen Hof erzogen wurde.

Mit seinem Scherz hatte Bach den Vorspiel-Unterricht auflockern wollen, aber in den Gesichtern Friedrichs und Christians, die rechts und links neben ihrem Vater saßen, spiegelte sich die Langeweile – das Mittagessen war anscheinend immer noch nicht verdaut. Der eine war schlicht zu müde, der andere mit sich selbst beschäftigt. So sah Friedrich zwar glubschäugig auf die Noten, aber was sein Vater da von Carls neuer Art der thematischen Verarbeitung der Motive erzählte: Es rauschte mehr in seinem Kopf, als daß er irgend etwas begriff. Christian gar bohrte lieber in der

Nase. Und dies so hingegeben, daß er kräftig zusammenschrak, als Catharina ihm auf die Finger schlug.
»Beide raus«, befahl Bach gekränkt. Friedrich und Christian erhoben sich stöhnend. Das schlechte Gewissen stand ihnen ins Gesicht geschrieben.
Der Auftritt seiner Tochter dagegen ließ Bachs Herz höher schlagen. Catharina hatte sich herausgeputzt, stand da mit Rouge und Puder, das Haar nach der Mode hochgesteckt. Das Kleid, das sie trug, war ihr bestes: aus dunkelblauem, feingekämmtem Tuch, gerüscht und mit Spitzenbesatz an den Ärmeln. Mit ihr war eine Parfumwolke ins Musikzimmer gekommen, die Bach für Sekunden an Dresden erinnerte.
Catharina schlug Magdalenas Fächer auf, setzte sich auf einen der beiden Stühle und schaute ihren Vater verführerisch an. Der ließ seine Blicke erst über ihre weißen Strümpfe und Stoffschuhe gleiten, bevor er wieder in die Tasten griff. Doch jetzt sah er hochzufrieden aus und wiederholte die *a-Moll-Sonate* aus der Sammlung mit bewußt virtuosem Schwung.
»Galant und fade ist hier nichts«, sagte er zufrieden und schaute Catharina bedeutsam an.
»Ja«, sagte sie. »Eigentlich höre ich geradezu ein Widerspiel galanter Art. Die Harmonien sind so mannigfaltig, wie die Haltung kräftig, männlich ist.«
»Nur den Septimenakkord hätte er sparsamer verwenden können«, sagte Bach. »Das drischt sich ab. Aber er will eben die Töne reden lassen. Es wimmelt von Redefiguren. Magister Birnbaum hätte seine Freude daran.«
Bach spielte die Sonate zu Ende, und Catharina freute sich aufrichtig für Carl, daß ihr Vater mit der neuen Sonaten-Sammlung so zufrieden war. Er akzeptierte ihre eigenwillige Tonsprache, die Überraschungseffekte und dynamischen und rhythmischen Kontraste als originäre Schöpfungen und war froh, daß Carl auf dem besten Wege war, den Namen Bach für sich zu vereinnahmen. Wenn doch bloß Friede ... Bach schob die aufkeimende Bitternis beiseite und erhob sich.
»Du forderst das Schicksal heraus«, sagte er. »So einer Dame würde ich auf den Fersen bleiben.«

Catharina fächelte sich Luft zu und schüttelte langsam, aber bestimmt den Kopf.
»Wir gehen zur Oper, weil wir beide einmal den Wunsch hatten, Sängerin zu werden. Nicht, um irgendwelche Abenteuer anzubahnen, Vater.«
»Abenteuer?«
Bach drohte mit dem Finger – da öffnete sich die Tür und Magdalena trat mit Barbara ins Zimmer.
»Sie haben die Ehre: der Herr Hofkompositeur persönlich samt Tochter.«
Es klang durchaus spöttisch, wie Magdalena Barbara ihren Mann vorstellte, doch Catharina war sofort bei ihr und zog sie an ihre Seite. Barbara knickste mit hochrotem Kopf, ihre Brust bewegte sich heftig. Bach verbeugte sich, breitete die Arme aus und hieß sie willkommen. Er rechne es ihr hoch an, sagte er freundlich, daß sie seine Tochter begleite, eine Aufgabe, die eigentlich ihm als Vater obliege. Aber da er wisse, daß Damen auch einmal unter sich sein wollten, verzichte er gerne auf das Vergnügen.
Barbara entspannte sich, brachte ein Lächeln zuwege. Sie war kaum weniger gut gekleidet als Catharina, mit dem Unterschied, daß ihr hellrotes Kleid, dessen Ausschnitt mit Spitzen umsäumt war, nicht ihr eigenes, sondern von der Komödie geliehen war.
»Dem Kleinen geht es gut?« fragte Bach mit höflicher Anteilnahme und ließ sich wieder auf die Cembalo-Bank nieder. Ein Sonnenstrahl fiel auf seine Knie, brachte den schwarzen Samt seiner Hose zum Leuchten und tauchte das Musikzimmer in ein anheimelndes Licht.
»Danke der Nachfrage, Herr Hofkompositeur«, sagte Barbara. »Es hat ja eine fürsorgliche Patin.«
»Das ist übertrieben«, bemerkte Catharina. »Philipp hat mich noch nicht einmal singen gehört. Im übrigen sollten wir endlich in die Stube gehen. Liese hat Kaffee gemacht.«
Der Tisch war gedeckt, sogar die Kaffeekanne stand schon auf dem Tisch. Magdalena brachte Kuchen und Kekse. Bach störte das Klappern des Geschirrs, die befremdliche Stille. So rief er nach Christian und trug ihm auf, im Nebenzimmer ein bißchen zu spie-

len – was ihm gerade so einfiele, die Hauptsache, es habe heiteren Charakter.
»Ihre hübsche Stimme und mimisches Talent sind mir bereits aufgefallen, als Sie noch auf dem Markt agierten«, erinnerte sich Bach, während Magdalena ihm einschenkte. »Meine Tochter war damals so beeindruckt, daß sie an sich zu zweifeln begann.«
»Ich habe wenig genug dafür getan«, antwortete Barbara. »Es wurde mir in die Wiege gelegt. Mein Glück.«
Die Unterhaltung schleppte sich fort. Die unsichtbare Schranke des Standesunterschieds beherrschte auch die Stube des Leipziger Musikdirektors und Dresdener Hofkompositeurs. Magdalena verströmte eine unnahbare Aura, sagte fast nichts und kommentierte Barbaras Antworten mit geringschätzigem Lächeln. Die Gelegenheit, die Kaffeestunde zu beenden, bot sich, als Christian sein Klavierspiel unterbrach. Bach sprang auf und erklärte humorig, er müsse seinem Sohn aus der harmonischen Klemme helfen, in die der sich hineinimprovisiert hätte. Als Barbara und Catharina ins Musikzimmer traten, lächelte er beiden zu und verabschiedete sich von Barbara mit der förmlichen Bitte, bald wiederzukommen – ohne sein Spiel zu unterbrechen.
»Eigentlich traurig«, sagte Magdalena später. »Kein Mann und keine richtige Freundin. Nur eine von der Straße.«
Bach nahm es gelassen.
»Nach meiner Wahl damals wurde mir vom Rat bedeutet, besser gesagt, kam mir zu Ohren: Den Besten, also Telemann, haben wir ja nun nicht für Leipzig bekommen können. Nur quasi einen Mittleren aus der Köthener Provinz.«
»Diese Barbara ist aber noch nicht mal eine Mittlere.«
»Dafür kann sie nichts. Denke an Hiobs Warnung: Gott erniedrigt die Hochmütigen. Aber wer seine Augen niederschlägt, dem hilft er.«

Samstag, 2. Mai 1744

Barbara und ich waren im neuerbauten Zwinger am Reithaus. Die Brüder Mingotti geben dort nämlich jetzt auch für uns Leipziger Italienische Oper. Dabei gehen sie den Weg, nicht auf den Beifall der Galerie zu schauen, sondern auf den des gebildeten Parterres. Leibhaftige Primadonnen und Kastraten treten auf, von denen die Regina Valentini eindeutig am meisten hermacht.
Instrumentalisten sind Studenten und Mitglieder vom »Großen Konzert« – die »Adelaide, Königin von Italien«, die sie aufführten, war freilich nur ein Pasticcio. Aber es ging ja auch nur darum, uns Leipzigern erst einmal die geläufigen italienischen Gurgeln vorzustellen.
Catharina, wie geläufig sind sie im Vergleich zu deiner und Magdalenas? Sei ehrlich!
Bin ich. Die Valentini hat Magdalena damals in Köthen an Schönheit des Tons erreicht. Aber nicht an Technik. Wie sie den Triller schlägt: Man bekommt Angst, daß sie vor Luftnot gleich tot umfällt. Und eine Kraft hat sie! Wir waren begeistert.
Ja, und deine Wenigkeit, Mademoiselle? Du hättest mit Ausbildung die Koloraturen sicher auch bewältigt. Aber die Kraft und Stärke der Stimme sind dir nicht in die Wiege gelegt worden.
Dafür singst du mit mehr Herz. Was für eine Kantorentochter ja auch angemessen ist.
Was nun Barbara angeht: Sie ist in der Mimik und Aktion eindeutig stärker. Womit sie ja bekanntlich auch einen gewissen Herrn Konrektor eingefangen hat.
Von uns beiden war sie diejenige, die mehr Blicke bekam. Allein, wie sie geht, sich bewegt! Es ist nicht zu erklären! Die Blicke der Männer werden trübe, schlitzig. Aber wehe, einer schaut ihr ins Gesicht. Dann werden ihre Züge hart, und ihre Augen funkeln voller Verachtung. Was die Herren, weil ihr der Busen dabei besonders bebt, aber nur noch mehr gucken läßt.

Barbara verzieht dann nur ganz leicht den Mund. Was wirkt, als habe sie sich gerade zu einem Todesurteil entschlossen. Worauf die Herren erröten. Oder erblassen.
Leider konnte ich die Aufführung nicht mehr so recht genießen. Die unleidliche Atmosphäre des Kaffeestündchens zu Hause hatte mich in Verlegenheit gesetzt. Ich gestand Barbara, daß ich mir nach allen früheren Äußerungen Vaters mehr erhofft hätte. Sie aber meinte, anderes zu erwarten wäre kindisch gewesen.
»Deine Stiefmutter ist wie alle Frauen, die es gut getroffen haben. Sie dürfen Stolz zeigen. Und eben auch Hochmut. Weil ja der Mann ein angesehenes Amt besitzt! Wenn er dann sogar noch in der Welt etwas darstellt, wie dein Vater, dann geben sie sich alle wie Prinzessinnen.«
Trotzdem sei Vater ein Muster an Bescheidenheit, entgegnete ich. Und führte dann, einfältig wie ich bin, zum Beweis an, daß Vater selbst Kompositionen von seinen Schülern abschreibt und für jeden von uns einmal am Tag ein liebreiches Wort übrig hat.
Da begehrte Barbara auf.
»Dein Vater, Catharina, braucht euch genauso wie ihr ihn! Glaubst du, er arbeitet ausschließlich allein für seine Kunst? Bestimmt nicht. Er bezieht wie jeder große Künstler sein Selbstbewußtsein auch daraus, daß er für seine Musik belohnt wird. Und gestatte bitte: Ich glaube, er wird wohl schon gut belohnt!«
Sicher – doch welche Leistung vollbringt er auch! dachte ich empört. Trotzdem setzte es mir einen Stich, weil Barbara etwas aussprach, über das man schweigen sollte, um unnötigen Neid zu vermeiden. Auch wenn es wahr ist. Für seine Variationen, die der Graf Keyserlingk bei ihm bestellte, erhielt Vater fünfhundert Taler in einem goldenen Becher. Graf Keyserlingk nennt sie jetzt nur noch »seine Variationen«. Er könne sich nicht satt daran hören, schrieb Friede. Lange Zeit hindurch habe es geheißen, wenn wieder einmal schlaflose Nächte kamen: Lieber Goldberg, spiele mir doch eine von meinen Variationen.
Ich konnte Barbara nicht gram sein. Sie entschuldigte sich auch gleich für ihre Heftigkeit. Bis zur Vorstellung sprachen wir nicht weiter. Aber auf dem Nachhauseweg, als wir am Brunnen waren, blieb sie plötzlich stehen, von Verzweiflung übermannt.

»Was soll denn aus Philipp und mir nur werden?« fragte sie und rang die Hände. »Aus einem Flittchen mit Balg? Leipzig hat zwar drei Messen im Jahr, aber die Komödie spielt auch nur in dieser Zeit. Dresigs Geld ist aufgebraucht, seine Geschenke sind versetzt. Ich habe niemanden mehr. Eigentlich warte ich nur noch auf einen Grund, zu meinen Gefährten zurückzukehren. Um da weiterzumachen, wo ich aufgehört habe.«
Barbara sprach immer leiser. Meinen Versuch, sie in den Arm zu nehmen, wehrte sie ab. Womit hätte ich sie trösten können?
»Ich verstehe dich«, brachte ich schließlich heraus – was falsch war und Barbara mir auch entgegenhielt.
»Nein«, sagte sie, wobei sie die aufsteigenden Tränen wegdrückte. »Deine Stiefmutter und du. Erst wenn euer Vater nicht mehr ist und ihr mit eurem Erbe auskommen müßt – dann könntet ihr meine Ängste und meine Not richtig verstehen. Wenn ihr beginnt zu rechnen. Abends im Bett. Und grübelt, wo ihr noch sparen könnt. Und was vielleicht verkauft werden muß. Weil auf einmal das Geld immer weniger wird statt mehr.«
»Hör auf!« herrschte ich sie an und warf ihr die Namen von Friede und Carl an den Kopf. Beschwor stolz den Familiensinn der Bache. Catharina, du dummes Weib! Gott macht auch die Reichen nackt und bloß! Und, sind wir etwa reich? Friede? Carl?
Barbara sah mich wissend an.
Es ging mir durch Mark und Bein.
»Ein Vater ernährt zehn Söhne. Aber zehn Söhne nicht einen Vater, wenn er alt ist. Und eine Stiefmutter erst recht nicht.«
Stumm umarmten wir uns. Dann zog Barbara ihres Wegs. Das letzte, was ich von ihr sah, waren ihre weißen Strümpfe. Ich habe Angst.

Dienstag, 7. Juli 1744

Lag es am traurigen Abschied? Seit Wochen hast du mit einem Schleier auf dem Herzen gelebt, jetzt aber ist es rein, und du fühlst dich leicht wie eine Feder. Und das an Mutters Todestag.
Es liegt an Vater! Er gab mir heute Antwort auf eine Frage, die schon lange in mir schwelte und mich vergiftete. Eine Kleinigkeit gab dazu den Anstoß.
Wie gewöhnlich an diesem Datum ging ich zum Gottesdienst. Zu Hause kam Friedrich auf mich zu – in der Hand ein Notenblatt, auf dem die Tinte gerade getrocknet war. Es war nur eine Notenlinie zu sehen, eingefaßt von jeweils vier Schlüsseln, wovon die hinteren verkehrt herum geschrieben waren: einer von Vaters grauslichen Rätselkanons.
»Ein Kanon zu vier Stimmen. Für mich!«
Tatsächlich stand dies lateinisch daneben.
»Wie schön«, sagte ich. »Dann mal an die Arbeit.«
Friedrich rannte auf sein Zimmer – Vater hatte Regina auf dem Schoß und machte zum Spaß mit ihr Stimmübungen. Sang immer wieder das a, schlug es an, hielt Regina die Stimmgabel ans Ohr und forderte sie auf nachzusingen. Carolina hielt eine Blockflöte, spielte ebenfalls a.
»Was schaust du denn so sauertöpfisch?« wurde ich empfangen.
»Soll ich etwa heute tanzen?« gab ich zur Antwort. Und dann – es kam einfach über mich – fragte ich Vater, ob er für Mutter eigentlich jemals einen einzigen Takt komponiert habe. Ob zu ihren Lebzeiten oder zu ihrem Gedächtnis.
»Für Onkel Jakob gab's ein Capriccio, weil er zu den Schweden ging, für Magdalena hast du zwei Notenbücher angelegt.«
Mein Ton wurde immer bitterer. Und schließlich lief es auf eine Beschuldigung heraus, weil ich sagte, daß die toten Frauen des Oberpostmeisters Kees und des Stadthauptmanns Winkler anscheinend mehr wert gewesen seien als Mutter.

»Für die Kees hast du *Jesu meine Freude* komponiert, für die Winkler *Fürchte dich nicht*. Zwei Motetten. Und für Mutter? Natürlich, für die Damen und Herren von Adel ...«

Mir blieb auf einmal die Stimme weg. Vater schaute mich aufmerksam an. Ohne Empörung. Regina und Carolina hielten die Spannung nicht aus, liefen aus dem Zimmer, Christian stand wie zur Säule erstarrt auf der Türschwelle. Draußen schlugen die Uhren.

Und ich?

Wünschte mir, daß die Trauer mich überwältigte – Schmerz, Wut, wenigstens ein paar Tränen: Aber nichts geschah. In meinem Kopf rauschte es bloß. In Erwartung des Donnerwetters hielt ich die Luft an.

Er solle Friedrich holen, sagte Vater zu Christian, ohne mich aus den Augen zu lassen. Worauf er mir mit einem merkwürdigen Lächeln zuraunte:

»Und du mußt jetzt hören.«

Er stand auf, seine Augen glänzten. Um seinen Mund lag aber plötzlich ein trauriger Zug.

Wenige Augenblicke später saß ich wieder auf der harten Bank in der leeren Kirche. Christian und Friedrich waren mitgekommen, weil Vater sie als Bälgetreter brauchte.

Vater spielte. Er gab ein Konzert, nur für mich allein!

Und wie er spielte!

Kühn und virtuos waren die drei Stücke, wovon die ersten beiden die große Phantasie und Fuge waren, die er einst anläßlich seiner Bewerbung nach Hamburg komponiert hatte. Beide gehören gewiß zu Vaters schwierigsten Werken. Die Fuge, erklärte mir Friede einmal, sei ein Konzert für Finger und Füße, deren Ziel die Vertreibung der Bigotterie sei. Unbekümmert setzte er dann noch hinzu:

»Sie ist so herausfordernd schwer und macht einen solchen Effekt, daß die Gebeine unter den Grabplatten im Takt mitklappern.«

Ja, und die Phantasie – sie ist mit ihren Harmonien so erdrückend, daß man darin zu ertrinken droht. Sie ist bestimmt überreich im Ausdruck. Aber so, wie die Dauben eines Bierfasses fest durch die Faßreifen zusammengezwungen werden, zwingt auch Vater die

Harmonien in eine Form. In der sie sich mit ihren Modulationen freilich austoben wie wilde Hunde.
Ich überlegte, wann der Besuch in Hamburg war. Im späten Herbst 1720. Im Sommer war Mutter gestorben. Sollte dieses Gebirge an Tönen etwa ...
Nein.
Ich grübelte noch, warum Vater es mir vorspielte, da riß er meine Aufmerksamkeit auf Neues. Und solch schmerzliche Töne hatte ich von ihm noch nie auf der Orgel gehört. Es preßte mir das Herz zusammen. Aufstöhnen und Weinen flutete durch die Kirche, gestützt auf mächtige Liegetöne im Pedal. Eine Phantasie erklang, die Halt an den Steinwänden der Kirche sucht, aber nicht findet und schließlich in einem wahrhaftigen Schrei gipfelt.
Das befreiende Dur, was darauf folgte, riß mir den Schleier von der Seele. Ein Schauer lief über meinen Rücken, mein Atem setzte aus. Doch schon beim Schlußakkord hatte ich mich wieder in der Gewalt. Ich schnappte nach Luft und konnte dann mit geläuterter Seele meine Blicke durch das Kirchenschiff schweifen lassen.
Was ich dabei spürte, war die Gewißheit über Vaters Liebe für uns alle – und eine unbändigen Appetit auf Braten und Wein.

* * *

DEM KONZERT IN der Kirche folgte als kurzes Nachspiel zu Hause eine so gewissenhafte wie liebevolle Lehrstunde. Bach nahm seine Tochter mit in die Komponierstube, drückte ihr die Noten seiner *c-Molll-Orgelphantasie* in die Hand und sagte mit Nachdruck: »Die Musik mag sich hier zu großem Ausdruck aufschwingen, weil Schmerz und Tod so nah hinter ihr stehen, aber sie erreicht dann noch lange nicht ihre höchste Kunst. Verstehst du das?«
Catharina schaute ihren Vater mit großen Augen an. Bach las darin den angestrengten Willen, ihn zu verstehen, weshalb er sich nicht zu schade war, seiner Tochter Regeln zu erklären, die er sonst nur begabten Schülern erläuterte. Und je länger er sprach, um so größer wurde die Genugtuung darüber, daß es seine Tochter war, die er da belehrte. Wofür er im nachhinein keine Erklärung fand. Denn seit jeher hatte er in der Überzeugung gelebt, daß Wissen und

Unterricht nur dann Sinn machten, wenn ein Schüler damit zu eigenem Schaffen angeregt wurde. Alles andere war für ihn wenig mehr als Vergeudung von Zeit und Kraft.

»Die c-Moll-Phantasie also steht dem Schmerz über den Tod deiner Mutter am nächsten«, wiederholte sich Bach. »Ihr strenger vierstimmiger Imitationssatz rettet sie für die Kunst, aber das ist im nachhinein ein glücklicher Zufall. Die Fuge dazu jedoch mußte scheitern. Über ein paar Takte kam ich nicht hinaus. Ihre Gesetze nämlich dulden keinen Überschwang.«

»Hingegen bei der Phantasie und Fuge für Hamburg gleichsam die Wunde nicht mehr blutete. Weshalb du der Kunst all die Kraft geben konntest, die ihr gebührt.«

»Du bist ja noch gescheiter als Friede«, neckte Bach seine Tochter, wurde aber gleich wieder ernst.

»Ja«, fuhr er fort. »Doch die Zeit damals war wie ein Dammbruch für mein weiteres Schaffen. Ich fand in den Monaten danach mit jedem Tag leichter, wofür ich mich all die Jahre vorher abgemüht hatte: Unverwechselbarkeit. Sowohl in der Findung der einzelnen Themen und Gedanken wie der Ausarbeitung. Der weimarsche oder köthensche Bach wurde zu Johann Sebastian Bach. Also muß ich jetzt all die Werke, die vor dieser Zeit liegen, verbessern. Damit es wirklich einmal so ist, wie einst Rektor Gesner bemerkte, als er einer Kantatenprobe beigewohnt hatte: Ei ja – wer's so gemacht hat, das ist doch nur der Bach!«

Catharina legte die Noten auf den Schreibtisch. Ihr Vater kratzte sich verlegen den Kopf. Sein Bekenntnis kam ihm nicht sonderlich demütig vor und widersprach durchaus der Bescheidenheitshaltung, wie er sie in der Gesellschaft pflegte. Aber sollte er seinem eigenen Kind etwas vormachen? Wozu?

Mit den Jahren konnte er es immer weniger verleugnen: Seine Kompositionen strebten den Rang von Denkmälern an. Ihr höchster Sinn war zwar Gottes Ehre, aber dieser Endzweck stand nichtsdestotrotz auch im Dienst seines Namens. Und auch wenn er den irdisch-praktischen Zweck seiner Kompositionen in der Rekreation des Gemüts sah: Sein eigentliches Anliegen war der Anspruch, Musik zu komponieren, deren Kunsthaftigkeit Gipfel musikalischen Denkens und Vermögens darstellte.

Bach vermied es, Catharina in die Augen zu schauen. Er trat ans Fenster, schaute hinaus, ohne zu sehen. Die Augen drückten unangenehm, und plötzlich war es ihm viel zu stickig. Hinter der Tür zur Schule raschelte es, dann entfernten sich die Lauscher mit schnellen Trippelschritten, nicht ohne laut zu kichern.
»Als ob einer, der fromme Texte vertont und Orgelmusik komponiert, nur in der Kirche sein Heil sieht«, murmelte Bach vor sich hin. »Es ist doch alles nur Hintergrund. Und war für dich eigentlich nie wirklich wichtig.«
»Weißt du«, sagte er zu Catharina und zog die Augenbrauen hoch, »Musik hat eigentlich mit … Hören zu tun. Dafür ist sie da.«
»Was?«
Bachs Mundwinkel zuckten. Er setzte sich ans Cembalo und ließ Arpeggien aufrauschen: Septimenakkorde, schneller und schneller, höher und höher – und als es nicht mehr weiter ging, schloß er mit einer chromatischen Tonleiter abwärts.
»Für so was bekam Carl mal eine Ohrfeige«, erinnerte sich Catharina lächelnd.
»Von wem?« fragte Bach empört.
Catharina öffnete die Tür zur Diele, lächelte über die Schulter zurück, winkte.
Bach stieß das Fenster auf, atmete durch. Wenn bloß die Augen nicht so drückten.

* * *

Am dreizehnten August trat die preußische Armee mit achtzigtausend Mann den Marsch nach Böhmen an. Und kein Geringerer als König Friedrich Wilhelm II. selbst führte das Kommando. Der mit Österreich geschlossene Sonderfrieden wurde gebrochen, und die Gerüchte, daß der König diesmal auch in Sachsen einfallen würde, kamen nicht zur Ruhe.
Doch zunächst blieb es ruhig.
Bach war zufrieden, der zweite Teil des *Wohltemperierten Klaviers* war jetzt soweit korrigiert, daß er abgeschrieben werden konnte. Das Glück bescherte ihm im Herbst auch einen neuen Schüler, den Schlesier Johann Christoph Altnikol. Der Vierundzwanzigjährige

war Student und ein ungemein fähiger Bassist, Violinist und Cellist dazu. Bach empfing ihn mit offenen Armen, allein schon deshalb, weil er stets zuwenig Baßstimmen hatte.
»Und die wenigen, die ich überhaupt habe, kommen nicht zur Reife, weil die Herren Schüler im fortgeschrittenen Schulalter sind und für mich dann natürlich viel zu früh von der Schule gehen.«
Altnikol nickte zustimmend und führte noch einmal aus, daß ihm die Musik und vor allem das Orgelspiel mehr am Herzen läge als das Studium der Juristerei und Theologie.
»Dann ist es zur Komposition nur ein Kinderschritt«, meinte Bach. »Und zwar so ein kleiner.«
Bach machte eine entsprechende Geste und stellte Altnikol die zweieinhalbjährige Regina vor, die in die Stube gelaufen war, weil sie ihre Puppe suchte.
Liese kam herein. Entschuldigte sich und zog Regina fort.
»Meine Zweitälteste«, sagte Bach. »Die Älteste ist im Garten. Sie hat vor kurzem eine schlechte Nachricht bekommen, sagt, sie müsse ihre Enttäuschung wegarbeiten. Das Weib nimmt den Rechen, unsereins greift zur Feder …«, setzte er nach, seufzte und schwieg.

Donnerstag, 15. Oktober 1744

Barbara ist geflohen. Ein anderes Wort trifft es nicht, wenn ich daran denke, welche Angst sie hatte, den Preußen zu begegnen. Ihr die Angst vorzuwerfen, das maße ich mir nicht an. Aber mußte es dermaßen Hals über Kopf sein? Noch vor dem Schnee wollten sie und ihre Gefährten über die Alpen nach Italien, nach Rom. Dort wollten sie allesamt konvertieren und dann, wenn die Preußen am Boden seien, zurück nach Deutschland kommen. Aber nicht nach Leipzig, sondern nach Wien.

Magdalena und Vater hatten nur ein Auflachen für diese »Vagantenideen« übrig.

»Sie kann ihren Stand nicht verleugnen«, sagte Magdalena. »Für Menschen ihres Schlags sind alle Orte nichts als Intermezzi. Und die darin geschlossenen Freundschaften auch.«

Erbarmen mit mir hatte sie nicht.

Barbara! Ich schreie dich an, hätte Lust, dich zu schütteln. War ich dir sowenig wert, daß du glaubtest, es reicht, mich mit einem Brief abzuspeisen?

Und wenn du tausendmal darin um Verständnis bittest und wortreich ausführst, daß ein persönliches Lebewohl für dich und mich zu schmerzhaft gewesen wäre. Das verzeihe ich dir nicht.

Doch so enttäuscht ich auch von dir bin: Werdet glücklich, du und dein Sohn.

Ich bin müde. So müde. Ob es jemals noch etwas anderes für mich geben wird, als Haushaltskraft zu sein?

»Hättest du geheiratet …«

Mir fällt ein, was du, Vater, ein paar Tage nach Mutters Beerdigung nach dem Frühstück gesagt hattest. Tante Friedelena und unser Mädchen waren zum Markt gegangen, Friede in die Lateinschule, Carl und Bernhard in den anderen Unterricht. Ich hatte gerade das Geschirr abgewaschen und war dabei, die Stube auszufegen. Du kamst, schloßfertig gekleidet, in die Küche.

»Meine Catharina«, brummtest du und griffst zum Besen, während ich die Schaufel hinhielt. »Weißt du, daß du für deine Brüder beinahe wie eine richtige Mutter bist? So gut vertrittst du sie ihnen. Ich kann Gott gar nicht genug danken, daß er dich mir als Erstgeborene schenkte. Dadurch wird für dich die Arbeit nun nicht weniger, aber wir tragen beide große Verantwortung. Ich als Kapellmeister beim Fürsten und du in Küche und Stube. Kein geringes Amt!«
Du drücktest meinen Kopf an deine Brust, in der ich trotz deiner Stärke den Schmerz fühlte. Damals nahm ich mir vor, dir den Verlust von Mutter zu ersetzen. Nie konnte ich vergessen, daß du bereits als Kind, wie nun auch ich, die Mutter verloren hattest. Zuviel des Todes Gewalt in unserem Kreis! Ich nahm die Pflicht auf meine Schultern und lud mir Hausarbeit für zwei auf.
Als du Magdalena heimführtest, war ich natürlich eifersüchtig. Und dumm, wie man in diesem Alter ist, schwor ich damals, dich nicht kampflos an sie zu verlieren. Bis ich einsah, daß wir alle einander brauchen.
Was hat das mit Barbara zu tun? Sie hat ein Leben voller Abwechslung vor sich, muß dafür aber Not in Kauf nehmen. Ich dagegen lebe ohne Not, dafür ist aber alles behäbig und im immer gleichen Trott der Hauswirtschaft.
Was ist besser?
Für wen, warum schreibe ich noch? Meine Hand wird mir müde wie dir, Vater, die Augen. Was bleibt von uns, wenn alles stirbt? Was, Vater im Himmel? Wozu all der Schmerz, der unsinnige Tod? Wozu all das *Weinen, Klagen, Sorgen, Zagen*? Du hilfst uns auf, immer wieder, aber überwältigst uns auch mit Leid. Das ist es, was uns müde macht.
Nur die Liebe zwischen uns allen hat Bestand.
Du, Barbara, warst der Kontrapunkt zu meiner häuslichen Welt, mit dir begann mein Schreiben. Nun, da du gegangen bist, sollte ich schweigen. Was hält mich an dir, Tagebuch?

* * *

Es versprach ein gutes Jahr zu werden. Bereits Anfang Januar konnte Bach eine Annonce in die Zeitung setzen, daß bei ihm ein

Werk Friedes zu kaufen sei: die *Cembalosonate D-Dur*, das erste gedruckte Werk seines Lieblingssohnes. Fünf weitere würden noch folgen, versprach Friede, auf daß sein Opus sich zum üblichen halben Dutzend rundete.
Bach war glücklich. Denn nicht nur, daß das Werk mustergültig gedruckt war, es war zudem noch ein großartiges Stück Musik. Bach erkannte an, daß Friede sich mit dieser Arbeit selbst übertroffen hatte – diese Sonate nahm auf, verarbeitete und überwand die Grenzen der Gattung.
»Sie ist so persönlich wie er selbst«, erkannte Bach, »ist Musik, die zum Ausdruck bringt, was ein Herz fühlt, wenn es um das Besondere und Höchste ringt.«
»Aber ob dies heute auch gefragt ist?« wagte Altnikol einzuwenden.
Bach schaute ihn erschrocken an, aber sein Schüler hatte nur ausgesprochen, was er die ganze Zeit verdrängte. Denn das Leidbekenntnis des Adagio-Satzes, dieses h-Moll, das zwar nie weichlich klang, aber mit seinen Wirrnissen und Nöten irritierte: Wem sollte es gefallen? Wo Publikum finden, dessen Wortführer verkündeten, daß jetzt das Gefällige und Reizende, das Tändelnde und Verliebte Gegenstand der Kunst seien?
Statt Mehrung des Leids forderte die Zeit Minderung von den alltäglichen Nöten – Bach, Carl und Friede bekamen es bald zu spüren, denn kaum einer erklärte sich bereit, die Noten zu kaufen. Wie Hohn kam es Friede daher vor, als ein Freund des Magisters Mizler, der Organist und Musiktheoretiker Georg Andreas Sorge, Bach eine Sammlung von einem Dutzend Sonatinen widmete, deren Anspruchslosigkeit der Komponist nicht nur ausdrücklich betonte, sondern sogar als Qualitätsmerkmal hervorhob.
Bach wußte nicht, ob er lachen oder weinen sollte. Die großartige Komposition seines Lieblingssohnes lag wie Blei bei ihm herum, während die Sonatinen Sorges gekauft wurden – und dies nicht zuletzt deshalb, weil Sorge sie dem Fürsten der Tasteninstrumente gewidmet hatte.
»Vielleicht ist auch in diesen leichten Stücken noch ein Gang oder Satz, der Euer Hochedlen zum freundlichen Schmunzel-Lachen bewegen wird. Weiter habe ich davon nichts zu gedenken, sondern

nur Euer Hochedlen gehorsamst zu bitten, dieses kleine Werkchen als ein Zeichen meiner ganz besonderen Hochachtung anzunehmen.«
»Soll ich nun den griesgrämigen Kontrapunktisten spielen und nein sagen?« fragte Bach seine Frau. »Die Widmung etwa ausschlagen?«
Die sah ihren Mann groß an und schüttelte verständnislos den Kopf. Was gedruckt sei, sei gedruckt, meinte sie und überhaupt: Wen interessierten jetzt derartige Kindereien, wo alles darauf hindeute, daß die Preußen ihre Schritte bald nach Sachsen richten würden?
Bach seufzte und nickte. Das Kommando des Fürsten von Dessau jagte die Österreicher aus Oberschlesien, die sich daraufhin ins Mährische zurückzogen. Dies bewegte die Gemüter. Nichts anderes. Bach versuchte dennoch, Friede zum Durchbruch zu verhelfen. Ende März annoncierte er ein zweites Mal die Sonate in der Zeitung – aber es nützte nichts. Friede stand als Komponist zwischen den Moden und damit zwischen den Stilen. Verdarb es sich mit den Alten, denen seine Musik zu bizarr und maßlos erschien, verdarb es sich aber auch mit den Neuen, die seine Kunst für unsanglich und formelhaft verlästerten.
Einen Lichtblick verhieß die Nachricht aus Berlin. Carl meldete: Enkel in Sicht, seine Frau sei guter Hoffnung.
»Warum eigentlich keine Enkelin?« fragte Liese ihren Vater. »Weil du schon vier Töchter hast?«
Liese wirbelte an ihrem Vater vorbei aus der Wohnung. Es war ein schöner Frühsommertag, sie wollte mit Catharina promenieren und einkaufen. Sie genoß ihre große, alte Schwester und bewunderte sie wegen ihrer besonderen Stellung zum Vater – aber im Gegensatz zu ihr stand für sie seit langem fest: Ich heirate. Catharina versuchte, sie einmal zu ärgern, indem sie fragte: Bist du auch hübsch genug, was Liese beantwortete, indem sie ihr ein Papierröllchen in die Hand drückte.
Darin stand ein galanter Vierzeiler – ein Schüler der unteren Klassen hatte ihn ihr in die Hand gedrückt. Von ihrem Verehrer stand darunter, jedoch kein Name. Catharina lächelte und war doch auch ein klein wenig eifersüchtig. Aber es war nicht mehr zu über-

sehen: Aus dem Sonnenschein von einst war eine Mademoiselle geworden, die mit ihren neunzehn Jahren für die meisten Sekundaner und Primaner der Thomasschule die erste bachsche Person war, mit der man angenehme Gefühle verband.
Bach warf Magdalena wegen Lieses schnippischer Bemerkung einen unwilligen Blick zu – Magdalenas jedoch strahlte vor Vergnügen. Liese war nicht auf den Mund gefallen, sie hatte ein gutes bißchen die Schlagfertigkeit ihrer Mutter geerbt.
Bach beruhigte sich. Er befürchtete ja nur, eine zweite Tochter zu haben, die der Ehe entsagte. Aber wenn Magdalena diese Art billigte ... Bach haschte nach seiner Frau, erwischte sie am Schürzenband und zog sie vor den Spiegel. Die Minuten, wo sie bis auf die kleine Regina allein waren, häuften sich. Magdalenas lange Krankheit hatte ihr einst rundes Gesicht schmaler gemacht. Seitdem zeigten sich auch erste Falten. Ein paarmal schon hatte Bach in unbeobachteten Augenblicken deren Linien nachgezeichnet – jetzt tat er es wieder. Magdalena sah ihm dabei mit einem dünnen Lächeln durch den Spiegel zu.
»Von etlichen Bächen ausgewaschen,« sagte sie leise und neigte den Kopf ein paarmal hin und her. »Aber da auf Unwetter stets Sonnenschein folgt ...«
Magdalena wandte den Kopf und musterte ihren Mann. So angestrengt er mit den dicken Tränensäcken um die Augen aussah, so entschlossen und kompromißlos wirkte das Dreieck von Nase und Mund. Die Wangen waren leicht gerötet, die Lippen voll. Es war ein strenges Gesicht, das sich ihr darbot, aber Magdalena wußte nur zu gut, wieviel Wärme es ausstrahlen konnte, wenn das Leben ihrem Mann nur ein paar kleine Annehmlichkeiten bescherte.
»Guck nicht so«, sagte Bach zärtlich und faßte mit beiden Händen nach Magdalenas Kopf. Behutsam zog er ihn an sich, hielt einen Moment inne und hauchte seiner Frau einen Kuß auf die Stirn.
»Ich werd' dich malen lassen«, sagte er. »Groß und in Öl. Und wenn der Maler nur ein Fältchen vergißt, bekommt er keinen Groschen.«
Magdalena schlang die Arme um den Nacken des Sechzigjährigen, zog die Nase kraus und pustete ihrem Mann den Pe-

rückenpuder von den Schultern. Bach brummte zufrieden: Das war es, was er so an Magdalena schätzte und liebte. Sie hatte immer Zeit für ihn, bewahrte dabei aber stets den Blick für die nützlichen Dinge.

* * *

Im Sommer musste er einen Streit entscheiden. Es ging um den Aufstieg eines Kunstgeigers zum Stadtpfeifer. Erstere wurden von der Stadtpfeiferzunft hochmütig als »Fingerlinge« bezeichnet, obwohl jeder Stadtpfeifer in der Regel selbst einmal als Kunstgeiger angefangen hatte. Unter Geldmangel litten indes beide Gruppen. Die Stadtpfeifer weniger als die Kunstgeiger, weil die sich alle besseren Musiziergelegenheiten sicherten, so zum Beispiel vornehme Hochzeiten und Taufen, oder Doktorats- und Professorenfeiern. Und natürlich spielten sie die Hauptrolle bei allen offiziellen Stadtfesten und genossen das alleinige Privileg, täglich vom Altan des Rathauses abzublasen.

Doch auch wer Stadtpfeifer war, hatte seinen Stolz, denn die Ausbildung war hart und dauerte, bis der Meistertitel erworben war, lange Jahre. Denn die Zahl der Instrumente, die neben dem Hauptinstrument beherrscht werden mußten, war groß: das Spielen auf Zink, Trompete, Posaune, Horn war selbstverständlich, dazu kamen Streichinstrumente sowie Oboe, Fagott und Flöte.

Beide Gruppen nun waren dem Stadtmusikdirektor Bach unterstellt. Er durfte sie zu den sonntäglichen Kantatenaufführungen heranziehen und hatte darüber hinaus das Recht und die Pflicht, über die Befähigung jedes einzelnen zu urteilen und über ihre Anstellung zu entscheiden.

Diesmal ging es um den Kunstgeiger Johann Christian Oschatz, den Bach bereits im Jahr 1738 für tauglich befunden hatte, den Platz des verstorbenen Kunstgeigers Caroli einzunehmen. Der Rat hatte Oschatz daraufhin die Zusicherung gegeben, zum Stadtpfeifer aufzurücken, wenn eine Stelle vakant würde. Denn wer Stadtpfeifer war, blieb es – so lange, bis körperliche Hinfälligkeit dem Dienst einen natürlichen Halt setzte. Dann sprangen Substituten ein in der Hoffnung, die Stelle bald offiziell einnehmen zu können.

Daran entzündete sich der Streit. Und eines Tages im Juli bat Oschatz vor der Kantate, daß er den Herrn Musikdirektor nach dem Gottesdienst unbedingt sprechen müsse. Bach ahnte, um was es ging.
»Wegen der Substituten?« fragte er.
Oschatz fiel ein Stein vom Herzen. Jetzt würde die Angelegenheit ins Rollen kommen. Und so spielte er mit höchstem Einsatz, auf daß der Herr Musikdirektor sich nachher auch wirklich für ihn verwendete.
Nach vier langen Stunden war es soweit. Die letzten Schritte auf der Treppe zur Empore waren noch nicht verhallt, da sprudelte Oschatz los. Bach hörte aufmerksam zu, sammelte aber derweil die Noten ein.
»Es ist doch wirklich ein Schlag ins Gesicht für mich, wenn der Rat mich noch einmal prüfen lassen will, oder etwa nicht?«
»In der Tat: Sie sind nicht schlechter, sondern höchstens besser geworden, Monsieur Oschatz«, antwortete Bach. »Aber lassen Sie mich noch einmal rekapitulieren: Sie haben sich beim Rat beschwert, daß er sein Versprechen nicht einhält und zulassen will, daß der alte Gleditsch und der alte Gentzmer Substituten nehmen.«
»Ja – wobei mich natürlich das Verhalten vom Gentzmer besonders ärgert. Indem er partout den Pfaffe als Substituten will, habe ich kein Fortkommen mehr.«
»Und nun meint der Rat, der Bach wird's schon richten. Indem er sagt: Prüfen wir also beide – den Pfaffe und den Oschatz. Der Bessere gewinnt.«
»Ja – aber Sie selbst haben mich ja schon vor sieben Jahren geprüft, Herr Musikdirektor. Eine zweite Prüfung wäre gegen alle Ehre. Vor allem, weil der Pfaffe nur Geselle ist, selbst wenn er seit zwei Jahren mit uns Kunstgeigern spielt. Er muß geprüft werden, nicht ich!«
Oschatz rang um Beherrschung, war aber trotzdem laut geworden.
Bach schloß für einen Moment die Augen. Was da auf ihn zukam, war unerquicklich. Oschatz bat ihn, sich gegen eine Empfehlung des Rats auszusprechen, andererseits hatte er recht, wenn er dar-

auf verwies, daß es gegen die Ehre war, sich vor der versammelten Schar von Stadtpfeifern und Kunstgeigern unter Einschluß eines selbst ungeprüften Gesellen ein zweites Mal prüfen zu lassen.

»Die Stadtpfeifer-Stelle kann ich Ihnen nicht verschaffen«, sagte er nachdenklich. »Aber ich werde den Rat davon unterrichten, daß Ihre Prüfung überflüssig ist. Was im anderen Fall sonst ja auch ein schlechtes Licht auf meine Urteilsfähigkeit von damals werfen würde.«

Oschatz strahlte, nickte beflissen und sah Licht am Ende eines für ihn langen Tunnels. Bach würde seine eigene Kompetenz in die Waagschale werfen – denn in der Tat: Den Herrn Musikdirektor dazu zu zwingen, sein vor sieben Jahren gefaßtes Zeugnis womöglich zu revidieren – es lieferte ihn ja der Lächerlichkeit aus.

Bach wünschte einen schönen Sonntag und hatte die Sache vergessen, als er die Suppe löffelte. Die ohnehin knappe Mittagspause war an diesem Tag noch kürzer. Gerade einmal zwei Stunden lagen zwischen Vormittags- und Nachmittagsgottesdienst. Die stillen Flüche über diese sonntägliche Musikfron waren von Jahr zu Jahr mehr geworden. Bach rächte sich, indem er seit Jahren keine einzige Kantate mehr komponierte.

Tage später prüfte er dann tatsächlich nur den Gesellen Pfaffe. Pfaffe spielte vor seinen zukünftigen Kollegen aus Bachs Kantaten Solopartien für die Violine, Oboe, Flöte und Trompete. Spielte Choräle und langsame Tanzsätze auf der Posaune und zeigte sich sogar noch im Waldhornspiel bewandert, dem Instrument, das bis vor wenigen Jahren nur fürstliche Bläser an die Lippen setzen durften. Bach war beeindruckt. Die Leistung des Gesellen war außerordentlich, und es stand für Bach außer Frage, dies nicht entsprechend zu würdigen. Die Kunst ging vor.

Also verfaßte er für den Rat ein Gutachten, in dem er Pfaffe als Substituten empfahl, und vertröstete Oschatz mit der Versicherung, ihn bei der nächsten sich bietenden Gelegenheit zum Stadtpfeifer zu befördern. Was bestimmt nicht mehr lange dauern könnte. Oschatz verstand: Gleditsch war nicht nur alt, sondern klapprig, ein paar Monate noch, dann würde er aufgeben müssen. Denn ihm wurde kein Substitut zugeteilt.

Montag, 30. November 1745

Gott steh uns bei! Vor neun Tagen haben die Österreicher im Umland Stellungen bezogen, bis gestern dröhnten die Kanonen. Die Preußen haben aber alles zusammengeschossen und jetzt die Stadt besetzt. Unsägliches sollen ihre Husaren in Dörfern und kleinen Städten getan haben. Alles werde geplündert und brandgeschatzt, die Menschen gemordet und geschändet.
Wir kamen nicht vom Fenster weg. Sahen den Rauch in der Ferne, hörten die Geschütze. Das Geschrei der Verwundeten, wenn sie in die Stadt gebracht wurden, die Soldaten, das Blut an ihren Monturen und die grauenhaften Bajonette – Barbara, du hast alles geahnt.
Was soll bloß werden?

* * *

Zwei Wochen später, am 15. Dezember, kam es bei Kesselsdorf zur entscheidenden Schlacht. Die Sachsen schlugen sich wacker und brachten die preußische Armee in arge Bedrängnis, doch das Kriegsglück blieb den Preußen treu: Fürst Leopold von Anhalt-Dessau errang schließlich für seinen König den Sieg, und damit war der Weg nach Dresden frei. Drei Tage später zog König Friedrich in der Stadt ein und befahl, schon am nächsten Abend Hasses neue Oper »Arminio« mit allem Pomp und allen Verzierungen des Balletts aufzuführen.
Friede konnte nach Leipzig berichten, wie gut dem König die Aufführung gefallen hatte und daß er voller Verwunderung über die Leistung des Orchesters und der großen Faustina war.
Neun Tage weilte Friedrich in Dresden, wobei er abends die lachende Seite seines Januskopfes präsentierte: Denn er hielt, wie zu Hause in Berlin, sein gewöhnliches Kammerkonzert ab, wozu er sich die Mitglieder aus der sächsischen Hofkapelle selbst wählte.

Das waren zuallererst Hasse, der am Cembalo saß, seine Frau Faustina und der erste Kastrat Bindi. Um seine drei bis vier Konzerte zu spielen, benötigte König Friedrich dann nur noch ein Streichquartett: Der Schöngeist in ihm ließ für Momente seine Eroberungszüge vergessen.

In Leipzig hoffte und betete man, daß in Dresden die Monarchen zum Frieden kämen. Denn derweil hatten die Preußen dem Rat solch gewaltige Kontributionen aufgezwungen, daß das Geld der Ratskasse nicht ausreichte und die Bürger aufgerufen und verpflichtet wurden, Gold und Schmucksachen auszuhändigen. Es waren Tage tiefster Erniedrigung, und so war der Jubel grenzenlos, als am 25. Dezember der Friedensschluß bekanntgegeben wurde. Stadtpfeifer und Kunstgeiger gaben dem herrlichen Ereignis den rechten Rahmen, der Marktplatz war schwarz vor Menschen.

Bis zum Vormittag des Neujahrstages sollte die Stadt geräumt werden, eine Nachricht, die Bach dafür entschädigte, daß er nicht nach Berlin hatte fahren können, um bei der Taufe seines ersten Enkels, Johann Adam, dabeizusein.

Am Neujahrstags-Gottesdienst hörten die Leipziger die Motette *Singet dem Herrn ein neues Lied* – ein Werk, das in seiner Herrlichkeit wie dazu geschaffen war, den Frieden und das Lob Gottes zu singen. Bach hatte die Motette nicht für dieses Neujahrsfest komponiert: Aber wie zwanglos fügte sich in das Preislied der Ecksätze die Neujahrsbitte *Gott, nimm Dich ferner unser an*, während die nachdenkliche folgende Choralstrophe mahnt, aller Opfer des Krieges zu gedenken: *Er kennt das arm Gemächte, Gott weiß, wir sind nur Staub, gleich wie das Gras vom Rechen, ein Blum und fallend Laub! Der Wind nur drüber wehet, so ist es nicht mehr da. Also der Mensch vergehet, sein End das ist ihm nah.*

Die Musik aber überwand die Bitternis der Worte: Mit ihrem kristallklaren, alle Bedrückung hinter sich lassenden Elan wirkte sie unmittelbar auf die Herzen. Und als Bach die Woche darauf, am 9. Januar, dem Tag des eigentlichen Dank- und Friedensfestes seine mächtige Kantate *Nun danket alle Gott* aufführte, da mögen einige der hochwohlweisen Ratsherren ins Grübeln gekommen sein, ob das selbstherrliche Auftreten ihres Herrn Musikdirektors nicht doch gering wog im Verhältnis zu seiner stets erhebenden Musik.

Bach konnte einen beschaulichen einundsechzigsten Geburtstag feiern. Vor einem Jahr trübte der Mißerfolg von Friedes Cembalo-Sonate die Festtagsstimmung, jetzt war dies alles vergessen. Friede nämlich wurde entschädigt. Und zwar mit einem neuen Amt, das ihm mehr Geld, mehr Ansehen und neue Schaffenskräfte bescheren würde.
Friede wurde Musikdirektor und Organist an der Liebfrauen-Kirche zu Halle.
Am sechzehnten April sagte der dortige Rat dem fünfunddreißigjährigen Sohn des Leipziger Musikdirektors zu. Am selben Tag schrieb Friede das Entlassungsgesuch an seine Dresdener Vorgesetzten. Dreizehn Jahre hatte er dort das Amt des Sophienkirchen-Organisten ausgeübt – für einen Hungerlohn, wie er nicht überdrüssig wurde zu erzählen.
»Hätte ich mit dem Klavierunterricht nicht auffüttern können, wäre mein Küchenmeister wirklich jeden Tag der schmale Hans gewesen. Und da sollte ich eine Frau finden? Vater, warte ab: Jetzt wird alles besser.«
Friede schenkte sich ein und trank sein Glas in einem Zug leer. Sein Gesicht war vom Wein genauso gerötet wie von der Zuversicht, in seinen bereits glasigen Augen leuchtete das Glück.
Wann er ein derartiges Gefühl der Unbeschwertheit zuletzt gefühlt hatte: Er konnte sich nicht mehr daran erinnern.
Wie frei würde er diese Nacht schlafen können. Friede gähnte herzhaft, streckte sich dann auf seinem Stuhl. Nach Herzenslust konnte er von nun an Vater und Schwester besuchen. Halle war mit der Postkutsche gerade einmal eine halbe Tagesreise von Leipzig entfernt, das ging beinahe schon zu Fuß. Noch ein Glas Wein? Natürlich! Die Flasche mußte leer werden.
»Trink, Vater! Laß doch den Vertrag. Alles bloß Worte!«
Bach nickte, musterte seinen Sohn liebevoll, aber kritisch.
»Wenn du ab sofort Kantaten und Passionen komponieren willst, kannst du nicht soviel trinken«, sagte er.
»Sprach der Herr Musikdirektor Bach, schenkte sich ein Glas Wein ein und vergoß es an Stelle Christi Blut auf seiner Partitur der Matthäuspassion.«
Friede vergaß alle Hemmungen. Bachs Gesicht verdunkelte sich.

Sein Unterkiefer schob sich vor. Aber seinen Sohn jetzt maßregeln? Einen Mann, der auf die Vierzig zuschritt? Bach biß sich auf die Lippe. Friede hatte nur ein paar Gläser zuviel. War überdreht. Es würde sich geben.
Oder?
Bach stand auf, wünschte eine gute Nacht. Friede winkte, grüßte halb militärisch und öffnete noch zwei weitere Hemdknöpfe.
»Komm zu mir, Schwesterherz!« rief er Catharina zu, die seinen Rock ausgebürstet hatte und jetzt den Tisch fürs Frühstück vorbereiten wollte.
»Du siehst aus wie ein sehr zweifelhafter Gesell', mein Lieber.«
Friede öffnete mit schiefem Blick noch einen Knopf.
Catharina kicherte.
Langsam trat sie auf ihren Bruder zu. Und der schnellte nach vorn, schnappte sie sich und setzte sie auf seinen Schoß.
»Du dampfst nach Wein wie Frühlingswiesen nach Regen.«
Friede schaukelte sie, erst bedächtig, dann immer heftiger.
»Du, ich bin deine Schwester! Keine von deinen ...«
»Sprich's nur aus!«
Catharina bewegte stumm die Lippen.
Und Friede schloß sie mit einem Kuß.

* * *

SEIT PFINGSTEN VERSAH Friede offiziell sein neues Amt. Er bezog Quartier im Haus des städtischen Steuereintreibers, stürzte sich mit Elan in die Arbeit.
Bach betete für seinen Sohn. Denn dessen Vertrag ging ihm nicht aus dem Kopf. Vor zweiunddreißig Jahren hatte auch er in Halle vor der Entscheidung gestanden. Aber die Urkunde damals mit dem Bemerken zurückgegeben, daß einige nicht unwesentliche Punkte geändert werden müßten. Letztlich scheiterten die Hallenser anno 1714 zwar an ihrem Geiz, was sie zwischenzeitlich eingesehen hatten und Friede nicht mehr betraf – aber trotzdem.
Er hatte wegen des alten Kantorenrechtes, die Gesänge ohne Vorlage bei der Geistlichkeit bestimmen zu dürfen, deswegen vor Jahren mit dem hiesigen Subdiakon einen erbitterten Kampf geführt.

Und nicht eher geruht, bis ihm das Kirchenkonsistorium das verbürgte Recht wieder zugestand.
Friede hatte in Halle dem Gegenteil zugestimmt.
Und was das Orgelspiel anbelangte: Schon als man in Arnstadt in sein Spiel hineinredete und weniger eigenwillige Musik verlangte, hatte er sich dagegen verwahrt: Lieber würde er seine Stellung aufgeben, als sich den Rechthabereien von Nicht-Musikern zu fügen, drohte er damals.
Aber Friede? Er begehrte nicht auf, obwohl er lesen konnte, daß die Herren Ministerialen forderten, er solle die Choräle »ohne sonderbare Kolorierungen« begleiten, und andere Einschränkungen mehr.
Konnte das auf die Dauer gutgehen?

* * *

Orgelprüfungen und Einweihungen im Zschortau und Naumburg lenkten Bach von seinen Sorgen um den Sohn ab. Die Naumburger Hildebrandt-Orgel untersuchte er mit Gottfried Silbermann.
Gemeinsam wurde das Gutachten unterschrieben, Hildebrandt gute Arbeit bescheinigt. Die beiden obersten Orgelbau-Autoritäten bemängelten nur Kleinigkeiten. Es sei nötig, befanden sie, daß das ganze Werk noch einmal von Stimme zu Stimme durchgegangen werde: zwecks Erreichung besserer Gleichheit in der Intonation. Auch Klaviatur und Register sollten hinsichtlich des Anschlags und der Klangkraft angeglichen werden.
Natürlich ließ Bach sich nicht lange bitten, am Tage des Gutachtens ein kleines Konzert zu geben. Aber Bach war den Virtuosen leid. Es war nicht mehr angemessen, in seinem Alter mit Geschwindigkeit zu paradieren, was zählte, waren Verdichtung und Vergeistigung. Und so kam, wer gerade in der Kirche war, in den Genuß meisterhafter Choralbearbeitungen. Bach spielte sechs Choräle, die auf Kantatensätzen basierten: jeder anders als der vorangegangene und jeder ein Juwel, das in einer besonderen Farbe schillerte. Aber allesamt schienen sie zu kleinen Konzertsätzen geworden zu sein. Die Melodien der Ritornelle klangen so frisch

und sonnig, waren so einprägsam, daß Silbermann Bach riet, diese Sammlung in den Druck zu geben.

»Statt Opern oder Oratorien zu arrangieren, tun Sie dies eben mit Chorälen aus Kantaten. Das ist so neu wie das andere gewöhnlich.«

»Damit ließe sich Geld verdienen«, stimmte Bach zu.

»Eben. Und darauf kommt es letztlich an«, sagte Silbermann im Brustton der Überzeugung. »Auch Enkel freuen sich über ein paar Taler.«

Bach schob die Register hinein und schloß den Spieltisch. Der Schmaus stand an. So wie nach jeder Orgelprüfung. Aber erst noch ein klein wenig ruhen. Schließlich sich umziehen. Dann würde der rechte Appetit sich schon einstellen.

* * *

SEIT DEM FRIEDEN von Dresden, oder nüchterner gesprochen, den Siegen der preußischen Armeen, kam das Ausland nicht mehr umhin, Preußen als neue bestimmende Macht auf dem alten Kontinent zu betrachten. Der Philosoph und Flötenspieler hatte mit seiner skrupellosen Machtpolitik ein beeindruckendes Beispiel von Willensstärke gegeben. König Friedrich Wilhelm II. wurde zum Gesprächsstoff. Die fähigsten Gesandten wurden nach Berlin geschickt, unter ihnen Reichsgraf Keyserlingk, Bachs Gönner und Bewunderer.

Seit Februar 1747 residierte er in Berlin und gehörte mithin zu den Personen, die dem König bei seinem siegreichen Einzug in Dresden ihre Aufwartung gemacht hatten – wozu nun Besuche in Potsdam gehörten. Das dort fast fertiggestellte Schloß Sanssouci mit seinen Gartenanlagen war ebenso zu bewundern wie die Stadt mit ihren regelmäßigen Straßen und den schönen, venezianischem Baustil nachempfundenen Häusern.

Ein Besuch im Schloß krönte derartige Ausflüge, und dies besonders, wenn der König sein abendliches Kammerkonzert abhielt. Für Keyserlingk waren diese Konzerte nicht minder beeindruckend wie für andere Künstler – Komplimente wechselten mit Bemerkungen über die Musik und Oper im allgemeinen, wobei

der Reichsgraf sich nebenbei beim Ersten Cembalisten des Königs über das Wohlergehen des geschätzten Herrn Vaters erkundigte.
Carl dankte der Nachfrage, fragte seinerseits nach dem Befinden des hohen Gönners und zog damit unversehens die Neugier des Königs auf sich. Friedrich war überrascht, als Keyserlingk ihm erzählte, daß er Bach aus Leipzig nicht nur persönlich kenne, sondern auch dessen Kompositionen schätze.
»Schmecken die nicht zu sehr nach Kirche?« fragte Friedrich. »Es heißt doch, daß, wenn er eine Opernarie hört, er sich danach an die Orgel setzen muß, um sich die Melodie wieder aus den Ohren zu dröhnen.«
Carl lachte pflichtschuldig mit, aber natürlich nicht ohne gequältes Gesicht. Friedrich schaute seinen Cembalisten herausfordernd, aber nicht unfreundlich an, trat ans Cembalo und spielte im Stehen einen Choral.
»Majestät!« rief Keyserlingk aus. »Das ist doch ein Marsch!«
»Bin Soldat, Graf. Ziemt sich daher. Allerdings erlaube ich mir dies, weil der Herr Vater von unserem Monsieur Bach hier nicht im Raum ist. Schließlich habe ich Herz. Und zweitens hätte ich viel zu viel Angst, eine Kantorenperücke an den Kopf geworfen zu bekommen!«
Wieder wurde gelacht, dann bemerkte Keyserlingk, daß familiäre Angelegenheiten Bach in Zukunft bestimmt verstärkt nach Berlin reisen lassen würden.
»Lassen Sie es mich wissen, Graf«, sagte Friedrich freundlich, besann sich dann aber eines anderen und sagte zu Carl:
»Schärfen Sie Ihrem Herrn Vater ein, daß er vorher in Potsdam Station macht. Denn hier spielt die Musik. Und Sie, Graf, nehme ich in die Pflicht. Beweisen Sie mir gelegentlich, daß Bachs Kompositionen sich auch lohnen.«
Friedrich riß sich los. Fredersdorf, sein Kabinettssekretär, war gekommen.
»Bon soir, messieurs!«
Friedrich verabschiedete sich von Keyserlingk mit huldvollem Nicken, Carl und die anderen Musiker mußten sich mit einem knappen Handwedeln begnügen. Als ein Lakai die Tür hinter dem

König und seinem Sekretär schloß, klatschte der Reichsgraf voller Überschwang in die Hände und sagte zu Carl:
»Schreiben Sie das alles Ihrem Herrn Vater! Erst verhilft er mir mit seinen Variationen zu besserem Schlaf, jetzt mit seiner Person zu einer privaten Audienz beim Sieger von Kesselsdorf. Das nenne ich Fortune!«

* * *

CARLS BRIEF TRAF in Leipzig ein, als Bach an der Partitur der *h-Moll-Messe* saß. Sammeln und bewahren, die Kompositionen zu einem Lebenswerk bündeln, den Hauptwerken eine letzte Feile angedeihen lassen. Dies war zur eigentlichen Arbeit der letzten Monate und Jahre geworden: Verpflichtung zum Besten und Höchsten – Gott und sich selbst gegenüber.
Anstrengungen, von denen auch seine Söhne profitieren sollten. Denn Friede hatte den Sprung in ein würdiges, angesehenes Kirchenmusikeramt geschafft, und Carl, der den Dienst beim König nicht sonderlich leiden konnte, würde womöglich auch bald eine andere Stelle finden.
Nicht zuletzt waren diese Mühen Gebot der Heiligen Schrift. »Mit Psalmen, Lobgesängen und geistlichen Liedern« forderte der Apostel Paulus, habe der Mensch Gott im Herzen zu singen. Und wenn dies schon für den Menschen an sich galt, um wieviel mehr dann für ihn, den Komponisten von Beruf!
Strebsam sein! Fleißig! Ein anderes Leben war für Bach nicht denkbar. Vor Jahren schon hatte er zur biblischen Begründung des Kirchenmusikeramtes, im ersten Buch der Chronik, Kapitel 25, angemerkt: *Dieses Kapitel ist das wahre Fundament aller gottgefälligen Kirchenmusik*. Wie unter König David Asaph, Heman und Jeduthun mit ihren Söhnen angetreten waren, auf Harfen, Psaltern und Zimbeln, zu Gottes Ruhm und Ehre zu musizieren, waren auch er, Johann Sebastian Bach, und seine Söhne dazu berufen. Weshalb die Werke nach irdischem Maßstab keinen Makel haben durften.
Also hieß die Losung: unermüdliche Arbeit. Die *Johannespassion* brauchte einen letzten Schliff, genauso wie die großangelegte

h-Moll-Messe fertiggestellt werden mußte. Kyrie, Gloria und Sanctus lagen vor, es fehlten Credo, Osanna und Agnus Dei.
Aber alles neu komponieren? Würde es nicht bedeuten, Unvollkommenheiten zu schaffen? Die es dann galt, in mehreren Arbeitsschritten wieder zu korrigieren? Bach fühlte sich gesund und stark. Aber die zweiundsechzig Jahre, die er alt war, wurden deswegen nicht weniger. Neu schaffen bedeutete, das Schicksal herauszufordern. Eine Erkältung, ein Fieber genügten, und der Mensch stand an der Schwelle des Todes. Allein, wenn er an seine Augen dachte – Leben und musizieren konnte er ohne sie: aber auch komponieren?
Bach entschied sich, auch auf Vorhandenes zurückzugreifen. Lieber an diesem feilen, lieber parodieren. Schließlich waren alle Schätze vorhanden. Sie mußten nur gehoben und gereinigt werden.
Das *Crucifixus* – war nicht der Eingangschor der Kantate *Weinen, Klagen, Sorgen, Zagen* dafür wie geschaffen? Desgleichen beim *Agnus Dei*: Die Altarie *Ach bleibe doch mein liebstes Leben* aus dem Oratorium zur Himmelfahrt – ihr dort leidenschaftlicher Zug paßte abgedämpft sehr gut zur objektiven Erhabenheit des Messetextes. Bach durchforstete seine Kirchenkantaten nicht minder wie die schon so oft herangezogenen Partituren seiner weltlichen Kantaten. Das Weltliche zu Geistlichem zu machen, hatte er sich schon immer erlaubt, es umgekehrt zu machen verbat sich. Gutes zu verbessern und es dem Höchsten zu widmen, daran konnte Gott keinen Anstoß nehmen. In die andere Richtung zu denken, SEINE Musik zu irdischen Zwecken zu mißbrauchen: dies allerdings wäre einer Verachtung von IHM gleichgekommen. Mit einem Wort: Sünde.
Und nun Carls Brief. Eindringlich erinnerte er den Vater an die diesseitige Welt, deren Farben dieser doch stets geschätzt habe. Oder nicht? Und tatsächlich, wenn Bach so aus dem Fenster schaute: der Frühling war gekommen, Leben und Wärme zurückgekehrt. Das Licht hob die Stimmung, Blüten und Sonne kitzelten die Sinne. Bach kannte sich nur zu gut. Er las Carls Brief ein zweites Mal und entschied sich, den Bitten darin nachzugeben.
Schließlich war er rüstig und hatte mit Altnikol einen hervorra-

genden Stellvertreter. Die Kriege in Schlesien waren vorüber, und – die aufgetragenen Grüße wirkten wie ein Befehl zur Reise – Graf Keyserlingk hatte sich mittlerweile standesgemäß eingerichtet. Im übrigen war es tatsächlich an der Zeit, endlich den Enkel auf den Arm zu nehmen und Schwiegertochter samt Schwiegereltern kennenzulernen. Bach leckte sich die Lippen, als er an den Wein dachte, den sie dabei verkosten würden. Ja, Carl hatte klug geheiratet.

* * *

Die Reise führte über Halle, wo Friede seinen Vater bereits ungeduldig erwartete. Denn Friede liebte das Reisen mindestens so sehr wie dieser. Er empfing seinen Vater mit den Worten, daß er sich schon vorgestellt habe, alles dafür hinzugeben: Sicherheit und Schutz, Amt und Familie.
»Die ich ja noch nicht habe, weißt du? Zu spät wäre es nicht.«
Bach verzog den Mund. Friede mußte immer übertreiben. Spielte so sehr mit der Maßlosigkeit, daß er, der Vater, manchmal befürchtete, Friede würde Ernst machen.
»Warum aber der Umweg über Potsdam?« lenkte Friede ab.
»Weil Carl uns die Stadt und die Schloßbaustelle zeigen will.«
»Ist doch bloß Vorwand!« rief Friede. »Er hofft auf ein ganz anderes Rendezvous!«
»Unsinn«, entgegnete Bach unwirsch. »Ich bin alt, der König ist jung und Keyserlingk in Berlin.«
»Ja, ja«, beschwichtigte Friede ihn. Und verzog spöttisch den Mund.

* * *

Preussisch empfing man sie an der Grenze. Das Gepäck wurde mit einer Gründlichkeit untersucht, als verdächtigten die Grenzsoldaten die beiden Musikdirektoren des Schmuggels. Ob Schreibzeug oder Perücken, Schuhe oder Noten: alles wurde betastet, ans Licht gezogen – und nur gegen entsprechendes Trinkgeld wieder ordnungsgemäß verpackt. Darauf erst gab es den Passier-

schein mit der Versicherung, in Potsdam werde noch einmal geprüft.
»Aber hier steht doch drin ...«
»Hier ist nicht dort!«
Der lakonische Spruch des Grenzsoldaten ging beiden bis Potsdam nicht aus dem Kopf. Und tatsächlich: Die Prozedur war dieselbe. Nur daß Bach und sein Sohn jetzt noch ein Verhör über sich ergehen lassen mußten. Name, Stand, Gewerbe, in welchem Geschäft man unterwegs sei, woher man komme, wohin man wolle, wie lange man zu bleiben denke und wann man die Stadt verließe: alles wurde aufgeschrieben. Dann bekamen Bach und Friede einen Soldaten zum Hüter, der sie mit geschultertem Gewehr und aufgepflanztem Bajonett wie Gefangene bis vor die Tür von Carls Potsdamer Wohnung führte.

* * *

Dies geschah am ersten Mai-Sonntag des Jahres 1747, einem milden und ruhigen Tag, der die Strapazen der Reise erträglich gemacht hatte. Die Glocken läuteten den Abend ein, Vater und Bruder erwartete auf Carls Stube ein Strauß Blumen und ein großer Krug Wein – doch kein Carl.
Derweil rückten die Stunden näher, in denen im Stadtschloß König Friedrich sein gewöhnliches Kammerkonzert veranstaltete. In den königlichen Appartements schlugen die Uhren: silbrig und schnell die einen, dumpf und langsam die anderen. Lakaien traten ins Musikzimmer. Sie entzündeten die Kerzen der Lüster, deren Licht sich in den Glasbehängen und großen Spiegeln bald hundertfach brach. Mit dem Entzünden der Lichter an den Notenständern dagegen wurde gewartet, bis die Musiker eintreten durften und ihre Noten aufgelegt hatten.
Dies konnte manchmal dauern. Denn Friedrich übte vor jedem Konzert erst eine ganze Reihe von Solfeggien: Übungsstücke von leicht bis schwer, die sein Lehrer Quantz für ihn verfaßt hatte. Sie lockerten Finger und Zunge, denn auch wenn Friedrich wußte, daß die Quantzschen Sonaten und Konzerte die Virtuosität nicht bis zum letzten ausreizten: In den geschwinden Partien gab es

reichlich Schwierigkeiten und Tücken. Zwar applaudierte Quantz, wenn er sie meisterte, aber die wahre Meinung über die königliche Flötenleistung offenbarte ein Blick in das Gesicht seines Ersten Kammercembalisten. Darin spiegelte sich stets die Wahrheit. Hatte er gut gespielt, war das Gesicht dieses Bachs unbewegt, gab es was zu mäkeln, blickte er gelangweilt mit herabhängender Unterlippe und murmelte schon mal spöttisch: »Wunderbar.«

Schließlich wurde ein Läufer geschickt. Die Kapellisten durften eintreten und die Noten auflegen. Die restlichen Kerzen wurden angezündet, Friedrich wechselte ein paar Worte mit Quantz und schaute in die Runde. Die übliche Hofgesellschaft.

Friedrich glättete die Noten auf dem Pult, setzte an, schaute um sich. Alle Augen waren auf ihn gerichtet, da wurde die Tür geöffnet, und ein Leutnant trat ein. Er grüßte und meldete:

»Rapport der Torwache über heute in Potsdam zugereiste Fremde.«

Friedrich war wegen der Störung nicht verärgert. Regieren und Musizieren paßten nicht immer zusammen, im Zweifelsfall ging erstes vor.

Die Flöte wurde abgesetzt, die Musiker entspannten sich. Nach einem Kopfwink stelzte der Leutnant heran, überreichte den Bogen. In der einen Hand die Flöte, in der anderen die Namensliste schaute Friedrich nach einem kurzen Augenblick auf und sagte mit einer Art von Unruhe:

»Meine Herren, der alte Bach ist gekommen!«

Friedrich legte die Flöte aufs Querholz seines Pultes und erteilte dem Leutnant Befehl, Bach unverzüglich zu holen. Der salutierte und eilte davon.

»Ah, Monsieur Bach«, sagte Friedrich zu Carl. »Ihr Gesicht habe ich bestimmt noch nie so zufrieden gesehen.«

»Majestät, wer seinem Vater soviel verdankt wie ich – der ist einfach froh, wenn er ihn nach langer Zeit wiedersieht.«

Friedrich schaute Carl prüfend an, griff wieder zur Flöte, setzte an – legte sie aber kurz entschlossen wieder beiseite.

»Meine Herren, wir wollen uns ein bißchen langweilen. Dann freuen wir uns nachher über jeden Ton.«

* * *

Bach sass noch immer in Reisekleidung auf dem Stuhl, während Friede sich an den Koffern zu schaffen machte. Das Fenster war offen, Pferdehufe und Wagenradknirschen kamen näher.
»Eine Equipage vom Hof!« rief Friede, der am Fenster stand.
»Soll vorkommen«, sagte Bach und gähnte.
»Hält aber vor dem Haus!« rief Friede aufgeregt.
Bach straffte sich – da klopfte es bereits an der Tür.
Friede öffnete.
»Der Kapellmeister Bach aus Leipzig?«
Friede machte eine Handbewegung.
Der Leutnant trug den Befehl des Königs vor, Bach erhob sich. Friede grinste. In seinem Gesicht stand geschrieben: Na, wer hat nun recht gehabt?
Bach bat Friede, seinen Koffer zu öffnen.
»Dazu ist keine Zeit, Monsieur Bach. Ich habe Order ...«
»Ich werde mich doch wohl noch umziehen dürfen!«
»Seine Majestät haben es anders befohlen!«
Bach mußte nachgeben. Friede hielt ihm den Reisemantel hin, griff sich darauf den seinen.
»Mit Verlaub: Ihr Herr Vater war gemeint, Monsieur Bach.«
Friedes Lippen wurden zum Strich. Sein Gesicht weiß.
»Jawohl«, preßte er hervor und trat ans Fenster.
Der Leutnant machte zur Verabschiedung eine förmliche Verbeugung, Bach ließ einen begütigenden Zuruf folgen.

* * *

Als Bach in seinem grauen Reisegewand in das hell beleuchtete Musikzimmer geführt wurde, kam ihm König Friedrich mit ausgestreckten Händen entgegen. Bach entschuldigte sich wortreich für seine unpassende Kleidung und beugte sich mit zerquältem Gesicht über die ausgestreckte Rechte des Königs. Der wischte über die Entschuldigungen mit dem Satz hinweg, es sei wichtiger, daß er überhaupt hergefunden habe. Ob sein Sohn ihm hoffentlich ein anständiges Quartier biete?
»Wenn man wirklich müde ist, schläft man auch auf einem Strohlager, Majestät«, antwortete Bach.

»So sagen die Soldaten, Monsieur Bach. Kompliment. Von den Herren Kapellisten und Sängern in Dresden hätte ich eine solche Antwort nicht erhalten.«
Worauf Friedrich, ohne weitere Worte zu verlieren, den Wunsch äußerte, Bach möge doch einmal seine neuen Silbermannschen Hammerklaviere prüfen. Bach verbeugte sich, versicherte, daß es ihm ein großes Vergnügen wäre, und setzte sich an das erste Instrument. Friedrich verschränkte die Arme, ein Kreis bildete sich um ihn und Bach.
Der erste Lauf ertönte, Bach begann mit seiner *G-Dur-Partita*, fiel dann aber nach wenigen Takten in die Improvisation. Wann aufhören? Bach überließ sich einem tänzerischen Fugenthema, improvisierte eine dreistimmige Fuge und kam über einem rauschenden Toccatenschluß zum Ende.
Applaus brandete auf, Bach jedoch zeigte sich so unbeeindruckt wie der König. Die Wanderung zum nächsten Klavier begann. Bach spielte zum Kontrast alte Meister wie Pachelbel und Buxtehude, erhob sich nach einer Weile, ging in den nächsten Raum. Welche Opernarie war gerade à la mode? Bach zeigte, was aus der Melodie hätte gemacht werden können, setzte einen verqueren Kontrapunkt hinzu und endete in einer musikalischen Harlekinade.
Zwischendrin brummte er mal zustimmend, mal ablehnend – Friedrich begann mit den Zähnen zu knirschen. Die Gesellschaft wagte kaum zu atmen.
»Sie sind unzufrieden, Monsieur Bach?« sagte Friedrich schließlich geradeheraus. Denn bislang hatte er nur Lobeshymnen über diese Instrumente vernommen.
»Unzufrieden ist ein zu starkes Wort, Majestät«, sagte Bach. »Aber zu applaudieren, wo es noch etwas zu feilen gibt, das hat der Silbermann gar nicht nötig. Er weiß selbst um die Mängel.«
»Mängel?« fragte Friedrich fast barsch und schaute seinen Lehrer Quantz an, der um Fassung rang, weil noch nie jemand dem König derart unverblümt die Wahrheit über seine kostbaren Instrumente gesagt hatte.
»Es ist wie mit Most und Wein«, setzte Bach nach, »je wilder jener sich gebärt, um so besser wird dieser.«
Dann führte er aus, daß das Prinzip, den Ton durch Hämmer zu

erzeugen, noch in den Jugendjahren stecke. Aber mit der Zeit käme die Vervollkommnung. Denn worauf käme es letztlich an? Darauf, den bestehenden ausgereiften Meisterinstrumenten von Clavichord, Cembalo und Orgel ein neues an die Seite zu setzen, dessen Modulationsfähigkeit der gegenwärtigen Musik mit ihren mannigfaltigen Affekten auch entspreche.

König Friedrich schaute Bach mit hohlen Wangen an, nickte aber schließlich. Die Entspannung wurde hörbar, die Musiker warfen sich vielsagende Blicke zu. Bach vermied es, seinen Sohn anzuschauen, sondern setzte sich noch einmal an eins der Klaviere. Unaufgefordert begann er zu spielen und erklärte dem König, daß er trotzdem um diese Flügel zu beneiden sei. Denn erstens seien sie von Silbermann und zweitens zur gegebenen Zeit das Beste überhaupt, was denkbar sei. Ihr Geld seien sie auf alle Fälle wert.

Quantz applaudierte, die anderen Musiker fielen ein. Bach stand auf, verbeugte sich und setzte sich wieder.

»Majestät, ich bitte um ein Thema«, sagte er ruhig.

König Friedrich trat ans Klavier, beugte sich vor, streckte eine Hand hinter den Rücken und ließ seine Rechte für Sekunden auf den Tasten liegen. In gleichmäßigen Halben erklangen die ersten Töne, sprangen ab in die Septime, von da wieder in die Quint und traten darauf einen gemessenen chromatischen Gang über eine Oktave in die Tiefe an. Viertel belebten schließlich diesen Gang und leiteten mit einer überlegenen Kadenz samt Triller zum Ausgangston zurück.

Man hätte eine Stecknadel fallen hören können, so atemlos lauschte alles diesem königlichen Thema. Unverzüglich begann Bach zu spielen und schuf von der Größe des Themas inspiriert einen Mikrokosmos, der von der Variation über die Improvisation bis zur Fuge alles umfaßte, was ihm zu Gebot stand. Nacheinander, nebeneinander, übereinander erklangen das Thema und seine einzelnen Teile – es schien Carl, als wolle sich sein Vater selbst übertreffen. Der hatte die Augen geschlossen, atmete ruhig, bewegte seinen Körper nicht. Es war alles so, wie Carl es kannte, aber die Aura war eine andere. Carl überkam tiefe Demut. Das erste Mal begriff er seinen Vater als Mensch, dem die Ewigkeit an die Stirn geschrieben war.

Friedrich mußte bekennen, die Einheit von Virtuosität und Schöpfertum noch nie in derartiger Vollendung erlebt zu haben. Fasziniert und hingegeben lauschte er Bachs Spiel, dessen Kraft die Zeit bezwang. Keinem wurde es zuviel, niemand spürte seinen Körper. Das Uhrenschlagen wurde überhört, die Lakaien vergaßen, die Dochte der flackernden Kerzen zu beschneiden. Kein Stiefelschritt war zu hören, selbst das Parkett knarrte nicht.

Als der Schlußakkord verklungen war, schien es jedem, aus einer Traumwelt gerissen worden zu sein. Geist und Herz nahmen für Augenblicke nichts wahr außer einen Mann in weißer Perücke und grauem Reiserock. Und so rührten sich die Hände nur mechanisch zum Applaus, wobei vielen die Münder weiter offenstanden.

Bach stand auf, verbeugte sich.

Friedrich schüttelte ungläubig den Kopf.

»Sie herrschen in Ihrem Reich glücklicher als ich in meinem«, sagte er. »Meine aufrichtige Hochachtung.«

Friedrich wandte sich ab, wünschte eine gute Nacht und eilte davon. Eine Flügeltür wurde geöffnet, kurze Zeit später ertönte Hundegebell und freudiges Jaulen.

* * *

ALS CARL UND sein Vater in die Stube traten, war Friede nicht da.

»Er wird es überleben«, sagte Carl leichtfertig.

Bach schüttelte gedankenverloren den Kopf. Er war zum Umfallen müde, sehnte sich nach Ruhe. Aber statt sich auszukleiden und ins Bett zu gehen, wartete er. Über das Erlebte wurde kein Wort gesprochen. Gegen den Hunger halfen die Reste der Reiseverpflegung. Durch das offene Fenster drang Nachtigallengesang, der Schein einer Laterne verlieh Schrank, Tisch und Gläsern lange Schatten.

Endlich kam Friede. Am sicheren Tritt hörte Bach, daß es nicht so schlimm war.

Bach seufzte, rieb sich die Augen.

»Alles eitel«, sagte er.

* * *

Am Nachmittag darauf gab Bach ein Orgel-Konzert in der Heilig-Geist-Kirche. Wieder feierte er einen Triumph. Doch diesmal nicht in Gegenwart des Königs. Gleichwohl: Friedrich erwartete Bach wenige Stunden später zur selben Zeit wie den Abend zuvor.
Diesmal war Bach umgezogen.
Und Friedrich hatte eine Reihe von Gästen geladen. Bach seufzte innerlich auf. Jetzt sollte er als Paradepferd agieren. Zur Belustigung reizbedürftiger Höflinge und Hofdamen und damit zum Ruhm des Königs. Der Sieger von Kesselsdorf gab sich die Ehre, den Musikdirektor aus Leipzig vorzuführen, die Legende aus Dresden, den größten Organisten, raffiniertesten Kontrapunktiker, behendesten Tastenvirtuosen.
Wenigstens war Friede diesmal dabei. Die beiden Brüder tauchten im Kreis der Hofmusiker unter, tauschten tuschelnd Scherze aus und bemitleideten den alten Mann am Klavier, der zuweilen effektvoll mit überkreuzten Händen spielte.
Friedrich indes überlegte, wie er es anstellen könnte, den Höhepunkt des Vorabends gewissermaßen zu überbieten. Der Einfall kam ihm, als seine Augen zufällig an den Gesichtern Friedes und Carls hängenblieben. Hatte der alte Bach nicht noch vier weitere Söhne? Wie Fredersdorf ihm heute morgen erzählt hatte?
Friedrichs Miene nahm einen verschlagenen Ausdruck an. Ob der Alte auch das hinkriegte? Eine sechsstimmige Fuge? Aus dem Stegreif? Unter Verwendung desselben Themas?
Bach erklärte sich bereit. Aber nicht über das gestrige Thema.
In Friedrichs Gesicht blitzte Unwillen auf.
»Nicht jedes Thema taugt, wie Majestät selbst wissen, zur Fuge. Und erst recht wenige für eine Fuge mit sechs Stimmen.«
Bach sagte es mit Nachdruck, bat untertänig darum, ein eigenes Thema zu wählen. Friedrich blieb keine andere Wahl. Er erging sich in einer großzügigen Geste, ärgerte sich insgeheim aber über sich selbst. Er hatte plump gefordert, Bach ihn beschämt. Denn der Wunsch an sich war eine Ungeheuerlichkeit, Hybris, Anmaßung.
Doch Bach begann zu spielen. Und nicht nur Friedrich horchte sofort auf. Denn das von Bach gewählte Thema war dem gestrigen verwandt, nur schlichter. Fesselnd war es allemal, von geradezu asketischem Ernst und doch verhaltener Spielfreudigkeit. Daß Bach

als Schöpfer und Spieler die Leistung des Vortags übertraf: er verdankte es dieser Eingebung, die er augenblicklich als den entscheidenden Lohn dieser Reise begriff. Denn mit diesem Thema konnte er endlich die Arbeit an der geplanten Fugensammlung beginnen, die sein Vermächtnis werden sollte.

Während der Beifall über ihm zusammenbrach, dankte er Gott mit einem kurzen Gebet. Und weil das Spiel soviel Kraft gekostet hatte, blieb er sitzen.

Friedrich half Bach auf, war so beeindruckt, daß er wie die anderen unablässig applaudierte. Bach ließ alle Komplimente ohne größere Teilnahme über sich ergehen, fühlte sich dann aber doch genötigt, einen Scherz zu machen:

»Es ist nicht viel dabei, Majestät«, sagte er gleichmütig. »Man muß nur die rechte Taste zur rechten Zeit treffen. Schon spricht das Instrument von allein.«

Friedrich reichte Bach einen Pokal mit Wein, wünschte Gesundheit. Aug in Aug leerten die beiden Männer ihr Glas: zwei Herrscher in ihren Reichen.

Der irdische Lohn für die Improvisationen war eine goldgefaßte Achat-Tabatière. Friedrich drückte sie Bach zum Abschied mit den Worten in die Hand:

»Ruhm ist mehr wert, Monsieur Bach. Wir beide wissen das.«

Montag 15. Mai 1747

Dass ich noch einmal etwas eintrage! Glaubte schon, es wäre vorbei damit. Aber hätte Vater nicht vor König Friedrich gespielt – ich würde jetzt auch nichts geschrieben haben.
Er erzählte, dem König sei er die musikalischste alte Perücke gewesen, die je sein Reich betreten habe.
»Dann hast du also ordentlich Staub gemacht?« fragte Magdalena.
»Sehr ordentlich. Mußte doch Bach spielen.«
Alte Perücke – ein Stäubchen davon bin dann ich.
Aber was derartige Stäubchen betrifft: In der Komponierstube ist das Saubermachen vorübergehend verboten. Das königliche Thema hat Vater fest im Griff, duldet weder Staubwedel noch Wischtuch um sich herum.
Was Vater mit seinem, wie er es nennen will, *Musikalischen Opfer* vom König will, ist mir, Magdalena und selbst Altnikol nicht klar. Jedenfalls, was eine Belohnung angeht. Denn der Preuße ist beileibe kein Keyserlingk. Ob er dieses *Opfer* honorieren wird? Will Vater es deswegen so nennen? Weil er weiß, daß er nur gibt? Wenn ich daran denke, packt mich die Wut. Bloß eine Schnupftabaksdose waren diesem Preußen Vaters Auftritte wert – die Reste darin gehörten ihm in den Hintern geblasen! Oder in sein Flötenrohr.
Nein, Catharina, du hast nichts weiter einzutragen.

* * *

Auf den Tag genau zwei Monate nach seinem Besuch »weihte« Bach, wie er in der Widmung schrieb, dem Preußen-König sein *Musikalisches Opfer*: Notenblätter in braunem Lederband mit Goldpressung, Papier und Druck von besonderer Stärke und Schönheit.
Das königliche Thema darin sei, schrieb der Komponist, nun

»vollkommen ausgearbeitet« worden und damit würdig, »der Welt bekannt« gemacht zu werden. Bach setzte dieser dreistimmigen, an eine Improvisation erinnernden Ausarbeitung eine Anzahl verschiedener Kanons an die Seite, die das königliche Thema mit größter polyphoner Variationskunst vorstellen. *Wie hier die Noten zunehmen, so wachse des Königs Glück,* und *Wie hier die Modulation ansteigt, so steige des Königs Ruhm* – zwei Kanons trugen diese allegorischen Bezeichnungen, zwei von sieben, denen Wochen später noch drei weitere folgten – nebst einer Triosonate und der vom König gewünschten sechsstimmigen Fuge über »sein« Thema.

Es muß alles möglich zu machen sein, pflegte Bach seinen Schülern gerne zu sagen. Jetzt maß er sich selbst an dieser Forderung. Mit der Größe der Aufgabe hatten die Kräfte daran zu wachsen. In der Stille seiner Komponierstube mußte gelingen, was aus dem Stegreif nicht möglich war. Warum sollte man nicht immer noch ein Stück über sich selbst hinauswachsen können?

»Warum bloß dieser zweiter Anlauf, Sebastian?« fragte Magdalena eines Tages resigniert. »Der erste trug keine Früchte, dieser zweite wird es nun auch nicht mehr tun.«

»Ich mache keine halben Sachen«, erklärte Bach mürrisch. »Weil ich zwei Abende zugegen war, heischt dies eben zwei Sendungen.«

»Aber deine Kräfte, Sebastian! Immer für andere? Wo bleiben wir?«

Magdalena legte das Strickzeug weg. Sie hätte ihren Mann schütteln können. Auf daß er aufwachte. Endlich seine Kräfte schonte und sich, wie sie es für angemessen hielt, auf seinen Lorbeeren ausruhte. Aber was tat er statt dessen? Nachlegen. Diesmal für die Sozietät. *Kanonische Veränderungen über das Weihnachtslied Vom Himmel hoch.* Wieder ein Druck auf eigene Kosten, der mit Sicherheit nichts einbrachte.

»Sebastian! Liese und dein Altnikol. Wenn mich nicht alles täuscht ...«

»Du meinst, ich verprasse die Mitgift meiner Tochter für Musikdrucke?«

Bach blaffte es in die Stube, schaute seine Frau böse an und stellte sich vor sein neues Porträt. Die Statuten der Mizlerschen Sozietät

sahen vor, daß jedes Mitglied sich in Öl malen ließ – er hatte dem Maler Elias Gottlieb Haußmann mit einem sechsstimmigen Kanon in der Hand Modell gestanden: dem ersten der gewünschten Beweise seiner besonderen theoretischen Geschicklichkeit.
Nach mehreren Bitten des Mathematikus und Musikphilosophen, der zwischenzeitlich Hauslehrer eines polnischen Grafen geworden war, hatte er sich schließlich im Juni entschlossen, der Mizlerschen Sozietät beizutreten. Nach Händel, dem Ehrenmitglied, und König Friedrichs Hofkapellmeister Carl Heinrich Graun – für den dies freilich nur ein Gebot der Klugheit gewesen war. Er wolle damit schlicht den satirischen Federn unbefugter Kritiker entgehen, hatte er Carl anvertraut. Denn als ob einer, der, wie er, schön und rührend komponiere, etwas mit mathematischen Spielereien am Hut hätte.
Jetzt war es Winter. Sah er auf dem Bild deswegen so finster aus, weil ihn der Ärger über des Königs Undankbarkeit drückte? Und war dies vielleicht der eigentliche Grund, warum er in die Sozietät eingetreten war?
Bach studierte seine Gesichtszüge, überprüfte noch einmal die abgemalten Noten und zählte die blinkenden Knöpfe seines Rocks.
»Das Hemd ist zu wenig ausgearbeitet«, sagte er. »Und Hand und Finger sind zu fett. Dann das gräßliche Doppelkinn. Die schlaffen Säuferbacken. Und die Perücke ist wie von einem, der tatsächlich schon gestorben ist.«
Bach drehte sich zu seiner Frau um, doch die war gegangen.
»Jetzt siehst du nicht nur schlecht, sondern scheinst auch noch schlecht zu hören«, sagte er verwundert zu sich.
Was hatte Magdalena gesagt? Liese und Altnikol? Aber der hatte doch noch gar kein Amt!
»Nachhelfen«, murmelte er.
Magdalena kam wieder herein, mit neuer Wolle.
»Schicke mir Liese auf die Stube, ja?«
»Sie versüßt ihm gerade die Langeweile beim Kopieren deiner Noten«, sagte Magdalena fröhlich.
»Dann schick beide.«

* * *

Am Neujahrstag 1748 bekam Johann Christoph Altnikol, Schwiegersohn in spe, sein zweites Zeugnis. Es wurde das beste Zeugnis, das Bach je einem seiner Schüler ausgestellt hatte. So hob er nicht nur Altnikols Vielseitigkeit auf allen möglichen Instrumenten hervor, sondern auch dessen »wohlgeratene Kirchenkompositionen«, die »unseres Ortes viele Adprobation gefunden« hätten. Ob Organist oder städtischer »Directorio musices«: beiden Ämtern würde ein Johann Christoph Altnikol »rühmlich vorstehen«. »En fin«, befand Bach, Altnikol sei ein »Ecolier, dessen ich mich nicht zu schämen haben darf«.

Dieses Zeugnis führte zum baldigen Abschied des geschätzten Schülers aus Leipzig. Altnikol wurde am Fuß des Riesengebirges, im Städtchen Greiffenberg, Organist.

»Vergiß nicht: Es ist eine Übergangslösung«, sagte Bach am Tag der Abreise. »Noch dieses Jahr finden wir etwas Besseres.«

Bach umarmte seinen Schüler, klopfte ihm aufmunternd den Rücken. Der stammelte ein paar Dankesworte, atmete bewegt.

Das Gepäck war verstaut. Magdalena und Catharina standen wegen der Kälte dicht aneinandergedrängt. Der Frühling war noch in weiter Ferne, der Himmel grau. Die Wolken hingen tief, Pflaster und Fassaden schimmerten feucht, obwohl es trocken war. Jedes Geräusch schien lauter als gewöhnlich, und wenn die Pferde schnaubten, zuckte man unwillkürlich zusammen. Der Kutscher griff sich sein Horn, blies zur Abfahrt. Die Mitreisenden stiegen ein: Es quietschte und ächzte.

Altnikol zögerte, warf Liese einen sehnsüchtigen Blick zu. Doch die stand steif da, ballte in ihrem Muff die Fäuste und wagte kaum aufzusehen.

Der Kutscher kletterte auf den Bock, warf Altnikol einen geringschätzigen Blick zu.

»Ja, worauf wartest du noch?« fragte Bach entgeistert seine Tochter.

Der Bann war gebrochen. Erschrocken, aber glücklich warf Liese sich ihrem zukünftigen Ehemann in die Arme.

»Alors, Monsieur!« Der Kutscher griff zur Peitsche.

Altnikol hatte den Wagenschlag noch nicht zugezogen, da rollte die Kutsche bereits über den Platz.

Liese lehnte schluchzend an Magdalenas Brust. Catharina versuchte zu lächeln. Aber es gelang ihr nicht. Als sie den neugierigen Blick ihres Vaters sah, kniff sie die Lippen zusammen und wandte sich ab. Mit fest um den Leib geschlungenen Armen stolzierte sie erhobenen Hauptes nach Haus.

* * *

Bach hatte nicht zuviel versprochen. Wenige Monate später war der Organisten-Posten an der Naumburger Wenzelskirche zu besetzen – jener Kirche, die Bach und Silbermann zwei Jahre zuvor begutachtet hatten. Altnikol legte das Probespiel ab und setzte sich spielend gegen seine Mitbewerber durch – sein Schwiegervater in spe hatte nicht umsonst an den Naumburger Rat geschrieben. Und den biederen Ratsmännern blieb nach einer solchen Empfehlung gar nichts anderes mehr übrig, als sich für den Schüler des Herrn Hofkapellmeisters und Musikdirektors zu entscheiden:

»Ich versichere, daß Sie an erwähntem Herrn Altnikol ein solches Subjekt finden werden, welches Ihren Wünschen vollkommen Genüge leisten wird. Denn da er bereits ein Orgelwerk geraume Zeit unter Händen gehabt und die Wissenschaft solches gut zu spielen und zu dirigieren besitzt, auch besonders ein Orgelwerk wohl zu traktieren und gehörig zu konservieren vollkommen versteht, welche Eigenschaften unumgänglich zu einem guten Organisten erfordert werden – da überdies seine ganz besondere Geschicklichkeit in der Komposition, im Singen und auf der Violine noch dazukommt: so bin ich überzeugt, Sie werden es niemals bereuen, mit Ihrer Wahl erwähntes Subjekt beehrt und damit meine Bitte gewährt zu haben. Ich selbst werde diese ihm erzeigte Wohltat als mir selbst geschehen rechnen und mich zeitlebens mit der größten Hochachtung nennen …«

Bach ließ seine üblichen untertänigsten Floskeln folgen und unterschrieb mit all seinen Titeln.

Die Verlobung erfolgte, nachdem Altnikol den Empfang des Kirchenschlüssels quittiert hatte. Nach Weihnachten, entschied Bach, wird Hochzeit gefeiert.

Seine Tochter für die Zukunft versorgt zu wissen bereitete Bach große Genugtuung. Überhaupt waren die Sterne ihm und seiner Familie in dieser Zeit gewogen. Denn am 26. September 1748 wurde ihm in Berlin ein weiterer Enkel geschenkt, den Carl voller Ehrerbietung auf die Namen Johann Sebastian taufte. Und was Friede im nahen Halle betraf: Auch wenn er noch keine Anzeichen erkennen ließ, daß er bald mit einer Schwiegertochter vor der Tür der väterlichen Wohnung stehen würde, so hatte er doch wenigstens eine neue *Cembalo-Sonate* veröffentlicht. Und auch wenn die sich kaum besser verkaufen würde als die andere: Bach war froh, daß sein Sohn nicht resigniert hatte, sondern als Sachwalter der Liebfrauen-Kirche bislang seinem Amt standhielt. Daß Friede nicht, wie er es getan hatte, wöchentlich eine neue Kantate komponierte, sondern sich gerne der Produktionen seiner Amtsvorgänger bediente und vor allem aus dem väterlichen Fundus schöpfte, Bach entschuldigte seinen Sohn mit der neuen Zeit. Wer sich Ansehen in der Welt erwerben wollte, mußte – abgesehen von der Oper – mehr denn je als Komponist von Klaviermusik und Konzerten auf den Plan treten. Carl hatte dies früh begriffen. Und es seinem Bruder beim gemeinsamen letzten Besuch in Berlin auch immer wieder eingeschärft.

Freitag, 1. November 1748

Zwei zu köstliche Geschichten muß ich aufschreiben. Die eine ist schon anderthalb Jahr alt, die andere trug sich heute zu.
Womit fange ich an? Mit Vaters Meisterstück in Berlin, das er uns damals aus Bescheidenheit wieder einmal vorenthalten hatte. Friede erzählte uns davon letztes Wochenende – nachdem er Vater wegen Weihnachten die Stimmen zu einem Sanctus abgebettelt hatte.
Widerlich, Friede! Du hättest deine Augen sehen sollen! Hündisch und verschlagen. Dein Gesicht nichts als ein Batzen Liebedienerei! Verdankst Vater alles! Aber ersäufst dich in Faulheit. Schreibst Noten so langsam, wie eine Schnecke kriecht. Und er? Drückt aus Liebe beide Augen zu.
Das Bild, wenn er und du in seine Stube gehen! Vater würdevoll und besorgt. Beflissen geradezu, dir zu helfen. Aber mit einem Lächeln, das trauriger ist als Weinen.
Dann du! Tust überinteressiert an seinen neuen Werken, japst heraus, daß du dir sofort etwas kopieren würdest – während Vater im Notenschrank sucht.
»Es sind aber Kleinigkeiten zu korrigieren«, sagte er hilflos, um abzulenken und es dir nicht schwerzumachen. »Behalt fürs erste lieber die Stimmen. Ich habe im Notfall immer noch die Partitur.«
Als ob du nicht weißt, daß das Ausschreiben der Stimmen die meiste Arbeit macht! Vaters Augen sind – nein, es ist nicht gelogen – am Erlöschen. Aber er gibt dir die Stimmen. Und würde sie in der Not lieber mit ein paar Schülern selbst noch einmal schreiben, als sie dir wegzunehmen.
Friede, du bist gemessen an Carl ein Versager. Schaffst es noch nicht mal zu einer Ehefrau. Kriegst wohl keinen …
Neue Hoffnung setzt Vater auf Christian. Der Fratz durfte mit seinen dreizehn Jahren schon ein Stammbuch-Blatt signieren – trug

die *Polonaise* aus Vaters großer *h-Moll-Suite* ein, in eigener Fassung fürs Klavier.
So, und wo sind nun die beiden köstlichen Geschichten?
Also – Vater besichtigte die Berliner Oper. Der Preuße – warum ihn anders nennen? – hatte dazu geraten. Mit dem Hintergedanken, daß Vater etwas Löbliches über die Akustik sagt.
Vater schritt denn also in die Wandelhalle, umschwärmt von Friede, Carl und dessen Kollegen, schaute, lobte den Speisesaal darin. Schließlich erstieg er die rundumlaufende Galerie, sah zur Decke hinauf, faßte ihre Bögen näher ins Auge, verfolgte Lauf und Anordnung, fragte nach deren Beschaffenheit. Dann sagte er plötzlich: Der Baumeister habe mit der überwölbten Galerie ein köstliches Kunststück vollbracht. Ob man es kenne?
Große Aufregung und Geraune. Vater schaute die Grauns, die Bendas, Carl an: Die aber glotzten bloß dumm, erzählte Friede.
Ja, was denn nun Ungewöhnliches damit sei? platzte Quantz ungeduldig hervor. Vater erwiderte, wenn jemand an der von ihm gewiesenen Stelle leise gegen die Wand spreche, dann höre es ein anderer, welcher über Kreuz an der jenseitigen Ecke des Raumes stehe. Und zwar höre er jedes Wort, ohne daß in der Mitte oder an den übrigen Orten sich aufhaltende Personen das geringste verstünden.
Vormachen! forderte Quantz. Vater willigte ein. Carl und die übrigen verteilten sich auf der Galerie, Quantz nahm den bezeichneten Eckplatz ein. Vater flüsterte einige Sätze, und tatsächlich: Quantz hörte, was er hören sollte, die anderen jedoch nichts. Es gab großen Beifall, und darauf wollte jeder dieses akustische Wunder erleben.
Und die zweite Geschichte? Passierte heute und beweist, wie genau Vater immer noch rechnet.
Vetter Elias nämlich hatte ein Fäßchen Wein auf den Weg geschickt. Wovon wir nichts wußten, weil er Vater überraschen wollte. Als es klopfte und uns die edle Gabe gemeldet wurde, war Vater zunächst hoch erfreut. Er, Friedrich, Christian und ich machten uns gleich auf den Weg zur Zollstelle, wo der Visitator gerade dabei war, ein anderes Faß auszuloten.
»Das drittnächste ist Ihres, Herr Hofkompositeur.«

»Das?«

Wir riefen es vor Freude und Überraschung im Chor, denn das Fäßchen von unserem guten Vetter war ein kapitales Faß von bestimmt drei Eimern.

»Wenn ich nicht teilen müßte, wäre ich bis Ostern versorgt«, sagte Vater schelmisch, was der Visitator hörte und ihn den Kopf schütteln ließ. Ob er etwa im Ruf stehe, eine besonders durstige Seele zu sein, fragte Vater darauf mit gespielter Empörung. Nein, verwehrte sich der Visitator. Aber er habe bezüglich der Taxierung von Fässern so seine Erfahrungen ...

Die bald auf das traurigste bestätigt wurden. Denn als er seine Meßlatte ins Spundloch senkte, konnten wir es selbst sehen: Sie war unten wenig naß und oben viel trocken.

»Etwas mehr als sechs Kannen«, sagte der Visitator.

»Wie das?« wollte Vater wissen. »Mein Vetter hat wohl kaum vorgehabt, mir Schweinfurter Luft zu schicken.«

»Erschütterungen während der Fahrt, ein lockerer Spundzapfen beim Umladen ...«

»... jajaja und ein durstiger Kutscher, mißtrauischer Grenzwächter, genießerische Steuereintreiber ...«

»Es ist das Leben, Herr Hofkapellmeister«, seufzte der Visitator.

»Sie meinen, ich kann froh sein, daß meines Vetters Faß nicht mit Gülle wieder aufgefüllt wurde.«

»Ja – und nun müssen Sie trotzdem zahlen.«

Der Visitator nahm einen Zettel und schrieb. Und schrieb. Und schrieb. Zahlen. Eine nach der anderen. Schließlich machte er einen Strich. Die Summe machte Vater erst wütend, brachte ihn dann aber zum Lachen. Umgerechnet aufs Maß kam jedes so teuer wie ein Pfund Butter. Oder eben ein Maß vom guten Leipziger Roten.

Für ein Geschenk sei dies allzu kostbar, wird Vater Elias morgen schreiben.

Ob Elias dies beabsichtigte? Ich für meine Wenigkeit glaube, er wollte Vater einen – ich sag's milde – Streich spielen. Weil er verschnupft ist, daß Vater ausgerechnet von ihm einen Taler für das *Musikalische Opfer* fordert. Ehrlich, wie Vater ist, schrieb er Elias nämlich, daß er die meisten Exemplare gratis an gute Freunde ver-

tan habe. Elias wird schön gestaunt haben! Denn es klingt danach, als sei er, der hochgeehrte Vetter, weniger wert als einer von etlichen guten Freunden.
Ach, übrigens: Liese zählt auch. Allerdings Tage. Ist ganz im Hochzeitsfieber.
Noch was? Der gute Magister Birnbaum ist vor zwei Wochen gestorben. Nun einmal angenommen ... Lieses Hochzeit wäre einer Totenfeier gleichgekommen.

Sonntag, 29. Dezember 1748

Bist nun vierzig, wie gewöhnlich alte Jungfer, aber ab heute altes Weib dazu. Die Jahre beginnen, in denen der Verstand scharf und die Zunge spitz werden dürfen. Die Zähne dafür wackeliger und weniger.
Die Haut erschlafft, der Hals verwelkt, und Ach!, der Lippen einstiges Korallenrot, es ist nun stumpf wie brackig Brot.
Was werden die nächsten vierzig Jahre bringen? Vierzig?! ...
Einen eigenen Hausstand bestimmt nicht.

* * *

Am zwanzigsten Januar 1749 wurden Elisabeth Juliana Friederica Bach und Johann Christoph Altnikol in der Thomaskirche getraut. Liese war zweiundzwanzig, Bachs Schwiegersohn dreißig Jahre alt.
Ein paar Tage darauf verließ Liese die elterliche Wohnung und zog nach Naumburg. Bach fühlte sich im Vollbesitz seiner Kräfte, komponierte an der *Kunst der Fuge* und machte sich an die Revision einer Reihe von Orgelchorälen. Sie waren als Seitenstück zu seinen in den Weimarer Jahren entstandenen Chorälen des *Orgelbüchleins* gedacht und wurden eine weitere Sammlung von Meisterschöpfungen. Daneben gab es die übliche Korrespondenz mit den Söhnen und Kollegen: So wurde Bach zum Beispiel im Frühjahr vom Konzertmeister Gottlieb Graun angeschrieben, ob er nicht für eine Orgelreparatur in Frankfurt an der Oder einen Orgelbauer empfehlen könne. Das Vertrauen in seine Kompetenz ehrte Bach, und so setzte er sich mit dem Hallenser Orgelbauer Cuncius in Verbindung und besprach sich mit ihm in Leipzig.
Auch die Streitlust erwachte in Bach neu. Weil der Freiburger Rektor Gottlieb Biedermann in einer programmatischen Schulschrift heftige Angriffe gegen die musikalische Erziehung an den Schulen

richtete, beauftragte Bach den befreundeten Nordhausener Organisten Christoph Gottlieb Schröter nicht nur mit der Rezension dieser Schrift, sondern rächte sich auch musikalisch.
»Auf daß die Dreckohren des Herrn Rektors gereinigt werden«, rief Bach kampflustig aus und hieb eine Melodie ins Cembalo, zu der Magdalena spontan sang: *Wer das Schiffen nicht versteht und doch an das Ruder geht, ertrinket mit Schaden und Schanden zuletzt* – das Spottlied des Mercurius, der sich über König Midas, den Phöbus für seine Überheblichkeit mit Eselsohren bestraft, lustig macht, Musik aus Bachs satirischer Kantate *Der Streit zwischen Phöbus und Pan.*
Sein Schüler Nathanael Bammler schaute auf und rieb sich die Augen. Seit Tagen war er mit Kopierarbeiten beschäftigt: Er schrieb die *Johannespassion* und Händels *Brockes-Passion* ab, eine Fronarbeit, die Bach ihm mit einem guten Zeugnis versüßte, welches Bammler für seine Bewerbung um die Konrektoren-Stelle an der Eilenburger Stadtschule benötigte. Er gehörte zu den alten Schülern Bachs und diente ihm, wie viele andere vor ihm, noch nach dem Abgang von der Schule. Es war der übliche Aufstieg: vom einfachen Thomasschüler zum Zweiten, dann Ersten Präfekten, wobei Bammler sich so geschickt anstellte, daß Bach ihm seit der Reise nach Potsdam die volle Direktion der Kirchenmusik anvertraut hatte.
»Alles wird«, sagte Bach zufrieden, womit er jedoch mehr die Kopierarbeit Bammlers im Sinn hatte, als dessen Hoffnung auf eine Einladung zur Vorstellung nach Eilenburg.
»Und wie weit seid ihr?«
Die Frage galt Friedrich und Christian, die Bammler gegenübersaßen und Stimmen und Textheft der *Phöbus und Pan-Kantate* abschrieben. Die Aufführung und musikalische Abrechnung mit dem Freiburger Rektor Biedermann sollte im Konzertsaal des Drei-Schwanen-Gasthofs, dem neuen Refugium des »Großen Konzerts« stattfinden und hätte Bach eine diebische Freude bereitet, wenn der Leipziger Rat Bach dort am achten Juni nicht mit einer kaum zu überbietenden Pietätlosigkeit zuvorgekommen wäre.
Zwar waren Bachs Dienstherren nicht Initiatoren, sondern nur Er-

füllungsgehilfen: Trotzdem warf es ein denkbar schlechtes Licht auf ihre Loyalität, was daher bald zum Stadtgespräch wurde.
Ursache war das Gerücht, der Leipziger Musikdirektor sei so schwer erkrankt, daß sein Ableben nur noch eine Frage weniger Wochen sei. In der Tat hatte Bach seine Wohnung geraume Zeit nicht verlassen, dies aber nur deshalb, weil ihm seine Augen so zu schaffen machten, daß er befürchtete, auf dem Pflaster der Stadt nicht mehr sicher gehen zu können.
Das Gerücht drang bis nach Dresden, wurde dort aufgebauscht und rief den mächtigen Ersten Minister Graf Brühl auf den Plan. Denn seit seinem Potsdam-Besuch war Bach in Dresden nicht mehr wohlgelitten. Vor allem vom Grafen Brühl, den es ohnehin maßlos verdroß, daß König Friedrich sich wegen dessen Prunksucht ständig lustig über ihn machte. So bot sich eine Gelegenheit, den treulosen sächsischen Hofkompositeur Bach, dessen damalige Ernennungsurkunde Brühl selbst mitunterzeichnet hatte, zu demütigen. Werkzeug dafür war sein Kapellmeister Gottlob Harrer, den der Graf zu gleichen Teilen loswerden wie sicher versorgt wissen wollte. Er schickte ihn daher mit einem Schreiben an Bürgermeister Born nach Leipzig und verlangte, im Falle des sich »ereignenden Abgangs Bachs« seinen Schützling Harrer den Musikdirektorsposten zu übertragen. Und weil Brühl allen Einwänden von vornherein den Wind aus den Segeln nehmen wollte, beschied er die Ratsherren, sich die »Probemusik«, die Harrer im Gepäck habe, pflichtschuldigst anzuhören. Danach nämlich könne es keine Zweifel mehr geben, daß Harrer auch die »Approbation« der geschätzten Herren finden würde.
Der Rat knickte ein – und dies mit einer gewissen Lust. Denn Bach war und blieb der Bach, der sich stets herzlich wenig um seine Pflichten gekümmert hatte und in den letzten Jahren gar so dreist geworden war, sich wie ein Privatier zu verhalten, und seine Schüler die Arbeiten machen ließ.
So konnte Harrer seine Probe geben, und Bachs Feinde schmunzelten, als sie den Titel der Kantate lasen, der da hieß: »Der Reiche starb und ward begraben.« Es gab reichlich Applaus, und Harrer durfte erleben, daß die Aussicht auf einen Wechsel an der Spitze des Leipziger Musiklebens die Gemüter sensationslüstern erhitzte.

Denn in der Tat war es unerhört, daß ein Bewerber um das Amt des städtischen Musikdirektors seine Probe nicht in einer der beiden Hauptkirchen gab, sondern vorzeitig im Saal einer weltlichen Konzertvereinigung.

Bewies der Rat nur katzbuckelnde Unterwürfigkeit, verkündete Brühl durch sein Sprachrohr Harrer die eigentliche Botschaft – und die lautete: Wir, am Dresdener Hof, sähen den Mann, der in der Widmung seines *Musikalischen Opfers* lauthals des gehaßten Preußen »Größe und Stärke in allen Kriegs- und Friedenswissenschaften« preist, am liebsten tot.

Bach verstand. Zwischen Ärger und Verzagtheit schwankend, suchte er nach einer Gelegenheit, sich souverän zu zeigen.

»Mir bleibt ja doch nur die Musik«, verkündete Bach eines Abends der Familie. »Alles andere wäre ja auch unangemessen.«

»Und wie?« fragte Magdalena hilflos und schaute ihren Mann erschrocken an, in dessen bleichem Gesicht die Falten tiefe Schatten warfen.

Bachs Stirnpartie war angestrengt zusammengezogen, sah aus, als verharre sie in einem Krampf. Weil die Augen von Tag zu Tag schwächer wurden, komponierte Bach mit der Nase fast am Papier. Dabei verdrängte er heroisch die Schmerzen, weil die *Kunst der Fuge* und die Sammlung von Chorälen noch nicht fertig waren. Magdalena wußte, wie aussichtslos es war, ihrem Mann Schonung zu predigen. Er schob alle Mahnungen beiseite, sperrte grelles Licht mit einem grünen Pappschirm aus und freute sich über das Geräusch seiner kratzenden Feder inzwischen mehr als über wirkliche Musik.

»Nur noch das!« fertigte er seit Wochen Magdalena ab – wobei er seine Frau stets im unklaren ließ, welches »das« er gerade meinte.

»Und wie, Vater?« wiederholte Friedrich die Frage seiner Mutter. Bach lehnte sich zurück, hob den Finger und sagte:

»Ratswahl.«

Magdalena schaute ihren Mann ungläubig an. Der erhob sich, schob den Stuhl zur Seite und stellte sich in Sängerpose. *Gottlob! Es geht uns wohl! Gott ist noch unsre Zuversicht.* Bach sang ein schlichtes Rezitativ, lächelte und setzte sich wieder hin.

Friedrich und Christian sahen sich an, rümpften die Nase. Aber mehr zu fragen oder gar zu sagen, wagten sie nicht.
So kam der Tag der Ratswechselmusik. Es war der fünfundzwanzigste August. Wieder hörten Bach und die Leipziger die Glocken von Kirche und Rathaus läuten und konnten erleben, wie sich die beiden Abteilungen der abgehenden und neuen Ratsherren zu einem Zug formierten und feierlich zur Nikolaikirche schritten. Stadtpfeifer und Kunstgeiger spielten dazu das Herr Gott, Dich loben wir, Vertreter von Zünften und Schützenvereinen standen Spalier und schwenkten Fahnen.
In der Kirche wurden die Plätze unter dem rauschenden Klang der Orgel eingenommen: Bach spielte mit sämtlichen gezogenen Registern und machte deutlich, welche Kräfte er mit Gottes Hilfe aus seinem Orgelspiel zu ziehen vermochte.
Wir danken Dir Gott, wir danken Dir hieß die Ratswahlkantate, die Bach wegen dieses einen Rezitativs, das er seiner Familie vorgesungen hatte, musizieren ließ. Wer gewillt war, aufmerksam zuzuhören, deutete die lange Pause nach dem Wörtchen »wohl« entsprechend, zumal Bach seinen Sänger angewiesen hatte, dieses Rezitativ betont langsam und mit aller Kraft zu singen, die möglich war.
Bach hatte sich nicht zerknirschen lassen – und Harrer mußte die nächste Zeit mit dem Spott leben, daß er seinem Namen alle Ehre machte. Unverrichteterdinge mußte er wieder nach Dresden abreisen.
Bach indes freute sich auf die Geburt eines neuen Enkels, den Liese ihm am vierten Oktober schenkte. Die Reise nach Naumburg verboten die kranken Augen, mit denen es so schlimm geworden war, daß Christian in seinem Namen die vierteljährlichen Stiftungsgelder quittierte.
Am Ende des Jahres war Bach erblindet.

Samstag, 27. Dezember 1749

»Wir brauchen weder Sächsisch-Dresdener noch preußische Schützenhilfe.«
Der das sagt, ist blind, aber ungebrochen. Mit nichts ist Vater so aufzubauen wie mit der Aussicht, seine Kinder in Lohn und Brot zu bringen. Weil die sächsischen Lande, wie Graf Brühl uns durch seine Marionette Harrer bedeutet hat, nun tabu sind, streckt Vater seine Fühler eben nach anderen Richtungen aus. Und weil er Freunde und Verehrer genug in Deutschland hat, braucht er auch nicht lange zu suchen.
Friedrich geht nach Bückeburg, tritt in die Hofkapelle des Grafen Wilhelm von Schaumburg-Lippe ein. Ein bescheidener, aber in Anbetracht seines Alters vielversprechender Berufsbeginn, sagte Vater und rieb sich vor Freude die Hände. Schließlich ist Friedrich gerade mal siebzehn Jährchen alt. Noch vor Weihnachten kam die Zusage.
Magdalena geht's nah. Vor einem Jahr Liese, jetzt der erste Sohn. Friedrich bekam deswegen eine Bibel mit Widmung geschenkt. »Zum steten Andenken und christlicher Erbauung. Deine getreue und wohlmeinende Mama.«
Friedrich, um diese Zeilen beneide ich dich. Sohn zu sein ist nämlich schöner.
Auch wenn Vater eigentlich wohlauf ist, wir sorgen uns alle. Er trinkt seit den letzten Tagen ungewöhnlich viel, klagt ständig über Durst. Seine Schwindelanfälle häufen sich. Die Empfehlung, die er Bammler heute an den Schaumburg-Lippeschen Grafen diktierte, konnte er tatsächlich nicht unterzeichnen. Magdalena unterschrieb in seinem Namen, in den Jahren ist ihre Handschrift Vaters so ähnlich geworden, daß sie kaum mehr voneinander zu unterscheiden sind.
Armer Bammler! Hat weder Vater noch Mutter, und jetzt konnte ihm selbst Vaters Empfehlung nicht helfen. Also studiert er weiter

und fristet seinen Unterhalt, indem Vater ihn alles mögliche kopieren läßt.
»Ich war auch einmal Waisenkind!« beschied Vater Magdalena unwirsch.
Denn Bammler, gegen dessen wirklich erlesene Handschrift es nichts zu meckern gibt, malt Noten, statt sie zu schreiben. Er freut sich über jedes Blatt, das Vater ihn heraussuchen läßt. Und fragt dann natürlich nach, ob er nicht auch noch dieses oder jenes kopieren solle ...
Schlimm, dieser Kampf um die Existenz. Was Magdalena, wenn sie Bammler Noten malen sieht, mit starren Augen durch die Wohnung wandern läßt. Ich glaube, er ist für sie so etwas wie ... deshalb will sie ihn aus dem Haus haben.
Magdalena ist achtundvierzig, ich einundvierzig, Carolina zwölf und Regina wird acht – Christian vierzehn. Er würde eher zu Carl als zu Friede ...
Heinrich! Dich hätte ich fast vergessen. Bist in der Mitte deiner Zwanziger und die Milde in Person. Verstehst alles, sprichst nichts und lauschst und lauschst. Und wenn du einen guten Tag hast und spielst – wobei es ganz wichtig ist, daß du glaubst, niemand hört dir zu –, dann findest du Töne, die Vater manchmal schwanken lassen, ob er nicht doch eine Fuge drüber machen sollte. Friede sagte einmal: So wie er spielt, sieht es in mir auch aus.
Je nun, Heinrich: Willst bei uns sein oder lieber zu Liese?

* * *

Im Januar und Februar 1750 ließ Bach die Rezension seines Freundes Schröter an seine Freunde verteilen. Sie war gedruckt und nach Meinung Bachs hervorragend gelungen. Ihr Makel war bloß der, daß der Rezensent sie wegen der vielen Veränderungen und Verschärfungen nicht mehr als die seine anerkennen wollte und Bach die Schuld dafür in die Schuhe schob. Der ließ sich davon nicht verdrießen. Es gab Wichtigeres. Und Schöneres.
Carl nämlich hatte für eins der Marienfeste ein Magnifikat komponiert, das er in der Thomaskirche aufführte: Beistand für den Vater, der mit geschlossenen Augen der Aufführung lauschte. Und

an vielen Stellen nickte. Beim *Fecit potentiam* und *Deposuit potentes* zog Bach sein Taschentuch, schneuzte sich verhalten. *Er übt Gewalt mit seinem Arm und zerstreut, die übermütig sind in ihres Herzens Sinn. Er wirft die Mächtigen vom Stuhl und erhebt die Niedrigen.* Die Themen, die er hörte, waren fast notengetreu aus seinem *Magnificat* entlehnt: Gab es eine schönere Geste von Sohnesliebe? Noten, dem Geiste des Vaters entsprungen, deren Klang und Worte ihn jetzt trösten sollten.
Bach konnte nicht verhindern, daß sich ihm ein paar Tränen aus den Augen stahlen. Seine Hand tastete nach der Magdalenas, er brauchte jetzt ihren Halt. Magdalena erwiderte den Druck seiner Hand, rang um Beherrschung. Aufgewühlt hob und senkte sich ihr die Brust, ihren Mann von der Seite anzuschauen, wagte sie nicht. So starrte sie mit zusammengebissenen Zähnen nach vorne, die freie Hand in ihre Handschuhe gekrallt.
Nach dem Gottesdienst wollte Bach auf die Empore. Christian führte ihn, ging aus Angst, daß sein Vater sich im ausgetretenen Steinboden der Kirche vertreten könnte, betont langsam. Die Grüße und aufmunternden Zurufe quittierte Bach mit selbstbewußtem Dank.
»Jetzt Stufe«, hörte er Christian sagen.
Bach trat zu, schüttelte die stützende Hand des Sohnes ab. So oft war er hier heraufgestiegen: Diese Schritte konnte er alleine machen. Die Beine hatten ihr eigenes Gedächtnis. Brauchten nicht sehen.
Bach trat rüstig zu. Das Gepolter auf der Empore war ihm so vertraut, daß er glaubte, seine Thomaner und die Stadtpfeifer sehen zu können: Hier beugte sich einer nach unten, weil er Notenblätter vom Boden aufklaubte, ein anderer rückte Stühle zurecht. Dort hinten wurde ein Instrumentenkoffer zugeschlagen, daneben das Mundstück einer Trompete freigeblasen.
Schnelle Schritte kamen auf ihn zu – Carl.
»Vater!«
Bach breitete die Arme aus, wollte ein Kompliment machen. Doch im gleichen Augenblick versagte ihm die Stimme.
»Es war alles recht«, konnte er nur heiser hervorstoßen, und seine Hände ruderten suchend nach dem Körper seines Sohnes.

Still lagen sie sich einen Augenblick in den Armen, während Schüler und Stadtpfeifer sich scheu an ihnen vorbeizwängten. Manch einer murmelte einen Gruß, aber niemand war so dreist, diese innige Szene zu stören.
Bach machte sich los, seine Linke tastete hinter seinem Rücken nach der Hand Christians.
»Stufe«, sagte der wieder sanft.
Das Holz ächzte unter Bachs schwerem Tritt. Langsam, als wolle er jede Stufe auskosten, schritt Bach die Treppe wieder hinunter. Es war das letzte Mal, daß er sie betrat.

Mittwoch, 8. April 1750

Selbst die Zeitungen schreiben darüber. Nur lügen sie. Denn Vater hat bislang mitnichten die »völlige Schärfe seines Gesichts wiederbekommen«.

Zwei Augenoperationen in einer Woche!

Und keine Worte reichen hin, die Pein, die Vater erleiden mußte, auszudrücken.

Dr. Taylor aus England führte die Operationen durch. Er gilt als bester Kopf in seinem Fach, aber gleichwohl hat er soviel Angst vor seinen angeblichen Erfolgen, daß er sich in keiner Stadt länger als drei Tage aufhält.

Vater ging gefaßt zur Operation. Mit nur wenig Angst, wie er sagte. Denn er vertraute auf den Branntwein und das Opium, das er reichlich vorher genommen hatte. Magdalena und Christian nahmen ihn in die Mitte. Auf dem Operationsstuhl wurde er an Armen, Beinen und Kopf festgeschnallt und bekam ein Wachstuch übergestreift.

Dr. Taylor hatte behende Bewegungen. Er hantierte mit Skalpell, Lanzettchen und viel Kamillenwasser. Mit kleinen Silberkrallen zog er das Lid nach unten und stach dann zu.

Es war dies die harmlosere erste Operation.

Das Auge wurde ausgewaschen, bis kaum mehr Blut floß, und bekam eine Binde. Gestern aber – Dr. Taylor frottierte mit einer winzigen Bürste das Innere des Augenlids, wobei Vater eine halbe Tasse Blut verlor.

Das Opium? Half nur zur Hälfte.

Selige Ohnmacht?

Nicht bei Vater.

»Schließlich heiße ich Sebastian«, sagte er. »Und der war Märtyrer.«

Damit er auch gewiß lange schläft und der Druck auf das Auge schwach bleibt, wird er jetzt ständig zur Ader gelassen.

Es klingt so herzlos, wie ich schreibe. Aber Gott weiß, daß ich schier zerspringen könnte vor Mitleid und Verzweiflung.
Weil ich es besser weiß. Vater wird nie mehr sehen.

* * *

Das Licht kehrte nicht zurück. Trotzdem hielt die Familie den Schein aufrecht, daß dies bald geschehen würde. Sie ließen ihre Stimmen, statt bedrückt, zuversichtlich klingen und schlichen auch nicht durch die Wohnung, sondern machten manchmal geradezu mutwilligen Lärm. Magdalena und Catharina mahnten zwar immer wieder zur Ruhe – aber dies klang zuweilen herzlich unecht. Dies gab Bach Kraft.

Er lag mit verbundenen Augen im verhängten Schlafzimmer, die ersten Wochen von Opiumtinktur umnebelt, dann jedoch weigerte er sich von einem Tag auf den anderen, die Schmerzen damit zu bekämpfen. Tatsächlich war seine Natur so robust, daß er allmählich wieder zu Kräften kam.

Es waren die täglichen Geräusche, die ihn schrittweise ins Leben zurückholten. Es wurde Frühling, die Tage länger, die Schüler lauter. Da war ihr Toben in der Thomasschule, das Lachen auf dem Kirchhof, wenn sie sich am Brunnen mit Wasser bespritzten, das Getön der Thomaskirchenorgel, ihr Glockenschlag, das Rumpeln der Fuhrwerke, das Geklappere der Thomasmühle jenseits der Mauer. An ruhigen Tagen wehten von der Pleißenburg die Fanfaren des abendlichen Zapfenstreichs und gelegentliches Salutschießen herüber.

Für Musik sorgten die Familie und seine Schüler. Einer von ihnen war Johann Gottfried Müthel, der Anfang Mai mit einem Empfehlungsbrief seiner Schweriner Vorgesetzten in Leipzig eintraf. Er, Bammler und die beiden noch jungen Schüler Johann Christian Kittel und Karl August Folger sorgten dafür, daß in der Wohnung des Leipziger Musikdirektors keine falsche Stille einzog. Selbst Arbeit wurde wieder möglich. Bach diktierte Bammler einen Entschuldigungsbrief wegen der veränderten Rezension, womit er sich freilich noch lange nicht als Urheber bezichtigte, sondern dem Buchdrucker die Schuld gab.

Unterdessen hatten die Bach nachbehandelnden Leipziger Ärzte eine Kritik der Taylorschen Operation veröffentlicht. Entrüstet wiesen sie die Falschmeldungen der angeblichen Genesung zurück, doch übertriebener Ehrgeiz ließ sie an Bach mit falschen Medikamenten und übertriebenen Aderlässen herumexperimentieren, so daß er eines Tages das Bett tatsächlich nicht mehr verlassen konnte.
Die Kräfte schwanden jetzt zusehends. Und der Durst nahm noch immer zu. Die häufigen Gänge zum Abtritt wurden zur lästigen Qual, schließlich verlangte Bach einen Eimer ans Bett. Doch noch immer trotzte er sich Stunden ab, in denen er an seiner Sammlung von Chorälen arbeitete. Christian oder einer seiner Schüler mußte ihm die Noten vorlesen, immer wieder gab es an einer Stimme etwas zu verbessern. Zuweilen ließ er sich die Feder führen, vom Willen besessen, Noten zu schreiben. Manchmal lichtete sich das Schwarz hinter den Augen. In guten Momenten wurden Schemen sichtbar – hatte Dr. Taylor doch Erfolg gehabt?
»Die Fuge«, knurrte Bach. »Das Manuskript!«
Christian kam mit den Blättern ans Krankenlager.
»Gib her!«
Bach fuhr mit den Fingerspitzen über die Tinte. Er fühlte den Stimmen nach, lauschte ihrem Fluß. Alles war gut, nur der Schluß … der Schluß! Er hatte eine Tripelfuge zu komponieren begonnen: Sie sollte seine *Kunst der Fuge* krönen. Die Durchführungen des ersten und zweiten Themas waren fertig. Und auch der Beginn der dritten Durchführung, deren Thema die Initialen seines Namens trug, soweit gediehen, daß er jetzt darangehen konnte, alle drei Themen gleichzeitig auftreten zu lassen.
Bach sank erschöpft in die Kissen, gab die Noten zurück.
»Dies ist doch nun auch wirklich zu anstrengend und kann warten, Vater«, sagte Christian tadelnd.
Bach stöhnte resigniert auf, schloß die Augen.
»Wie spät?« flüsterte er.
»Nicht mehr lange«, tröstete ihn Christian.
Bach wartete auf Altnikol und Liese.
Die Freude, beide in die Arme zu schließen, gab ihm noch einmal neue Kräfte.

Die Fuge oder die Choräle?
Die Choräle. Sie würden mehr Geld bringen.
Bach verlangte wiederholt nach seinem Schwiegersohn.
»Denn Arbeiten ist weniger anstrengend als Ausruhen«, scherzte er. »Bist du bereit?«
»Zu Diensten.«
An einem dieser Tage begann Bach, Altnikol die nächsten Takte des begonnenen Chorals *Wenn wir in höchsten Nöten sein* zu diktieren. Er war bereits für das *Orgelbüchlein* komponiert, jetzt ging es darum, ihn gemäß den anderen Chorälen mit Vorimitationen zu erweitern und den Cantus firmus der Kolorierung zu entkleiden: weniger Schmuck, dafür mehr Verdichtung.
Altnikol schrieb sicher, fragte nur wenig nach. Auf einmal hörte er Bach auflachen – heiter, aber sehr verhalten. Irritiert schaute Altnikol auf, ließ die Feder sinken. Bachs Augen glänzten verschwommen, aber er lächelte. Mit fester Stimme sprach er:
»*Vor Deinen Thron tret ich hiermit, o Gott, und Dich demütig bitt, wend Dein gnädig Angesicht von mir betrübtem Sünder nicht!*«
Altnikol verstand. Es waren diese Verse, die Bach dem diktierten Choral unterlegt wissen wollte. Nicht höchste Nöte und Rettung aus Ratlosigkeit und Pein verband er mit diesen Tönen, sondern Sterben und Sehnsucht nach Erlösung. Der Tod konnte kommen. Bach hatte ihm die Hand gereicht.
Bachs Stimme zitterte nicht. Wurde nur unwesentlich schwächer.
»*Ein selges Ende mir bescher! Am jüngsten Tag erweck mich, Herr. Daß ich Dich schaue ewiglich. Amen! Amen! erhöre mich!*«
Am anderen Morgen saß Bach erholt in seinem Bett und sah die Sonne.

Samstag, 18. Juli 1750

Es ist Nachmittag. Vater schläft. Ich kann vor Glück kaum schreiben.
Ein Wunder!
Vater sieht wieder!
Heute morgen ist er aufgestanden, geht sicher in der Wohnung herum. Wir können es nur glauben, aber nicht begreifen.
Wie er auf jeden von uns gezeigt hat!
Wie er sicher aß und trank!
Wie er mich und die anderen umarmte!
Lieber Herr Jesus!
Laß es wirklich bleiben!

* * *

Am Abend erlitt Bach einen schweren Schlaganfall. In der Nacht noch begann er zu fiebern, verlor kurz darauf die Besinnung. Zehn Tage lang kämpfte sein bewußtlos gewordener Körper gegen den Tod.
Am Dienstagabend, dem achtundzwanzigsten Juli um viertel nach neun, verschied er.

Epilog

Über die Lebensschicksale der weiblichen Familienmitglieder Bachs nach dessen Tod ist so gut wie nichts bekannt.
Das Erbe Bachs wird unter seiner Frau Anna Magdalena und den überlebenden neun Kindern aufgeteilt. Anna Magdalena erhält davon, wie üblich, ein Drittel des Gesamtbetrages: Geld, Hausrat und Bücher im Wert von etwa 335 Reichstalern. Auf die Kinder entfallen jeweils etwas mehr als 74 Reichstaler. Da Anna Magdalena mit der Stieftochter Catharina Dorothea, die unter anderem eine »Ehe-Schule« erbt, und ihren beiden unmündigen Töchtern Johanna Carolina und Regina Susanna in Leipzig verbleibt, kommen die vier Bachinnen auf eine Erbschaft von rund 558 Reichstalern. Zum Vergleich: Der Jahreslohn eines Maurermeisters beträgt etwa 90 Reichstaler, ein Paar gute Stiefel kosten um die fünf, ein Pfund Mettwurst einen Drittel Reichstaler.
Anfang 1751 erhält Anna Magdalena vom Leipziger Rat noch zwei Quartalsbezüge nebst »Lichtgeld« zuerkannt, ungefähr 54 Reichstaler.
Im Februar 1751 zieht Anna Magdalena Bach mit Catharina Dorothea und ihren Töchtern in die Hainstraße »Zum blauen und goldenen Stern«, in das Haus des Juristen Heinrich Friedrich Graff, des Sohnes des gleichnamigen Juristen, der einst Pate für Bachs Sohn Gottfried Heinrich gewesen war. Heinrich Friedrich Graff d.J. heiratete am 3. April 1742 Anna Regina Bose, die die Taufpatin Regina Susanna Bachs war. Anna Regina stirbt noch zu Bachs Lebzeiten, am 25. April 1750. Graff heiratet darauf am 25. November 1751 deren Schwester Benedicta Maria Bose. Ob Anna Magdalena Bach am 25. Februar 1751 in Halle war, weil ihr Stiefsohn Wilhelm Friedemann dort Dorothea Elisabeth Georgis, die wohlhabende Tochter des halleschen Steuereintreibers, heiratet, wissen wir nicht.
Im Mai 1752 macht Anna Magdalena eine Eingabe an den Rat

und bittet um finanzielle Unterstützung, bietet auch Noten zum Verkauf an. Ihr werden 40 Reichstaler »wegen ihrer Dürftigkeit, auch einiger überreichter Musikalien« gezahlt. Am 3. November ist Anna Magdalena Taufpatin für den Sohn des Buchdruckers Gotthelf Siegismund Kleinpaul.

In den Jahren bis 1754 haben die Bachinnen möglicherweise einige Male Friedemann als Solist im »Großen Konzert« gehört. Dessen Auftritte dort sind durch die Erinnerungen eines Thomaners belegt.

Am 29. September 1755 wird Bachs Kirchenkantate BWV 126 »Erhalt uns, Herr, bei deinem Wort« aufgeführt, am 30. November stirbt in Schweinfurt Bachs Vetter Elias.

Am 27. Februar 1760 stirbt Anna Magdalena Bach als »Almosenfrau«. Zwei Tage später überführt der für »solenne« Begräbnisse bestimmte Leichenwagen ihre sterblichen Überreste zum Johannesfriedhof. Anna Magdalena Bach erhält das geringste Begräbnis, wird als »Viertel-Leiche« begraben, was bedeutet, daß außer der Leichenkutsche und zwei bis drei singenden Thomanern keine andere Begleitung zugegen ist.

Einschneidend für Bachs Töchter wird der Tod von Bachs Schwiegersohn Altnikol. Er stirbt am 25. Juli 1759 in Naumburg. Nach dem Gnadenhalbjahr zieht Liese mit ihren beiden Töchtern Anfang 1760 nach Leipzig, in die Wohnung ihrer Mutter. Ihr geistesschwacher Bruder Gottfried Heinrich, den sie nach Bachs Tod bei sich aufgenommen hat, bleibt offensichtlich allein in Naumburg zurück. Er wird dort am 12. Februar 1763 begraben.

Liese erhält das Sorgerecht für ihre Schwester Regina Susanna.

Ab September 1772 unterstützt Carl Philipp Emanuel Bach seine Stiefschwester Liese mit vierteljährlichen Geldzuwendungen in Höhe von circa 5 bis 10 Reichstalern. Die Briefe, die er diesbezüglich gelegentlich an Liese schreibt, sind verloren. Die Zuwendungen liegen vom 4. Oktober 1773 bis 26. Januar 1774 über dem Durchschnitt: Es sind mehr als 40 Reichstaler. Ob die Summe im Zusammenhang mit Catharina Dorotheas Tod steht, wissen wir nicht. Sie stirbt am 14. Januar 1774. Catharina Dorothea wurde mithin fast so alt wie ihr Vater. Nach den Begräbniskosten zu urteilen, erhält sie das gleiche Begräbnis wie ihre Stiefmutter.

Der soziale Abstieg ihres Bruders Friedemann wird ihr nicht verborgen geblieben sein. Der Siebenjährige Krieg (1756–1763) führt unter anderem dazu, daß Friede bei Exekutionsandrohung gezwungen wird, 1761 auf das ererbte Haus seiner Frau Kontributionen an die Preußen zu zahlen. Im selben Jahr kauft der Verleger Breitkopf im Herbst »um ziemlich hohe Preise« Kompositionen aus dem Nachlaß der Bachschen Familie.
Am 12. Mai 1764 kündigt Friede seinen Dienst in Halle. Zwischen 1768 und 1770 bietet Friedes Frau in der Halleschen Zeitung diverse Sachen zum Verkauf an. Friedes Bewerbung um ein Organistenamt in Braunschweig scheitert im Mai 1771. 1772 und 1773 verkauft er an Bachs ersten Biographen, Johann Nikolaus Forkel, Noten. Friede stirbt 1784 in Berlin. In den letzten Lebensjahren wird er von Sara Levi unterstützt, der Großtante Felix Mendelssohn-Bartholdys.
Sehr wahrscheinlich bleiben durch die Folgen des Siebenjährigen Krieges Bachs Töchter Johanna Carolina und Regina Susanna unverheiratet. Weil von ihnen keine Mitgift zu erwarten ist, sind sie in einer Zeit großer allgemeiner Not uninteressant, schlichtweg keine gute Partie.
Johanna Carolina stirbt am 18. August 1781 in Leipzig, ihre Schwester Liese am 24. August 1781. Beide erhalten, soweit die Quellen eine Aussage zulassen, keine öffentliche Unterstützung. Aber auch kein Armenbegräbnis. Vermutlich ist Carl Philipp Emanuel für die Begräbniskosten aufgekommen. In einem Brief vom 7. April 1782 schreibt er an seinen Verleger Breitkopf: »Zwei Todesfälle haben mich im vorigen Jahr um 72 Reichstaler gebracht.«
Bachs jüngste Tochter Regina Susanna zieht im September 1781 in die Wohnung Ernst Friedrich Ahlefeldts, des Schwiegersohnes von Carls Schwester Liese. Ahlefeldt stellt in Leipzig Siegellack her und ist mit Auguste Magdalena Altnikol (1751–1809), Lieses ältester Tochter, verheiratet. Carl gewährt auch Ahlefeldt finanzielle Unterstützung – wovon auch Regina Susanna profitiert. Indirekt erfahren wir dies aus einer Randnotiz zu einem Brief Carls (28. Juli 1786) an seinen Verleger Breitkopf. Breitkopf schreibt: »Seine Fr. Schwester hat sich erkundigt, ob nichts für sie eingelaufen sei.« Zur Erinnerung: Der 28. Juli ist der Todestag Bachs.

Regina Susanna muß wie ihre Schwestern in sehr kleinen Verhältnissen gelebt haben. Am 5. April 1800 erhält sie Almosen-Unterstützung der Stiftung Erdmuthe S. Frege: acht Groschen im Quartal. Ihre Notlage kommt dem Musikpublizisten Friedrich Rochlitz zu Ohren, der im Mai 1800 im Intelligenzblatt der »Allgemeinen Musikalischen Zeitung« einen Aufruf veröffentlicht, in dem er wortreich und pathetisch bittet, des großen Johann Sebastian Bachs letztes Kind nicht länger darben zu lassen. Der Erfolg der Sammlung in Leipzig ist zunächst gering, schließlich aber kommt ein Betrag von über 96 Talern zustande.

Im Dezember 1800 erscheint die – redigierte – Fassung des Dankschreibens der Regina Susanna Bach: »Es ist mir durch die Verwendung der Herren Breitkopf & Härtel und Hrn. Fr. Rochlitz beim Publikum gelungen, eine so ansehnliche Unterstützung meines Alters und meiner Schwäche zu erhalten, daß mein inniger Dank dafür nur mit mir selbst aufhören kann. 96 Taler 5 Groschen sind es, die ich von der Güte meiner Unterstützer durch die Hände jener Herren erhalten habe. Wenn es den Geistern meines verdienten Vaters und meiner verdienten Brüder vergönnt ist, an meinen Schicksalen Anteil zu nehmen: Wie sehr muß ihr bisheriges Mitleid in Mitfreude verwandelt worden sein!«

Auch in Wien wird von dem Komponisten und Beethoven-Freund Andreas Streicher gesammelt. Beethoven selbst erwärmt sich für die Sammlung, vergißt aber über seiner Arbeit das Spenden. Das Ergebnis der Streicherschen Sammlung beläuft sich auf 200 Reichstaler.

Wieder bedankt sich Regina Susanna Bach öffentlich (20. Mai 1801). Die – ebenfalls von Rochlitz redigierte – Fassung lautet: »Mit Tränen der Freude empfange ich diese, alle meine Erwartungen weit übersteigende Summe. Keiner von den Tagen, die mir die Vorsehung noch schenkt, soll vergehen, ohne daß ich dieser, meiner Wohltäter mit innigem Dank gedächte.«

Der originale Wortlaut des Briefes dagegen ist: »Denen hochedelgeborenen Wohltätern gewidmet. Mit gerührtem Herzen statte ich denen Hochzuverehrenden und großmütigsten Wohltätern den gehorsamsten Dank ab und wünsche Ihnen für die große und gütige Unterstützung zur Linderung meiner Armut ein glückliches und

ungestörtes ruhiges Leben. Dero dankbarlige Dienerin Regina Susanna Bachin.«
Dieser Brief ist das einzige überkommene persönliche Dokument einer Bach-Tochter.
Die gesammelten Gelder werden Regina Susanna Bach vor dem Schlimmsten bewahrt haben. Trotzdem erhält sie bis zu ihrem Tod Unterstützung aus der Stiftung Frege.
Regina Susanna Bach stirbt am 14. Dezember 1809. Ein geringer Besitz erspart der Stadt ein Armenbegräbnis.

ANDREAS LIEBERT
MARCELLOS GEIGE

Roman
Gebunden, 424 Seiten
ISBN 3-7852-8106-4

Die legendäre Violine der berühmten Geigenbauer Guarneri verzaubert das 18. Jahrhundert. Sie ist der Mittelpunkt großer musikalischer Ereignisse in Rom, Venedig und Dresden, Instrument betörenden Liebesspiels und Auslöser tödlicher Intrigen.

Ein historischer Roman von barocker Opulenz.